金融教材译丛

《公司金融（原书第12版）》
学习指导及习题解析

[英] **理查德 A. 布雷利**
(Richard A. Brealey)
伦敦商学院

[美] **斯图尔特 C. 迈尔斯**
(Stewart C. Myers)
MIT斯隆管理学院   著

弗兰克林 · 艾伦
(Franklin Allen)
宾夕法尼亚大学沃顿商学院

赵冬青   **郭战琴**   译
清华大学   郑州大学

Principles of Corporate
Finance

机械工业出版社
China Machine Press

图书在版编目（CIP）数据

《公司金融（原书第12版）》学习指导及习题解析／（英）理查德·A. 布雷利（Richard A. Brealey），（美）斯图尔特·C. 迈尔斯（Stewart C. Myers），（美）弗兰克林·艾伦（Franklin Allen）著；赵冬青，郭战琴编译 .—北京：机械工业出版社，2019.5

（金融教材译丛）

书名原文：Principles of Corporate Finance

ISBN 978-7-111-62558-2

I. 公… II. ①理… ②斯… ③弗… ④赵… ⑤郭… III. 公司－金融学－高等学校－教学参考资料 IV. F276.6

中国版本图书馆 CIP 数据核字（2019）第 072843 号

本书版权登记号：图字 01-2017-0728

Richard A. Brealey, Stewart C. Myers, Franklin Allen. Principles of Corporate Finance, 12th Edition.

ISBN 978-1-259-14438-7

Copyright © 2017 by McGraw-Hill Education.

All Rights reserved. No part of this publication may be reproduced or transmitted in any form or by any means, electronic or mechanical, including without limitation photocopying, recording, taping, or any database, information or retrieval system, without the prior written permission of the publisher.

This authorized Chinese translation edition is jointly published by McGraw-Hill Education and China Machine Press. This edition is authorized for sale in the People's Republic of China only, excluding Hong Kong, Macao SAR and Taiwan.

Copyright © 2019 by McGraw-Hill Education and China Machine Press.

版权所有。未经出版人事先书面许可，对本出版物的任何部分不得以任何方式或途径复制或传播，包括但不限于复印、录制、录音，或通过任何数据库、信息或可检索的系统。

本授权中文简体字翻译版由麦格劳－希尔（亚洲）教育出版公司和机械工业出版社合作出版。此版本经授权仅限在中华人民共和国境内（不包括香港、澳门特别行政区及台湾地区）销售。

版权 © 2019 由麦格劳－希尔（亚洲）教育出版公司与机械工业出版社所有。

本书封面贴有 McGraw-Hill Education 公司防伪标签，无标签者不得销售。

本书是布雷利、迈尔斯和艾伦三位欧美金融学会前主席的倾心之作——《公司金融》（原书第12版）的配套学习指导和课后习题及答案解析。本书涵盖了对应主教材"基础篇"和"进阶篇"两本书共34章的内容，设计了多种类型习题，用于帮助读者更好地掌握公司金融中的基础理论知识、难点和重点，使读者更容易学习，并引发其研究的兴趣。

出版发行：机械工业出版社（北京市西城区百万庄大街22号 邮政编码：100037）

责任编辑：宋 燕　　　　　　　　　　　　　　　责任校对：李秋荣

印　　刷：三河市宏图印务有限公司　　　　　　版　　次：2019年5月第1版第1次印刷

开　　本：186mm×240mm 1/16　　　　　　　　印　　张：26

书　　号：ISBN 978-7-111-62558-2　　　　　　　定　　价：79.00 元

凡购本书，如有缺页、倒页、脱页，由本社发行部调换

客服热线：（010）88379210 88379833　　　　　投稿热线：（010）88379007

购书热线：（010）68326294　　　　　　　　　　读者信箱：hzjg@hzbook.com

版权所有·侵权必究

封底无防伪标均为盗版

本书法律顾问：北京大成律师事务所　韩光／邹晓东

目 录

第一部分 价值

第1章 公司金融概览 …………………… 2
第2章 如何计算现值 …………………… 7
第3章 评估债券价值 …………………… 21
第4章 普通股的价值 …………………… 37
第5章 净现值和其他投资准则 ………… 52
第6章 用NPV法则进行投资决策 ……… 62

第二部分 风险

第7章 风险和收益导论 ………………… 90
第8章 资产组合理论和资本资产
　　　 定价模型 ……………………… 103
第9章 风险和资本成本 ………………… 121

第三部分 资本预算的最佳实践

第10章 项目分析 ………………………… 132
第11章 投资、战略和经济租金 ………… 151
第12章 代理问题、薪酬和业绩
　　　　评估 …………………………… 165

第四部分 融资决策和市场有效性

第13章 有效市场和行为金融 …………… 178
第14章 公司融资综述 …………………… 187
第15章 公司如何发行证券 ……………… 191

第五部分 股利政策和资本结构

第16章 股利政策 ………………………… 202
第17章 负债策略重要吗 ………………… 214
第18章 公司应该负债多少 ……………… 226
第19章 融资与估值 ……………………… 236

第六部分 期权

第20章 理解期权 ………………………… 250
第21章 期权估值 ………………………… 263
第22章 实物期权 ………………………… 283

第七部分 债务融资

第23章 信用风险和公司负债的价值 …… 296

第 24 章　多种不同类型的负债 ………… 303
第 25 章　租赁 ……………………………… 314

第八部分　风险管理

第 26 章　管理风险 ………………………… 330
第 27 章　国际风险管理 …………………… 344

第九部分　财务计划和营运资本管理

第 28 章　财务分析 ………………………… 354

第 29 章　财务计划 ………………………… 366
第 30 章　营运资本管理 …………………… 383

第十部分　并购、公司控制和治理

第 31 章　并购 ……………………………… 396
第 32 章　公司重组 ………………………… 403
第 33 章　世界范围的公司治理和控制 …… 408

第一部分 PART 1

价 值

第1章 公司金融概览
第2章 如何计算现值
第3章 评估债券价值
第4章 普通股的价值
第5章 净现值和其他投资准则
第6章 用NPV法则进行投资决策

第1章 公司金融概览

基础题

1. **投资决策和融资决策** 阅读以下文字:"公司通常购买(a)资产。这些资产既包括有形资产,例如(b),也包括无形资产,例如(c)。为了购买这些资产,公司出售(d)资产,例如(e)。关于购买何种资产的决策通常被称为(f)或者(g)决策。关于如何筹集资金的决策通常被称为(h)决策。"将以下术语填入合适的位置:
   融资　　实物　　债券　　投资　　高管专用飞机　　金融　　资本预算　　商标
   参考答案:
   (a) 实物　　(b) 高管专用飞机　　(c) 商标　　(d) 金融　　(e) 债券
   (f) 资本预算　　(g) 投资　　(h) 融资

2. **投资决策和融资决策** 下面哪些是实物资产?哪些是金融资产?
   a. 股票　　　　　　b. 个人欠条　　　　　c. 商标　　　　　　d. 工厂
   e. 未开发的土地　　　　　　　　　　　　　f. 公司支票账户余额
   g. 工作卖力且有经验的销售队伍　　　　　　h. 公司债券
   参考答案:
   具有内在价值的项目是实物资产,实物资产有商标、工厂、未开发的土地和销售队伍(c、d、e和g),其他项目都是金融资产,金融资产是价值基于合同规定的索取权。

3. **投资决策和融资决策** 词汇测试。解释下面词汇的不同:
   a. 实物资产和金融资产　　　　　　b. 资本预算和融资决策
   c. 私人公司和上市公司　　　　　　d. 有限责任和无限责任
   参考答案:
   a. 金融资产是投资者拥有的索取权,如股票和银行贷款。公司通过出售金融资产为实物资产投资(如工厂和设备)融资。有些实物资产是无形的。
   b. 资本预算就是投资实物资产,融资决策是为投资募集现金。

c. 上市公司的股份可以在证券交易所交易，可以被大量投资者购买。私人公司的股份不能公开交易，主要由少数私人投资者持有。
d. 无限责任是指投资者对公司所有的债务承担责任。独资企业主承担无限责任。公司投资者承担有限责任，他们最多损失投资额，不会更多。

4. **公司**　下面哪些描述总是适用于公司？
   a. 无限责任
   b. 有限寿命
   c. 所有权的转移不影响公司经营
   d. 解雇管理者不影响股权

   参考答案：
   c 和 d 选项适合公司。因为公司永续经营，所有权发生转移不会影响公司经营，解雇管理者不影响所有权。其他商业组织可以是无限责任和有限寿命。

进阶题

5. **所有权分离**　多数大公司的所有权和管理权都是分离的，这种所有权和管理权的分离的主要意义是什么？

   参考答案：
   所有权和管理权分离会引起代理问题，管理者更喜欢私人在职消费，或者为了个人私利做决策，而不是最大化股东价值。

6. **资本的机会成本**　F&H 公司持续投资夕阳行业。以下节选自公司 CFO 最近的一次演讲：我们 F&H 公司当然注意到了一些胆小的投资者和不了解底细的证券分析师的抱怨，他们抱怨利润和股利增长缓慢。与他们这些坚定的怀疑者不同，我们认为尽管面临数字产品的竞争，对机械 encabulator 的长期需求仍然存在，因此我们决心继续投资以保持我们在该产品的市场份额。F&H 公司的资本支出有严格的审批程序，我们有信心获得 8% 左右的收益率，这比公司持有现金的收益率要高得多。

   这位 CFO 继续解释说，F&H 公司将多余的现金投资于短期美国国债，这几乎是无风险的，收益率只有 4%。
   a. encabulator 业务盈利预测是 8%，一定比美国短期国债的 4% 的无风险收益率好吗？为什么？
   b. F&H 公司的资本的机会成本是 4% 吗？理论上，CFO 怎样决定资本成本？

   参考答案：
   a. 假如 encabulator 市场有风险，F&H 公司 encabulator 业务 8% 的预期收益可能不如美国短期国债 4% 的收益率好。
   b. 除非 F&H 公司提供的金融资产和美国国债一样安全，否则其资本成本会更高。理论上，CFO 应考虑相同风险的金融资产的预期收益率是多少。

7. **公司目标**　我们可以想象财务经理以股东的名义做一些事情，例如：
   a. 投资实物资产，使股东尽可能富有

b. 修改公司的投资计划，以帮助股东获得特殊时间模式的消费计划
c. 选择高风险或者低风险的资产进行投资，以匹配股东的风险偏好
d. 帮助管理股东的支票账户

在完善的资本市场中，股东只会投票支持管理者做一件事情，请问股东会支持哪件事情呢？为什么？

参考答案：
股东只会投票支持股东财富最大化。股东可以通过借入和借出资金来修正他们的消费模式、匹配风险偏好、平衡他们的支票账户（或雇用一个合格的专业人士来帮助他们完成这些任务）。

8. **最大化股东价值** 埃斯皮诺萨女士现在退休了，要依靠投资来获得收入。刘先生是一位年轻的主管，要为未来储蓄。两人都是 Scaled Composites 公司的股东，公司正在制造太空船一号(Space Ship One)，提供商业太空旅行服务。这项投资要很多年以后才能有收益。假设对刘先生来说，该项目的净现值为正。请解释为何埃斯皮诺萨女士同样也接受该项目。

    参考答案：
    如果投资能增加公司财富，也将增加公司股份的价值。埃斯皮诺萨女士可以卖出部分或全部更有价值的股票，来获得退休收入。

9. **伦理问题** 2006年高盛公司参与住房抵押贷款证券交易，在交易中有些引发争议的行为。相关信息披露后，高盛公司的普通股市值一夜之间下降了100亿美元，比可能受到的任何惩罚都严重得多。请解释。

    参考答案：
    高盛的例子说明，一般来说，公司价值下降的金额比任何罚款和解决方式付出的都多得多。该公司的声誉在财务丑闻中受到的影响比征收罚款都大。投资者可能也会怀疑，是否所有的不端行为都已经得到遏制。

10. **代理问题** 为什么要求管理者为股东利益工作呢？请给出原因。为什么人们认为管理者是在为股东利益工作？请给出几条理由。

    参考答案：
    为股东利益行事是管理者的法定职责。管理者会收到报酬，要么是奖金，要么是股票或股票期权，其价值与公司的业绩密切相关。如果管理者的行为不是为了股东利益，他们的个人声誉将因此受损。董事会是由股东选举产生的，管理者也担心被董事会解雇。如果管理者仍不为股东利益考虑，股东将卖出手中的股票，使公司的股票价格下跌，引发潜在的收购行为，这也会引发董事会和高管的变动。

11. **代理问题** 很多公司设计一些防御措施，使其他公司更难收购它们或者收购成本更高。这种防御措施对公司的代理问题有何影响？这些公司的管理者以股东利益行事还是为自己的利益？公司管理者提出这些防御措施时，（你预期）公司股价会如何反应呢？

参考答案：
规避被收购的管理者可能更容易出现代理问题，因此更有可能以自己的利益而不是股东的利益行事。如果公司设立了新的收购防御系统，我们可能会看到，随着代理问题变严重，股东价值最大化行为减少，公司的股票价值下降。相反的观点是，防御性措施使管理者在竞购谈判中获得更高的收购价格，这对股东有利。

12. **伦理问题** 很多管理者在避免明显的不诚信行为方面没有任何困难，但是有时会存在一些灰色区域，行为是否合乎道德、是否要拒绝这种行为，是有争议的。给出一个公司可能面临的重要的道德两难问题，需要用什么理论来指导公司的决策呢？
    参考答案：
    答案有很多。本章讨论的良好的公司治理的理论应该都适用。

附录1A：股东价值最大化为什么合理

问题

1. **最大化股东价值** 再次考察图1A-1所示的例子，假设利率是20%，A和G开始各自有100 000美元，他们将怎么做呢？他们会投资朋友的公司吗？他们将借入还是借出？他们各自何时消费？消费的资金是多少？
   参考答案：
   他们都会把资金投资到朋友的公司里面。A的投资在年末会收到121 000美元，这比按20%利率贷出资金收到的本息和120 000（100 000×1.20 = 120 000）美元要多。G也投资，但是他借入资金，将来还121 000美元，因此今天收到100 833（121 000/1.20）美元。

2. **最大化股东价值** 画出类似图1A-1的图来回答问题。加斯珀·米克托斯特手头有200 000美元可用于第0期（现在）和第1期（下一年）的消费。他想在每期消费同样的金额。利率是8%，没有风险。
   a. 他应该投资多少资金？每一期的消费是多少？
   b. 假设加斯珀得到一个投资机会，可以投资最多200 000美元，收益率10%，无风险利率仍然是8%。他应该怎么做呢？他每一期的消费是多少？
   参考答案：
   a. 他现在可以消费200 000美元（放弃所有未来的消费）或明年消费216 000美元（200 000×1.08，放弃所有今年消费）。他应该把所有的财富投资到明年，从而得到21.6万美元。两年的消费（C）相同：$C = (200\,000 - C) \times 1.08$，$C = 103\,846$美元。
   b. 他应该将所有的财富进行投资，明年得到200 000×1.10 = 220 000（美元）。如果他今年全部消费掉，今年可以消费200 000×1.10/1.08 = 203 703.70（美元），或者明年消费220 000美元。如果他今年消费C，用于明年的消费金额是$(203\,703.70 - C) \times 1.08$。两年消费相同：

$$C = (203\,703.70 - C) \times 1.08$$
$$C = 105\,769.20$$

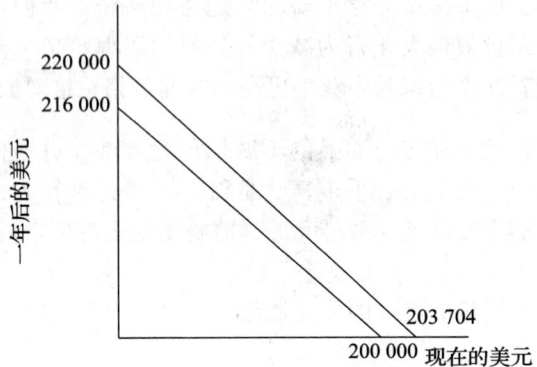

第2章 如何计算现值

基础题

1. **将来值** 你投资100美元,利率15%,8年后你将得到多少钱?

   参考答案:
   $C_t = PV \times (1+r)^t$
   $C_8 = 100 \times 1.15^8$
   $\quad = 305.90(美元)$

2. **贴现因子** 139美元的现值是125美元,贴现因子是多少?

   参考答案:
   $PV = C_t \times DF_t$
   $DF_t = 125/139 = 0.8993$

3. **现值** 资本成本为9%,9年后支付的374美元的 PV 是多少?

   参考答案:
   $PV = C_t/(1+r)^t = 374/1.09^9 = 172.20(美元)$

4. **现值** 一个项目在第1年的现金流为432美元,第2年的现金流为137美元,第3年为797美元,资本成本为15%,这个项目的 PV 是多少?这个项目需要投资1 200美元,项目的 NPV 是多少?

   参考答案:
   a. $PV = C_1/(1+r)^1 + C_2/(1+r)^2 + C_3/(1+r)^3$
   $\quad\quad = 432/1.15 + 137/1.15^2 + 797/1.15^3 = 1\,003.28(美元)$
   b. $NPV = PV - 初始投资 = 1\,003.28 - 1\,200 = -196.72(美元)$

5. **资本的机会成本** 以下陈述正确的有哪些?
   资本的机会成本:

a. 等于公司借款的利率
b. 取决于要估值的现金流的风险
c. 取决于股东自行投资期望得到的回报率
d. 等于零，如果公司在银行账户上有多余的资金并且银行账户不付息

参考答案：
a. 错误。资本的机会成本因每个项目或投资的风险而异。借贷成本与这些风险无关。
b. 正确。资本的机会成本取决于与每个项目及其现金流相关的风险。
c. 正确。资本的机会成本取决于股东投资类似风险的项目而获得的收益率。
d. 错误。在联邦存款保险公司（FDIC）保额内，银行账户被认为是无风险的。除非投资是无风险的，否则资本的机会成本必须向上调整，以反映相关风险。

6. **永续年金** 一项投资需要 1 548 美元，产生 138 美元的永续年金，利率为 9%，这项投资的 NPV 是多少？
   参考答案：
   $NPV = C/r -$ 初始投资 $= 138/0.09 - 1\ 548 = -14.67$（美元）

7. **增长的永续年金** 一只普通股，明年将支付 4 美元的现金红利，预期之后红利以 4% 永远增长下去，贴现率 14%，这只股票的红利现金流的 PV 是多少？
   参考答案：
   $PV = C/(r - g) = 4/(0.14 - 0.04) = 40$（美元）

8. **永续年金和年金** 利率 10%
   a. 每年支付 1 美元的永续年金资产的 PV 是多少？
   b. 按照 10% 的速度增值的一项资产，7 年内价值大约翻倍。从第 8 年开始每年支付 1 美元的永续年金，其现值大约是多少？
   c. 在未来 7 年每年支付 1 美元的资产，其 PV 大约是多少？
   d. 一块地产生的收入按照每年 5% 的速度增长，第 1 年的收入是 10 000 美元，这块地的价值是多少？

   参考答案：
   a. $PV = C/r = 1/0.10 = 10$（美元）
   b. $PV_7 = C_8/r$
      $PV_0 \approx (C_8/r)/2 \approx (1/0.10)/2 \approx 5$（美元）
   c. 从现在开始 1 美元的永续年金的现值为 10 美元（问题 a），而从第 8 年开始永续年金的现值约为 5 美元（问题 b）。因此，未来 7 年每年支付 1 美元的资产的现值大约为 5 美元。
   d. $PV = C/(r - g) = 10\ 000/(0.10 - 0.05) = 200\ 000$（美元）

9. **现值** 不同时间收到的 100 美元的现值是多少？
   a. 第 10 年收到（贴现率 1%）
   b. 第 10 年收到（贴现率 13%）
   c. 第 15 年收到（贴现率 25%）
   d. 第 1 年到第 3 年每年都收到（贴现率 12%）

参考答案：
a. $PV = 100/1.01^{10} = 90.53$（美元）
b. $PV = 100/1.13^{10} = 29.46$（美元）
c. $PV = 100/1.25^{15} = 3.52$（美元）
d. $PV = C_1/(1+r) + C_2/(1+r)^2 + C_3/(1+r)^3$
   $= 100/1.12 + 100/1.12^2 + 100/1.12^3 = 240.18$（美元）

10. **连续复利** 连续复利利率12%
    a. 以这个利率投资1 000美元，5年后投资的价值是多少？
    b. 8年后收到的500万美元的PV是多少？
    c. 每年总额为2 000美元的连续现金流，马上开始，持续15年。

    参考答案：
    a. $FV = C \times e^{rt} = 1\,000 \times e^{0.12 \times 5} = 1\,822.12$
    b. $PV = C/e^{rt} = 5\,000\,000/e^{0.12 \times 8} = 1\,914\,464$（美元）
    c. $PV = C[1/r - 1/(re^{rt})] = 2\,000 \times [1/0.12 - 1/(0.12e^{0.12 \times 15})] = 13\,911.69$（美元）

11. **复利期间** 1 000万美元的投资，得到的报价利率为6%。4年后这笔投资的价值是多少？
    a. 假设按年复利 b. 假设按月复利 c. 假设连续复利

    参考答案：
    a. $C_t = PV \times (1+r)^t = 10\,000\,000 \times (1.06)^4 = 12\,624\,770$（美元）
    b. $C_t = PV \times (1+r/m)^{mt} = 10\,000\,000 \times (1+0.06/12)^{12 \times 4} = 12\,704\,892$（美元）
    c. $C_t = PV \times e^{rt} = 10\,000\,000 \times e^{0.06 \times 4} = 12\,712\,492$（美元）

进阶题

12. **将来值和年金**
    a. 新汽车售价10 000美元，如果利率5%，你现在需要存多少钱才能在5年后买一辆新车？
    b. 你要在以后6年中每年年底支付12 000美元的学费，利率8%，现在需要存多少钱才能支付未来的学费？
    c. 你以8%的利率投资了60 476美元。付完学费之后，6年之后你还剩多少钱？

    参考答案：
    a. $PV = C_t/(1+r)^t = 10\,000/1.05^5 = 7\,835.26$（美元）
    b. $PV = C(1/r - 1/[r(1+r)^t]) = 12\,000 \times [1/0.08 - 1/(0.08 \times 1.08^6)] = 55\,474.56$（美元）
    c. $C_t = PV \times (1+r)^t = (60\,476 - 55\,474.56) \times 1.08^6 = 7\,936.66$（美元）

13. **贴现因子和现值**
    a. 1年的贴现因子是0.905，1年期利率是多少？
    b. 两年期的利率是10.5%，两年的贴现因子是多少？

c. 给定以上的 1 年和两年的贴现因子，计算两年的年金因子；
d. 每年 10 美元的 3 年期年金的现值是 24.65 美元，3 年的年金因子是多少？
e. 从 c 和 d 的答案中计算出 3 年贴现因子。

参考答案：

a. $DF_1 = 1/(1+r)$
   $r = (1-0.905)/0.905 = 10.50\%$
b. $DF_2 = 1/(1+r)^2 = 1/1.105^2 = 0.8190$
c. $PVAF_2 = DF_1 + DF_2 = 0.905 + 0.819 = 1.7240$
d. $PVA = C \times PVAF_3$
   $PVAF_3 = 24.65/10 = 2.4650$
e. $PVAF_3 = PVAF_2 + DF_3$
   $DF_3 = PVAF_3 - PVAF_2 = 2.465 - 1.7240 = 0.7410$

14. **现值** 投资建一座工厂需要 800 000 美元，猜测这座工厂扣除经营成本后，将连续 10 年每年产生 170 000 美元的现金流入。如果资本的机会成本是 14%，这座工厂的净现值是多少？第 5 年年末这座工厂的价值是多少？

参考答案：

a. $NPV = -初始投资 + C \times [1/r - 1/(r(1+r)^t)]$
   $= -800\,000 + 170\,000 \times [1/0.14 - 1/(0.14 \times 1.14^{10})] = 86\,739.66(美元)$
b. 5 年后，该工厂的价值将是剩余 5 年现金流的现值。
   $PV = 170\,000 \times [1/0.14 - 1/(0.14 \times 1.14^5)] = 583\,623.76(美元)$

15. **现值** 一台机器成本为 380 000 美元，预期产生如下现金流：

年份	1	2	3	4	5	6	7	8	9	10
现金流（千美元）	50	57	75	80	85	92	92	80	68	50

资本成本为 12%，这台机器的 NPV 是多少？

参考答案：

$NPV = \sum_{t=0}^{10} \frac{C_t}{(1.12)^t}$
$= -380\,000 + 50\,000/1.12 + 57\,000/1.12^2 + 75\,000/1.12^3 + 80\,000/1.12^4$
$+ 85\,000/1.12^5 + 92\,000/1.12^6 + 92\,000/1.12^7 + 80\,000/1.12^8$
$+ 68\,000/1.12^9 + 50\,000/1.12^{10} = 23\,696.15(美元)$

16. **资本的机会成本** 请解释为什么称资本的机会成本，而不仅仅说"资本成本"或者"贴现率"。同时，再解释下面的论述："资本的机会成本取决于现金打算怎么用，而不是融资的来源。"

参考答案：

资本的机会成本是指公司股东在相同风险水平下投资所能获得的收益率。因此，当公司考虑一个新项目时,决定该项目资本机会成本的是该项目的风险水平。

17. **现值** 投资建一座工厂需要 40 000 美元,扣除经营成本后,工厂第 1 年产生现金 100 000美元,第 2 年 200 000 美元,第 3 年 300 000 美元。资本的机会成本为 12%。像图 2-4 和图 2-5 一样,画出时间轴,计算工厂的 NPV。

参考答案:

$NPV = C_0 + C_1/(1+r) + C_2/(1+r)^2 + C_3/(1+r)^3$

$= -400\ 000 + 100\ 000/1.12 + 200\ 000/1.12^2 + 300\ 000/1.12^3 = 62\ 258.56(美元)$

期数		PV(美元)
0		-400 000.00
1	$100\ 000/1.12 =$	89 285.71
2	$200\ 000/1.12^2 =$	159 438.78
3	$300\ 000/1.12^3 =$	213 534.07
		62 258.56

18. **现值和资本的机会成本** Halcyon 航运公司正在考虑购买一艘价值 800 万美元的散装货轮,预测一年的营业收入为 500 万美元,运营成本需要 400 万美元。货轮 5 年和 10 年后都需要大整修,每次整修花费 200 万美元。15 年后,货轮报废,预计售价 150 万美元。

a. 资本的机会成本 8%,投资货轮的 NPV 是多少?

b. Halcyon 公司可以借到利率 4.5% 的负债来为购买货轮融资,这个借款机会对 NPV 计算有何影响?

参考答案:

a. $NPV = -初始投资额 + PVA(经营现金流) - PV(整修) + PV(残值)$

$NPV = -8\ 000\ 000 + (5\ 000\ 000 - 4\ 000\ 000) \times [1/0.08 - 1/(0.08 \times 1.08^{15})]$

$- (2\ 000\ 000/1.08^5 + 2\ 000\ 000/1.08^{10}) + 1\ 500\ 000/1.08^{15}$

$= -8\ 000\ 000 + 8\ 559\ 479 - 2\ 287\ 553 + 472\ 863 = -1\ 255\ 212(美元)$

b. 借款成本不影响 NPV,因为资金的机会成本取决于资金的使用,而不是资金来源。

19. **现值** 作为早餐谷物食品竞赛的胜利者,你可以从以下奖品中选择一个:

a. 现在就得到 100 000 美元   b. 5 年后得到 180 000 美元

c. 每年 11 400 美元,直到永远   d. 10 年,每年得到 19 000 美元

e. 明年 6 500 美元,之后以 5% 增长,直到永远

利率 12%,哪个奖品最有价值?

参考答案:

a. $PV = C_0 = 100\ 000(美元)$

b. $PV = C_t/(1+r)^t = 180\ 000/1.12^5 = 102\ 136.83(美元)$

c. $PV = C/r = 11\ 400/0.12 = 95\ 000(美元)$

d. $PV = C \times \{1/r - 1/[r(1+r)^t]\}$

$= 19\,000 \times \{1/0.12 - 1/(0.12 \times 1.12^{10})\} = 107\,354.24(美元)$

e. $PV = C/(r-g) = 6\,500/(0.12 - 0.05) = 92\,857.14(美元)$

奖励(d)的现值最高,因此最有价值。

20. **年金** 齐格弗里德·巴赛特现在 65 岁,预期寿命还有 12 年。他希望将 20 000 美元投资于年金,可以在每年年末带来等额收入,直到去世,利率 8%,巴赛特先生每年可以得到多少收入?

    参考答案:
    $C = PVA/\{1/r - 1/[r(1+r)^t]\}$
    $= 20\,000/\{1/0.08 - 1/[0.08 \times (1+0.08)^{12}]\} = 2\,653.90(美元)$
    巴赛特先生每年可以得到 2 653.90 美元。

21. **年金** 大卫和海伦夫妇正在储蓄,希望 5 年后购买一艘小船。如果买一艘船需要花 20 000 美元,存款的利率为 10%,从第 1 年年末到第 5 年年末,他们每年需要存多少钱?

    参考答案:
    购买小船所需的 20 000 美元的现值:
    $PV = C_t/(1+r)^t = 20\,000/1.10^5 = 12\,418.43(美元)$
    $C = PVA/\{1/r - 1/[r(1+r)^t]\}$
    $= 12\,418.43/\{1/0.10 - 1/[0.10 \times (1+0.10)^5]\} = 3\,275.95(美元)$
    他们每年需要存 3 275.95 美元。

22. **年金** 袋鼠汽车公司提供免费信贷购买价值 10 000 美元的新车,你只要支付 1 000 美元的首付,然后每月支付 300 美元,共支付 30 个月。隔壁的海龟汽车公司没有提供免费贷款,但会在新车价格上给予 1 000 美元的折扣。月利率 0.83%,哪个公司提供的交易更优惠?

    参考答案:
    袋鼠汽车提供"免费信贷"的事实告诉我们现金支付是多少,但不会改变货币有时间价值的事实。支付给袋鼠汽车的还款额的现值:
    $PV = 预付定金 + C \times \{1/r - 1/[r(1+r)^t]\}$
    $= 1\,000 + 300 \times \{1/0.008\,3 - 1/[0.008\,3 \times (1+0.008\,3)^{30}]\} = 8\,938.02(美元)$
    对海龟汽车的支付的现值:
    $PV = 汽车价格 - 折扣 = 10\,000 - 1\,000 = 9\,000(美元)$
    袋鼠汽车公司提供的交易较为优惠,因为现值成本更低。

23. **现值** 在利率分别为 5%、10% 和 15% 的情况下,重新计算例 2-1 中的写字楼项目的 *NPV*。将结果画图,横坐标为贴现率,纵坐标为 *NPV*。贴现率大约多少时项目的 *NPV* 等于零?检查你的答案是否正确。

    参考答案:
    $NPV = -C_0 + C_1/(1+r) + C_2/(1+r)^2$

$NPV(5\%) = -700\,000 + 30\,000/1.05 + 870\,000/1.05^2 = 117\,687.07(美元)$

$NPV(10\%) = -700\,000 + 30\,000/1.10 + 870\,000/1.10^2 = 46\,280.99(美元)$

$NPV(15\%) = -700\,000 + 30\,000/1.15 + 870\,000/1.15^2 = -16\,068.05(美元)$

下图显示，贴现率为13.65%时该项目的NPV约为0。

$NPV(13.65\%) = -700\,000 + 30\,000/1.136\,5 + 870\,000/1.136\,5^2 = -36.83(美元)$

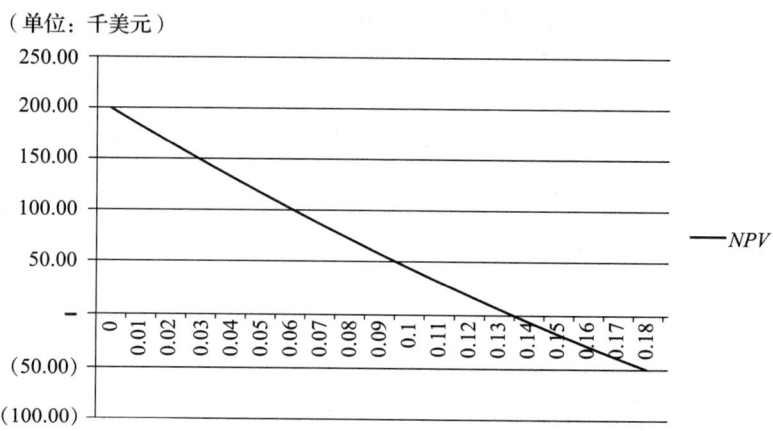

24. **永续年金和连续复利** 利率7%，以下3项投资的价值分别是多少？
    a. 提供每年年末100美元的永续年金的投资
    b. 与a相似，但现金流在年初
    c. 与a相似，但现金流平均发生在一年中

    参考答案：
    a. 年末支付的永续年金现值：
       $PV = C/r = 100/0.07 = 1\,428.57(美元)$
    b. 年初支付的永续年金现值：
       $PV = (C/r) \times (1+r) = (100/0.07) \times (1+0.07) = 1\,528.57(美元)$
    c. 要想得到平均发生在一年中的现金流的现值，要用与7%的年复利相等的连续复利利率。用自然对数计算该利率：
       $r_{CC} = \ln(1+0.07) = 0.067\,7 = 6.77\%$
       连续现金流的永续年金现值：
       $PV = C/r_{CC} = 100/0.067\,7 = 1\,478.01(美元)$
       现金流发生得越早，投资就越有价值。

25. **永续年金和年金** 参考2.3节和2.4节。如果利率是8%，而不是10%，你需要捐赠多少资金才能提供以下的现金流：
    a. 每年年末10亿美元，永续年金
    b. 永续年金，第1年年末支付10亿美元，以后年增长率4%
    c. 每年年末10亿美元，20年
    d. 每年10亿美元，平均分布，20年

参考答案：

以下计算结果，单位为10亿美元。

a. $PV = C/r = 10/0.08 = 12.5$

b. $PV = C/(r-g) = 1/(0.08 - 0.04) = 25.0$

c. $PV = C \times \{1/r - 1/[r(1+r)^t]\} = 1 \times \{1/0.08 - 1/[0.08(1+0.08)^{20}]\} = 9.818$

d. 与年复利8%等价的连续复利利率约为7.7%。连续复利利率的计算如下：

$Ln(1.08) = 0.077 = 7.7\%$

$PV = C \times [1/r - 1/(r \times e^{rt})] = 1 \times [1/0.077 - 1/(0.077 \times e^{0.077 \times 20})] = 10.206$

因为捐赠基金在整个一年里都在赚取利息，所以其现值比(c)大。

26. **连续复利** 现在投资100美元，年复利15%，20年后将得到多少资金？如果按照15%的连续复利投资呢？

    参考答案：

    在15%的年复利下：

    $C_{20} = 100 \times 1.15^{20} = 1\,636.65$（美元）

    在15%的连续复利下：

    $C_{20} = 100 \times e^{0.15 \times 20} = 2\,008.55$（美元）

27. **永续年金** 你刚看到这样一则广告："连续10年，每年给我们100美元，之后我们将给你每年100美元的永续年金。"如果这是公平交易的话，那么利率是多少？

    参考答案：

    解决这个问题的一种方法是用现值：

    (1) 每年100美元的年金，共10年。

    (2) 每年100美元的永续年金，第1笔现金流发生在第11年。

    如果这是公平交易，那么这两个现值必须相等，如此一来我们就可以解出利率(r)。

    每年100美元的10年年金的现值为：

    $PV = C \times \{1/r - 1/[r(1+r)^t]\} = 100 \times \{1/r - 1/[r(1+r)^{10}]\}$

    第1笔现金流发生在第11年、每年100美元的永续年金在第0年的现值为：

    $PV = (C/r)/(1+r)^t = (100/r)/(1+r)^{10}$

    两个现值相等，得到：

    $100 \times \{1/r - 1/[r(1+r)^{10}]\} = (100/r)/(1+r)^{10}$

    使用试错法或代数解法，得到$r = 7.18\%$。

28. **计息期间** 下面的投资，你喜欢哪一个？

    a. 利率12%，按年计息 b. 利率11.7%，按半年计息

    c. 利率11.5%，连续复利

    分别计算这些投资1年、5年和20年后的价值。

    参考答案：

    假设投资1美元。

a. 利率为12%，投资1年、5年和20年的价值为：
$C_t = PV \times (1+r)^t = 1 \times 1.12^1 = 1.12$（美元）
$C_5 = 1 \times 1.12^5 = 1.7623$（美元）
$C_{20} = 1 \times 1.12^{20} = 9.6463$（美元）

b. 利率为11.7%、按半年计息，投资1年、5年和20年的价值为：
$C_t = PV \times (1 + r/m)^{mt}$
$C_1 = 1 \times [1 + (0.117/2)^{2 \times 1}] = 1.1204$（美元）
$C_5 = 1 \times [1 + (0.117/2)^{2 \times 5}] = 1.7657$（美元）
$C_{20} = 1 \times [1 + (0.117/2)^{2 \times 20}] = 9.7193$（美元）

c. 利率11.5%、连续复利，投资1年、5年和20年的价值为：
$C_t = PV \times e^{rt}$
$C_1 = 1 \times e^{0.115 \times 1} = 1.1219$（美元）
$C_5 = 1 \times e^{0.115 \times 5} = 1.7771$（美元）
$C_{20} = 1 \times e^{0.115 \times 20} = 9.9742$（美元）

最喜欢的是投资c，因为未来任何时点投资的价值都最高。

29. **计息期间** 一份租赁合同要求马上支付租金100 000美元，以及接下来分9次支付100 000美元租金，每半年支付一次。年贴现率为8%，这些租金的现值是多少？
    参考答案：
    首先，找到等价于8%年利率的半年复利的利率r：
    $1 + 8\% = (1+r)^2$
    $r = 1.08^{0.5} - 1 = 3.9230\%$
    $PV = C_0 + C \times \{1/r - 1/[r(1+r)^t]\}$
    $= 100\,000 + 100\,000 \times \{1/0.039\,230 - 1/[0.039\,230 \times (1 + 0.039\,230)^9]\}$
    $= 846\,147.28$（美元）

30. **年金** 几年前，《华尔街日报》报道了一个消息，马萨诸塞州彩票中奖者祸不单行，同时破产和因欺诈入狱。彩票奖金有9 420 713美元，分19次年等额支付（本来有20次，但是中奖者已经收到了第一笔奖金）。破产法庭法官判决奖金将拍卖给出价最高的人，拍卖收入用来偿还债权人。
    a. 利率8%，你准备出价多少？
    b. 据报道，强化再保险公司（Enhance Reinsurance Company）出价420万美元。利用Excel找到这家公司的收益率是多少。
    参考答案：
    a. $PV = C \times \{1/r - 1/[r(1+r)^t]\}$
    $= (9\,420\,713/19) \times \{1/0.08 - 1/[0.08 \times (1+0.08)^{19}]\} = 4\,761\,724$（美元）
    b. $PV = C \times \{1/r - 1/[r(1+r)^t]\}$
    $4\,200\,000 = (9\,420\,713/19) \times \{1/r - 1/[r(1+r)^t]\}$

使用 Excel 软件或财务计算器，得到 $r = 9.81\%$。

31. **分期摊还贷款** 一笔住房抵押贷款要求你未来 8 年每年年底偿还 70 000 美元。利率 8%。

    a. 这些偿还额的现值是多少？
    b. 计算每年的本金余额、利息支付和本金余额的减少额。

    参考答案：
    a. $PV = C \times \{1/r - 1/[r(1+r)^t]\}$
    $= 70\,000 \times \{1/0.08 - 1/[0.08 \times (1+0.08)^8]\} = 402\,264.73$（美元）

    b.

年份	期初余额	利息支付	本金支付	期末余额
1	402 264.73	32 181.18	37 818.82	364 445.90
2	364 445.90	29 155.67	40 844.33	323 601.58
3	323 601.58	25 888.13	44 111.87	279 489.70
4	279 489.70	22 359.18	47 640.82	231 848.88
5	231 848.88	18 547.91	51 452.09	180 396.79
6	180 396.79	14 431.74	55 568.26	124 828.53
7	124 828.53	9 986.28	60 013.72	64 814.81
8	64 814.81	5 185.19	64 814.81	0.00

32. **增长的年金** 你估计 35 年后退休时可以积攒 200 万美元的存款。假设利率 8%，退休后你继续生活 15 年，这笔存款能够支持的年等额消费是多少？不幸的是，通货膨胀将腐蚀掉退休后的收入的价值。假设通货膨胀率 4%，为你的 200 万美元的储蓄设计一个消费计划，使你退休后的消费支出增长与通货膨胀率一致。

    参考答案：
    a. $PV = C \times \{1/r - 1/[r(1+r)^t]\}$
    $C = 2\,000\,000 / \{1/0.08 - 1/[0.08 \times (1+0.08)^{15}]\} = 233\,659.09$（美元）
    这笔存款能支持的年等额消费为 233 659.09 美元。

    b. 实际利率 $r = (1+R)/(1+h) - 1 = 1.08/1.04 - 1 = 3.85\%$
    退休后每年的实际消费支出为 C，名义消费支出以通胀率增长。
    $PV = C \times \{1/r - 1/[r(1+r)^t]\}$
    $C = 2\,000\,000 / \{1/0.0385 - 1/[0.0385 \times (1+0.0385)^{15}]\} = 177\,952.49$（美元）
    如果通胀率是 4%，消费计划就是退休后每年的实际支出为 177 952.49 美元，即退休后第 1 年的支出为 177 952.49 美元，以后每年的支出以 4% 增长。

33. **年金** 年复利贴现率为 5.5%。计算下面各种情况下的 12 年的年金现值，每年支付 50 000 美元。

    a. 年金支付的时间间隔为 1 年，第 1 笔现金流在 1 年以后；
    b. 第 1 笔现金流在 6 个月以后，之后的现金流都间隔 1 年（如 18 个月后、30 个月后等)。

参考答案:
a. $PV = C \times \{1/r - 1/[r(1+r)^t]\}$
$= 50\,000 \times \{1/0.055 - 1/[0.055 \times (1+0.055)^{12}]\} = 430\,925.89(美元)$
b. 因为现在支付比以前提前了6个月:
$PV = 430\,925.89 \times \{1 + [(1+0.055)^{0.5} - 1]\} = 442\,617.74(美元)$

34. **年金**
亲爱的财务顾问:

我和我的配偶现在都是62岁,希望3年后退休。退休后,我们每个月从雇主退休金计划中得到7 500美元(税后),还从社会保障体系中得到1 500美元(税后)。但是,我们每个月的生活成本有15 000美元。我们的社会职责也不允许我们更多的节省。

我们有1 000 000美元投资于高信用等级的免税市政债券基金,基金的收益率为每年3.5%。我们计划每年从这个共同基金中赎回一部分,来弥补生活成本与退休金和社会保证金收入的缺口。多少年之后基金里的钱会用光?

此致
豪华的挑战(化名)
马布尔黑德
马萨诸塞州

你可以假设基金赎回(每年一次)的资金在被花掉前,都存在一个不付息的支票账户中。这对夫妇用账户中的钱来补足每月的亏空。

参考答案:
3年后投资于高信用等级的免税市政债券基金的1 000 000美元的价值为:
$C_t = PV \times (1+r)^t = 1\,000\,000 \times 1.035^3 = 1\,108\,718(美元)$
每年退休金缺口 = 12 × (每月税后退休金收入 + 每月税后保障体系收入 − 每月生活支出)
$= 12 \times (7\,500 + 1\,500 - 15\,000) = -72\,000(美元)$

从基金中提款是即期年金,因此:
$PV = C \times \{1/r - 1/[r(1+r)^t]\} \times (1+r)$
$1\,108\,718 = 72\,000 \times \{1/0.035 - 1/[0.035 \times (1+0.035)^t]\} \times (1+0.035)$
$14.878\,127 = 1/0.035 - 1/[0.035 \times (1+0.035)^t]$
$13.693\,302 = 1/[0.035(1+0.035)^t]$
$0.073\,028/0.035 = 1.035^t$
$t = 21.38$

大约21年后,基金里的钱就差不多用光了。

35. **现值** 你公司的地质学家刚刚在纽约的威斯彻斯特县发现了一小块油田。预测油田在第1年将产生现金流 $C_1 = 200$ 万美元。估计如果投资和油田同等风险的股票的话,可以得到12%的预期收益率,因此资本的机会成本为12%。

油田的现值是多少?当然,答案取决于第 1 年之后的现金流。计算下面不同情况下的现值:

a. 预测现金流将永远持续下去(每年都是 200 万美元),既不增长也不下降;
b. 预测现金流将只持续 20 年(每年都是 200 万美元),既不增长也不下降;
c. 预测现金流将永远持续下去,由于通货膨胀每年增长 3%;
d. 预测现金流将只持续 20 年,由于通货膨胀每年增长 3%。

参考答案:

a. $PV = C/r = 2\,000\,000/0.12 = 16\,666\,667$(美元)
b. $PV = C \times \{1/r - 1/[r(1+r)^t]\}$
$= 2\,000\,000 \times \{1/0.12 - 1/[0.12 \times (1+0.12)^{20}]\} = 14\,938\,887$(美元)
c. $PV = C/(r-g) = 2\,000\,000/(0.12 - 0.03) = 22\,222\,222$(美元)
d. $PV = C \times \{[1/(r-g)] - [(1+g)^t/(r-g) \times (1+r)^t]\}$
$= 2\,000\,000 \times \{[1/(0.12 - 0.03)] - \{(1+0.03)^{20}/[(0.12 - 0.03)$
$\times (1+0.12)^{20}]\}\} = 18\,061\,473$(美元)

36. **分期摊还贷款** 假定你借 200 000 美元住房抵押贷款 20 年,购买一间公寓,利率为 6%,每年年底偿还。

a. 每年偿还额是多少?
b. 做一个与表 2-1 类似的住房抵押贷款分期摊还表,列出利息支付、本金摊还额和每年年末的贷款余额。
c. 第 1 年的还款额中利息占比是多少?最后一次还款额中的利息占比是多少?10 年后贷款占的比例是多少?为什么还掉的部分少于一半?

参考答案:

a. $PV = C \times \{1/r - 1/[r(1+r)^t]\}$
$C = PV/\{1/r - 1/[r(1+r)^t]\}$
$= 200\,000/\{1/0.06 - 1/[0.06 \times (1+0.06)^{20}]\} = 17\,436.91$(美元)

b. 贷款分期摊还表如下:

(单位:美元)

年	年初余额	年末利息	年末总还款额	本金摊还额	年末贷款余额
1	200 000.00	12 000.00	17 436.91	5 436.91	194 563.09
2	194 563.09	11 673.79	17 436.91	5 763.13	188 799.96
3	188 799.96	11 328.00	17 436.91	6 108.91	182 691.05
4	182 691.05	10 961.46	17 436.91	6 475.45	176 215.60
5	176 215.60	10 572.94	17 436.91	6 863.98	169 351.63
6	169 351.63	10 161.10	17 436.91	7 275.81	162 075.81
7	162 075.81	9 724.55	17 436.91	7 712.36	154 363.45
8	154 363.45	9 261.81	17 436.91	8 175.10	146 188.34
9	146 188.34	8 771.30	17 436.91	8 665.61	137 522.73
10	137 522.73	8 251.36	17 436.91	9 185.55	128 337.19

(续)

年	年初余额	年末利息	年末总还款额	本金摊还额	年末贷款余额
11	128 337.19	7 700.23	17 436.91	9 736.68	118 600.51
12	118 600.51	7 116.03	17 436.91	10 320.88	108 279.62
13	108 279.62	6 496.78	17 436.91	10 940.13	97 339.49
14	97 339.49	5 840.37	17 436.91	11 596.54	85 742.95
15	85 742.95	5 144.58	17 436.91	12 292.33	73 450.61
16	73 450.61	4 407.04	17 436.91	13 029.87	60 420.74
17	60 420.74	3 625.24	17 436.91	13 811.67	46 609.07
18	46 609.07	2 796.54	17 436.91	14 640.37	31 968.71
19	31 968.71	1 918.12	17 436.91	15 518.79	16 449.92
20	16 449.92	986.99	17 436.91	16 449.92	0.00

c. 第 1 期支付中利息占比 = 第 1 期支付的利息 / 第 1 期总支付
$$= (0.06 \times 200\,000) / 17\,436.91 = 68.82\%$$
最后一期支付中利息占比 = 第 20 期利息 / 总支付 = $986.99 / 17\,436.91 = 5.66\%$
10 年后的贷款余额为：
$$PV_{10} = C \times \{1/r - 1/[r(1+r)^t]\}$$
$$= 17\,436.91 \times \{1/0.06 - 1/[0.06 \times 1.06^{10}]\} = 128\,337.19(\text{美元})$$
已偿还的贷款占比 = (贷款额 $- PV_{10}$) / 贷款额 = $(200\,000 - 128\,337.19) / 200\,000$
$$= 35.83\%$$
还掉的部分之所以少于一半，是因为还款额中利息所占比例比较高。

挑战题

37. **将来值和连续复利** 下面是两条经验法则。"72 法则"是说离散复利下一项投资价值翻倍所需的年数大约为 72/利率(以 1% 为单位)。"69 法则"是说连续复利下一项投资价值翻倍所需的年数大约为 69.3/利率(以 1% 为单位)。

    a. 如果年复利率为 12%，利用"72 法则"粗略计算投资翻倍所需的时间，然后再进行精确的计算。

    b. 你能证明"69 法则"吗？

    参考答案：

    a. 利用"72 法则"进行粗略计算：
    翻倍所需年数 = $72/r = 72/12 = 6$
    翻倍所需精确时间：
    $$C_t = PV \times (1+r)^t$$
    $t = \ln2 / \ln1.12 = 6.12$

    b. 在时期 t 内连续复利率 r 下：
    $e^{rt} = 2$
    $rt = \ln2$

解出 t：

$rt = 0.693$

$t = 0.693/r$

若 r 以 1% 为单位，则 $t = 69.3/r$

38. **年金** 利用 Excel 做一个年金表格，给出不同利率和年份下的年金因子。

    参考答案：
    选择的利率不同，答案不同。

39. **下降的永续年金和年金** 你拥有一条输油管道，明年将产生 200 万美元的现金收入。输油管道的运营成本可以忽略不计，而且未来很长时间都可以忽略。不幸的是，石油运输量在下降，预期现金收入将以每年 4% 的速度下降。贴现率为 10%。

    a. 如果现金流可以永远持续下去，输油管道产生的现金流的现值是多少？

    b. 如果输油管道 20 年后废弃不用，那么现金流的现值是多少？

    参考答案：

    a. $PV = C/(r-g) = 2\,000\,000/[0.10 - (-0.04)] = 14\,285\,714$（美元）

    b. $PV_{20} = C_{21}/(r-g)$

    $\quad\quad\quad = \{2\,000\,000 \times [1+(-0.04)]^{20}\}/[0.10-(-0.04)] = 6\,314\,320$（美元）

    $PV_{CF1-20} = PV - PV_{20}/(1+r)^{20} = 14\,285\,714 - 6\,314\,320/1.10^{20} = 13\,347\,131$（美元）

第 3 章 评估债券价值

基础题

1. **价格和收益率** 一只 10 年期国债正在发行中,面值 1 000 美元,每年支付 60 美元的利息。如果这只债券发行后不久到期收益率就升高了,债券的:
   a. 息票利率　　　　　　b. 价格　　　　　　c. 到期收益率
   各发生怎样的变化?
   参考答案:
   a. 不变。息票利率是在发行时设定的。
   b. 价格下降。到期收益率和价格是反向关系。
   c. 到期收益率上升。由于价格下跌,债券的到期收益率将上升。

2. **价格和收益率** 以下说法是正确的,解释为什么。
   a. 债券的息票利率高于到期收益率,债券的价格比面值高。
   b. 债券的息票利率低于到期收益率,债券的价格随到期时间减少而升高。
   参考答案:
   a. 如果息票利率高于到期收益率,那么投资者一定预期债券的资本价值会在其剩余期限内下降。因此,债券的价格一定高于其面值。
   b. 反之,如果到期收益率大于息票利率,则价格将低于票面价值。到期日,价格将上涨,等于面值。

3. **价格和收益率** 2015 年 2 月,国债 "2041,$4\frac{3}{4}$s" 半年复利的到期收益率为 2.70%,债券半年付息,计算该债券的价格。
   参考答案:
   半年付息一次的贴现率 = 0.027/2 = 0.013 5 = 1.35%
   期数 = (2 041 − 2 015) × 2 = 52

$$PV = [(0.0475 \times 1000)/2] \times \{1/0.0135 - 1/[0.0135 \times (1 + 0.0135)^{52}]\}$$
$$+ 1000/(1 + 0.0135)^{52}$$
$$= 1381.20(美元)$$

4. **价格和收益率** 一只10年期德国国债，面值100欧元，息票利率5%，每年付息一次。假设欧元年利率等于6%，该债券的现值是多少？

   参考答案：
   $$PV = (0.05 \times 100) \times \{1/0.06 - 1/[0.06 \times (1 + 0.06)^{10}]\} + 100/(1 + 0.06)^{10}$$
   $$= 92.64(欧元)$$

5. **价格和收益率** 自创简单的例子，回答下列问题：
   a. 利率上升，债券价格上升还是下降？
   b. 债券到期收益率高于息票利率，其价格高于还是低于100？
   c. 债券价格超过100，到期收益率高于还是低于息票利率？
   d. 息票利率高的债券，与息票利率低的债券相比，价格更高还是更低？
   e. 利率变化时，高息票利率的债券，与低息票利率的债券相比，价格变动幅度更大还是更小？

   参考答案：
   a. 下降。假设息票利率为10%的1年期债券。如果利率是10%，债券价值为110/1.1 = 100美元。如果利率上升到15%，债券价值为110/1.15 = 95.65(美元)。
   b. 低于100。a中的例子，如果债券的到期收益率为15%，但息票利率为10%，债券的价格低于100美元。
   c. 低于息票利率。如果息票利率为10%的1年期债券的价格为104.76美元，那么到期收益率为(110 - 104.76)/104.76 = 5%。
   d. 更高。如果 $r = 10\%$，息票利率为10%的1年期债券价值110/1.1 = 100(美元)，而息票利率为8%的1年期债券价值108/1.1 = 98.18(美元)。
   e. 高息票利率的债券价格变动幅度更小。低息票利率债券有更长的久期(除非到期时间只有一期)，因此更不稳定。比如，如果利率从10%下降到5%，息票利率10%的2年期附息债券的价值从100美元上升到109.30美元，增长了9.3%。息票利率5%的2年期附息债券的价值从91.32美元上升到100美元，增长了9.5%。

6. **即期利率和收益率** 对美国国债来说，下面哪个发生在前面？
   a. 即期利率还是到期收益率？　　　b. 债券价格还是到期收益率？

   参考答案：
   a. 即期利率。到期收益率是各个即期利率的复合平均。
   b. 债券价格。债券价格由债券的现金流和即期利率决定。一旦你知道了债券的价格和债券的现金流，就可以计算出到期收益率。

7. **即期利率和收益率** 见表3-5，假设所有的即期利率都变为4%，即利率期限结构是

"平坦"的。

a. 表中每只债券的到期收益率变为多少？

b. 重新计算债券 A 的价格。

参考答案：

a. 4%。每只债券的到期收益率都相同。

b. $PV = 80/1.04 + 1\,080/1.04^2 = 1\,075.44$（美元）

8. **即期利率和收益率** 假设息票按年支付。
   a. 2 年期债券，息票利率 5%，用即期利率表示，计算该债券价值的公式是什么？
   b. 用到期收益率表示，计算该债券价值的公式是什么？
   c. 如果 2 年期即期利率高于 1 年期即期利率，该债券的到期收益率高于还是低于 2 年期即期利率？

参考答案：

a. $PV = (0.05 \times 1\,000)/(1 + r_1) + (0.05 \times 1\,000 + 1\,000)/(1 + r_2)^2$

b. $PV = (0.05 \times 1\,000)/(1 + y) + (0.05 \times 1\,000 + 1\,000)/(1 + y)^2$

c. 低于 2 年期即期利率。它介于 1 年期即期利率和 2 年期即期利率之间。

9. **度量期限结构** 2012 年 2 月，一组美国剥离国债如下表所示，每只剥离债券到期都支付 1 000 美元面值。
   a. 计算各期限的按年复利的即期利率；
   b. 期限结构向上倾斜、向下倾斜还是平坦的？
   c. 2017 年 2 月到期的附息债券的收益率，与 2014 年剥离债券的收益率相比，是更高还是更低？

到期时间	价格(%)	到期时间	价格(%)
2014 年 2 月	99.523	2016 年 2 月	97.904
2015 年 2 月	98.937	2017 年 2 月	96.034

参考答案：

a. 2 年期即期利率：$r_2 = (100/99.523)^{0.5} - 1 = 0.24\%$

   3 年期即期利率：$r_3 = (100/98.937)^{1/3} - 1 = 0.36\%$

   4 年期即期利率：$r_4 = (100/97.904)^{0.25} - 1 = 0.53\%$

   5 年期即期利率：$r_5 = (100/96.034)^{0.2} - 1 = 0.81\%$

b. 向上倾斜。

c. 更高。债券的收益率是各个期限即期利率的复合平均。

10. **债券持有期收益率和到期收益率**
    a. 息票利率 8% 的 5 年期债券，收益率 6%。如果到期收益率保持不变，1 年后该债券的价格是多少？假设息票按年支付，本金 100 美元。
    b. 投资者持有该债券 1 年的总收益率是多少？

c. 债券在一段时期的收益率，与这段时间开始和结束时债券的到期收益率，存在某种关系，你能推断出来什么关系吗？

参考答案：

a. $PV_0 = (0.08 \times 100) \times \{1/0.06 - 1/[0.06 \times (1+0.06)^5]\} + 100/1.06^5$
$= 108.42$（美元）

$PV_1 = (0.08 \times 100) \times \{1/0.06 - 1/[0.06 \times (1+0.06)^4]\} + 100/1.06^4$
$= 106.93$（美元）

1 年后该债券的价格为 106.93 美元。

b. 投资者持有该债券 1 年的总收益率 $= (0.08 \times 100 + 106.93 - 108.42)/108.42 = 0.06 = 6\%$

c. 如果债券的到期收益率在此期间不变，那么债券持有者的年收益率等于到期收益率。

11. **久期** 判断正误，并解释。
    a. 到期时间更长的债券，其久期也必然更长；
    b. 债券的久期越长，其波动率越低；
    c. 其他条件相同，债券的息票利率越低，波动性越高；
    d. 利率上升，债券久期也增加。

    参考答案：
    a. 错误。久期不仅跟到期时间有关，还跟息票有关。
    b. 错误。到期收益率给定的情况下，波动率与久期成比例。
    c. 正确。其他条件相同，较低的息票利率意味着更长的久期和更高的波动性。
    d. 错误。利率上升，最晚偿还的本金的相对现值下降，债券的久期下降。

12. **久期** 计算证券 A、B 和 C 的久期和波动率，其现金流如下所示，利率为 8%。

	时期 1	时期 2	时期 3
A	40	40	40
B	20	20	120
C	10	10	110

参考答案：

	年	C_t	$PV(C_t)$	与总价值的比（权重）	权重×时间	波动率 = 久期/(1+r)
$r=8\%$						
证券 A	1	40	37.04	0.3593	0.3593	
	2	40	34.29	0.3327	0.6654	
	3	40	31.75	0.3080	0.9241	
	总 PV		103.08	1.0000	久期 = 1.9487	1.80

	年	C_t	$PV(C_t)$	与总价值的比（权重）	权重×时间	（续） 波动率＝ 久期/(1+r)
$r=8\%$						
证券 B	1	20	18.52	0.1414	0.1414	
	2	20	17.15	0.1310	0.2619	
	3	120	95.26	0.7276	2.1828	
	总 PV		130.93	1.0000	久期＝ 2.5861	2.39
证券 C	1	10	9.26	0.0881	0.0881	
	2	10	8.57	0.0815	0.1631	
	3	110	87.32	0.8304	2.4912	
	总 PV		105.15	1.0000	久期＝ 2.7424	2.54

13. **期限结构理论** 1年期即期利率 $r_1=5\%$，2年期即期利率 $r_2=6\%$。假如预期理论成立，预期1年之后的1年期利率是多少？

    参考答案：
    1年后的1年期利率 $=1.06^2/1.05-1=0.0701=7.01\%$

14. **实际利率** 2年期利率是10%，预期通胀率是5%。
    a. 预期实际利率是多少？
    b. 如果预期通胀率突然提高到7%，根据费雪理论，实际利率如何变化？名义利率呢？

    参考答案：
    a. $r=1.10/1.05-1=4.76\%$
    b. 实际利率不变。名义利率增加到：
    $$r_{名义}=1.0476\times1.07-1=12.10\%$$

进阶题

15. **价格和收益率** 以下3只债券都是10年期债券：

债券息票(%)	价格(%)
2	81.62
4	98.39
8	133.42

    如果息票按年支付，哪只债券的到期收益率最高？哪只债券的到期收益率最低？哪只债券的久期最长？哪只债券的久期最短？

    参考答案：
    利用 Excel，得到：

债券 1 的到期收益率(YTM) = 4.30%
债券 2 的 YTM = 4.20%
债券 3 的 YTM = 3.90%
债券 1 的久期 = 9.05
债券 2 的久期 = 8.42
债券 3 的久期 = 7.65

16. **价格和收益率**　10 年期美国国债，面值 1 000 美元，息票利率 5.5%（每半年支付的利息为面值的 2.75%）。公告的到期收益率为 5.2%（半年贴现率 5.2%/2 = 2.6%）。

    a. 债券的现值是多少？
    b. 画图或者列表，说明半年复利利率（半年贴现率）在 1% ~ 15% 变化时，债券现值的变化。

    参考答案：
    a. $PV = (0.027\ 5 \times 1\ 000) \times \{1/0.026 - 1/[0.026 \times (1 + 0.026)^{10 \times 2}]\} + 1\ 000/(1 + 0.026)^{10 \times 2}$
    　　 = 1 023.16（美元）

    b.

到期收益率	债券的 PV（美元）	到期收益率	债券的 PV（美元）
1%	1 427.22	9%	772.36
2%	1 315.80	10%	719.60
3%	1 214.60	11%	671.36
4%	1 122.64	12%	627.23
5%	1 038.97	13%	586.81
6%	962.81	14%	549.75
7%	893.41	15%	515.76
8%	830.12		

17. **价格和收益率**　6 年期国债，息票利率 5%，年复利收益率 3%，假设 1 年后，债券的收益率仍为 3%。那么在这一年中债券投资者的收益率是多少？假设 1 年后收益率为 2%，在这一年中债券投资者的收益率又是多少？

    参考答案：
    假设债券面值为 1 000 美元。
    该债券现在的价格为：
    $P_0 = (0.05 \times 1\ 000) \times \{1/0.03 - 1/[0.03 \times (1 + 0.03)^6]\} + 1\ 000/(1 + 0.03)^6$
    　　 = 1 108.34（美元）
    如果 1 年后债券的收益率仍为 3%，那么 1 年后债券的价格为：
    $P_1 = (0.05 \times 1\ 000) \times \{1/0.03 - 1/[0.03 \times (1 + 0.03)^5]\} + 1\ 000/(1 + 0.03)^5$
    　　 = 1 091.59（美元）
    债券投资者在这一年的收益率为：
    $r = (0.05 \times 1\ 000 + 1\ 091.59 - 1\ 108.34)/1\ 108.34 = 3\%$

如果 1 年后收益率为 2%，那么 1 年后债券的价格为：

$P_1 = (0.05 \times 1\,000) \times \{1/0.02 - 1/[0.02 \times (1+0.02)^5]\} + 1\,000/(1+0.02)^5$
$= 1\,141.40$（美元）

债券投资者在这一年的收益率为：

$r = (0.05 \times 1\,000 + 1\,141.40 - 1\,108.34)/1\,108.34 = 7.49\%$

18. **即期利率和收益率** 6% 的 6 年期债券，收益率为 12%；10% 的 6 年期债券，收益率为 8%。计算 6 年期即期利率。（提示：如果投资 1.2 份 10% 债券，现金流是怎样的呢？）

    参考答案：
    关键是要找到两个债券的投资组合，这个资产组合只有在 $t=6$ 时才有现金流。知道投资组合的价格和在时间点 $t=6$ 时的现金流，我们就可以计算 6 年期的即期利率。首先确定每个债券的现金流，利用收益率来计算债券当前的价格。

投资	收益率	C_1	...	C_5	C_6	价格（美元）
6% 债券	12%	60	...	60	1 060	753.32
10% 债券	8%	100	...	100	1 100	1 092.46

    从第 1 年到第 5 年的现金流我们可以知道，2 份 6% 的债券的年现金流相当于 1.2 份 10% 债券的现金流，用 2 份 6% 的债券减去 1.2 份 10% 的债券，可以得到仅在第 6 年才有现金流的资产。这个资产组合的成本为：
    $753.32 \times 2 - 1.2 \times 1\,092.46 = 195.68$
    这个投资组合的现金流在 1~5 年期间都等于 0。在第 6 年，组合的现金流为：
    $1\,060 \times 2 - 1.2 \times 1\,100 = 800$
    因此有：
    $195.68 \times (1+r_6)^6 = 800$
    $r_6 = 26.45\%$

19. **即期利率和收益率** 期限结构向上倾斜的时候，还是向下倾斜的时候，高息票债券的收益率可能比低息票债券的收益率高？请解释一下。

    参考答案：
    期限结构向下倾斜的时候，高息票债券的收益率可能比低息票债券的收益率高。这是因为在早期，高息票债券提供了更大比例的现金流。从本质上讲，相比同等期限的低息债券，高息票债券是一种"较短"期限的债券。

20. **即期利率和收益率** 你已经估计出即期利息，如下：
    $r_1 = 5.00\%$，$r_2 = 5.40\%$，$r_3 = 5.70\%$，$r_4 = 5.90\%$，$r_5 = 6.00\%$
    a. 每个时期的贴现因子分别是多少（也就是说，第 t 年支付的 1 美元的现值）？
    b. 计算下列债券的现值，假设面值为 1 000 美元，息票利率：（ⅰ）5%，2 年期；（ⅱ）5%，5 年期；（ⅲ）10%，5 年期

c. 10%债券的到期收益率比5%债券的到期收益率低,直观地解释一下为什么。

d. 5年期零息票债券的到期收益率应该是多少?

e. 5年年金的正确的到期收益率是5.75%,请解释一下。

f. 问题c中所说的两只5年期债券的收益率,一定在5年期零息票债券的收益率和5年年金的收益率之间,直观地解释一下为什么。

参考答案:

a.

年	贴现因子	年	贴现因子
1	$1/1.05 = 0.952$	4	$1/(1.059)^4 = 0.795$
2	$1/(1.054)^2 = 0.900$	5	$1/(1.060)^5 = 0.747$
3	$1/(1.057)^3 = 0.847$		

b. (ⅰ) 5%,2年期

$PV = 50/1.05 + 1\,050/1.054^2 = 992.79 (美元)$

(ⅱ) 5%,5年期

$PV = 50/1.05 + 50/1.054^2 + 50/1.057^3 + 50/1.059^4 + 1\,050/1.060^5$
$= 959.34 (美元)$

(ⅲ) 10%,5年期

$PV = 100/1.05 + 100/1.054^2 + 100/1.057^3 + 100/1.059^4 + 1\,100/1.060^5$
$= 1\,171.43 (美元)$

c. 首先,我们分别计算这两个债券的收益率。

对于5%的债券,就是求解下面方程中的r:

$959.34 = 50/(1+r) + 50/(1+r)^2 + 50/(1+r)^3 + 50/(1+r)^4 + 1\,050/(1+r)^5$

$r = 5.964\%$

同样,对于10%的债券:

$1\,171.43 = 100/(1+r) + 100/(1+r)^2 + 100/(1+r)^3 + 100/(1+r)^4 + 1\,100/(1+r)^5$

$r = 5.937\%$

债券的收益率取决于息票和支付息票的即期利率。当利率较低时,相比5%的债券,10%的债券总支付中有较大比例发生在早期。因此,10%债券的收益率略低。

d. 5年期零息债券的到期收益率即5年即期利率,为6.0%。

e. 首先,我们计算5年年金的价格,假设每年支付1美元:

$PV = 1/1.05 + 1/1.054^2 + 1/1.057^3 + 1/1.059^4 + 1/1.060^5 = 4.241\,7 (美元)$

现在,我们计算年金的到期收益率:

$4.241\,7 = 1/(1+r) + 1/(1+r)^2 + 1/(1+r)^3 + 1/(1+r)^4 + 1/(1+r)^5$

$r = 5.75\%$

f. 5年期债券的收益率在5年期零息债券收益率和5年期年金收益率之间,因为附息债券的现金流介于这两种金融工具的现金流之间。也就是说,年金是固定的等额支付,零息债券只有期末一笔支付。债券的支付是年金和零息债券的组合。

21. **久期** 计算表 3-2 中 3% 债券的久期和修正久期。可以遵从表 3-4 的步骤。证明修正久期可以近似预测 1% 的利率变动对债券价格的影响。

参考答案：

利用如下和表 3-4 类似的表计算久期：

年份	1	2	3	4	5	6	7	总计
现金流（美元）	30	30	30	30	30	30	1 030	
4% 贴现率下的 $PV(C_t)$（美元）	28.846	27.737	26.670	25.644	24.658	23.709	782.715	939.979
在总价值中占比 $[PV(C_t)/PV]$	0.031	0.030	0.028	0.027	0.026	0.025	0.833	1.000
年份 × 在总价值中占比	0.031	0.059	0.085	0.109	0.131	0.151	5.829	
久期（年）								6.395

根据上表计算，久期是 6.395 年。

修正久期（或波动率）为 $6.395/(1+0.04) = 6.15$

3% 的附息债券在利率为 3.5% 和 4.5% 时的价格分别为 969.43 美元和 911.61 美元，价格变动为 57.82 美元，价格变动是债券在 4% 贴现率下价值的 6.15%。变动的百分比 = 1% 的贴现率变化 × 修正久期。

22. **久期** 在 Connect 中找到表 3-4 的电子表格，如果（a）债券的息票为面值的 8%；（b）债券的收益率为 6%，说明久期和波动率如何变化。解释你的发现。

参考答案：

a. 当息票利率由 9% 变为 8% 时，计算债券久期的过程如下表所示：

年份	1	2	3	4	5	6	7	总计
现金流（美元）	80	80	80	80	80	80	1 080	
4% 贴现率下的 $PV(C_t)$（美元）	76.923	73.964	71.120	68.384	65.754	63.225	820.711	1 240.08
在总价值中占比 $[PV(C_t)/PV]$	0.062	0.060	0.057	0.055	0.053	0.051	0.662	1.000
年份 × 在总价值中占比	0.062	0.119	0.172	0.221	0.265	0.306	4.633	
久期（年）								5.778

息票支付减少将会增加债券的久期，因为债券的息票利率为 8% 时，久期为 5.778 年。

根据表 3-4，债券的修正久期（波动率）在 8% 息票利率时为 $5.778/1.04 = 5.556$。因此，如果息票利率下降，债券的修正久期（波动性）降低。

b. 息票利率为 9% 的债券，如果收益率从 4% 上涨到 6%，久期计算如下：

年份	1	2	3	4	5	6	7	总计
现金流(美元)	90	90	90	90	90	90	1 090	
6%贴现率下的 $PV(C_t)$(美元)	84.906	80.100	75.566	71.288	67.253	63.446	724.912	1 167.47
在总价值中占比$[PV(C_t)/PV]$	0.073	0.069	0.065	0.061	0.058	0.054	0.621	1.000
年份×在总价值中占比	0.073	0.137	0.194	0.244	0.288	0.326	4.346	
久期(年)								5.609

到期收益率与久期是反向关系。当收益率从4%上升到6%时，久期略有下降。修正久期(波动率)：5.609/1.06 = 5.291。这表明，收益率上升时，修正久期(波动率)下降。

23. **久期** 永续债券每年等额支付，且永远持续下去，其久期为(1+收益率)/收益率。如果收益率都为5%，永续债券和15年期零息债券，哪个久期更长？如果收益率为10%呢？

    参考答案：

    永续债券的久期为(1+收益率)/收益率，即$(1+y)/y$。

    收益率为5%的永续债券的久期为：$D_5 = 1.05/0.05 = 21$

    收益率为10%的永续债券的久期为：$D_{10} = 1.10/0.10 = 11$

    因为零息债券的久期等于其到期期限，所以，15年期零息债券的久期为15年。

    因此，比较5%的永续债券和15年期零息债券，5%的永续债券的久期更长。对比10%的永续债券和15年期零息债券，零息债券的久期更长。

24. **价格和收益率** 选择息票不同、到期时间不同的10只美国国债，计算收益率提高1个百分点时债券价格的变动。长期债券还是短期债券受收益率变动的影响最大？高息票债券还是低息票债券受收益率变动的影响最大？（假设息票按年支付。）

    参考答案：

    有不同答案。一般来说，收益率的变化对长期债券和低息票债券的影响最大。

25. **即期利率和收益率** 见表3-5。假设即期利率变为如下向下倾斜的期限结构：r_1 = 4.60%，r_2 = 4.40%，r_3 = 4.20%，r_4 = 4.00%。重新计算表中每只债券的贴现因子、价格和到期收益率。

    参考答案：

    新的计算结果如下表：

	1	2	3	4	债券价格 (PV)	到期收益率 (%)
即期利率(%)	4.60	4.40	4.20	4.00		
贴现因子	0.956 0	0.917 5	0.883 9	0.854 8		

（续）

	1	2	3	4	债券价格 （PV）	到期收益率 （%）
债券 A（息票 8%）：						
现金流（C_t）	80	1 080				
$PV(C_t)$	76.48	990.88			1 067.37	4.407%
债券 B（息票 8%）：						
现金流（C_t）	80	80	1 080			
$PV(C_t)$	76.48	73.40	954.60		1 104.48	4.219%
债券 C（息票 8%）：						
现金流（C_t）	80	80	80	1 080		
$PV(C_t)$	76.48	73.40	70.71	923.19	1 143.78	4.036%

26. **即期利率和收益率** 即期利率如第 25 题。假设有人告诉你 5 年期即期利率为 2.5%，你为什么不相信他？如果他是对的，你如何利用这个来赚钱？合理的 5 年期即期利率的最小值是多少？

    参考答案：
    我们可以贷款，5 年后偿还 1 000 美元，贷款利率 2.5%，同时买入 4 年期息票利率为 4% 的剥息债券。我们可能不知道最后一年我们能赚多少利息，但我们可以把它放在床垫下，一分钱利息都不赚。贷款到期时还清贷款。
    使用第 25 题的信息，剥息债券的成本为 $1\,000 \times 0.854\,8 = 854.80$（美元）。2.5% 的贷款本金 $= 1\,000/(1.025)^5 = 883.85$（美元）。我们把 29.05 美元的差额装起来，开心地重复做。
    5 年期即期利率的最小合理值是令 5 年期贴现因子等于 4 年期的贴现因子，即假设第 5 年的利率为零。我们可以用方程 $1/(1+r)^5 = 0.854\,8$ 解出利率 r。此时该利率 r 约为 3.19%。

27. **期限结构理论** 即期利率如第 25 题。如果分别发生以下情况：
    a. 期限结构的预期理论正确； b. 长期债券投资有额外的风险。
    你推断出 3 年以后的 1 年期即期利率是多少？

    参考答案：
    a. 假设投资额为 100 美元，则有：
       投资 3 年：$100 \times (1 + 0.042)^3 = 113.137$（美元）
       投资 4 年：$100 \times (1 + 0.04)^4 = 116.986$（美元）
       3 年后的 1 年期即期利率为：
       $(116.986 - 113.137)/113.137 = 0.034 = 3.4\%$
    b. 如果投资长期债券要承担额外的风险，那么 3 年后的 1 年期即期利率的风险均衡利率就会低于 3.4%。这反映了这样一个事实：3.4% 的即期利率一定包含了某些风险溢价。

28. **名义和实际收益率** 假如你以面值购买了一只2年期的8%的债券。
   a. 如果第1年通胀率为3%，第2年通胀率为5%，这两年债券投资的名义收益率是多少？实际收益率呢？
   b. 现在假设这个债券是通货膨胀指数债券（TIPS），你这两年的实际和名义收益率分别是多少？

   参考答案：
   a. 2年债券投资的名义收益率 = $1.08^2 - 1 = 0.1664 = 16.64\%$
   2年投资的实际收益率 = $(1.08/1.03) \times (1.08/1.05) - 1 = 0.0785 = 7.85\%$
   b. 2年债券投资的实际收益率 = $1.08^2 - 1 = 0.1664 = 16.64\%$
   2年名义收益率 = $(1.08 \times 1.03) \times (1.08 \times 1.05) - 1 = 0.2615 = 26.15\%$

29. **债券评级** 债券评级是其价格的指引，2015年年初我们写作本书时，Aaa债券的收益率为3.4%，Baa债券的收益率为4.4%。如果5年期10%债券受负面消息影响，评级出人意料地从Aaa降为Baa，这对债券价格有何影响？（假设息票按年支付。）

   参考答案：
   5年期10%债券评级为Aaa时的价格：
   $PV = (0.10 \times 1000) \times \{1/0.034 - 1[0.034 \times (1 + 0.034)^5]\} + 1000/1.034^5$
   $= 1298.84(美元)$
   评级下降为Baa后，价格变为：
   $PV = (0.10 \times 1000) \times \{1/0.044 - 1/[0.044 \times (1 + 0.044)^5]\} + 1000/1.044^5$
   $= 1246.53(美元)$

30. **价格和收益率** 如果债券的到期收益率不变，债券每年的收益率都将等于到期收益率。用一个4年期溢价债券的例子来证明这一点。用一个4年期折价债券的例子，同样证明这一点。为简单起见，假设息票按年支付。

   参考答案：
   假设4年期3%息票债券的YTM是2%，当前债券价格为：
   $PV = (0.03 \times 1000) \times \{1/0.02 - 1/[0.02 \times (1 + 0.02)^4]\} + 1000/(1 + 0.02)^4$
   $= 1038.08(美元)$
   如果债券的YTM保持不变，1年后债券的出售价格为：
   $PV = (0.03 \times 1000) \times \{1/0.02 - 1/[0.02 \times (1 + 0.02)^3]\} + 1000/(1 + 0.02)^3$
   $= 1028.84(美元)$
   这一年的收益率：
   $r = (30 + 1028.84 - 1038.08)/1038.08 = 0.02 = 2\%$
   与YTM相等。
   假设4年期3%息票债券的YTM是4%，当前债券价格为：
   $PV = (0.03 \times 1000) \times \{1/0.04 - 1/[0.04 \times (1 + 0.04)^4]\} + 1000/(1 + 0.04)^4$
   $= 963.70(美元)$
   如果债券的YTM保持不变，1年后债券的出售价格为：

$$PV = (0.03 \times 1\,000) \times \{1/0.04 - 1/[0.04 \times (1+0.04)^3]\} + 1\,000/(1+0.04)^3$$
$$= 972.25(美元)$$

这一年的收益率：
$r = (30 + 972.25 - 963.70)/963.70 = 4\%$
等于 YTM。

挑战题

31. **价格和收益率** 设计电子表格程序，生成一系列债券的表格，在给定息票利率、到期时间和到期收益率的情况下，给出债券的现值。假设息票半年支付一次，收益率按半年复利。

    参考答案：
    有不同答案。

32. **价格和即期利率** 找到套利机会(有机会吗)。为简单起见，假设息票按年支付，每只债券的面值都是 1 000 美元。

债券	到期时间(年)	息票(美元)	价格(美元)	债券	到期时间(年)	息票(美元)	价格(美元)
A	3	0	751.30	E	3	140	1 120.12
B	4	50	842.30	F	3	70	1 001.62
C	4	120	1 065.28	G	2	0	834.00
D	4	100	980.57				

    参考答案：
    通过识别隐含远期利率或即期利率的不同，可以找到套利机会。
    我们从最短期限的债券 G 开始，它的到期期限是 2 年。由于 G 是零息债券，可以直接得到 2 年期即期利率，收益率为 9.5%，因此隐含的 2 年期即期利率(r_2)为 9.5%。用同样的方法，利用债券 A 得到 3 年的即期利率(r_3)是 10.0%。
    接下来，我们用债券 B 和 D 来寻找 4 年期的即期利率。我们用两份债券 B 多头和一份债券 D 空头构成一个债券组合，仅在第 4 年提供现金流。该组合的现金流情况如下：
    现在：$(-2 \times 842.30) + 980.57 = -704.03$
    第 1 年、第 2 年和第 3 年：$2 \times 50 - 100 = 0$
    第 4 年：$2 \times 1\,050 - 1\,100 = 1\,000$
    通过下面的等式就可以确定 4 年期即期利率：
    $$704.03 = \frac{1\,000}{(1+r_4)^4}$$
    $r_4 = 9.17\%$
    下面通过 r_2、r_3 和 r_4 用其中一个 4 年期附息债券来找到 r_1。
    对债券 C：
    $1\,065.28 = 120/(1+r_1) + 120/1.095^2 + 120/1.100^3 + 1\,120/1.091\,7^4$
    $r_1 = 38.67\%$

现在，为了确定是否存在套利机会，我们利用这些即期利率来评估剩下的两个 4 年期债券。计算的结果如下：对于债券 B，现值是 854.55 美元；对于债券 D，现值是 1 005.07 美元。由于这两个价值都不等于各自债券的当前市场价格，因此存在套利机会。类似地，根据上述的即期利率，可以得出两只 3 年期债券的价值，债券 E 的 1 074.22 美元和债券 F 的 912.77 美元。

33. **久期** 以永续年金形式每年支付等额息票的债券，其久期为 (1 + 收益率)/收益率。证明这个结论。

    参考答案：

    以收益率为 r、每年年金支付为 C 的永续债券为例，从久期的定义开始：

    $$\text{Dur} = \frac{\dfrac{1C}{1+r} + \dfrac{2C}{(1+r)^2} + \dfrac{3C}{(1+r)^3} + \cdots + \dfrac{tC}{(1+r)^t} + \cdots}{\dfrac{C}{1+r} + \dfrac{C}{(1+r)^2} + \dfrac{C}{(1+r)^3} + \cdots + \dfrac{C}{(1+r)^t} + \cdots}$$

    我们把分子、分母同时除以 C：

    $$\text{Dur} = \frac{\dfrac{1}{(1+r)} + \dfrac{2}{(1+r)^2} + \dfrac{3}{(1+r)^3} + \cdots + \dfrac{t}{(1+r)^t} + \cdots}{\dfrac{1}{1+r} + \dfrac{1}{(1+r)^2} + \dfrac{1}{(1+r)^3} + \cdots + \dfrac{1}{(1+r)^t} + \cdots}$$

    分母是每年 1 美元的永续年金的现值，等于 $(1/r)$。为了简化分子，我们先用 S 表示分子，然后除以 $(1+r)$：

    $$\frac{S}{(1+r)} = \frac{1}{(1+r)^2} + \frac{2}{(1+r)^3} + \frac{3}{(1+r)^4} + \cdots + \frac{t}{(1+r)^{t+1}} + \cdots$$

    注意，这个新的量 $[S/(1+r)]$ 等于上面的久期公式中分母的平方。

    $$\frac{S}{(1+r)} = \left(\frac{1}{1+r} + \frac{1}{(1+r)^2} + \frac{1}{(1+r)^3} + \cdots + \frac{1}{(1+r)^t} + \cdots \right)^2$$

    因此：

    $$\frac{S}{(1+r)} = \left(\frac{1}{r} \right)^2 \Rightarrow S = \frac{1+r}{r^2}$$

    因此，对于每年支付 C 美元的永续债券来说，其久期为：

    $$\text{Dur} = \frac{1+r}{r^2} \times \frac{1}{(1/r)} = \frac{1+r}{r}$$

34. **价格和即期利率** 以下国债隐含的即期利率是什么？为简单起见，假设债券按年支付息票。1 年期剥离债券的价格是 97.56%，4 年期的是 87.48%。

到期时间（年）	息票	价格（%）
5	2	92.89
5	3	97.43
3	5	105.42

参考答案：

求解 1 年期即期利率 r_1：

$97.56 = 100/(1 + r_1)$

$r_1 = 0.025 = 2.50\%$

求解 4 年期即期利率 r_4：

$87.48 = 100/(1 + r_4)^4$

$r_4 = 0.034 = 3.40\%$

求解 5 年期即期利率 r_5：

使用 1.5 份 2% 息票债券多头和一份 3% 的息票债券空头构成资产组合，资产组合在第 1~4 年的现金流对冲掉，可以解出 5 年期的即期利率 r_5：

$1.5 \times 928.90 - 974.30 = (1.5 \times 1\,020 - 1\,030)/(1 + r_5)^5$

$r_5 = 0.035\,955 = 3.595\,5\%$

求解 3 年期即期利率 r_3：

用 r_1、r_4 和 r_5 来计算 5 年期 2% 息票债券：

$928.90 = 20/1.025 + 20/(1 + r_2)^2 + 20/(1 + r_3)^3 + 20/1.034^4 + 1\,020/1.035\,955^5$

$37.03 = 20/(1 + r_2)^2 + 20/(1 + r_3)^3$ （1）

用 r_1 来计算 3 年期 5% 的息票债券：

$1\,054.20 = 50/1.025 + 50/(1 + r_2)^2 + 1\,050/(1 + r_3)^3$

$1\,005.42 = 50/(1 + r_2)^2 + 1\,050/(1 + r_3)^3$ （2）

（2）- （1）×2.5 可以求解出 r_3：

$1\,005.42 - 2.5 \times 37.03 = [1\,050 - (2.5 \times 20)]/(1 + r_3)^3$

$912.84 = 1\,000/(1 + r_3)^3$

$r_3 = 0.030\,9 = 3.09\%$

求解 r_2：

用 3 年期债券以及 r_1 和 r_3，来求解 r_2：

$1\,054.20 = 50/1.025 + 50/(1 + r_2)^2 + 1\,050/1.030\,9^3$

$46.932\,036 = 50/(1 + r_2)^2$

$r_2 = 0.032\,2 = 3.22\%$

因此，1~5 年的即期利率分别为 2.50%、3.22%、3.09%、3.40% 和 3.60%。

35. **价格和即期利率** 再次考察表 3-5。

   a. 假设知道债券价格，但不知道即期利率。解释如何计算即期利率。（提示：有 4 个未知的即期利率，需要 4 个等式。）

   b. 假设你可以大量买入债券 C，价格为 1 040 美元，而不是其均衡价格 1 076.20 美元。说明你如何不承担任何风险而赚到一大笔钱。

参考答案：

a. 我们可以用债券 A、债券 B、债券 C 的价值公式来建立 3 个方程：

对债券 A：$1\,076.19 = 80/(1+r_1) + 1\,080/(1+r_2)^2$
对债券 B：$1\,084.58 = 80/(1+r_1) + 80/(1+r_2)^2 + 1\,080/(1+r_3)^3$
对债券 C：$1\,076.20 = 80/(1+r_1) + 80/(1+r_2)^2 + 80/(1+r_3)^3 + 1\,080/(1+r_4)^4$

我们知道 $r_4 = 6\%$，我们把它代入最后一个方程。现在，我们有 3 个方程和 3 个未知数，可以用变量替换或线性规划来求解，得到 $r_1 = 3\%$、$r_2 = 4\%$ 和 $r_3 = 5\%$。

b. 我们将投资于价格被低估的债券 C，并以当前即期利率借钱来构建一个对冲头寸。例如，我们可以 1 年期利率 3% 借入 80 美元的现值，以 2 年期利率 4% 借入 80 美元的现值，以 3 年期利率 5% 借入 80 美元的现值，以 4 年期利率 6% 借入 1 080 美元的现值。当然，这些借款的总现值是 1 076.20 美元。现在我们以 1 040 美元购买债券 C，然后用债券的未来收益来偿还到期的贷款。我们可以把差价 36.20 美元装入口袋，从而不断地重复来赚更多的钱。

第4章 普通股的价值

基础题

1. **判断对错** 下面说法是对还是错？
   a. 同一风险级别的所有股票，提供同样的预期收益率，以此来决定价格。
   b. 股票的价值等于未来每股股利的现值。

   参考答案：
   a. 正确。这是完善的资本市场的均衡条件。特定风险级别的所有股票必须提供相同的收益率。例如，如果某只股票的定价高于其他同一风险级别的股票，投资者就会卖掉手中的股票，购买同一风险级别更便宜的股票。这将迫使高价股票的价格降到均衡价格。股价低于均衡水平，也会出现同样的情况——投资者会争先恐后地购买股票，从而导致股价回升。
   b. 正确。当股东购买特定股票时，他们会以未来股利的形式从公司获得现金。投资者预期的收益是预期每股股利加上预期的股价上涨，预期收益率 $r = [DIV_1 + (P_1 - P_0)]/P_0$。

2. **股利贴现模型** 简单回应下面的说法：
   "你说股票价格等于未来股利的现值？简直疯了！我认识的所有投资者都追求资本利得。"

   参考答案：
   股票投资者获得的收益既可能来自股利也可能来自资本利得。但未来的股票价格总是取决于之后的股利。不存在不一致的问题。

3. **股利贴现模型** X公司预期年底支付每股5美元的股利，股利支付之后股价预期为110美元。市场资本化率8%，当前股价是多少？

   参考答案：
   $$P_0 = (DIV_1 + P_1)/(1+r) = (5+110)/1.08 = 106.48(美元)$$

4. **股利贴现模型** Y公司不进行盈利再投资，预期产生每股5美元的系列等额股利，如果目前的股价为40美元，市场资本化率是多少？

   参考答案：
   市场资本化率 $r = DIV_1/P_0 = 5/40 = 0.125$，即 12.5%。

5. **股利贴现模型** Z公司的每股盈利和每股股利都预期以5%的增长率一直增长下去，如果明年的股利为10美元，市场资本化率为8%，当前股价是多少？

   参考答案：
   $P_0 = DIV_1/(r-g) = 10/(0.08-0.05) = 333.33$（美元）

6. **股利贴现模型** Z-prime公司跟Z公司各方面都相似，除了一点：第4年之后，其增长停止。在第5年及以后的年份，它将所有的盈利都支付股利。Z-prime公司的股价是多少？假设明年的EPS为15美元。

   参考答案：
   第4年的股价 $P_4 = EPS_5/r = [EPS_1 \times (1+g_1)^3 \times (1+g_2)]/r$
   $= [15 \times (1+0.05)^3 \times (1+0)]/0.08 = 217.05$（美元）

   注意，15美元是第1年的每股收益（EPS）。5%的增长率在第4年后会停止，所以第一个增长率的指数是3，第5年没有增长，所以第二个增长率是零。
   当前的股价 $P_0 = DIV_1/(1+r) + [DIV_1 \times (1+g_1)(1+r)^2] + [DIV_1 \times (1+g_1)^2]/(1+r)^3$
   $+ [DIV_1 \times (1+g_1)^3]/(1+r)^4 + P_4/(1+r)^4$
   $= 10/1.08 + (10 \times 1.05)/1.08^2 + (10 \times 1.05^2)/1.08^3 + (10 \times 1.05^3)/1.08^4 + 217.05/1.08^4$
   $= 195.06$（美元）

7. **股利贴现模型** 如果Z公司（见问题5）将所有的盈利分配出去，可以保持每股15美元的一系列等额股利。市场实际上为其增长机会所支付的价格是多少？

   参考答案：
   股利增长时的股价 $P_0 = DIV_1/(r-g) = 10/(0.08-0.05) = 333.33$（美元）
   这包含了增长机会的价值，$P_0 = EPS_1/r + PVGO$
   $PVGO = 333.33 - 15/0.08 = 145.83$（美元）

8. **股利贴现模型** 考虑以下3位投资者：
   a. Single先生，投资1年　　b. Double女士，投资2年　　c. Tripple太太，投资3年
   假设每位投资者都投资Z公司（见问题5）股票，请说明每位投资者的预期年收益率都是8%。

   参考答案：
   Z公司未来3年的股利如下：
   $DIV_1 = 10$（美元）
   $DIV_2 = DIV_1 \times (1+g) = 10 \times 1.05 = 10.50$（美元）

$DIV_3 = DIV_2 \times (1+g) = 10.50 \times 1.05 = 11.03$(美元)

Z公司股票当前的价格 $P_0 = DIV_1/(r-g) = 10/(0.08-0.05) = 333.33$(美元)

1年后的价格 $P_1 = P_0 \times (1+g) = 333.33 \times 1.05 = 350.00$(美元)

2年后的价格 $P_2 = P_1 \times (1+g) = 350.00 \times 1.05 = 367.50$(美元)

3年后的价格 $P_3 = P_2 \times (1+g) = 367.50 \times 1.05 = 385.88$(美元)

投资1年的预期收益率：

$r_1 = (DIV_1 + P_1 - P_0)/P_0 = (10 + 350.00 - 333.33)/333.33 = 0.08 = 8\%$

第2年的预期收益率：

$r_2 = (DIV_2 + P_2 - P_1)/P_1 = (10.50 + 367.50 - 350.00)/350.00 = 0.08 = 8\%$

第3年的预期收益率：

$r_3 = (DIV_3 + P_3 - P_2)/P_2 = (11.03 + 385.88 - 367.50)/367.50 = 0.08 = 8\%$

每年的预期收益率都是8%，因此投资1年、2年或者3年，投资者的预期年收益率都是8%。

9. **判断对错** 下面的说法是对还是错？请解释。

   a. 股票的价值等于一系列未来每股盈利的贴现值；

   b. 股票的价值等于：假设公司不增长未来每股盈利的现值，加上未来增长机会的净现值。

   参考答案：

   a. 错误。股票的价值等于预期未来每股股利的现值。每股收益不用于计算股票价格，因为部分收益用于对厂房、设备和营运资本进行再投资。

   b. 正确。假设公司股价不变，预期收益率就等于年度股利除以股价。如果公司不增长，股价不变，所有收益都用来支付股利，那么预期收益率也等于每股收益/股价。因此，$P_0 = DIV_1/r = EPS_1/r$。因为公司会增长，我们仍然需要考虑增长机会的价值，因此 $P_0 = EPS_1/r + PVGO$。

10. **自由现金流** 在什么情况下，股票的市场资本化率 r 等于每股收益与价格的比 EPS_1/P_0？

    参考答案：

    当 $PVGO = 0$ 时，股票的市场资本化率等于 EPS_1/P_0，即当公司把其全部收益都支付出去，公司没有增长的时候（$PVGO = 0$）。

11. **自由现金流** 财务经理提到的"自由现金流"的含义是什么？自由现金流如何计算？简单解释一下。

    参考答案：

    自由现金流是指公司支付了增长所必需的投资后剩余的、可用来支付给投资者的现金流。在我们的简单例子中，自由现金流等于经营现金流减去资本支出。如果投资规模很大，自由现金流可以是负值。

12. **期末价值** 一项业务的"期末价值"的含义是什么？如何估计期末价值？

    参考答案：
    期末价值是公司在估值期期末的价值。可以用固定增长 DCF 公式或利用可比公司的市盈率或市场—账面价值比来估计期末价值。

13. **期末价值** 假设估值期结束的时候，公司用光所有 NPV 为正的投资机会，如何计算期末价值？（提示：$PVGO=0$ 时，P/EPS 是多少？）

    参考答案：
    期末时 ($t=H$)，如果 $PVGO=0$，那么，期末价值就等于预测的第 $H+1$ 期的收入除以市场资本化率，即预期收入$_{H+1}/r$。

进阶题

14. **股票报价和比率** 访问 finance.yahoo.com，找到 IBM 的交易价格。

    a. IBM 最新的股票价格和市值是多少？
    b. IBM 的股利和股利收益率是多少？
    c. IBM 历史 P/E (trailing P/E) 是多少？
    d. 用分析师预测的明年的 EPS，计算 IBM 远期 P/E。
    e. IBM 的市净率(P/B) 是多少？

    参考答案：
    网络金融实践，有不同答案。

15. **股票报价和 P/E** 在 finance.yahoo.com 上找到英特尔(Intel，INTC)、甲骨文(Oracle，ORCL)和惠普(Hewlett Packard，HPQ)。对这三家公司的远期 P/E (forward P/E) 按从高到低的顺序排序。三家公司的市盈率不同，可能的原因是什么？哪家公司看起来投资机会的价值最大？

    参考答案：
    网络金融实践，有不同答案。

16. **可比公司法估值** 在 Yahoo! Finance 或者其他网站上查找安特吉公司(Entergy，股票代码：ETR)的 P/E 和 P/B。计算下列潜在的可比公司的这两个比率：美国电力公司(AEP)、CentePoint 能源(CNP)和南方公司(SO)。将数据陈列成表 4-1 那样的格式。这些电力公司的这两个比率是严格成为一组还是很分散？如果你不知道安特吉公司的股价，可比公司法能给出比较好的估计值吗？

    参考答案：
    网络金融实践，有不同答案。

17. **P/E 和股利贴现模型** 查找通用磨坊公司(GIS)、凯洛格公司(K)、金宝汤公司(CPB)和塞内加食品公司(SENEA)。

a. 这些食品公司目前的 P/E 和 P/B 分别是多少？每家公司的股利和股利收益率分别是多少

b. 在过去 5 年中，每家公司 EPS 和股利的增长率分别是多少？分析师预测的 EPS 增长率是多少？这些增长率看起来处于稳定趋势，可以作为长期预测增长率吗？

c. 用固定增长 DCF 模型来度量这样公司的股权成本，你有自信吗？为什么？

参考答案：
网络金融实践，有不同答案。

18. **股利贴现模型** 考虑以下 3 只股票：
   a. 股票 A，预期每股股利 10 美元，永远持续；
   b. 股票 B，预期明年支付每股股利 5 美元，之后预期股利增长率为 4%，永远持续；
   c. 股票 C，预期明年支付每股股利 5 美元，之后预期股利增长率 20%，持续 5 年(第 2 年到第 6 年)，之后零增长。

如果每只股票的市场资本化率都是 10%，哪只股票的价值最高？如果市场资本化率为 7% 呢？

参考答案：
(1) 市场资本化率为 10% 时：

股票 A 的价值 $P_0 = DIV_1/r = 10/0.1 = 100$(美元)

股票 B 的价值 $P_0 = DIV_1/(r-g) = 5/(0.1-0.04) = 83.33$(美元)

股票 C 的价值

$$P_0 = \frac{DIV_1}{1+r} + \frac{DIV_1 \times (1+g)}{(1+r)^2} + \frac{DIV_1 \times (1+g)^2}{(1+r)^3} + \frac{DIV_1 \times (1+g)^3}{(1+r)^4} + \frac{DIV_1 \times (1+g)^4}{(1+r)^5}$$
$$+ \frac{DIV_1 \times (1+g)^5}{(1+r)^6} + \frac{[DIV_1 \times (1+g)^5 \times (1+g_2)]/r}{(1+r)^6}$$

$= 5/1.1 + (5 \times 1.2)/1.1^2 + (5 \times 1.2^2)/1.1^3 + (5 \times 1.2^3)/1.1^4 + (5 \times 1.2^4)/1.1^5 + (5 \times 1.2^5)/1.1^6 + \{[5 \times 1.2^5 \times (1+0)]/0.1\}/1.1^6$

$= 104.51$(美元)

在市场资本化率为 10% 时，股票 C 拥有最大价值。

(2) 当市场资本化率为 7% 时，使用同样的公式计算，结果如下：

$P_{0股票A} = 10/0.07 = 142.86$(美元)

$P_{0股票B} = 5/(0.07-0.04) = 166.67$(美元)

$P_{0股票C} = 5/1.07 + (5 \times 1.2)/1.07^2 + (5 \times 1.2^2)/1.07^3 + (5 \times 1.2^3)/1.07^4 + (5 \times 1.2^4)/1.07^5 + (5 \times 1.2^5)/1.07^6 + \{[5 \times 1.2^5 \times (1+0)]/0.07\}/1.07^6$

$= 156.50$(美元)

在市场资本化率为 7% 时，股票 B 拥有最大价值。

19. **固定增长 DCF 模型** Pharmecology 公司刚支付了每股 1.35 美元的年度股利。它是一家成熟公司，未来 EPS 和股利按通胀率增长，预期每年 2.75%。

a. Pharmecology 公司目前的股价是多少？名义资本成本为 9.5%。

b. 用预期的实际股利和实际资本成本，重新计算公司目前的股价。

参考答案：

a. 当前股价 $P_0 = [DIV_0 \times (1+g)]/(r-g)$
$= [1.35 \times (1+0.0275)]/(0.095-0.0275) = 20.55(美元)$

b. 实际资本成本 $r = (1+R)/(1+h) - 1 = (1+0.095)/(1+0.0275) - 1$
$= 0.0657 = 6.57\%$

实际股利无增长，$g=0$，$DIV_1 = DIV_0$

用实际股利和实际资本成本计算，公司目前的股价：
$P_0 = 1.35/0.0657 = 20.55(美元)$

20. **两阶段 DCF 模型** Q 公司的当前 ROE 为 14%，盈利的一半作为股利（股利支付率 = 0.5）。当前每股账面价值是 50 美元，随着公司盈利再投资，每股账面价值将增加。假设在未来的 4 年中，ROE 和股利支付率保持不变，之后，竞争压力迫使 ROE 下降为 11.5%，股利支付率增加为 0.8。资本成本为 11.5%。

a. Q 公司明年的 EPS 和股利是多少？在第 2、3、4、5 及之后的年份中，EPS 和股利将如何增长？

b. Q 公司的股票价格是多少？第 4 年之后的股利支付率和增长率对股票价格有何影响？

参考答案：

a. 再投资比率 = 1 − 股利支付率 = 1 − 0.5 = 0.5

当前每股账面价值 50 美元，$ROE = 14\%$，因此第 1 年的每股盈利 $EPS_1 = 50 \times 14\% = 7$（美元），股利支付率 0.5，$DIV_1 = 7 \times 0.5 = 3.5$（美元），盈利再投资 3.5 美元，因此第 1 年年末的每股账面价值 $= 5 + 3.5 = 53.5$（美元）。每年的 EPS 和股利如下表所示：

年份	1	2	3	4	5	6
期初每股账面价值（美元）	50	53.5	57.25	61.25	65.54	67.05
ROE_t	14%	14%	14%	14%	11.5%	11.5%
股利支付率	0.5	0.5	0.5	0.5	0.8	0.8
EPS_t（美元）	7.00	7.49	8.01	8.58	7.54	7.71
DIV_t（美元）	3.50	3.75	4.00	4.29	6.03	6.17
股利增长率		7%	7%	7%	40.63%	2.3%
期末每股账面价值（美元）	53.5	57.25	61.25	65.54	67.05	68.59

如上表所示，第 2~4 年股利增长率为 7%，等于 ROE × 再投资比率。第 5 年 ROE 和再投资比率都发生了变化，增长率为 40.63%。第 6 年以后，EPS 和股利的增长率都保持为 2.3%，为新的 ROE 与再投资比率的乘积（11.5% × 0.2）。

b. 第 4 年分红后的股票价格：
$P_4 = DIV_5/(r-g) = 6.03/(0.115-0.023) = 65.54(美元)$

公司当前的股票价格：

$P_0 = DIV_1/(1+r) + DIV_2/(1+r)^2 + DIV_3/(1+r)^3 + DIV_4/(1+r)^4 + P_4/(1+r)^5$

$= 3.50/1.115 + 3.75/1.115^2 + 4.00/1.115^3 + 4.29/1.115^4 + 65.54/1.115^4$

$= 54.22$（美元）

第4年之后的股利支付率和增长率对股票价格没有影响，因为 $ROE = r$，$g = ROE \times b$（再投资比率），第4年的股价：

$P_4 = DIV_5/(r-g) = [EPS_5(1-b)]/(r - ROE \times b)$

$= [EPS_5(1-b)]/(r - r \times b) = EPS_5/r$

第4年的股价与股利支付率和增长率没有关系。

21. **盈利和股利** 下面的公式，用于计算股东所要求的收益率，可能正确也可能错误，取决于不同的条件：

    a. $r = \dfrac{DIV_1}{P_0} + g$ b. $r = \dfrac{EPS_1}{P_0}$

为每个公司构造一个简单的数字例子，说明利用公式得到的答案是错误的，并解释错误为什么会发生。然后构造另一个简单的数字例子，利用公式可以得到正确答案。

参考答案：

a. 一个错误的应用例子   Hotshot 半导体公司成立10年来，每年的收益和股息都按30%增长。当前公司股价为100美元，明年的股息预计为1.25美元，则有：

$r = DIV_1/P_0 + g = 1.25/100 + 0.30 = 0.3125 = 31.25\%$

这是错误的，因为这个公式的应用前提是假定公司永远按 g 增长。而 Hotshot 不可能永远以每年30%的速度增长。

一个正确的应用例子   这个公式可以正确地应用于 Old Faithful 铁路公司。该公司几十年来一直以5%的稳定速度增长。它的 $EPS_1 = 10$ 美元，$DIV_1 = 5$ 美元，而 $P_0 = 100$ 美元。因此，

$r = DIV_1/P_0 + g = 5/100 + 0.05 = 0.10 = 10\%$

即便如此，你也要小心，不要盲目地根据过去的增长预测未来。如果 Old Faithful 公司运输煤炭，能源危机就可以把它变成增长股。

b. 一个错误的应用例子   Hotshot 公司目前的盈利是每股5美元，那么，

$r = EPS_1/P_0 = 5/100 = 0.05 = 5\%$

这太低了，不现实。P_0 相比于收益如此之高的原因不是 r 低，而是因为 Hotshot 拥有有价值的增长机会。假设 $PVGO = 60$ 美元：

$P_0 = EPS_1/r + PVGO$

$100 = 5/r + 60$

$r = 12.5\%$

一个正确的应用例子   不幸的是，Old Faithful 公司已经失去了有价值的增长机会，因此 $PVGO = 0$，

$P_0 = EPS_1/r + PVGO$

$$100 = 10/r + 0$$
$$r = 10\%$$

22. **PVGO** 阿尔法公司的盈利和股利每年增长15%。贝塔公司的盈利和股利每年增长8%。这两家公司的资产、每股盈利和每股股利现在(0时期)都完全相同。但是，PVGO占贝塔公司股票价格的比例要更高一些，这种情况怎么可能发生呢？（提示：有不止一种可能的解释）

    参考答案：

    股票价格 $= \dfrac{EPS_1}{r} + \dfrac{NPV}{r-g}$

    因此：$P_\alpha = \dfrac{EPS_{\alpha 1}}{r_\alpha} + \dfrac{NPV}{r_\alpha - 0.15}$

    $P_\beta = \dfrac{EPS_{\beta 1}}{r_\beta} + \dfrac{NPV}{r_\beta - 0.08}$

    题目所描述的问题意味着下面的不等式成立：

    $$\dfrac{NPV_\beta}{(r_\beta - 0.08)} \Bigg/ \left(\dfrac{EPS_{\beta 1}}{r_\beta} + \dfrac{NPV_\beta}{(r_\beta - 0.08)}\right) > \dfrac{NPV_\alpha}{(r_\alpha - 0.15)} \Bigg/ \left(\dfrac{EPS_{\alpha 1}}{r_\alpha} + \dfrac{NPV_\alpha}{(r_\alpha - 0.15)}\right)$$

    调整上式，我们有：

    $$\dfrac{NPV_\alpha}{(r_\alpha - 0.15)} \times \dfrac{r_\alpha}{EPS_{\alpha 1}} < \dfrac{NPV_\beta}{(r_\beta - 0.08)} \times \dfrac{r_\beta}{EPS_{\beta 1}}$$

    在以下几种情况下，以上不等式成立：

    a. $NPV_\alpha < NPV_\beta$，其他条件都相同；
    b. $(r_\alpha - 0.15) > (r_\beta - 0.08)$，其他条件都相同；
    c. $\dfrac{NPV_\alpha}{(r_\alpha - 0.15)} < \dfrac{NPV_\beta}{(r_\beta - 0.08)}$，其他条件都相同；
    d. $\dfrac{r_\alpha}{EPS_{\alpha 1}} < \dfrac{r_\beta}{EPS_{\beta 1}}$，其他条件都相同。

23. **DCF 和 PVGO** 再次考察表4-4中成长技术公司的财务预测数据。这次假设你知道资本机会成本 $r = 0.12$（教材中计算出的0.099这个数字，不用理会）。假设你不知道成长技术公司的股票价值。其他的假设见教材。

    a. 计算成长技术公司的股票价值；
    b. 股票价值中的哪一部分反映了对第3年预测股价 P_3 的贴现值？
    c. P_3 中哪部分反映了第3年之后的增长机会的现值(PVGO)？
    d. 假如竞争对手在第4年追上成长技术公司，这样公司在第4年及以后的任何投资都仅能获得等于资本成本的收益率。在这个假设条件下，成长技术公司的股票价值是多少？（必要时可以做更多假设。）

    参考答案：

    表4-4 如下所示：

	年份			
	1	2	3	4
期初每股股权账面价值	10.00	12.00	14.40	15.55
每股盈利(EPS)	2.50	3.00	2.30	2.48
股权收益率(ROE)	0.25	0.25	0.16	0.16
股利支付率	0.50	0.20	0.50	0.50
每股股利(DIV)	0.20	0.60	1.15	1.24
股利增长率(%)	—	20	92	8

a. $P_0 = DIV_1/(1+r) + DIV_2/(1+r)^2 + DIV_3/(1+r)^3 + [DIV_4/(r-g)]/(1+r)^3$
   $= 0.50/1.12 + 0.60/1.12^2 + 1.15/1.12^3 + [1.24/(0.12-0.08)]/1.12^3$
   $= 23.81(美元)$

b. 对第 3 年预测股价 P_3 的贴现值为:
   $[1.24/(0.12-0.08)]/1.12^3 = 22.07(美元)$

c. 如果没有 $PVGO$, 第 4 年以后所有的盈利都作为股利, 因此第 3 年的股价 P_3 将等于第 4 年的 EPS 与资本成本 12% 的比值。因此, $PVGO_3$ 的价值为:
   $PVGO_3 = [DIV_4/(r-g)] - EPS_4/r = 1.24/(0.12-0.08) - 2.48/0.12 = 10.33(美元)$

d. 如果竞争对手在第 4 年追上, 成长技术公司的 ROE 将下降到资本成本的水平, 第 4 年 ROE 为 12%, 则第 4 年的 EPS_4 为 $15.55 \times 12\% = 1.866$ 美元, 第 3 年的股价为 $1.866/12\% = 15.55(美元)$, 重新计算这种情况下的股价:
   $P_0' = DIV_1/(1+r) + DIV_2/(1+r)^2 + DIV_3/(1+r)^3 + P_3/(1+r)^3$
   $= 0.50/1.12 + 0.60/1.12^2 + 1.15/1.12^3 + 15.55/1.12^3 = 12.81(美元)$⊖

24. **DCF 和自由现金流** 混合肥料科学公司(CSI)从事的是将波士顿的城市污水转化为肥料的业务。业务本身盈利并不高, 但是为了把 CSI 留在这个行业中, 城市委员会(MDC)同意支付任何必要的补贴, 使 CSI 的账面股权收益率能够达到 10%。预期年末 CSI 将支付每股 4 美元的股利, 再投资比率为 40%, 增长率为 4%。
   a. 假设 CSI 继续保持目前的增长趋势, 以 100 美元的价格购买公司股票, 预期长期收益率是多少? 这 100 美元中有多少是增长机会的现值的贡献?
   b. 现在 MDC 宣布了一项计划, 需要 CSI 处理剑桥市的城市污水。因此, CSI 要在未来 5 年中逐步扩建工厂。这就意味着在未来的 5 年中, CSI 必须将 80% 的盈利进行再投资。从第 6 年开始, 它将能够恢复 60% 的股利支付率。MDC 的计划一宣布, 以及随后对 CSI 的影响公布于众后, CSI 的股价将是多少?

   参考答案:
   a. 预期长期收益率, 即公司的股权资本成本, 根据固定增长的股利贴现模型:
   $r = DIV_1/P_0 + g = 4/100 + 0.04 = 0.08 = 8\%$
   公司年末将支付 4 美元的股利, 股利支付率 = 1 - 再投资比率 = 1 - 0.40 = 0.60,
   那么 $EPS_1 = DIV_1/$股利支付率 $= 4/0.60 = 6.67(美元)$

⊖ 原书答案疑有误, 已改。——译者注

公司的股票价格 $P_0 = EPS_1/r + PVGO$

$PVGO = P_0 - EPS_1/r = 100 - 6.67/0.08 = 16.62$（美元）

b. 公司未来的 EPS 和股利情况如下表：

年份	1	2	3	4	5	6
ROE	10%	10%	10%	10%	10%	10%
EPS	6.67	7.20	7.78	8.40	9.07	9.80
再投资比率	0.8	0.8	0.8	0.8	0.8	0.4
DIV	1.33	1.44	1.56	1.68	1.81	5.88
EPS 增长率	8%	8%	8%	8%	8%	8.05%
股利增长率	8%	8%	8%	8%	8%	224.9%

说明：第 5 年公司的 EPS 为 9.07 美元，因为 ROE = 10%，因此年初每股账面价值为 90.7 美元，盈利再投资为 $9.07 \times 0.8 = 7.26$（美元），因此年末每股账面价值为 $90.7 + 7.26 = 97.96$（美元），这样第 6 年的 $EPS = 97.96 \times 10\% = 9.80$（美元）。

第 6 年以后恢复 60% 的股利支付率，第 6 年以后的每股盈利和股利的增长率：

$g = ROE \times b = 10\% \times (1 - 0.6) = 4\%$

第 5 年的股价：

$P_5 = DIV_6/(r - g) = 5.88/(0.08 - 0.04) = 147$（美元）

当前股价：

$P_0 = DIV_1/(1 + r) + DIV_2/(1 + r)^2 + DIV_3/(1 + r)^3 + DIV_4/(1 + r)^4$
$\quad + DIV_5/(1 + r)^5 + P_5/(1 + r)^5$
$= 1.33/1.08 + 1.44/1.08^2 + 1.56/1.08^3 + 1.68/1.08^4 + 1.81/1.08^5 + 147/1.08^5$
$= 106.22$（美元）

25. **DCF 和自由现金流** Permian Partner（PP）公司在得克萨斯州西部经营开采晚期油田，2016 年的年产量为 180 万桶，在可预见的将来，产量将以每年 7% 的速度下降。开采、运输和管理成本合计为每桶 25 美元。2016 年的平均油价为每桶 65 美元。

PP 发行在外的股票有 700 万股，资本成本为 9%，所有的净利润都支付股利。为简化问题，假设公司一直经营下去，每桶 25 美元的成本保持不变，忽略所得税。

a. 2016 年年底，PP 股票价格是多少？假设预期 2017 年油价下跌为每桶 60 美元，2018 年 55 美元，2019 年 50 美元。2019 年之后，油价按照 5% 的速度一直持续增长下去。

b. PP 的 EPS/P 是多少？为什么不等于 9% 的资本成本？

参考答案：

a. 首先，计算 2016~2020 年的股利，即净收益：

	2016	2017	2018	2019	2020
产量（百万桶）	1.800 0	1.674 0	1.556 8	1.447 8	1.346 5
油价/桶（美元）	65	60	55	50	52.5
每桶成本（美元）	25	25	25	25	25
收入（美元）	117 000 000	100 440 000	85 625 100	72 392 130	70 690 915
成本（美元）	45 000 000	41 850 000	38 920 500	36 196 065	33 662 340
净利润（= 股利）	72 000 000	58 590 000	46 704 600	36 196 065	37 028 574

2019 年以后收入的增长率：

$g_{\text{收入}} = (1 + 单位油价增长率) \times (1 + 产量的增长率) - 1$
$\phantom{g_{\text{收入}}} = (1 + 0.05) \times [1 + (-0.07)] - 1 = -0.0235 = -2.35\%$

成本增长率：

$g_{\text{成本}} = (1 + 单位成本增长率) \times (1 + 产量增长率) - 1$
$\phantom{g_{\text{成本}}} = (1 + 0) \times [1 + (-0.07)] - 1 = -0.07 = -7\%$

2019 年之后的收入在 2019 年的现值：

$PV_{2019\text{收入}} = 收入_{2020}/(r - g) = 70\,690\,915/[0.09 - (-0.0235)] = 622\,827\,444(美元)$

2019 年之后的成本在 2019 年的现值：

$PV_{2019\text{成本}} = 成本_{2020}/(r - g) = 33\,662\,340/[0.09 - (-0.07)] = 210\,389\,628(美元)$

2019 年公司的价值：

$PV_{2019} = PV_{2019\text{收入}} - PV_{2019\text{成本}} = 622\,827\,444 - 210\,389\,628 = 412\,437\,817(美元)$

2016 年公司的价值：

$PV_{2016} = DIV_{2017}/(1+r) + DIV_{2018}/(1+r)^2 + (DIV_{2019} + PV_{2019})/(1+r)^3$
$\phantom{PV_{2016}} = 58\,590\,000/1.09 + 46\,704\,600/1.09^2 + (36\,196\,065 + 412\,437\,817)/1.09^3$
$\phantom{PV_{2016}} = 439\,490\,293(美元)$

2016 年年底 PP 公司的股价为：

$P_{2016} = PV_{2016}/发行在外的股份数 = 439\,490\,293/7\,000\,000 = 62.78(美元)$

b. $EPS_{2017} = 净收入_{2017}/发行在外的股份数 = 58\,590\,000/7\,000\,000 = 8.37(美元)$

$EPS_{2017}/P_{2016} = 8.37/62.78 = 0.1333 = 13.33\%$

因为 $EPS_1/P_0 = r(1 - PVGO/P_0)$，PP 公司的产量和净收入都在下降，$PVGO$ 为负，因此 EPS/P 大于资本成本。

26. **DCF 和自由现金流** 构造表 4-7 的新版本，假设竞争使盈利能力（已有资产的盈利能力和新投资的盈利能力）在第 6 年下降为 11.5%，第 7 年为 11%，第 8 年为 10.5%，第 9 年及之后的年为 8%。Concatentor 业务的价值是多少？

参考答案：

26. 假设公司资产增长率与表 4-7 相同，第 1~10 年的自由现金流（FCF）计算如下：

（百万美元）	年份									
	1	2	3	4	5	6	7	8	9	10
年初资产价值	10	11.20	12.54	14.05	15.31	16.69	18.19	19.29	20.44	21.67
资产增长率	12%	12%	12%	9%	9%	9.0%	6.0%	6.0%	6.0%	6.0%
ROA	12.0%	12.0%	12.0%	12.0%	12.0%	11.5%	11.0%	10.5%	8.0%	8.0%
盈利	1.20	1.34	1.51	1.69	1.84	1.92	2.00	2.03	1.64	1.73
投资	1.20	1.34	1.51	1.26	1.38	1.50	1.09	1.16	1.23	1.30
自由现金流（FCF）	0.00	0.00	0.00	0.42	0.46	0.42	0.91	0.87	0.41	0.43
FCF 增长率					9%	-9%	118%	-5%	-53%	6%

业务的现值为：
$$PV = FCF_1/(1+r) + FCF_2/(1+r)^2 + FCF_3/(1+r)^3 + FCF_4/(1+r)^4 + FCF_5/(1+r)^5$$
$$+ FCF_6/(1+r)^6 + FCF_7/(1+r)^7 + FCF_8/(1+r)^8 + [FCF_9/(r-g)]/(1+r)^8$$
$$= 0.42/1.1^3 + 0.46/1.1^4 + 0.42/1.1^5 + 0.91/1.1^6 + 0.87/1.1^7 + 0.41/1.1^8$$
$$+ [0.43/(0.1-0.06)]/1.1^8$$
$$= 6.45(百万美元)$$

27. **自由现金流的估值** 墨西哥汽车公司的市值有 2 000 亿比索。明年的自由现金流预期有 85 亿比索，证券分析师预测，在之后的 5 年中，自由现金流将以每年 7.5% 的速度增长。

    a. 假设 7.5% 的增长率预期将一直持续下去，投资公司的股票，投资者期望的收益率是多少？

    b. 墨西哥汽车公司一般情况下的账面股权收益率（ROE）约为 12%，50% 的盈利用于再投资。其余 50% 的盈利作为自由现金流。假设公司长期保持目前的 ROE 和再投资比率不变，这对盈利的增长率和自由现金流意味着什么？对股权成本呢？你应该修改（a）中的问题的答案吗？

    参考答案：
    a. 根据固定增长的股利贴现模型，投资者预期收益率：
    $$r = DIV_1/P_0 + g = 85/2\,000 + 7.5\% = 11.75\%$$
    b. 公司的盈利增长率和自由现金流增长率：
    $$g = ROE \times (1 - 再投资比率) = 0.12 \times (1 - 0.50) = 6\%$$
    股权成本：$r = DIV_1/P_0 + g = 85/2\,000 + 6\% = 10.25\%$
    问题（a）中的股东期望收益率也变为 10.25%。

28. **自由现金流的估值** 凤凰公司之前受最近的衰退影响，现在正在恢复正常。自由现金流快速增长。2016 年预测的未来情况如下表：

（百万美元）	2017	2018	2019	2020	2021
净收入	1.0	2.0	3.2	3.7	4.0
投资	1.0	1.0	1.2	1.4	1.4
自由现金流	0	1.0	2.0	2.3	2.6

    凤凰公司将在 2021 年彻底恢复，之后自由现金流不再增长。
    a. 假设股权成本为 9%，计算自由现金流的现值；
    b. 假设凤凰公司有发行在外的股票 1 200 万股，每股价格是多少？
    c. 如果 2016 年凤凰公司的净收入是 100 万美元，P/E 是多少？预期 2017 年到 2021 年 P/E 将怎样变化？
    d. 2017~2021 年，凤凰公司股票每一年的预期收益率都正好是 9%，请证实这一点。

参考答案：

a. $PV_{2016} = DIV_{2017}/(1+r) + DIV_{2018}/(1+r)^2 + DIV_{2019}/(1+r)^3 + DIV_{2020}/(1+r)^4$
   $\qquad + DIV_{2021}/(1+r)^5 + (DIV_{2021}/r)/(1+r)^5$
   $\quad = 0/1.09 + 1/1.09^2 + 2/1.09^3 + 2.3/1.09^4 + 2.6/1.09^5 + (2.6/0.09)/1.09^5$
   $\quad = 24.48(百万美元)$

b. 2016 年公司的每股价格为：
   $P_{2016} = PV_{2016}/发行在外的股票数 = 24.48/12 = 2.04(美元)$

c. 如果 2016 年凤凰公司的净收入是 100 万美元，2016 年的 P/E 为：
   $P_{2016}/E_{2016} = 24.48/1 = 24.48$

   凤凰公司 2017～2021 年的市值如下：
   $PV_{2017} = 1/1.09 + 2/1.09^2 + 2.3/1.09^3 + 2.6/1.09^4 + (2.6/0.09)/1.09^4$
   $\qquad = 26.68(百万美元)$
   $PV_{2018} = 2/1.09 + 2.3/1.09^2 + 2.6/1.09^3 + (2.6/0.09)/1.09^3 = 28.09(百万美元)$
   $PV_{2019} = 2.3/1.09 + 2.6/1.09^2 + (2.6/0.09)/1.09^2 = 28.61(百万美元)$
   $PV_{2020} = 2.6/1.09 + (2.6/0.09)/1.09^2 = 28.89(百万美元)$
   $PV_{2021} = 2.6 + (2.6/0.09)/1.09 = 28.89(百万美元)$

   2017～2021 年的 P/E 预期值如下：
   $PE_{2017} = 26.68/1 = 26.68$
   $PE_{2018} = 28.09/2 = 14.04$
   $PE_{2019} = 28.61/3.2 = 8.94$
   $PE_{2020} = 28.89/3.7 = 7.81$
   $PE_{2021} = 28.89/4 = 7.22$

d. 公司股票的收益率：
   $R_{2017} = (0 + 26.68 - 24.48)/24.48 = 9\%$
   $R_{2018} = (1 + 28.09 - 26.68)/26.68 = 9\%$
   $R_{2019} = (2 + 28.61 - 28.09)/28.09 = 9\%$
   $R_{2020} = (2.3 + 28.89 - 28.61)/28.61 = 9\%$
   $R_{2021} = (2.6 + 28.89 - 28.89)/28.89 = 9\%$

挑战题

29. **固定增长的 DCF 公式**　固定增长 DCF 公式

$$P_0 = \frac{DIV_1}{r - g}$$

有时也写作：

$$P_0 = \frac{ROE(1-b)BVPS}{r - bROE}$$

其中 $BVPS$ 是每股账面股权价值，b 是再投资比率，ROE 是每股盈利与 $BVPS$ 的比值。利用这个等式，说明 ROE 变化时市净率怎样变化。当 $ROE = r$ 时，市净率是多少？

参考答案：

$P_0 = [ROE(1-b)BVPS]/(r - bROE)$

$P_0/BVPS = [ROE(1-b)]/(r - bROE)$

$P_0/BVPS = (1-b)/[(r/ROE) - b]$

考虑以下 3 种情况：

$ROE < r$ 时，$P_0/BVPS < 1$；

$ROE = r$ 时，$P_0/BVPS = 1$；

$ROE > r$ 时，$P_0/BVPS > 1$。

因此，随着 ROE 的增加，市净率也会增加。当 $ROE = r$ 时，市净率等于 1。

30. **DCF 估值** 资产组合经理管理一定比例的基金。假如你管理一笔 1 亿美元的股权基金，股利收益率（DIV_1/P_0）为 5%。股利和资产组合价值预期以固定速度增长。你管理这只基金所得到的年费为资产组合价值的 0.5%，根据年底的资产组合价值计算。假设你将一直管理资产组合，直到永远。这个管理合同的现值是多少？如果股票投资的收益率为 4%，合同价值将变为多少？

参考答案：

根据固定增长的股利贴现模型：

$r = DIV_1/P_0 + g$

$r - g = DIV_1/P_0 = 5\%$

管理的资产组合的价值增长率为 g，因此年费收入的增长率也是 g，是固定增长的永续年金，资产管理合同的价值：

$V = (年费率 \times 资产组合的价值)/(r - g) = (0.5\% \times 1)/5\% = 0.1（亿美元）$

如果股利收益率为 4%，重复上述过程，资产管理合同的价值：

$V = (0.5\% \times 1)/4\% = 0.125（亿美元）$

31. **自由现金流的估值** 构造表 4-7 的新版本，假设连接器业务的增长率依次为 20%、12% 和 6%，而不是 12%、9% 和 6%。你将得到负的早期现金流。

a. 重新计算自由现金流的现值。修改后的 PV 说明该业务的 PVGO 是怎样的？

b. 假设该业务由上市公司 Concato 经营，公司没有其他资源，那么公司需要发行股票来弥补负的自由现金流。需要发行新股会改变你的估值吗？请解释。（提示：假设首先 Concato 的现有股东买下所有新发行的股票。对于这些股东来说，公司的价值是多少？现在再假设所有新发行的股票被新的投资者购买，因此老股东不必贡献任何现金。如果新股以公允的价格发行，对老股东来说，公司价值发生变化吗？）

参考答案：

a. 在新的更高的增长假设下，表 4-7 将如下所示：

（百万美元）	年份									
	1	2	3	4	5	6	7	8	9	10
年初资产价值	10	12.00	14.40	17.28	19.35	21.68	24.28	25.73	27.28	28.91
资产增长率	20%	20%	20%	12%	12%	12%	6.0%	6.0%	6.0%	6.0%
ROA	12%	12%	12%	12%	12%	12%	12%	12%	12%	12%
盈利	1.20	1.44	1.73	2.07	2.32	2.60	2.91	3.09	3.27	3.47
投资	2.00	2.40	2.88	2.07	2.32	2.60	1.46	1.54	1.64	1.73
自由现金流(FCF)	−0.80	−0.96	−1.15	0.00	0.00	0.00	1.46	1.54	1.64	1.73
FCF增长率								6%	6%	6%

从第 7 年开始，之后自由现金流的增长率为 6%，因此该业务在第 6 年的价值：

$PV_6 = 1.46/(0.1-0.06) = 36.42$（百万美元）

$PV_H = 20.56$（百万美元）

该业务现在的 PV：

$$\begin{aligned} PV &= FCF_1/(1+r) + FCF_2/(1+r)^2 + FCF_3/(1+r)^3 + FCF_4/(1+r)^4 \\ &\quad + FCF_5/(1+r)^5 + FCF_6/(1+r)^6 + PV_6/(1+r)^6 \\ &= -0.80/1.1 + (-0.96)/1.1^2 + (-1.15)/1.1^3 + 20.56/1.1^6 \\ &= 18.17 \text{（百万美元）} \end{aligned}$$

教材中，在原来的假设下，该业务的现值为 16.3 百万美元。修改后的 PV 说明，在更高的增长率假设下，该业务的 $PVGO$ 提高了。

b. 发行新股不会影响公司的整体价值，因为这个价值只取决于自由现金流。当然，如果发行新股是为了给 NPV 小于零的项目融资，老股权的价值会因为被稀释而下降。

第 5 章 净现值和其他投资准则

基础题

1. **回收期**

   a. 以下每个项目的回收期是多少？

项目	现金流（美元）				
	C_0	C_1	C_2	C_3	C_4
A	-5 000	+1 000	+1 000	+3 000	0
B	-1 000	0	+1 000	+2 000	+3 000
C	-5 000	+1 000	+1 000	+3 000	+5 000

   b. 你希望的截止期为两年，利用回收期法则，你会接受哪些项目？

   c. 如果截止期为 3 年，你会接受哪些项目？

   d. 如果资本机会成本是 10%，哪些项目的 NPV 为正？

   e. "如果公司对所有项目都采用同一个截止期，就会接受太多短期项目。"这个说法对还是错？

   f. 如果公司采用贴现回收期法则，会接受 NPV 为负的项目吗？会拒绝 NPV 为正的项目吗？请解释。

   参考答案：

   a. 项目 A：3 年；B：2 年；C：3 年。

   b. 如果截止期为 2 年，利用回收期法则会接受 B 项目。

   c. 如果截止期为 3 年，A、B 和 C 都接受。

   d. 如果资本机会成本为 10%，各个项目的 NPV 如下：NPV_A = -1 011 美元；NPV_B = 3 378 美元；NPV_C = 2 405 美元。项目 B 和 C 的 NPV 为正。

   e. 正确。回收期法忽略了项目截止期后的所有现金流，这意味着没有考虑未来的现金流入给项目带来的价值。因此，回收期法则倾向于选择短期项目。

   f. 如果公司采用贴现回收期法则，它不会接受任何 NPV 为负的项目，但是会拒绝一些

NPV 为正的项目。这些 NPV 为正的项目考虑了未来所有的现金流,但不满足规定的截止期。

2. *IRR*　写出定义项目 *IRR* 的等式。在实践中,如何计算 *IRR*?
   参考答案:
   给定项目的现金流 C_0,C_1,…,C_T,项目 *IRR* 由下式来定义:
   $NPV = C_0 + C_1/(1+IRR) + C_2/(1+IRR)^2 + \cdots + C_T/(1+IRR)^T = 0$
   可以使用试错法、财务计算器或者计算机软件来计算 *IRR*。

3. *IRR*
   a. 贴现率分别为 0、50% 和 100% 时,计算下面项目的 *NPV*:

现金流(美元)		
C_0	C_1	C_2
-6 750	+4 500	+18 000

   b. 项目的 *IRR* 是多少?
   参考答案:
   a. $NPV = -6\,750 + 4\,500/(1+0) + 4\,500/(1+0)^2 = 15\,750$(美元)
   $NPV = -6\,750 + 4\,500/(1+0.50) + 4\,500/(1+0.50)^2 = 4\,250$(美元)
   $NPV = -6\,750 + 4\,500/(1+1) + 4\,500/(1+1)^2 = 0$
   b. 贴现率为 100% 时项目的 $NPV = 0$,所以项目的 *IRR* 为 100%。

4. *IRR* 法则　你有机会参与一个项目,该项目的现金流如下:

现金流(美元)		
C_0	C_1	C_2
+5 000	+4 000	-11 000

   内部收益率是 13%,如果资本机会成本是 10%,你会接受邀请参与这个项目吗?
   参考答案:
   不会。不会接受这个提议,因为这个项目是一个借款项目,如果接受的话,就是在以高于资本的机会成本的利率借款。可以通过计算 *NPV* 来验证:
   $NPV = 5\,000 + 4\,000/(1+0.10) + (-11\,000)/(1+0.10)^2 = -454.55$(美元)

5. *IRR* 法则　考虑如下现金流的项目:

现金流(美元)		
C_0	C_1	C_2
-100	+200	-75

   a. 这个项目的内部收益率有几个?
   b. 下面的哪些数字是项目的 *IRR*:
   (ⅰ)-50%　　(ⅱ)-12%　　(ⅲ)+5%　　(ⅳ)+50%

c. 资本机会成本为20%，这是个有吸引力的项目吗？简单解释一下。

参考答案：
a. 两个。因为现金流的符号发生了两次改变。
b. -50% 和 +50%。在这两个贴现率下，项目的 NPV 都是零。
c. 是的。在 20% 的贴现率下，项目的 NPV 为正：
$NPV = -100 + 200/(1+0.20) + (-75)/(1+0.20)^2 = 14.58$（美元）

6. **IRR 法则**　考虑 α 项目和 β 项目：

项目	现金流（美元）			IRR(%)
	C_0	C_1	C_2	
α	-400 000	+241 000	+293 000	21
β	-200 000	+131 000	+172 000	31

资本机会成本为 8%。

假设你可以接受 α 项目或者 β 项目，但不能两个同时接受。利用 IRR 法则做出选择。（提示：α 项目的增量投资是什么？）

参考答案：
两个项目的 IRR 都高于机会成本，β 项目的 IRR 更高，似乎应该接受 β 项目。α 项目的投资额高于 β 项目，考虑增量投资的 IRR：

$NPV = [-400\,000 - (-200\,000)] + (241\,000 - 131\,000)/(1+IRR)$
$\qquad + (293\,000 - 172\,000)/(1+IRR)^2$
$\quad = 0$

增量投资的 $IRR = 10\%$
增量投资的 IRR 也高于资本的机会成本。因此选择 α 项目。

7. **资本约束**　假如你有以下投资机会，但是只有 90 000 美元可以用于投资，你会选择哪些项目？

项目	NPV	投资额	项目	NPV	投资额
1	5 000	10 000	4	15 000	60 000
2	5 000	5 000	5	15 000	75 000
3	10 000	90 000	6	3 000	15 000

参考答案：
每个项目的盈利能力指数如下图所示：

项目	NPV	投资额（美元）	盈利能力指数（NPV/投资额）
1	5 000	10 000	5 000/10 000 = 0.5
2	5 000	5 000	5 000/5 000 = 1
3	10 000	90 000	10 000/90 000 = 0.11
4	15 000	60 000	15 000/60 000 = 0.25
5	15 000	75 000	15 000/75 000 = 0.2
6	3 000	15 000	3 000/15 000 = 0.2

按照盈利能力指数从高到低选择项目,同时考虑资本约束。项目 2 的盈利能力指数最高,初始投资为 5 000 美元。次高盈利能力指数是项目 1,它的初始投资是 10 000 美元。第三高的盈利能力指数项目是项目 4,需要初始投资 60 000 美元。截至目前,我们已经花了 75 000 美元。项目 5 和 6 的盈利能力指数相等,都是 0.2,但是我们剩下的可以用于投资的资金只有 15 000 美元,所以刚好投资项目 6。因此,选择项目 1、2、4 和 6。

进阶题

8. **回收期** 考虑以下项目:

项目	现金流(美元)					
	C_0	C_1	C_2	C_3	C_4	C_5
A	-1 000	+1 000	0	0	0	0
B	-2 000	+1 000	+1 000	+4 000	+1 000	+1 000
C	-3 000	+1 000	+1 000	0	+1 000	+1 000

a. 机会成本为 10%,哪些项目的 NPV 为正?
b. 计算每个项目的回收期。
c. 如果截止期为 3 年,根据回收期法则,公司将接受哪个(些)项目?
d. 计算每个项目的贴现回收期。
e. 如果截止期为 3 年,根据贴现回收期法则,公司将接受哪个(些)项目?

参考答案:

a. $NPV_A = -1\,000 + 1\,000/(1+0.10) = -90.91$(美元)

$NPV_B = -2\,000 + 1\,000/(1+0.10) + 1\,000/(1+0.10)^2 + 4\,000/(1+0.10)^3$
$\qquad + 1\,000/(1+0.10)^4 + 1\,000/(1+0.10)^5$
$\quad = 4\,044.73$(美元)

$NPV_C = -3\,000 + 1\,000/(1+0.10) + 1\,000/(1+0.10)^2 + 1\,000/(1+0.10)^4$
$\qquad + 1\,000/(1+0.10)^5$
$\quad = 39.47$(美元)

项目 B 和项目 C 的净现值为正。

b. A 项目的回收期为 1 年;B 项目的回收期为 2 年;C 项目的回收期为 4 年。

c. 如果截止期为 3 年,根据回收期法则,公司应接受项目 A 和 B。

d. 项目 A:

$PV_A = 1\,000/(1+0.10) = 909.09$(美元)

项目 A 的现金流入的现值小于项目的初始投资,这意味着在贴现基础上项目的初始投资无法回收。

项目 B 的现金流的现值见下表第 2 行,累积的净现值见最后一行:

C_0	C_1	C_2	C_3	C_4	C_5
-2 000	1 000	1 000	4 000	1 000	1 000
-2 000	909.09	826.45	3 005.26	683.01	620.92
	-1 090.91	-264.46	2 740.80	3 423.81	4 044.73

累积 NPV 在第 2 年到第 3 年之间数值由负转为正，贴现回收期：

贴现回收期 = 2 + 264.46/3 005.26 = 2.09(年)

项目 C 的现金流入的现值见下表第 2 行，累积的净现值见最后一行：

C_0	C_1	C_2	C_3	C_4	C_5
-3 000	1 000	1 000	0	1 000	1 000
-3 000	909.09	826.45	0	683.01	620.92
	-2 090.91	-1 264.46	-1 264.46	-581.45	39.47

累积 NPV 在第 4 年到第 5 年之间数值由负转为正，贴现回收期：

贴现回收期 = 4 + 581.45/620.92 = 4.94(年)

  e. 如果截止期为 3 年，根据贴现回收期法则，公司将接受 B 项目。

9. **回收期和 IRR 法则** 对以下评论做出回应：

  a. "我喜欢 IRR 法则。我可以用这个法则对项目排序，而不需要指定一个贴现率。"

  b. "我喜欢回收期法则。只要最低回收期很短，回收期法则就可以确保公司不会接受勉强合格的项目。这可以减少风险。"

参考答案：

  a. 在使用 IRR 规则时，公司必须将 IRR 与资本的机会成本进行比较。因此，即使采用 IRR 方法，也必须指定适当的贴现率。

  b. 高风险现金流应该以更高的贴现率贴现。使用回收期法则等价于使用 NPV 规则，只是在回收期前之前的现金流用零贴现率进行贴现，回收期后的现金流用无穷大的利率进行贴现。回收期法则并没有考虑项目的风险，因此也并不减少风险。

10. **计算下面项目的 IRR**

C_0	C_1	C_2	C_3
-3 000	+3 500	+4 000	-4 000

贴现率在什么范围内，项目具有正的 NPV？

参考答案：

在不同的贴现率下，计算项目的 NPV，如下表所示：

	r =	-17.44%	0.00%	10.00%	15.00%	20.00%	25.00%	45.27%
第 0 年	-3 000	-3 000.00	-3 000.00	-3 000.00	-3 000.00	-3 000.00	-3 000.00	-3 000.00
第 1 年	3 500	4 239.34	3 500.00	3 181.82	3 043.48	2 916.67	2 800.00	2 409.31
第 2 年	4 000	5 868.41	4 000.00	3 305.79	3 024.57	2 777.78	2 560.00	1 895.43
第 3 年	-4 000	-7 108.06	-4 000.00	-3 005.26	-2 630.06	-2 314.81	-2 048.00	-1 304.76
	NPV =	-0.31	500.00	482.35	437.99	379.64	312.00	-0.02

从表中看出，贴现率在从略大于 -17.44% 到略小于 45.27% 的范围内时，项目的 NPV 为正。

11. **IRR 法则** 考虑以下两个互相排斥的项目：

项目	现金流（美元）			
	C_0	C_1	C_2	C_3
A	-100	+60	+60	0
B	-100	0	0	+140

a. 贴现率分别为 0、10% 和 20%，计算每个项目的 NPV。画图，纵轴为 NPV，横轴为贴现率。
b. 每个项目的 IRR 大约是多少？
c. 在什么情况下，公司应该接受 A 项目？
d. 贴现率分别为 0、10% 和 20%，计算增量投资(B - A)的 NPV。画图，说明接受 A 项目的情况也是增量投资的 IRR 小于资本机会成本的情况。

参考答案：

a. 贴现率分别为 0、10% 和 20% 时，项目的 NPV 如下：

	贴现率		
	0%	10%	20%
NPV_A	+20.00	+4.13	-8.33
NPV_B	+40.00	+5.18	-18.98

根据表中的数据绘图，如图 5-1 所示。

b. 从图 5-1 中，我们可以估计每个项目的 IRR，即项目的 NPV 线穿过横轴的那个点：
IRR_A = 13.1%，IRR_B = 11.9%
可以通过计算每个项目在各自 IRR 下的 NPV 来检查，NPV 近似等于零。

c. 考虑项目 B 相对于 A 的增量现金流：

项目	现金流（美元）			
	C_0	C_1	C_2	C_3
B - A	0	-60	-60	+140

可以计算 IRR_{B-A} = 10.7%。
如果项目 A 的 NPV 为正且高于 B 项目，则该公司应接受 A 项目。也就是说，如果贴现率大于 10.7%（NPV_A 和 NPV_B 在下图的交点，即 IRR_{B-A}）且小于 13.1%（IRR_A），公司就应该接受 A 项目。如图 5-1所示，这时，项目 B 相对于 A 的增量现金流的 NPV 小于 0。

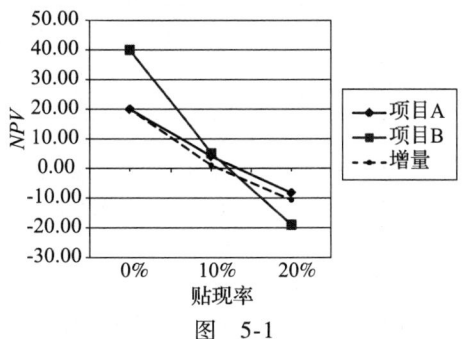

图 5-1

12. **IRR 法则** 塞勒斯·克劳普斯先生是巨人企业的董事长，他要在以下两项可能的投资中选择一项：

项目	现金流（美元）			IRR(%)
	C_0	C_1	C_2	
A	-400	+250	+300	23
B	-200	+140	+179	36

资本机会成本为 9%，克劳普斯先生想接受 IRR 更高的 B 项目。

a. 向克劳普斯先生解释一下，为什么这个选择不正确。
b. 向他展示如何应用 IRR 来选择最好的项目。
c. 向他展示这个项目也是 NPV 更高的项目。

参考答案：

a. 项目 A 的投资规模更大，相比项目 B，虽然项目 A 的 IRR 更低，但 NPV 更高。公司的经营目标是最大化股东价值，所以 NPV 法则是正确的决策标准。

b. 对互斥项目，我们使用 IRR 法则。我们计算增量现金流的 IRR：

	C_0	C_1	C_2	IRR
A - B	-200	+110	+121	10%

因为增量现金流的 IRR 超过了资本成本，所以项目 A 的额外投资是值得的。

c. $NPV_A = -400 + 250/1.09 + 300/1.09^2 = 81.86$（美元）

$NPV_B = -200 + 140/1.09 + 179/1.09^2 = 79.10$（美元）

13. **IRR 法则** 泰坦尼克造船公司有一个不可撤销的合同，要建造一艘小型货轮。造船的费用包括两年中每年年末现金支出 250 000 美元，第 3 年年末公司将收到船主的付款 650 000 美元。公司也可以通过加班加快建造速度，这样的话，第 1 年年末发生现金支出 550 000 美元，第 2 年年末收到付款 650 000 美元。利用 IRR 法则，说明资本机会成本在什么范围内时，公司应该安排加班？

参考答案：

两种情况下的现金流如下：

	C_1	C_2	C_3
不加班	-250 000	-250 000	650 000
加班	-550 000	650 000	

加班相对于不加班的增量现金流的 IRR：

$NPV = [-550\ 000 - (-250\ 000)]/(1 + IRR) + [650\ 000 - (-250\ 000)]/(1 + IRR)^2$
$\qquad + (0 - 650\ 000)/(1 + IRR)^3$

$\qquad = -300\ 000/(1 + IRR) + 900\ 000/(1 + IRR)^2 + (-650\ 000)/(1 + IRR)^3 = 0$

因为现金流方向发生了两次改变，因此有两个 IRR。增量现金流的 IRR 约为 21.13%

和78.87%。资本成本介于在这两个收益率之间时,$NPV>0$,泰坦尼克公司应该安排加班。

14. **盈利能力指数** 再看一下5.3节中的D项目和E项目,假设这两个项目是互相排斥的,资本机会成本为10%。
    a. 计算每个项目的盈利能力指数。
    b. 说明如何利用盈利能力指数来选择更出色的项目。

    参考答案:
    a. $NPV_D = -10\,000 + 20\,000/(1+0.10) = 8\,181.82$
    $NPV_E = -20\,000 + 35\,000/(1+0.10) = 11\,818.18$
    盈利能力指数 $PI = NPV/$投资额
    $PI_D = 8\,181.82/10\,000 = 0.82$
    $PI_E = 11\,818.18/20\,000 = 0.59$
    这两个项目的盈利能力指数 PI 都大于零,因此,这两个项目都是可以接受的。
    b. 为了在这两个项目之间做选择,必须分析增量部分。对于增量现金流:
    $NPV_{E-D} = [-20\,000 - (-10\,000)] + (35\,000 - 20\,000)/(1+0.10) = 3\,636.3$
    $PI_{E-D} = 3\,636.36/(20\,000 - 10\,000) = 0.36$
    增量 $PI>0$,也是可以接受的,因此应该接受规模较大的项目,即接受项目 E。

15. **资本约束** 博尔吉亚制药公司有100万美元的资金用于资本支出。在以下项目中,公司应该选择接受哪些项目,同时不超出资本预算?以市场价值衡量,预算限制给公司带来的损失是多少?每个项目的资本机会成本都是11%。

项目	投资额(万美元)	NPV(千美元)	IRR(%)
1	30	6.6	17.2
2	20	-0.4	10.7
3	25	4.3	16.6
4	10	1.4	12.1
5	10	0.7	11.8
6	35	6.3	18.0
7	40	4.8	13.5

    参考答案:
    各项目的盈利能力指数 $PI = (NPV/$投资额$)$如下:

项目	1	2	3	4	5	6	7
PI	0.22	-0.02	0.17	0.14	0.07	0.18	0.12

    因此,在100万美元的预算约束下,公司最优决策是接受项目1、3、4和项目6。如果公司接受所有 NPV 为正的项目,市场价值(与预算约束下的市场价值相比)将会增加项目5和项目7的 NPV:$7\,000 + 48\,000 = 55\,000$(美元)。因此,预算约束给公司带来的损失为55 000 美元。

挑战题

16. **NPV 和 IRR 法则** 有人坚信，甚至强烈地坚信，如果项目的现金流可以按项目的 IRR 进行再投资，那么根据 IRR 对项目排序是可以的。他们还说 NPV 法则"假设现金流以资本机会成本进行再投资。"认真思考这些说法。这些说法正确吗？有帮助吗？

    参考答案：

    对一个项目来说，IRR 是使项目的 NPV = 0 的贴现率。IRR 并不代表机会成本，但是如果项目的现金流可以按照项目的 IRR 进行投资，那么项目的 NPV 将为零，IRR 将是项目的资本机会成本。NPV 计算中使用的贴现率是资本的机会成本。因此，NPV 法则确实假设现金流按照资本的机会成本进行再投资。

17. **修正 IRR** 再次考察问题 10 中的项目现金流。计算修正 IRR，修正 IRR 的定义参考本章 5.3 节㈠。假设资本成本为 12%。

    现在尝试一下修正 IRR(MIRR) 的另一个定义。找出 x，满足 x 倍的 C_1 和 C_2 与负 C_3 现值相同：

    $$x\,C_1 + \frac{x\,C_2}{1.12} = -\frac{C_3}{1.12^2}$$

    项目的 MIRR 定义为以下等式的解：

    $$C_0 + \frac{(1-x)C_1}{1+IRR} + \frac{(1-x)C_2}{(1+IRR)^2} = 0$$

    现在你就有了两个 MIRR，哪个更有意义呢？如果你无法决定，关于 MIRR 的作用，你的结论是什么？

    参考答案：

    首先按照本章 5.3 节㈠的方法计算 MIRR。第 3 年的现金流发生了符号改变，C_3 在第 2 年的现值为：$-4\,000/1.12 = -3\,571.43$，将该现金流加到 C_2 中：

    $C_2 + PV(C_3) = 4\,000 + (-3\,571.43) = 428.57$

    再根据修改后的如下现金流计算 IRR，得到修正的 IRR(MIRR) 为 27.84%。

C_0	C_1	C_2
-3 000	3 500	428.57

    下面根据题中给出的方法计算 MIRR：

    $$xC_1 + \frac{xC_2}{1.12} = -\frac{C_3}{1.12^2}$$

    $x = 4\,000/[(1.12^2) \times (3\,500) + 1.12 \times (4\,000)] = 0.45$

    $C_0 + (1-x)C_1/(1+MIRR) + (1-x)C_2/(1+MIRR)^2 = 0$

    $-3\,000 + (1-0.45) \times 3\,500/(1+MIRR) + (1-0.45) \times 4\,000/(1+MIRR)^2 = 0$

采用试错法或 IRR 函数(在财务计算器或 Excel 中),可以得到 MIRR = 23.53%。
目前还不清楚这两种修正的 IRR 是否有意义。相反,这些计算似乎强调了 MIRR 确实没有经济意义这一事实。

18. **资本约束** 考虑以下资本约束问题:

项目	C_0	C_1	C_2	NPV
W	-10 000	-10 000	0	+6 700
X	0	-20 000	+5 000	+9 000
Y	-10 000	+5 000	+5 000	+0
Z	-15 000	+5 000	+4 000	-1 500
可得融资额	20 000	20 000	20 000	

把这个问题作为线性规划问题来解决。
允许部分投资,即 $0 \leq x \leq 1$。计算和解释资本约束的影子价格⊖

参考答案:
目标函数:Maximize:$NPV = 6\,700x_W + 9\,000x_X + 0x_Y - 1\,500x_Z$
约束条件:$10\,000x_W + 0x_X + 10\,000x_Y + 15\,000x_Z \leq 20\,000$

$\qquad\qquad 10\,000x_W + 20\,000x_X - 5\,000x_Y - 5000x_Z \leq 20\,000$

$\qquad\qquad 0x_W - 5\,000x_X - 5\,000x_Y - 4\,000x_Z \leq 20\,000$

$\qquad\qquad 0 \leq x_W \leq 1$

$\qquad\qquad 0 \leq x_X \leq 1$

$\qquad\qquad 0 \leq x_Y \leq 1$

$\qquad\qquad 0 \leq x_Z \leq 1$

使用 Excel 电子表格线性规划插件编程模块,得到:
最优的 NPV = 13 500 美元
此时:$x_W = 0$,$x_X = 1.5$,$x_Y = 2$,$x_Z = 0$
如果可得融资额在 $t = 0$ 时是 21 000 美元,则最优 NPV = 13 725 美元,此时 $x_W = 0$,$x_X = 1.53$,$x_Y = 2.1$,$x_Z = 0$。额外的 1 000 美元投资的影子价格在 $t = 0$ 时刻是 225 美元。

在这两种情况下,程序都认为 x_Y 是可行的选择,即使项目 Y 的 NPV 为零。出现这个结果的原因是项目 Y 在第 1 期和第 2 期提供了正的现金流。

如果 $t = 1$ 时的可得融资额是 21 000 美元,最优 NPV = 13 950 美元,此时 $x_W = 0$,$x_X = 1.55$,$x_Y = 2$,$x_Z = 0$。因此,在 $t = 1$ 时额外 1 000 美元融资的影子价格是 450 美元。

⊖ 影子价格指约束发生边际变化时目标函数的边际变化。

第 6 章 用 NPV 法则进行投资决策

基础题

1. **现金流** 公司在决定是否投资建一座新工厂,下面哪些应该作为增量现金流?公司已经拥有一块土地,但土地上已有的建筑物需要拆除。
   a. 土地以及已有建筑物的市场价值;
   b. 已有建筑物的拆除成本和土地清理费用;
   c. 去年新建的一条通往该处的道路;
   d. 管理者花在新工厂的时间增加,导致其他产品的收入下降;
   e. 公司总裁使用的喷气式飞机的部分租赁成本;
   f. 新工厂未来的折旧;
   g. 新工厂的税收折旧带来的公司税负下降;
   h. 在原材料存货上的初始投资;
   i. 在新工厂的工程设计上已经花费的资金。

   参考答案:
   增量现金流为 a、b、d、g、h。项目 c 为沉没成本,e 是不需要分摊的间接成本,f 是非现金费用,i 是沉没成本,这些项目不应作为增量现金流。

2. **名义和实际现金流** 阿特·德科先生从现在开始 1 年后将得到 100 000 美元,这是名义现金流,以 8% 的名义贴现率贴现:

   $$PV = \frac{100\,000}{1.08} = 92\,593(美元)$$

   通胀率为 4%。用等价实际现金流和实际贴现率计算德科先生这些现金流的现值。

   参考答案:
   实际现金流 = $100\,000/(1+0.04) = 96\,154$(美元)
   实际贴现率 $r = (1+0.08)/(1+0.04) - 1 = 3.846\%$
   用实际现金流和实际贴现率来计算现值:

$PV = 96\ 154/(1 + 0.038\ 46) = 92\ 593(美元)$

得到的结果与用名义现金流和名义贴现率的结果是一致的。

3. **现金流** 判断正误：
   a. 项目的折旧税盾取决于实际的未来通胀率；
   b. 项目的现金流应该考虑为项目融资的负债的利息支出；
   c. 在美国，报告给税务部门的收入必须等于报告给股东的收入；
   d. 加速折旧减少了项目近期的现金流，因此减少了项目的 NPV。

   参考答案：
   a. 错误。项目的折旧税盾等于折旧额乘以税率，与通胀率无关。
   b. 错误。项目的现金流只取决于项目本身，与融资决策无关。
   c. 错误。给股东报告的收入可以采用直线折旧，出于税收目的采用加速折旧来报告收入。
   d. 错误。折旧不会直接影响现金流。但是，早期折旧的增加会增加折旧税盾的现值，从而增加项目的净现值。

4. **折旧** 在表6-4中，回收期类别不同，折旧税盾的现值如何变化？给出一个一般答案，然后计算5年期类别和7年期类别的折旧税盾的现值，验证这个答案。税率为35%，贴现率为10%。

   参考答案：
   回收期越长，折旧税盾现值越低。这适用于任何贴现率为正的情况。
   首先计算折旧的 PV，假设固定资产期初账面价值为1美元，折旧的价值如下表所示。

			5 年期			
年份	1	2	3	4	5	6
现金流	0.200 0	0.320 0	0.192 0	0.115 2	0.115 2	0.057 6
$PV@10\%$	0.181 8	0.264 5	0.144 3	0.078 7	0.071 5	0.032 5
PV			0.773 3			

			7 年期					
年份	1	2	3	4	5	6	7	8
现金流	0.142 9	0.244 9	0.174 9	0.124 9	0.089 3	0.089 2	0.089 3	0.044 6
$PV@10\%$	0.129 9	0.202 4	0.131 4	0.085 3	0.055 4	0.050 4	0.045 8	0.020 8
PV				0.721 4				

   下面计算每个类别的折旧税盾的现值，使用下面的公式：
   税盾现值 = 折旧的 $PV \times$ 税率
   5 年期折旧类别：税盾现值 = $0.773\ 3 \times 0.35 = 0.271$
   7 年期折旧类别：税盾现值 = $0.721\ 4 \times 0.35 = 0.253$
   可以看到，7 年期折旧类别的税盾现值小于 5 年期。

5. **营运资本** 下表跟踪了一个 4 年期项目每年的营运资本主要组成科目：

年份	2016	2017	2018	2019	2020
应收账款	0	150 000	225 000	190 000	0
存货	75 000	130 000	130 000	95 000	0
应付账款	25 000	50 000	50 000	35 000	0

计算净营运资本，以及营运资本投资引起的现金流入和现金流出。

参考答案：

净营运资本 = 应收账款 + 存款 − 应付账款

第 t 年的营运资本投资现金流 = 第 $t-1$ 年的净营运资本 − 第 t 年的净营运资本

营运资本投资现金流如下表所示：

年份	2016	2017	2018	2019	2020
净营运资本	50 000	230 000	305 000	250 000	0
营运资本投资现金流	−50 000	−180 000	−75 000	55 000	250 000

6. **等价年度成本** 评价互相排斥的工厂和设备投资项目时，财务经理计算投资的等价年度成本，据此对投资进行排序。为什么有必要这样做？为什么不直接比较投资的 NPV？请简要解释。

参考答案：

项目有不同的经济寿命，并且项目是正在经营的业务的组成部分，这时比较现值可能会产生误导。例如，花费 10 万美元购买并使用 5 年的机器，不一定比花费 7.5 万美元购买而只使用 3 年的机器贵。计算机器的等价年成本可以进行无偏的比较。

7. **等价年度成本** 大学宿舍的空调系统，安装费用为 150 万美元，每年的运行费用为 200 000 美元，可以运行 25 年。实际资本成本为 5%，大学不需要纳税。空调系统的等价年度成本是多少？

参考答案：

安装并使用空调系统的 $PV = 1\,500\,000 + 200\,000 \times \{1/0.05 - 1/[0.05 \times (1+0.05)^{25}]\}$
$= 4\,318\,788.91(美元)$

等价年度成本(EAC) $= 4\,318\,788.91/\{1/0.05 - 1/[0.05 \times (1+0.05)^{25}]\}$
$= 306\,428.69(美元)$

8. **等价年度成本** A 机器和 B 机器只能二选一，预期产生的实际现金流如下：

机器	现金流(美元)			
	C_0	C_1	C_2	C_3
A	−100 000	+110 000	+121 000	
B	−120 000	+110 000	+121 000	+133 000

实际资本机会成本为 10%。

a. 计算每种机器的 NPV；

b. 计算每种机器的等价年度现金流;
c. 应该购买哪种机器?

参考答案:

a. $NPV_A = -100\,000 + 110\,000/(1+0.10) + 121\,000/(1+0.10)^2 = 100\,000$(美元)
   $NPV_B = -120\,000 + 110\,000/(1+0.10) + 121\,000/(1+0.10)^2 + 133\,000/(1+0.10)^3$
   $\qquad = 179\,925$(美元)

b. $EACF_A = 100\,000/\{1/0.10 - 1/[0.10(1+0.10)^2]\} = 57\,619$(美元)
   $EACF_B = 179\,925/\{1/0.10 - 1/[0.10(1+0.10)^3]\} = 72\,350$(美元)

c. 选择机器B,因为它具有较高的等价年度现金流。

9. **更换决策** C机器是5年前购买的,成本为200 000美元,产生年度实际现金流80 000美元,无残值,预期可以继续再运行5年。公司可以用B机器(见问题8)更换C机器,应该现在更换,还是5年后更换?

参考答案:

在这个问题中,我们必须忽略沉没成本和过去的实际现金流,关注未来的现金流。机器C预计还可以再运行5年,每年产生8万美元的实际现金流。由于机器C的实际年现金流超过机器B的等价年度现金流(第8题中已经得到机器B的等价年现金流是72 350美元),公司应该在5年后再更换机器C。

进阶题

10. **实际和名义现金流** 重新计算表6-6中的净现金流的实际值,用实际贴现率来贴现。假设名义利率20%,预期通胀率10%。*NPV*应该不变,仍为+3 802,即3 802 000美元。

    参考答案:
    实际贴现率 = [(1 + 名义利率)/(1 + 通货膨胀率)] - 1
    $\qquad\qquad = [(1+0.20)/(1+0.10)] - 1 = 9.09\%$

    实际现金流$_t$ = 名义现金流$_t$/(1 + 通货膨胀率)所示^t,如下表所示:

年份	0	1	2	3	4	5	6	7
净现金流(名义,千美元)	12 600	1 484	2 947	6 323	10 534	9 985	5 757	3 269
净现金流(实际,千美元)	12 600	1 349	2 436	4 751	7 195	6 200	3 250	1 678

    以实际贴现率9.09%来贴现实际净现金流,得到*NPV* = 3 802 千美元。

11. **实际和名义现金流** CSC公司正在评估一个生产封装器的新项目。工厂和设备的初始投资额为500 000美元,1年后开始销售封装器,预计销售收入为200 000美元,成本为100 000美元。销售收入和成本都随通胀率增长,每年增长10%。利润按35%纳税。每年的营运资本包括原材料存货,预计为下一年销售收入的20%。

    项目持续5年,设备的期末账面价值为零,出于税收的目的,在5年中直线折旧。名义贴现率为15%。说明项目的*NPV*无论按照名义现金流还是实际现金流计算，结果是相同的。

参考答案：

名义贴现率 = 15%，通胀率 = 10%

实际利率 = $[(1+0.15)/(1+0.10)] - 1 = 0.045\,455 = 4.545\,5\%$

项目的 *NPV* 计算如下表：

年份	0	1	2	3	4	5
1. 收入		200 000	220 000	242 000	266 200	292 820
2. 成本		100 000	110 000	121 000	133 100	146 410
3. 折旧		100 000	100 000	100 000	100 000	100 000
4. 税前利润(1-2-3)		0	10 000	21 000	33 100	46 410
5. 税(4×35%)		0	3 500	7 350	11 585	16 244
6. 税后利润(4-5)		0	6 500	13 650	21 515	30 167
7. 营运资本	40 000	44 000	48 400	53 240	58 564	0
8. 经营现金流(6+3)		100 000	106 500	113 650	121 515	130 167
9. 营运资本投资现金流	-40 000	-4 000	-4 400	-4 840	-5 324	58 564
10. 资本投资现金流	-500 000	0	0	0	0	0
11. 净现金流（名义，8+9+10）	-540 000	96 000	102 100	108 810	116 191	188 731
NPV(@15%)	-147 510					
12. 净现金流（实际通胀率 10%）①	-540 000	87 273	84 380	81 751	79 360	117 187
NPV(@4.545 5%)	-147 510					

① 实际现金流$_t$ = 名义现金流$_t$/(1+通胀率)^t

12. **机会成本** 1898 年，西蒙·诺斯宣布建造一座殡仪馆的计划，所用的土地是他拥有的一块土地，当时租出去用于存放火车车厢（当地一家报纸评论说，诺斯先生没有把火车看得比灵车重要）。这块地的租金收入还不够支付房产税，但土地仍价值 45 000 美元。诺斯先生曾几次拒绝别人买这块地。如果由于某些原因，殡仪馆不能修建，他计划仍然继续出租土地。因此，他没有将土地的价值包括到殡仪馆项目的 *NPV* 分析中。这样做对吗？请解释。

参考答案：

他这样做不正确。土地的机会成本是其最佳用途的价值，因此，殡仪馆项目的 *NPV* 分析中，这片土地的价值 45 000 美元应该作为一项资本支出。

13. **营运资本** 以下的两种说法都正确，请用一个例子解释为什么这两种说法是一致的。
    a. 公司引入新产品或者扩大原有产品的生产规模时，净营运资本的投资通常是重要的现金流出；
    b. 如果所有的现金流入和现金流出的时间都仔细说明了，那么预测净营运资本就不是必要的。

参考答案：

之所以要预测净营运资本投资，是因为在权责发生制下，收入确认是在销售时而不是收到现金时，成本确认是在成本发生时而不是支付现金时，这样收入和现金流就会出现不一致。如果预测现金流时能确认现金流的发生时间，那么就没有必要把净营运资本列为投资了。

例如，预测公司明年净利润 100 万美元，存货增加 30 万美元，应收账款增加 50 万美元，应付账款增加 40 万美元，明年的净营运资本投资为：30 + 50 - 40 = 40（万美元），这 40 万美元就是明年的净营运资本投资。如果能够准确预测现金流入和流出的时间，那么就可以直接预测现金流了。

14. **折旧** T. 波兹女士是理想中国公司的财务主管，现在她遇到一个问题。公司刚刚订购了新的干燥炉，成本为 400 000 美元，其中 50 000 美元是供应商收取的安装费用。波兹女士不知道，IRS 允许公司将安装成本作为可减税的当期费用还是作为资本投资。如果是后者，公司将按照 5 年期 MACRS 进行折旧。IRS 的决定对干燥炉的税后成本有何影响？税率为 35%，资本机会成本为 5%。

参考答案：

如果 5 万美元的安装成本在第 1 年年末作为费用列支，那么税盾的价值为：

$PV = (50\,000 \times 0.35)/(1 + 0.05) = 16\,667$（美元）

如果 5 万美元作为资本投资，那么按照 5 年期 MACRS 折旧计划，税盾的价值为：

$PV = (0.35 \times 50\,000) \times [0.20/(1+0.05) + 0.32/(1+0.05)^2 + 0.192/(1+0.05)^3$
$+ 0.115\,2/(1+0.05)^4 + 0.115\,2/(1+0.05)^5 + 0.057\,6/(1+0.05)^6]$
$= 15\,306$（美元）

安装成本作为费用处理，税盾价值更大，这意味着税后成本更小。

15. **项目 NPV** Better Mousetrap 公司花了 300 万美元的研究费用，开发了一种新型捕鼠器。项目需要工厂和设备的初始投资 600 万美元，采用 5 年期直线折旧，期末账面价值为零，而项目 5 年后结束时，设备实际上可出售 500 000 美元。公司认为，每期的营运资本应保持为下年预计销售收入的 10%。每个捕鼠器的生产成本为 1.50 美元，售价为 4 美元。（没有市场营销费用。）下表给出了销售量的预测。公司税率为 35%，项目要求的收益率为 12%。项目的 NPV 是多少？

年份	0	1	2	3	4	5
销售量（百万）	0	0.5	0.6	1.0	1.0	0.6

参考答案：

300 万美元的研究费用是沉没成本，不包括在 NPV 计算中。项目的现金流及 NPV 计算见下表（单位：千美元）：

	0	1	2	3	4	5
1. 资本投资和处置	-6 000					500
2. 销售量（千台）		500	600	1 000	1 000	600
3. 销售收入		2 000	2 400	4 000	4 000	2 400
4. 销货成本		750	900	1 500	1 500	900

（续）

	0	1	2	3	4	5
5. 折旧		1 200	1 200	1 200	1 200	1 200
6. 税前利润(3 − 4 − 5)		50	300	1 300	1 300	300
7. 所得税(35% × 6)		18	105	455	455	105
8. 净利润(6 − 7)		32	195	845	845	195
9. 经营现金流(8 + 5)		1 232	1 395	2 045	2 045	1 395
10. 净营运资本	200	240	400	400	240	0
11. 净营运资本投资现金流	−200	−40	−160	0	160	240
12. 资本投资和税后残值回收现金流	−6 000					325
13. 项目净现金流(9 + 11 + 12)	−6 200	1 193	1 235	2 045	2 205	1 960
$PV(12\%)$	−6 200	1 065	985	1 456	1 401	1 112
NPV	−181					

16. **项目 *NPV* 和 *IRR***　某项目需要初始投资 100 000 美元，预计每年产生 26 000 美元的税前现金流，可以持续 5 年。A 公司已经累计了大量的纳税亏损，在可预见的将来不大可能纳税。B 公司支付的企业所得税税率为 35%，出于纳税考虑，可以采用 5 年期 MACRS 对投资进行折旧。假如资本机会成本为 8%。忽略通货膨胀。

   a. 对每个公司来说，该项目的 *NPV* 分别是多少？

   b. 对每个公司来说，项目税后的 *IRR* 是多少？通过 *IRR* 的比较，说明有效公司所得税税率是多少？

   参考答案：

   a. 对 A 公司来说，该项目不需要纳税，项目未来 5 年的净现金流为每年 26 000 美元，项目的净现值：

   $$NPV_A = -100\,000 + 26\,000 \times \{1/0.08 - 1/[0.08 \times (1+0.08)^5]\} = 3\,810(\text{美元})$$

   对 B 公司来说，项目的利润需要纳税，还需要考虑折旧税盾的价值（参考第 4 题）：

   $NPV_B = -$ 初始投资 $+ PV$(税后现金流) $+ PV$(折旧税盾)

   $= -100\,000 + [26\,000 \times (1 - 0.35)] \times \{1/0.08 - 1/[0.08 \times (1+0.08)^5]\}$
   $+ (0.35 \times 100\,000) \times [0.20/(1+0.08) + 0.32/(1+0.08)^2 + 0.192/(1+0.08)^3$
   $+ 0.115\,2/(1+0.08)^4 + 0.115\,2/(1+0.08)^5 + 0.057\,6/(1+0.08)^6]$

   $= -4\,127(\text{美元})$

   b. 税后现金流$_t =$ 税前现金流$_t \times (1 -$ 所的税率$) + ($初始投资 $\times$ 折旧率$_t \times$ 税率$)$

   税后现金流见下表（单位：美元）：

年份	0	1	2	3	4	5	6
公司 A	−100 000	26 000	26 000	26 000	26 000	26 000	0
公司 B	−100 000	23 900	28 100	23 620	20 932	20 932	2 016

   $IRR_A = 9.43\%$

$IRR_B = 6.39\%$

有效税率 = 1 - (0.063 9/0.094 3) = 0.323 = 32.3%

17. **项目分析** 利用表6-1、表6-5和表6-6的Excel表格，回答以下问题。
    a. 如果IM&C公司被迫采用7年期MACRS折旧，鸟肥项目的*NPV*将发生怎样的变化？
    b. 根据工程方面的最新估计，资本投资超出1 000万美元的可能性提高，也许需要1 500万美元。另外，你认为20%的资本成本高得有些不切实际，真正的资本成本大约为11%。替换为这些假设条件，项目仍有吸引力吗？
    c. 继续假设资本投资为1 500万美元，资本成本11%。如果销售收入、销货成本和净营运资本每年都增加10%，会怎样呢？重新计算项目的*NPV*。（注意：在表6-1的电子表格中输入修改后的销售收入、成本和营运资本预测。）

参考答案：
a. 采用7年期MACRS折旧，重新分析项目的现金流、计算*NPV*。

表 6-5 IM&C公司的鸟肥项目的税收支出 （单位：千美元）

折旧年限　7
税率(%)　35

		年份						
		0	1	2	3	4	5	6	7
	MACRS(%)		14.29	24.49	17.49	12.49	8.93	8.92	13.39
	税收折旧（MCRS%×投资）		1 429	2 449	1 749	1 249	893	892	1 339
1	销售收入		523	12 887	32 610	48 901	35 834	19 717	
2	销货成本		837	7 729	19 552	29 345	21 492	11 830	
3	其他成本	4 000	2 200	1 210	1 331	1 464	1 611	1 772	
4	税收折旧		1 429	2 449	1 749	1 249	893	892	1 339
5	税前利润	-4 000	-3 943	1 499	9 978	16 843	11 838	5 223	610
6	税	-1 400	-1 380	525	3 492	5 895	4 143	1 828	214

注：包含1 949美元残值。

表 6-6 IM&C公司鸟肥项目：MACRS折旧下的修订现金流分析 （单位：千美元）

		年份							
序号	项目	0	1	2	3	4	5	6	7
1	销售收入		523	12 887	32 610	48 901	35 834	19 717	
2	销货成本		837	7 729	19 552	29 345	21 492	11 830	
3	其他成本	4 000	2 200	1 210	1 331	1 464	1 611	1 772	
4	税	-1 400	-1 380	525	3 492	5 895	4 143	1 828	214
5	经营现金流	-2 600	-1 134	3 423	8 235	12 197	8 588	4 287	-214
6	营运资本的变化现金流		-550	-739	-1 972	-1 629	1 307	1 581	2 002
7	资本投资和固定资产清理	-10 000							1 949
8	净现金流(5+6+7)	-12 600	-1 684	2 684	6 263	10 568	9 895	5 868	3 737
9	现值@20%	-12 600	-1 403	1 864	3 624	5 096	3 977	1 965	1 043
	净现值*NPV* =	3 566							

b. 资本投资变为 1 500 万美元，重新分析项目的现金流、计算 NPV。

表 6-1　IM&C 公司鸟肥项目预测：考虑通胀因素，假设直线折旧　（单位：千美元）

序号	项目	年份							
		0	1	2	3	4	5	6	7
1	资本投资	15 000							−1 949
2	累积折旧		2 417	4 833	7 250	9 667	12 083	14 500	
3	年末账面价值	15 000	12 583	10 167	7 750	5 333	2 917	500	
4	营运资本		550	1 289	3 261	4 890	3 583	2 002	
5	总账面价值(3+4)		13 133	11 456	11 011	10 223	6 500	2 502	
6	销售收入		523	12 887	32 610	48 901	35 834	19 717	
7	销货成本		837	7 729	19 552	29 345	21 492	11 830	
8	其他成本	4 000	2 200	1 210	1 331	1 464	1 611	1 772	
9	折旧		2 417	2 417	2 417	2 417	2 417	2 417	
10	税前利润	−4 000	−4 931	1 531	9 310	15 675	10 314	3 698	1 449
11	税	−1 400	−1 726	536	3 259	5 486	3 610	1 294	507
12	税后利润(10−11)	−2 600	−3 205	995	6 052	10 189	6 704	2 404	942
	注意：								
	折旧年限				6				
	假设折旧计算后的残值				500				
	税率(%)				35				

表 6-2　IM&C 鸟肥项目：直线折旧下的初始现金流分析　（单位：千美元）

序号	项目	年份							
		0	1	2	3	4	5	6	7
1	销售收入		523	12 887	32 610	48 901	35 834	19 717	
2	销货成本		837	7 729	19 552	29 345	21 492	11 830	
3	其他成本	4 000	2 200	1 210	1 331	1 464	1 611	1 772	
4	税	−1 400	−1 726	536	3 259	5 486	3 610	1 294	507
5	经营现金流	−2 600	−788	3 412	8 468	12 606	9 121	4 821	−507
6	营运资本的变化		−550	−739	−1 972	−1 629	1 307	1 581	2 002
7	资本投资和固定资产清理现金流	−15 000							1 949
8	净现金流(5+6+7)	−17 600	−1 338	2 673	6 496	10 977	10 428	6 402	3 444
9	现值 PV	−17 600	−1 206	2 169	4 750	7 231	6 189	3 423	1 659
	净现值 NPV =	6 614							
	资本成本(%)	11							

c. 资本投资 1 500 万美元、资本成本 11%，销货成本和净营运资本每年都增加 10%，重新分析项目的现金流、计算 NPV。

表6-1 IM&C 公司鸟肥项目预测：考虑通胀因素，假设直线折旧

（单位：千美元）

序号	项目	年份 0	1	2	3	4	5	6	7
1	资本投资	15 000							-1 949
2	累积折旧		2 417	4 833	7 250	9 667	12 083	14 500	
3	年末账面价值	15 000	12 583	10 167	7 750	5 333	2 917	500	
4	营运资本		605	1 418	3 587	5 379	3 941	2 202	
5	总账面价值(3+4)		13 188	11 585	11 337	10 712	6 858	2 702	
6	销售收入		575	14 176	35 871	53 791	39 417	21 689	
7	销货成本		921	8 502	21 507	32 280	23 641	13 013	
8	其他成本	4 000	2 200	1 210	1 331	1 464	1 611	1 772	
9	折旧		2 417	2 417	2 417	2 417	2 417	2 417	
10	税前利润	-4 000	-4 962	2 047	10 616	17 631	11 749	4 487	1 449
11	税	-1 400	-1 737	716	3 716	6 171	4 112	1 570	507
12	税后利润(10-11)	-2 600	-3 225	1 331	6 900	11 460	7 637	2 917	942
	注意：								
	折旧年限				6				
	假设折旧计算后的残值				500				
	税率(%)				35				

表6-2 IM&C 鸟肥项目：直线折旧下的初始现金流分析 （单位：千美元）

序号	项目	年份 0	1	2	3	4	5	6	7
1	销售收入		575	14 176	35 871	53 791	39 417	21 689	
2	销货成本		921	8 502	21 507	32 280	23 641	13 013	
3	其他成本	4 000	2 200	1 210	1 331	1 464	1 611	1 772	
4	税	-1 400	-1 737	716	3 716	6 171	4 112	1 570	507
5	经营现金流	-2 600	-809	3 747	9 317	13 877	10 053	5 333	-507
6	营运资本的变化		-605	-813	-2 169	-1 792	1 438	1 739	2 202
7	资本投资和固定资产清理现金流	-15 000							1 949
8	净现金流(5+6+7)	-17 600	-1 414	2 934	7 148	12 085	11 491	7 072	3 644
9	现值 PV	-17 600	-1 274	2 382	5 227	7 961	6 819	3 781	1 755
	净现值 NPV =	9 051							
	资本成本(%)	11							

18. **项目 NPV** 一家小部件制造商目前每年生产 200 000 个单位，它从一家外部供应商处购买小部件的盖子，每个 2 美元。工厂经理认为，自己生产盖子比购买更便宜，直接生产成本估计只有 1.50 美元。必需的机器设备成本为 150 000 美元，可以使用 10 年。出于税收目的，投资按照 7 年期折旧。工厂经理估计还需要 30 000 美元的额外营运资本，但认为这笔资金可以忽略，因为 10 年后可以回收。如果公司纳税的税率为 35%，资本机会成本为 15%，你会支持工厂经理的投资建议吗？请清楚说明你所需要的其他假设条件。

参考答案：

假设条件如下：

a. 该公司将生产小部件至少 10 年；

b. 不会出现通货膨胀或技术变革；

c. 15% 的资本成本适用于所有现金流，而且是真实的税后回报率；

d. 所有的经营现金流都发生在年末；

e. 不能忽视增量营运资本和回收；

f. 注意：由于购买小盖子可以被视为一年的"项目"，所以这两个项目拥有 10 年的共链寿命(common chain life)。

每个项目的 NPV 的计算如下：

(1) 购买小盖子的 $NPV = -(2 \times 200\,000) \times (1 - 0.35) \times \{1/0.15 - 1/[0.15 \times (1 + 0.15)^{10}]\}$

$= -1\,304\,880$（美元）

(2) 自己生产制造小盖子的 $NPV = -150\,000 - 30\,000 - 1.50 \times 200\,000 \times (1 - 0.35) \times \{1/0.15 - 1/[0.15 \times (1 + 0.15)^{10}]\} + [(0.35 \times 150\,000) \times (0.142\,9/1.15 + 0.244\,9/1.15^2 + 0.174\,9/1.15^3 + 0.124\,9/1.15^4 + 0.089\,3/1.15^5 + 0.089\,2/1.15^6 + 0.089\,3/1.15^7 + 0.044\,6/1.15^8)] + 30\,000/1.15^{10}$

$= -1\,118\,329$（美元）

自己生产制造的 NPV 更高一些，所以小部件制造商应该自己制造小盖子。

19. **现金流** Reliable Electric 公司正在考虑一项投资建议，生产一种新型工业用电动马达，取代它现有产品线的大部分产品。一项研究突破使 Reliable Electric 公司可以领先竞争对手两年的时间。项目建议总结为表 6-7。

a. 仔细阅读表 6-7 的注释。哪些科目是有道理的？哪些没有？为什么？

b. 构建表 6-7 的另一个版本，对计算 NPV 有意义的，还需要哪些额外的信息？

c. 构建这样的一个表格，重新计算 NPV。必要时做更多的假设。

表 6-7　Reliable Electric 公司的建议投资项目的现金流和现值　（单位：千美元）

年份	2016	2017	2018	2019~2026
1. 资本支出	-10 400			
2. 研究和开发	-2 000			
3. 营运资本	-4 000			
4. 销售收入		8 000	16 000	40 000
5. 营运成本		-4 000	-8 000	-20 000
6. 间接费用		-800	-1 600	-4 000
7. 折旧		-1 040	-1 040	-1 040
8. 利息		-2 160	-2 160	-2 160

（续）

年份	2016	2017	2018	2019~2026
9. 收入	−2 000	0	3 200	12 800
10. 税	0	0	420	4 480
11. 净现金流	−16 400	0	2 780	8 320

12. 净现值 = +13 932

注：1. 资本支出：800万美元用于购买新机器设备，240万美元用于仓库扩容。尽管目前只需要一半的仓库空间，全部的扩容成本都由该项目承担。由于新机器设备安装在已有的厂房内，土地和建筑物的成本并未计入。
2. 研究和开发：2015年支出182万美元，从支出这笔费用起到现在，按照10%的通胀率计算，得到该数字，即 $1.82 \times 1.1 = 200$（万美元）。
3. 营运资本：存货初始投资。
4. 销售收入：假设2017年销售2 000台马达，2018年4 000台，2019~2016年每年10 000台。初始单位价格为4 000美元，实际价值保持不变。
5. 营运成本：包括直接和间接成本。假设间接成本（取暖、照明、能源、额外福利等）为直接劳动力成本的200%。单位运营成本预测保持不变，实际价值为2 000美元。
6. 间接费用：包括市场营销和管理成本，假设等于销售收入的10%。
7. 折旧：10年直线折旧。
8. 利息：资本支出和营运资本的成本，按照公司当前借款利率15%计算。
9. 收入：销售收入减去研究和开发、营运成本、间接费用、折旧和利息。
10. 税：收入的35%。2016年收入为负。亏损递延到2018年，从2018年的应税收入中扣除。
11. 净现金流：假设等于收入减去税。
12. 净现值：净现金流的净现值，贴现率15%。

参考答案：

a. 资本支出
   ①如果闲置的仓库空间现在或将来会用于不同的项目，那么这些好处应该属于现有项目
   ②要考虑土地和建筑物的机会成本；
   ③项目期末要考虑残值。

研究和开发
研究和开发是沉没成本，不应该包括在内。

营运资本
①随着产量的增加，还需要增加存货吗？
②项目结束时的存货回收应包括在内；
③应收款项和应付款项是否需要额外的营运资本？

销售收入
①销售收入预测是否考虑竞争的变化？
②整个分析中所有科目都按实际值计算吗？通胀率如何考虑？

主营业务成本
①早期的劳动力成本占比不受产量增长的影响吗？
②工资通常比通货膨胀增长得快。生产力的持续增长预期能补偿通胀吗？
③同样，各科目的分析是用实际值还是名义值？

间接费用

只考虑增量成本，间接费用是增量成本吗？

折旧

①折旧不是现金流出，折旧影响纳税额；

②MACRS 折旧法名义价值是固定的，折旧税盾的实际价值因通货膨胀而降低。

利息

不应扣除利息费用（或向证券持有者的其他支付）。评估项目价值时假设项目是全股权融资。

税

①见有关 MACRS 折旧和利息的讨论；

②如果公司其他业务的净利润为正，该项目的亏损就不应该递延。

净现金流

①见有关 MACRS 折旧和利息的讨论；

②折旧是非现金费用；

③利息费用应排除在外。

净现值

贴现率应反映项目的风险特征。一般来说，贴现率不等于公司的借贷利率。

b. 还需要以下假设：

①仓库的潜在使用价值；

②建筑物的机会成本；

③其他营运资本项目；

④更现实的收入和成本预测；

⑤公司使用税盾的能力；

⑥资本的机会成本；

⑦确保所有科目的价值统一起来，或都是名义的或都是真实的，不能混用；

⑧通货膨胀率。

c. 下表给出了重新计算项目 NPV 的过程。假设如下：

①通胀率：每年 10%。

②资本支出：机器设备 800 万美元，土地 500 万美元，240 万美元用于仓库扩建（我们假设仓库冗余面积最终会被利用起来，但不是在项目运行期间使用）。假设项目结束后土地实际价值不变。

③运营成本：我们假设第 t 年的存货是预期 $(t+1)$ 年销售收入的 9.1%。我们还假设：在 t 年的应收账款减去应付账款的差，等于第 t 年销售收入的 5%。

④折旧税盾：税率为 35%，5 年期 MACRS 折旧类别。这是一个简化的并且可能是不精确的假设，即不是所有的投资都是 5 年回收期类别。另外，工厂目前为公司所有，可能已经部分折旧。我们假设公司有税盾时可以使用税盾。

第 6 章　用 NPV 法则进行投资决策　75

（单位：千美元）

年份	2016	2017	2018	2019	2020	2021	2022	2023	2024	2025	2026	2027
1. MACRS5 年折旧率		20%	32%	19.20%	11.52%	11.52%	5.76%					
2. 折旧		2 080	3 328	1 997	1 198	1 198	599					
3. 折旧实际值		1 891	2 750	1 500	818	744	338					
4. 销量（台）		2 000	4 000	10 000	10 000	10 000	10 000	10 000	10 000	10 000	10 000	
5. 单位价格（美元）		4 000	4 000	2 850	2 850	2 850	2 850	2 850	2 850	2 850	2 850	
6. 单位直接成本（美元）		2 500	2 250	2 000	2 000	2 000	2 000	2 000	2 000	2 000	2 000	
7. 销售收入（4×5）		8 000	16 000	28 500	28 500	28 500	28 500	28 500	28 500	28 500	28 500	
8. 主营业务成本（4×6）		5 000	9 000	20 000	20 000	20 000	20 000	20 000	20 000	20 000	20 000	
9. 其他成本（7×10%）		800	1 600	2 850	2 850	2 850	2 850	2 850	2 850	2 850	2 850	
10. 税前利润（7−8−9−3）		309	2 650	4 150	4 832	4 906	5 312	5 650	5 650	5 650	5 650	
11. 所得税（10×35%）		108	927	1 452	1 691	1 717	1 859	1 978	1 978	1 978	1 978	
12. 净利润（10−7−8）		201	1 722	2 697	3 141	3 189	3 453	3 673	3 673	3 673	3 673	
13. 存货（9.1%×下一年销售收入）	728	1 456	2 594	2 594	2 594	2 594	2 594	2 594	2 594	2 594	0	
14. 应收−应付（5%×当年销售收入）		400	800	1 425	1 425	1 425	1 425	1 425	1 425	1 425	1 425	0
15. 净营运资本（13＋14）	728	1 856	3 394	4 019	4 019	4 019	4 019	4 019	4 019	4 019	1 425	0
13. 净营运资本投资	728	1 128	1 538	625	0	0	0	0	0	0	−2 594	−1 425
14. 经营现金流		2 092	4 473	4 198	3 959	3 933	3 791	3 673	3 673	3 673	3 673	
15. 资本支出	15 400										−500	
16. 净现金流	−16 128	964	2 935	3 573	3 959	3 933	3 791	3 673	3 673	3 673	6 766	1 425
PV(29.091%)	−16 128	964	2 935	3 573	3 959	3 933	3 791	3 673	3 673	3 673	6 766	1 425

NPV = 22 235

说明：土地不折旧，实际贴现率 = $(1+20\%)/(1+10\%) - 1 = 9.091\%$。

⑤销售收入：2017 年将销售 2 000 台马达，2018 年销售 4 000 台马达。此后每年销售 10 000 台马达。当 2019 年竞争者进入时，假设单价从 4 000 美元（实际值）下降到 2019 年的 2 850 美元（实际值）。2 850 美元是新进入者的投资 NPV = 0 时的数字。

⑥主营业务成本：我们假设直接成本从 2017 年的每台 2 500 美元，逐步下降到 2018 年的 2 250 美元、2019 年以及之后年份的 2 000 美元。

⑦其他成本：我们假设实际成本是销售收入的 10%。

⑧税：销售收入减去成本后的 35%。

⑨资本的机会成本：假设为 20%。

20. **项目 NPV** 玛莎·琼斯为她在康涅狄格州的庄园买了一辆二手的梅赛德斯马匹运输车。成本为 35 000 美元。这么做是为了省下租用马匹运输车的租金。

玛莎以前每两周租用一次运输车，租金为每天 200 美元，外加每英里⊖1 美元。大多数的运输距离为 80 或者 100 英里。玛莎通常还会给司机 40 美元的小费。有了新的运输车，她只需要支付汽油和维护费用，大约每英里 0.45 美元。运输的保险费为每年 1 200 美元。

8 年之后，运输车大约价值 15 000 美元（实际价值），当时玛莎的马布莱德就要退休了。运输车是一个 NPV 为正的投资吗？假设名义贴现率为 9%，预期通胀率为 3%。玛莎的运输车是个人支出，不是商业或金融投资，因此忽略税收。

参考答案：

使用实际利率计算 NPV。

实际利率 $r = (1 + 名义利率)/(1 + 通胀率) - 1 = (1 + 0.09)/(1 + 0.03) - 1 = 5.83\%$

在每两周租一天的前提下：

租金费用节约 = $(200 + 1 \times 90 + 40) \times (52/2) = 8\,580$（美元）

里程费用 = $(0.45 \times 90) \times (52/2) = 1\,053$（美元）

实际现金流如下：

年份	0	1	2	3	4	5	6	7	8
投资和残值回收	-35 000								15 000
租赁费用节约		8 580	8 580	8 580	8 580	8 580	8 580	8 580	8 580
保险费		-1 200	-1 200	-1 200	-1 200	-1 200	-1 200	-1 200	-1 200
里程费用	0	-1 053	-1 053	-1 053	-1 053	-1 053	-1 053	-1 053	-1 053
净现金流	-35 000	6 327	6 327	6 327	6 327	6 327	6 327	6 327	6 327

NPV = 14 087.89 美元

21. **项目 NPV** United Pigpen 公司正在考虑一个生成高蛋白猪饲料的投资建议。项目将利用已有的仓库，仓库现在正租给一家邻近公司。明年的租金为 100 000 美元，预期之后租金随通货膨胀增长，每年增长 4%。除了利用仓库以外，项目计划在厂房和设备上投

⊖ 1 英里 = 1.609 3 千米。

资 120 万美元，出于税收目的，采用 10 年直线折旧。但是，公司预期在第 8 年年末终止该项目，并在第 8 年将厂房和设备以 400 000 美元出售。最后，项目需要初始营运资本投资 350 000 美元，之后，第 1 年到第 7 年，预计营运资本为销售收入的 10%。

第 1 年猪饲料的销售收入预期为 420 万美元，之后以 5% 的速度增长，比通胀率稍高。生产成本预计为销售收入的 90%，利润按 35% 的税率纳税。资本成本为 12%。该项目的 NPV 是多少？

参考答案：

项目的 NPV 计算如下（单位：千美元）：

	t=0	t=1	t=2	t=3	t=4	t=5	t=6	t=7	t=8
销售收入		4 200.0	4 410.0	4 630.5	4 862.0	5 105.1	5 360.4	5 628.4	5 909.8
制造成本		3 780.0	3 969.0	4 167.5	4 375.8	4 594.6	4 824.3	5 065.6	5 318.8
折旧		120.0	120.0	120.0	120.0	120.0	120.0	120.0	120.0
租金		100.0	104.0	108.2	112.5	117.0	121.7	126.5	131.6
税前利润		200.0	217.0	234.9	253.7	273.5	294.4	316.3	339.4
税		70.0	76.0	82.2	88.8	95.7	103.0	110.7	118.8
经营现金流		250.0	261.1	272.7	284.9	297.8	311.3	325.6	340.6
营运资本	350.0	420.0	441.0	463.1	486.2	510.5	536.0	562.8	0.0
营运资本增量	350.0	70.0	21.0	22.1	23.2	24.3	25.5	26.8	-562.8
初始投资	1 200.0								
厂房和设备出售									400.0
销售收入纳税									56.0
净现金流	-1 550.0	180.0	240.1	250.6	261.8	273.5	285.8	298.8	1 247.4
NPV(@12%)	85.8								

22. **项目 NPV** 从 1948 年开始，印度汽车公司一直在印度生产大使牌汽车。正如公司的网站上所宣传的，大使牌汽车的"可靠、宽敞和舒适使之成为几代印度人的首选汽车"。印度汽车公司正在考虑在中国生产这种车型。这将涉及 40 亿元人民币的初始投资，工厂 1 年后开始生产，预计持续 5 年，期末残值实际价值为 5 亿元人民币。工厂每年将生产 100 000 辆汽车。公司预测，第 1 年每辆车售价 65 000 元人民币，之后价格每年增长 4%。

第 1 年，每辆车的原材料成本预计为 18 000 元人民币，预期每年增长 3%。第 1 年，预期工厂的所有劳动力成本为 11 亿元，之后每年增长 7%。用于建造工厂的土地可以租借 5 年，每年固定成本 3 亿元，在每年年初支付。印度汽车公司对这类项目的贴现率为 12%（名义）。预期通货膨胀率 5%。工厂采用 5 年期直线折旧，利润按税率 25% 纳税。假设所有现金流都发生在每年的年末，特别说明的除外。项目工厂的 NPV 是多少？

参考答案：

我们用下面的电子表格计算出中国大使牌汽车项目的净现值 NPV 为 63.52 亿元人民币。该计算采用以下假设：

①计算是在名义价值基础上进行的,利用5%的通货膨胀估计,将残值估计值从真实价值转换为名义价值(638),因为残值=账面价值,因此不需要对残值收入纳税。
②每年的折旧额为:(4 000 - 638(残值))/5 = 672.4(百万元)
③汽车销售发生在第1年(根据问题描述这里有一些歧义,工厂需要1年才能投入运营,但销售也发生在第1年)。
④第0年的税盾可以用来抵消其他业务的利润,所以可以作为减税项。
⑤没有营运资本成本(这是不现实的,但没有给出数字)。

人民币(单位:百万元)

年份	0	1	2	3	4	5
资本投资	4 000					-638
累计折旧		672	1 345	2 017	2 690	3 362
年末账面价值	4 000	3 328	2 655	1 983	1 310	638
销售量(百万辆)		0.10	0.10	0.10	0.10	0.10
价格/辆(元,按每年4%增长)		65 000	67 600	70 304	73 116	76 041
原材料成本/辆(按每年3%增长)		18 000	18 540	19 096	19 669	20 259
销售收入		6 500	6 760	7 030	7 312	7 604
原材料成本		1 800	1 854	1 910	1 967	2 026
劳动力成本(按每年7%增长)		1 100	1 177	1 259	1 348	1 442
土地成本(预付)	300	300	300	300	300	
折旧		672	672	672	672	672
税前利润	-300	2 628	2 757	2 889	3 025	3 464
税@25%	-75	657	689	722	756	866
税后利润	-225	1 971	2 067	2 167	2 269	2 598
销售收入		6 500	6 760	7 030	7 312	7 604
现金成本	300	3 200	3 331	3 469	3 614	3 468
经营活动纳税	-75	657	689	722	756	866
经营活动现金流	-225	2 643	2 740	2 839	2 941	3 270
资本投资	-4 000					638
净现金流	-4 225	2 643	2 740	2 839	2 941	3 908
贴现因子@12%	1.000	0.893	0.797	0.712	0.636	0.567
现值 PV	-4 225	2 360	2 184	2 021	1 869	2 218
NPV	6 426					

23. **税** 在6.2节IM&C公司的例子中,假设项目的亏损可以抵消公司其他业务的应税利润。假如亏损必须向后结转,用于抵消项目以后的应税利润。项目的NPV将怎样变化?公司立刻使用亏损来减少税收,这种能力的价值是多少?

参考答案:
根据不同的假设,教材6.2节提供了几种不同的税前利润和税收的计算方法。下面的解决方案基于教材中的表6-6。请参阅下面的表。在马上充分利用税收损失的情况下,纳税额的净现值为4 779美元。随着税收损失延后结转,纳税的净现值为5 741美元。因此,随着税收损失延后结转,项目的净现值减少了962美元,因此,公司立刻使用亏损来减税的价值是962美元。

	$t=0$	$t=1$	$t=2$	$t=3$	$t=4$	$t=5$	$t=6$	$t=7$
税前利润	-4 000	-4 514	748	9 807	16 940	11 579	5 539	1 949
马上利用税收损失	-1 400	-1 580	262	3 432	5 929	4 053	1 939	682
$NPV(@20\%) = 4\,779$ 美元								
税收亏损向后结转	0	0	0	714	5 929	4 053	1 939	682
$NPV(@20\%) = 5\,741$ 美元								

24. **等价年度现金流** 由于产品工艺的提高,联合自动化公司可将两台铣床中的一台卖掉。两台机器的功能相同,但是使用寿命不同。新一些的机器现在可以出售 50 000 美元,运营成本为每年 20 000 美元,但 5 年后需要大修,花费 20 000 美元。之后,运营成本为每年 30 000 美元,直到 10 年后以 5 000 美元出售。

  旧一些的机器,现在可以出售 25 000 美元。如果留下来,需要马上花费 20 000 美元进行大修,之后,运营成本为每年 30 000 美元,直到 5 年后以 5 000 美元出售。

  出于税收目的,两台机器已经全部折旧完。公司税率为 35%。现金流都以实际现金流进行预测。实际资本成本为 12%。联合自动化公司应该出售哪台机器?对得到答案所需的假设进行解释。

  参考答案:
  比较使用两台机器的等价年度成本,选择等价年度成本低的方案。
  方案一:使用新一些的机器,出售旧一些的机器。现金流如下:
  第 0 年(现在):卖掉旧一些的机器,获得 25 000 美元,现金流入;
  第 1~5 年:每年支付运营成本 20 000 美元,现金流出;
  第 5 年:大修,支付 20 000 美元,现金流出;
  第 6~10 年:每年运营成本 30 000 美元,现金流出;
  第 10 年:出售,获得 5 000 美元,现金流入。
  这些现金流都是收入或成本,都需要考虑税,先计算方案一的税前 NPV:
  $NPV_1 = 25\,000 - 20\,000 \times \{1/0.12 - 1/[0.12 \times (1+0.12)^5]\} - 20\,000/(1+0.12)^5$
  $\qquad - 30\,000 \times \{1/0.12 - 1/[0.12 \times (1+0.12)^5]\}/(1+0.12)^5 + 5\,000/(1+0.12)^{10}$
  $\qquad = -118\,198(美元)$
  税前等价年度现金流: $-118\,198/\{1/0.12 - 1/[0.12 \times (1+0.12)^{10}]\} = -20\,919(美元)$
  税后等价年度成本: $20\,919 \times (1-35\%) = 13\,597(美元)$
  方案二:使用旧一些的机器,卖掉新一些的机器。
  第 0 年(现在):卖掉新一些的机器,获得 50 000 美元,现金流入;
  第 0 年(现在),对旧一些的机器进行大修,花费 20 000 美元,现金流出;
  第 1~5 年:每年运营成本 30 000 美元,现金流出;
  第 5 年:出售,获得 5 000 美元,现金流入。
  这些现金流都是收入或成本,都需要考虑税,先计算方案二的税前 NPV:
  $NPV_2 = 50\,000 - 20\,000 - 30\,000 \times \{1/0.12 - 1/[0.12 \times (1+0.12)^5]\} + 5\,000/(1+0.12)^5$
  $\qquad = -75\,306(美元)$

税前等价年度现金流：$-75\,306/\{1/0.12-1/[0.12\times(1+0.12)^5]\}=-20\,891$（美元）

税后等价年度成本：$20\,891\times(1-35\%)=13\,579$（美元）

比较方案一和二，方案二的税后等价年度成本更低，因此，应该卖掉新一些的机器，使用旧一些的机器。得出这个结论的假设是除了成本的不同之外，新旧机器的生产效率相同。

25. **等价年度成本** 节能灯泡价格为 3.60 美元/只，可以使用 9 年，每年电费 2.00 美元。普通灯泡便宜多了，只需要 0.60 美元/只，但只能用 1 年，电费 7.00 美元。贴现率为 4%，哪种灯泡使用起来更省钱？

    参考答案：
    计算使用节能灯泡的等价年度成本。使用一只灯泡 9 年的成本现值为：
    $PV_{节能灯}=3.60+2.00\times\{1/0.04-1/[0.04\times(1+0.04)^9]\}=18.47$（美元）
    等价年度成本 $EAC_{节能灯}=18.47/\{1/0.04-1/[0.04\times(1+0.04)^9]\}=2.48$（美元）
    选择节能灯泡，因为它的等价年度成本较低。

26. **更换决策** 海顿公司有几台复印机，是 4 年前花 20 000 美元购买的。现在，每年的维修费用是 2 000 美元，但是维修合同 2 年后到期，之后每年的维修费用将提高到 8 000 美元。这些复印机现在卖掉的话，价值 8 000 美元，而 2 年后卖掉，将只值 3 500 美元。6 年以后，复印机就毫无价值了，只能报废。

    海顿公司正在考虑用功能基本相同的新复印机更换掉这些旧复印机，购买新复印机需要 25 000 美元，可以使用 8 年，每年维修费用 1 000 美元，8 年后机器报废。

    两种复印机都按照 7 年 MACRS 折旧，税率为 35%。为简化问题，假设通胀率为零。实际资本成本为 7%。海顿公司应该何时更换旧复印机？

    参考答案：
    复印机继续使用 6 年，税后现金流成本如下：

年份		税后现金流（美元）
1	$(-2\,000\times0.65)+(0.35\times0.089\,3\times20\,000)$	-674.90
2	$(-2\,000\times0.65)+(0.35\times0.089\,2\times20\,000)$	-675.60
3	$(-8\,000\times0.65)+(0.35\times0.089\,3\times20\,000)$	$-4\,574.90$
4	$(-8\,000\times0.65)+(0.35\times0.044\,5\times20\,000)$	$-4\,887.80$
5	$(-8\,000\times0.65)$	$-5\,200.00$
6	$(-8\,000\times0.65)$	$-5\,200.00$

其现值为：$PV_1=-15\,857$ 美元

等价年度成本 $=15\,857/\{1/0.07-1/[0.07\times(1+0.07)^6]\}=3\,327$（美元）

只有新替换复印机的等价年度成本低于 3 327 美元时，才应更换复印机。

购买新复印机的税后现金流成本如下：

年份		税后现金流(美元)
0		-25 000
1	$(-1\,000 \times 0.65) + (0.35 \times 0.142\,9 \times 25\,000) =$	600.38
2	$(-1\,000 \times 0.65) + (0.35 \times 0.244\,9 \times 25\,000) =$	1 492.88
3	$(-1\,000 \times 0.65) + (0.35 \times 0.174\,9 \times 25\,000) =$	880.38
4	$(-1\,000 \times 0.65) + (0.35 \times 0.124\,9 \times 25\,000) =$	442.88
5	$(-1\,000 \times 0.65) + (0.35 \times 0.089\,3 \times 25\,000) =$	131.38
6	$(-1\,000 \times 0.65) + (0.35 \times 0.089\,3 \times 25\,000) =$	130.50
7	$(-1\,000 \times 0.65) + (0.35 \times 0.089\,3 \times 25\,000) =$	131.38
8	$(-1\,000 \times 0.65) + (0.35 \times 0.044\,5 \times 25\,000) =$	-259.75

其现值为：$PV_2 = -21\,967$ 美元

替换策略需要考虑替换带来的增量现金流和成本，因此考虑以下3种情况：

① 如果马上更换当前的旧复印机，旧复印机市场价值8 000美元，旧复印的账面价值为：

原始成本 − 累计折旧 = $20\,000 - 20\,000 \times (0.142\,9 + 0.244\,9 + 0.174\,9 + 0.124\,9)$
$= 6\,248$(美元)

马上更换带来的增量现金流的现值为：

$PV = PV_2 + 8\,000 - 0.35 \times (8\,000 - 6\,248) = -14\,580$(美元)

更换后的等价年度成本 $EAC = 14\,580 / \{1/0.07 - 1/[0.07 \times (1 + 0.07)^8]\}$
$= 2\,442$(美元)

② 如果2年后更换当前的复印机，2年后旧复印机的市场价值3 500美元，其账面价值为：

原始成本 − 累计折旧 = 剩余折旧 = $20\,000 \times (0.089\,3 + 0.044\,6) = 2\,678$(美元)

2年后更换带来的增量现金流的现值为：

$PV = -674.90/(1+0.07) + (-675.60)/(1+0.07)^2 + PV_2/(1+0.07)^2$
$\quad + [3\,500 - 0.35 \times (3\,500 - 2\,678)]/(1+0.07)^2$
$= -19\,690$(美元)

2年后更换的等价年度成本 $= 19\,690/\{1/0.07 - 1/[0.07 \times (1+0.07)^{10}]\}$
$= 2\,803$(美元)

③ 6年后，当前复印机的账面价值和转售价值都将为零。如果在6年后更换当前复印机，那么现金流的现值就是：

$PV = PV_1 + PV_2/(1+0.07)^6 = -15\,857 + (-21\,967)/(1+0.07)^6 = -30\,494$(美元)

6年后更换的等价年度成本 $= 30\,494/\{1/0.07 - 1/[0.07 \times (1+0.07)^{14}]\}$
$= 3\,487$(美元)

因此，应该立即更换复印机。

27. **等价年度成本** 20世纪90年代初，加利福尼亚州空气资源委员会(CARB)开始计划对新配方汽油(RFG)的"第二阶段"要求。RFG是一种为减少机动车的污染而设计的、按照严格的标准混合的汽油。CARB与炼油厂、环境问题专家和其他有关团体磋商后，设计了这套标准。随着"第二阶段"要求纲要的出台，炼油厂意识到，需要

进行重大资本投资来对加利福尼亚州的炼油厂进行升级。

假设一家炼油厂正在考虑投资 4 亿美元来升级加利福尼亚州的工厂。投资将持续 25 年，不会改变原材料和营运成本。实际（通胀调整后的）资本成本为 7%。每年应该有多少额外的销售收入，才能弥补这一成本？

参考答案：

每年的额外销售收入：$400\,000\,000 / \{1/0.07 - 1/[0.07 \times (1+0.07)^{25}]\} = 34\,324\,207$（美元）

28. **等价年度成本** 考虑上个问题，你计算了在加利福尼亚州生产新配方汽油的等价年度成本。资本投资为 4 亿美元。假设，出于纳税目的，投资按照表 6-4 中的 10 年期 MACRS 折旧。包括加利福尼亚州地方税的边际税率为 39%，机会成本为 7%，无通胀。炼油厂技术升级项目的经济寿命为 25 年。

   a. 计算税后等价年度成本。（提示：最容易的方法是，用折旧税盾的现值抵消部分初始投资额。）

   b. 零售汽油的顾客必须多付多少钱，才能弥补这笔等价年度成本？（注意：零售价格的提高带来的额外收入也需要纳税。）

参考答案：

a. 4 亿美元投资的等价年度支付：

$400\,000\,000 / \{1/0.07 - 1/[0.07 \times (1+0.07)^{25}]\} = 34\,324\,207$（美元）

4 亿美元投资的折旧和折旧税盾如下：

年份	1	2	3	4	5	6
10 年期 MACRS 折旧率	0.100 0	0.180 0	0.144 0	0.115 2	0.092 2	0.073 7
折旧（百万美元）	40.00	72.00	57.60	46.08	36.88	29.48
税盾（百万美元）	15.60	28.08	22.46	17.97	14.38	11.50
年份	7	8	9	10	11	
10 年期 MACRS 折旧率	0.065 5	0.065 5	0.065 6	0.065 5	0.032 8	
折旧（百万美元）	26.20	26.20	26.24	26.20	13.12	
税盾（百万美元）	10.22	10.22	10.23	10.22	5.12	

在 7% 贴现率下，税盾的现值为：$PV = 114\,571\,043$ 美元，相当于年度价值：

$EAC = 114\,571\,043 / \{1/0.07 - 1/[0.07 \times (1+0.07)^{25}]\} = 9\,831\,400$（美元）

资本投资的等价年度成本是：$EAC = 34\,324\,207 - 9\,831\,400 = 24\,492\,806$（美元）

b. 答案会随着所假设的产量（加仑[⊖]数）不同而不同。

假设每年产量为 9 亿加仑。每加仑汽油的税后成本为：

每加仑的税后成本 $= 24\,492\,806 / 900\,000\,000 = 0.027\,2$（美元）

每加仑的税前成本 $= 0.027\,2 / (1-0.39) = 0.044\,6$（美元）

零售汽油的顾客需要支付每加仑 0.044 6 美元，才能弥补投资的等价年度成本。

29. **等价年度成本** 博尔索公司需要在两种功能相同、使用寿命不同的机器中选择一种。

⊖ 1 加仑 = 3.785 升。

两种机器的成本如下：

年份	A 机器	B 机器
0	40 000	50 000
1	10 000	8 000
2	10 000	8 000
3	10 000 + 更换	8 000
4		8 000 + 更换

成本都用实际价值表示。

a. 假如你是博尔索公司的财务经理。如果你需要其中一种机器，然后在机器的经济寿命内租给生产经理，每年应该收取多少租金呢？假设实际贴现率为6%，忽略税。

b. 博尔索公司应该购买哪种机器？

c. 一般来讲，问题 a 中计算的租金是假想的，是一种计算和解释等价年度成本的方法。假如你真的买了一种机器并租给了生产经理。如果通胀率保持在每年 8%，你实际上每年收取的租金是多少？（注意：问题 a 中计算的租金是实际现金流，你需要多收些租金来弥补通胀。）

参考答案：

a. A 机器的现值：

$PV_A = -40\ 000 + (-10\ 000)/(1+0.06) + (-10\ 000)/(1+0.06)^2$
$\quad\quad + (-10\ 000)/(1+0.06)^3$
$\quad = -66\ 730.12(美元)$

等价年度成本 $EAC_A = 66\ 730.12/\{1/0.06 - 1/[0.06\times(1+0.06)^3]\}$
$\quad\quad\quad\quad\quad\quad\quad\ = 24\ 964.39(美元)$

B 机器的现值：

$PV_B = -50\ 000 + (-8\ 000)/(1+0.06) + (-8\ 000)/(1+0.06)^2$
$\quad\quad + (-8\ 000)/(1+0.06)^3 + (-8\ 000)/(1+0.06)^4$
$\quad = -77\ 720.84(美元)$

等价年度成本 $EAC_B = 77\ 720.84/\{1/0.06 - 1/[0.06\times(1+0.06)^4]\}$
$\quad\quad\quad\quad\quad\quad\quad\ = 22\ 429.57(美元)$

A 机器的年租金为 24 964.39 美元，B 机器的年租金为 22 429.57 美元。

b. B 机器的等价年度成本更低，博尔索公司应该购买 B 机器。

c. 每年收取的租金也应该按 8% 增长。例如，对于 B 机器，第 1 年的租金是 22 429.57 美元，第 2 年的租金为 22 429.57 × (1+8%) = 24 223.94(美元)，依次类推。

30. **等价年度成本** 再次考虑问题 29 中的计算。假设预期技术进步使成本每年减少 10%。第 1 年，新机器的购买和运行成本比 A 机器和 B 机器都减少 10%。第 2 年，又出现更新的机器，成本又降低 10%，依次类推。这将使 A 机器和 B 机器的等价年度成本发生什么变化？

参考答案：

A 机器：

$PV_A = -40\,000 + [-10\,000 \times (1-0.10)]/(1+0.06) + [-10\,000 \times (1-0.10)^2]/(1+0.06)^2$
$\qquad + [-10\,000 \times (1-0.10)^3]/(1+0.06)^3$
$\qquad = -61\,820.36(美元)$

$EAC_A = 61\,820.36/\{1/0.06 - 1/[0.06 \times (1+0.06)^3]\} = 23\,127.60(美元)$

B 机器：

$PV_B = -50\,000 + [-8\,000 \times (1-0.10)]/(1+0.06) + [-8\,000 \times (1-0.10)^2]/(1+0.06)^2$
$\qquad + [-8\,000 \times (1-0.10)^3]/(1+0.06)^3 + [-8\,000 \times (1-0.10)^4]/(1+0.06)^4$
$\qquad = -71\,613.83(美元)$

$EAC_B = 71\,613.83/\{1/0.06 - 1/[0.06 \times (1+0.06)^4]\} = 20\,667.14(美元)$

A 机器的年租金是 23 127.60 美元，B 机器的年租金是 20 667.14 美元。

31. **等价年度成本** 总裁专用的商务飞机并没有充分利用。你判断，如果允许其他高管使用，每年只增加直接运行成本 20 000 美元，但会节约 100 000 美元的机票费。另外，你也相信，提高利用率之后，飞机需要在 3 年后而不是 4 年后更换。新飞机价值 110 万美元，（在目前的低利用率下）使用寿命为 6 年。假设公司不纳税。所有的现金流都是实际价值。实际资本成本为 8%。你应该尽力说服总裁允许其他高管使用飞机吗？

参考答案：

新飞机价值的等价年度成本为：

$EAC = 1\,100\,000/\{1/0.08 - 1/[0.08 \times (1+0.08)^6]\} = 237\,946.92(美元)$

如果在第 3 年年末更换飞机，那么公司将在第 4 年发生 237 946.92 美元的增量成本。这个成本的现值是：

$PV = 237\,946.92/(1+0.08)^4 = 174\,898.09(美元)$

节约的成本的现值为：

$PV = (100\,000 - 20\,000)/\{1/0.08 - 1/[0.08 \times (1+0.08)^3]\} = 206\,167.76(美元)$

你应该试着说服总裁允许更广泛地使用目前的飞机，因为节约的成本的现值大于增量成本的现值。

挑战题

32. **有效税率** 有效税率的一种度量方法，是税前 IRR 和税后 IRR 的差除以税前 IRR。例如，投资 I，产生税前永续现金流 C。税前 IRR 为 C/I，税后 IRR 为 $C(1-T_C)/I$。有效税率 T_E 为：

$$T_E = \frac{C/I - C(1-T_C)/I}{C/I} = T_C$$

在这种情况下，有效税率等于法定税率。
a. 计算 6.2 节中鸟肥项目的 T_E。
b. 税收折旧对有效税率有何影响？通胀率对有效税率有何影响？
c. 考虑这样一个项目，从税收的角度考虑，所有预先支付的投资都作为费用处理。例如，在美国，研发和市场营销支出总是被费用化处理，不会有税收折旧。这样的项目，有效税率是多少？

参考答案：

a.

年份	0	1	2	3	4	5	6	7
税前现金流	-14 000	-3 064	3 209	9 755	16 463	14 038	7 696	3 951
IRR = 33.5%								
税后	-12 600	-1 630	2 381	6 205	10 685	10 136	6 110	3 444
IRR = 26.8%								
有效税率 = 20.0%								

b. 如果是加速折旧，这对税前 IRR 没有影响，但增加了税后 IRR。分子减少，所以有效税率降低。

如果通货膨胀率上升，我们预计税前现金流将以通货膨胀率增长，而税后现金流则以较慢的速度增长。税后现金流的增长速度低于通货膨胀率，是因为折旧费用不会随通胀而增长。因此，有效税率 T_E 的分子与分母的比例变大，所以有效税率增加。

c. $T_E = \dfrac{\dfrac{C}{I(1-T_C)} - \dfrac{C(1-T_C)}{I(1-T_C)}}{\dfrac{C}{I(1-T_C)}} = \left[\dfrac{C}{I(1-T_C)} - \dfrac{C}{I}\right]\left[\dfrac{I(1-T_C)}{C}\right] = 1 - (1-T_C) = T_C$

因此，如果前期投资目的是抵税，那么有效税率就等于法定税率。

33. **等价年度成本**　我们已经提出过警告，等价年度成本应该按照实际价值计算。我们没有充分解释为什么要这样。这个问题将解释这一点。

再来考虑一下 A 机器和 B 机器的现金流（见 6.3.2 节中问题 2：不同使用寿命的设备的选择）。购买和运行成本的现值为 28.37（A 机器，3 年）和 21.00（B 机器，2 年）。实际贴现率为 6%，通货膨胀率为 5%。

a. 计算 3 年和 2 年的等额名义年金，其现值分别为 28.37 和 21.00。解释为什么这些年金不是等额年度成本的切合实际的估计。（提示：现实中，机器设备租金随通胀而增加。）
b. 假如通胀率上升到 25%，实际利率仍保持在 6%。重新计算等额名义年金。注意 A 机器和 B 机器的排序看起来发生了变化。为什么？

参考答案：

a. 实际利率 6%，通胀率 5%，那么，名义利率 r 的计算如下：
$(1 + r) = (1 + 0.06) \times (1 + 0.05)$
$r = 11.3\%$
贴现率为 11.3%，3 年年金的年金因子为：2.431 0。2 年年金的年金因子为 1.705 7。

现值为 28.37 美元的 3 年年金，其名义年金价值为(28.37/2.431 0) = 11.67(美元)。
现值为 21.00 美元的 2 年年金，其名义年金价值为：(21.00/1.705 7) = 12.31(美元)。
这些名义年金不是等价年度成本的实际估计，因为适当的租金成本(即等价年度成本)必须考虑到通货膨胀的影响。

b. 实际利率6%，通胀率25%，那么，名义利率 r 的计算如下：
$(1 + r) = (1 + 0.06) \times (1 + 0.25)$
$r = 32.5\%$

贴现率为 32.5%，3 年年金的年金因子为：1.754 2。2 年年金的年金因子为 1.324 3。
现值为 28.37 美元的 3 年年金，其名义年金价值为 28.37/1.754 2 = 16.17(美元)。
现值为 21.00 美元的 2 年年金，其名义年金价值为 21.00/1.324 3 = 15.86(美元)。
在通货膨胀率为 5% 的情况下，机器 A 的名义年度成本较低(11.67 美元，小于 B 机器的 12.31 美元)。在通货膨胀率为 25% 的情况下，机器 B 的名义年度成本较低(15.86 美元，小于 A 机器的 16.17 美元)。因此，很明显，通货膨胀对等价年度成本的计算有显著影响，因此，教材中已提示必须以实际价值计算。排序发生变化，因为通货膨胀率提高，寿命较长的机器(机器 A)受到的影响更大。

34. **项目 NPV** 2005 年 12 月，中美能源(Mid-American Energy)的世界上最大的风力发电站开始联机发电。风力发电站的成本估计为 3.86 亿美元，由 257 个风力涡轮机组成，总装机容量为 360.5 兆瓦(mW)。风速经常变化，因此预期大部分风力发电站平均以额定功率的 35% 运行。电价为每兆瓦时 55 美元，在这种情况下，项目在第 1 年的收入为 6 080 万美元(0.35 ×8 760 小时 ×360.5 兆瓦 ×55 美元/兆瓦)。第 1 年运行的维护和其他成本，合理估计大约为 1 890 万美元。之后，收入和成本都随大约 3% 的通胀率增长。

传统电站一般按照 20 年 MACRS 折旧，税率为 35%。假如项目可以持续 20 年，资本成本为 12%。政府为鼓励利用可再生能源，对风力发电站提供了几种税收优惠。

a. 中美能源公司的风力发电投资如果是 NPV 为正的项目，税收优惠应该有(如果有的话)多少？

b. 有些风力发电站假设以额定功率的 30% 运行，而不是 35%。更低的运行功率将如何影响项目的 NPV？

参考答案：

a. 下面的两页电子表格显示，中美能源风电投资项目的净现值 NPV = −87 271 675 美元。剔除电子表格中的税收，我们发现 NPV 仍然是负的：−7 692 376 美元。当税收补贴约为 3.5% 时，NPV 变为正。

b. 使用相同的电子表格，我们可以看出当额定功率为 30% 时，NPV 会继续降低至 −138 249 182 美元。

中美能源风力发电项目的净现值估计(不考虑税收减免)：

项目数据											
装机容量（兆瓦）		360.5									
额定功率		35%									
第1年电价（美元/兆瓦时）		55.00									
第1年的运行维护和其他成本（美元）		18 900 000									
通胀率		3.00%									
总资本成本（美元）		386 000 000									
MACRS折旧年限		20									
资本成本		12.0%									

年份	0	1	2	3	4	5	6	7	8	9	10
资本投资	386 000 000										
营业收入		60 791 115	62 614 848	64 493 294	66 428 093	68 420 936	70 473 564	72 587 770	74 765 404	77 008 366	79 318 617
维护和其他成本		18 900 000	19 467 000	20 051 010	20 652 540	21 272 117	21 910 280	22 567 588	23 244 616	23 941 955	24 660 213
MACRS折旧额		14 475 000	27 869 200	25 784 800	23 854 800	22 040 600	20 380 800	18 875 400	17 447 200	17 215 600	17 215 600
税前利润		27 416 115	15 278 648	18 657 484	21 920 752	25 108 219	28 182 484	31 144 782	34 073 588	35 850 811	37 442 803
税		9 595 640	5 347 527	6 530 119	7 672 263	8 787 877	9 863 869	10 900 674	11 925 756	12 547 784	13 104 981
现金流	−386 000 000	32 295 475	37 800 321	37 912 165	38 103 289	38 360 942	38 699 414	39 119 508	39 595 032	40 518 627	41 553 422
PV	−386 000 000	28 835 245	30 134 185	26 985 130	24 215 329	21 767 029	19 606 328	17 695 679	15 991 769	14 611 423	13 379 090
NPV	−87 271 675										
MACRS折旧率（%）		3.75	7.22	6.68	6.18	5.71	5.28	4.89	4.52	4.46	4.46

年份	11	12	13	14	15	16	17	18	19	20	21
资本投资											0
营业收入	81 698 175	84 149 120	86 673 594	89 273 802	91 952 016	94 710 576	97 551 894	100 478 450	103 492 804	106 597 588	0
维护和其他成本	25 400 020	26 162 020	26 946 881	27 755 287	28 587 946	29 445 584	30 328 952	31 238 820	32 175 985	33 141 264	8 607 800
MACRS折旧额	17 215 600	17 215 600	17 215 600	17 215 600	17 215 600	17 215 600	17 215 600	17 215 600	17 215 600	17 215 600	8 607 800
税前利润	39 082 556	40 771 500	42 511 113	44 302 915	46 148 470	48 049 392	50 007 342	52 024 030	54 101 219	56 240 724	−8 607 800
税	13 678 894	14 270 025	14 878 890	15 506 020	16 151 965	16 817 287	17 502 570	18 208 411	18 935 427	19 684 253	−3 012 730
现金流	42 619 261	43 717 075	44 847 824	46 012 495	47 212 106	48 447 705	49 720 372	51 031 220	52 381 392	53 772 070	3 012 730
PV	12 252 019	11 221 084	10 277 964	9 415 068	8 625 475	7 902 870	7 241 491	6 636 079	6 081 835	5 574 377	278 857
MACRS折旧率（%）	4.46	4.46	4.46	4.46	4.46	4.46	4.46	4.46	4.46	4.46	2.23

第二部分
PART 2

风 险

第 7 章　风险和收益导论
第 8 章　资产组合理论和资本资产定价模型
第 9 章　风险和资本成本

第7章 风险和收益导论

基础题

1. **预期收益率和标准差** 碰运气游戏的概率和收益如下,玩一次游戏的成本是100美元,因此每次游戏的净利润是收益减去100美元。

概率	收益	净利润
0.10	500美元	400美元
0.50	100	0
0.40	0	−100

预期现金收益是多少?预期收益率是多少?计算收益率的方差和标准差。

参考答案:
预期现金收益 $= 0.10 \times 500 + 0.50 \times 100 + 0.40 \times 0 = 100$(美元)
收益率为:
$(500-100)/100 = 400\%$
$(100-100)/100 = 0\%$
$(0-100)/100 = -100\%$
预期收益率 $= 0.10 \times 400\% + 0.50 \times 0\% + 0.40 \times (-100\%) = 0$
方差 $= 0.10 \times (400\% - 0)^2 + 0.50 \times (0\% - 0)^2 + 0.40 \times (-100\% - 0)^2 = 2$
标准差 $= 2^{0.5} = 141.42\%$

2. **收益率的标准差** 下表是美国股票的名义收益率和通胀率:

年份	名义收益率(%)	通胀率(%)	年份	名义收益率(%)	通胀率(%)
2010	17.2	1.5	2013	33.1	1.5
2011	1.0	3.0	2014	12.7	0.8
2012	16.1	1.7			

a. 名义市场收益率的标准差是多少? b. 计算实际收益率的算术平均值。

参考答案：
a. 平均名义收益率 = (0.172 + 0.010 + 0.161 + 0.331 + 0.127)/5 = 16.02%
   方差 = [(0.172 − 0.160 2)² + (0.010 − 0.160 2)² + (0.161 − 0.160 2)²
       + (0.331 − 0.160 2)² + (0.127 − 0.160 2)²]/5
       = 0.010 595
   标准差 = 0.010 595^{0.5} = 0.102 9 = 10.29%
b. 算术平均实际收益率 = [(1.172/1.015 − 1) + (1.010/1.030 − 1) + (1.161/1.017 − 1)
       + (1.331/1.015 − 1) + (1.127/1.008 − 1)]/5
       = 0.141 2 = 14.12%

3. **平均收益率和标准差**　在2010～2014年繁荣年份中，王牌共同基金经理狄安娜·绍罗斯管理的基金的收益率以及作为对比的市场收益率如下：

年份	2010	2011	2012	2013	2014
绍罗斯女士(%)	+24.9	−0.9	+18.6	+42.1	+15.2
标普500(%)	+17.2	+1.0	+16.1	+33.1	+12.7

计算绍罗斯女士的共同基金的平均收益率和标准差。用这些指标度量，她的业绩比市场好还是差？

参考答案：
绍罗斯女士的共同基金：
平均收益率 = [0.249 + (−0.009) + 0.186 + 0.421 + 0.152]/5 = 0.199 8 = 19.98%
方差 = [(0.249 − 0.199 8)² + (−0.009 − 0.199 8)² + (0.186 − 0.199 8)²
    + (0.421 − 0.199 8)² + (0.152 − 0.199 8)²]/5
    = 0.019 485
标准差 = 0.019 45^{0.5} = 0.139 6 = 13.96%
标普500：
平均收益率 = (0.172 + 0.010 + 0.161 + 0.331 + 0.127)/5 = 0.160 2 = 16.02%
方差 = [(0.172 − 0.160 2)² + (0.010 − 0.160 2)² + (0.161 − 0.160 2)²
    + (0.331 − 0.160 2)² + (0.127 − 0.160 2)²]/5
    = 0.010 595
标准差 = 0.010 595^{0.5} = 0.102 9 = 10.29%
绍罗斯女士管理的共同基金2010～2014年的平均收益率高于市场，标准差也高于市场。

4. **资产组合风险**　判断正误：
   a. 投资者喜欢分散化公司，因为它们的风险小；
   b. 如果股票完全正相关，分散化将不能降低风险；
   c. 投资很多资产的分散化完全消除风险；
   d. 只有资产不相关时，分散化才有用；

e. 标准差低的股票对资产组合风险的贡献比标准差高的股票小；
f. 一只股票对充分分散化的资产组合的风险的贡献，取决于其市场风险；
g. 贝塔等于2.0的充分分散化的资产组合的风险是市场组合的两倍；
h. 贝塔等于2.0的没有分散化的资产组合的风险，小于市场组合的风险的两倍。

参考答案：
a. 错误。投资者喜欢分散化的投资组合，是因为分散化减少了方差，从而降低了风险。然而公司的分散化经营并不必然降低风险。
b. 正确。为获得分散化的好处，股票之间的相关性必须小于1。
c. 错误。能通过组合投资分散掉的风险是特定风险，是属于某公司或行业的特定风险。完全分散化的投资组合仍存在市场风险。
d. 错误。股票不相关时确实会分散化风险。多数股票的走势往往相同，但是只要不是完全正相关，就一定会分散化风险。
e. 错误。股票对投资组合的风险贡献，取决于这只股票与市场整体的相关性。
f. 正确。市场风险是指与充分分散化投资组合相关的风险。
g. 正确。充分分散化投资组合只有市场风险，其贝塔等于2，说明其风险是市场组合的两倍。
h. 错误。贝塔等于2.0的没有分散化的资产组合的市场风险是市场组合风险的2倍，除了市场风险，这个资产组合还有非市场风险，因此其整体风险还要更大。

5. **分散化** 在以下哪种情况下，投资两只股票得到的风险降低的程度最大？
   a. 两只股票完全相关； b. 两只股票不相关；
   c. 两只股票中等程度负相关； d. 两只股票完全负相关。

   参考答案：
   投资完全负相关的两只股票的风险降低程度最大。因为股票的变动方向总是相反的，一只股票上涨，另外一只必然下跌；反之亦然。

6. **资产组合风险** 计算3只股票资产组合的方差，需要填上9个方格：

   使用我们本章中使用过的符号，例如x_1 = 股票1的投资比例，σ_{12} = 股票1和股票2的协方差。现在，完成这9个方格。

   参考答案：

$x_1^2 \sigma_1^2$	$x_1 x_2 \sigma_{12}$	$x_1 x_3 \sigma_{13}$
$x_1 x_2 \sigma_{12}$	$x_2^2 \sigma_2^2$	$x_2 x_3 \sigma_{23}$
$x_1 x_3 \sigma_{13}$	$x_2 x_3 \sigma_{23}$	$x_3^2 \sigma_3^2$

7. **资产组合风险** 假设市场收益率的标准差是20%。
   a. 充分分散化的资产组合，贝塔等于1.3，其收益率的标准差是多少？
   b. 充分分散化的资产组合，贝塔等于0，其收益率的标准差是多少？
   c. 充分分散化的资产组合，标准差为15%，其贝塔是多少？
   d. 分散化不充分的资产组合，标准差是20%，关于其贝塔，你怎么看？

   参考答案：
   a. $\sigma_p = 1.3 \times 20\% = 26\%$
   b. $\sigma_p = 0 \times 20\% = 0$
   c. $\beta_p = 15\%/20\% = 0.75$
   d. β_p小于1。如果投资组合充分分散化，组合的$\beta_p = 20\%/20\% = 1$。因为投资组合没有充分分散化，其风险（标准差）中还包含非系统风险，所以市场风险的部分（β）一定小于1。

8. **资产组合贝塔** 一个资产组合，等权重投资于10只股票，其中5只股票的贝塔为1.2，剩下的股票贝塔为1.4。资产组合的贝塔是多少？
   a. 1.3；
   b. 高于1.3，因为资产组合没有充分分散化；
   c. 小于1.3，因为分散化降低了贝塔。

   参考答案：
   $\beta_p = (5 \times 1.2 + 5 \times 1.4)/10 = 1.3$
   资产组合的贝塔等于1.3。

9. **贝塔** 下表中的每只股票的贝塔分别是多少？

股票	市场收益率分别为 −10% 和 +10% 时，股票的收益率(%)	
A	0	+20
B	−20	+20
C	−30	0
D	+15	+15
E	+10	−10

   参考答案：
   每只股票的贝塔系数是由直线（$r_i = \alpha + \beta r_M + \varepsilon_i$）的斜率给出的，即股票收益的变动除以市场回报的变化。
   $\beta_A = (0 - 20)/(-10 - 10) = 1$
   $\beta_B = (-20 - 20)/(-10 - 10) = 2$
   $\beta_C = (-30 - 0)/(-10 - 10) = 1.5$
   $\beta_D = (15 - 15)/(-10 - 10) = 0$
   $\beta_E = [10 - (-10)]/(-10 - 10) = -1$

进阶题

10. 风险溢价 以下是1929~1933年美国的通胀率、股票市场收益率和国库券收益率：

年份	通胀率(%)	股票市场收益率(%)	国库券收益率(%)
1929	-0.2	-14.5	4.8
1930	-6.0	-28.3	2.4
1931	-9.5	-43.9	1.1
1932	-10.3	-9.9	1.0
1933	0.5	57.3	0.3

a. 股票市场每年的实际收益率是多少？
b. 实际收益率的算术平均值是多少？
c. 每年的风险溢价是多少？
d. 平均风险溢价是多少？
e. 风险溢价的标准差是多少？（不要按照教材 P145 脚注㊀描述的那样对自由度进行调整。）

参考答案：

a. $r = (1+R)/(1+h) - 1$

$r_{1929} = [1+(-0.145)]/[1+(-0.002)] - 1 = -0.1433 = -14.33\%$

$r_{1930} = [1+(-0.283)]/[1+(-0.060)] - 1 = -0.2372 = -23.72\%$

$r_{1931} = [1+(-0.439)]/[1+(-0.095)] - 1 = -0.3801 = -38.01\%$

$r_{1932} = [1+(-0.099)]/[1+(-0.103)] - 1 = 0.0045 = 0.45\%$

$r_{1933} = (1+0.573)/(1+0.005) - 1 = 0.5652 = 56.52\%$

b. 实际收益率的算术平均 $= [-0.1433 + (-0.2372) + (-0.3801) + 0.0045 + 0.5652]/5$
$= -0.0382 = -3.82\%$

c. 风险溢价$_{1929} = -0.145 - 0.048 = -0.1930 = -19.30\%$

风险溢价$_{1930} = -0.283 - 0.024 = -0.3070 = -30.70\%$

风险溢价$_{1931} = -0.439 - 0.011 = -0.4500 = -45.00\%$

风险溢价$_{1932} = -0.099 - 0.010 = -0.1090 = -10.90\%$

风险溢价$_{1933} = 0.573 - 0.003 = 0.5700 = 57.00\%$

平均风险溢价 $= [-0.1930 + (-0.3070) + (-0.4500) + (-0.1090) + 0.5700]/5$
$= -0.0978 = -9.78\%$

e. 风险溢价的方差 $\sigma^2 = \{[-0.1930 - (-.0978)]^2 + [-0.3070 - (-0.0978)]^2$
$+ [-0.4500 - (-0.0978)]^2 + [-0.1090 - (-0.0978)]^2$
$+ [0.5700 - (-0.0978)]^2\}/5$
$= 0.1246$

风险溢价的标准差 $\sigma = 0.1246^{0.5} = 0.353 = 35.3\%$

11. **股票和债券** 下面的阐述都有错误或者误导作用，请解释为什么。
    a. 长期美国国债总是绝对安全的；
    b. 与国债相比，所有的投资者都应该更喜欢股票，因为股票的长期收益率更高；
    c. 对股票市场未来收益率的最实际的预测是过去 5~10 年的历史收益率的平均值。

    参考答案：
    a. 长期以来，美国国债一直被认为是安全的。但是，债券的价格会随着利率的变化而波动，息票再投资的收益率也会随着利率的变化而变化。另外，债券的息票和本金支付都是名义值，还需要考虑通胀风险。
    b. 跟国债相比，股票的确提供了更高的长期收益率，而股票收益率有更高的标准差也是事实。因此，投资者喜欢哪种投资，取决于他们愿意承受的风险。这个问题很复杂，与很多因素有关，其中之一就是投资期限。如果投资者的投资期限很短，那么通常不投资股票。
    c. 预测未来收益率，需要估计过去的平均收益率，10 年时间通常被认为是不够的。因此，使用 5 或 10 年的平均值可能会产生误导。

12. **风险** 赛马股份公司拥有一批赛马，最近刚投资了一匹神秘的黑种马，外形俊朗，但血统有争议。有些赛马专家预测这匹马会赢得人们觊觎已久的 Prix Bidet 奖，其他专家则认为，这匹马应该赶出去吃草。对赛马公司的股东来说，这是有风险的投资吗？请解释。

    参考答案：
    对赛马公司的股东来说，风险取决于对黑种马投资的市场风险或贝塔。根据问题所提供的信息，这匹马具有很高的独特风险，但我们没有关于马的市场风险的相关信息。因此，最好的估计是，这匹马的市场风险与其他赛马一样，因此，这项投资对赛马公司的股东来说不算是风险特别大的投资。

13. **风险和分散化** 寂寞峡谷矿业公司股票年收益率的标准差为 42%，贝塔为 +0.10。联合铜业公司标准差为 31%，贝塔为 +0.66。对分散化投资者来说，寂寞峡谷是更安全的投资，请解释为什么。

    参考答案：
    对充分分散化的投资组合来说，单一证券的唯一相关的风险特征是证券对整体投资组合风险的贡献。这个贡献由贝塔度量。对于分散化的投资者来说，寂寞峡谷的股票是更安全的投资，因为它的贝塔值为 0.1，比联合铜业的贝塔值低。标准差这个指标度量的整体风险，对分散化投资者来说并不重要。

14. **资产组合风险** 哈因斯·芒克把她的资金的 60% 投资于股票 I，其余投资于股票 J，股票 I 的标准差为 10%，股票 J 的为 20%。计算资产组合收益率的方差，分别假设：
    a. 收益率相关系数为 1.0　　　b. 相关系数为 0.5　　　c. 相关系数为 0

参考答案：
a. $\sigma_P^2 = 0.60^2 \times 0.10^2 + 0.40^2 \times 0.20^2 + 2 \times 0.60 \times 0.40 \times 1 \times 0.10 \times 0.20$
   $= 0.0196$
b. $\sigma_P^2 = 0.60^2 \times 0.10^2 + 0.40^2 \times 0.20^2 + 2 \times 0.60 \times 0.40 \times 0.5 \times 0.10 \times 0.20$
   $= 0.0148$
c. $\sigma_P^2 = 0.60^2 \times 0.10^2 + 0.40^2 \times 0.20^2 + 2 \times 0.60 \times 0.40 \times 0 \times 0.10 \times 0.20$
   $= 0.0100$

15. **资产组合风险**
    a. 计算 100 只股票组成的资产组合的风险时，需要多少个方差项？多少个不同的协方差项？
    b. 假设所有股票的标准差都是 30%，相互之间的相关系数都是 0.4，对于一个等额投资 50 只股票的资产组合，其收益率的标准差是多少？
    c. 投资这些股票的完全分散化的资产组合的方差是多少？

    参考答案：
    a. 参考教材图 7-13。有 100 只股票，方格子有 100×100 个。对角线上是方差项，有 100 个方差项，其余的是协方差项，所以协方差项的数目为 $100^2 - 100 = 9\,900$ 个，有 4 950 个不同的数值。
    b. 再次通过图 7-13 来回答这个问题。在投资组合中，50 只股票具有相同的标准差 (30%) 和相同的投资权重 (0.02)，每两个股票之间有相同的相关系数 (0.40)，因此投资组合方差为：
    $\sigma^2 = 50 \times (0.02)^2 \times (0.30)^2 + (50^2 - 50) \times (0.02)^2 \times (0.40) \times (0.30)^2 = 0.03708$
    $\sigma = 0.193 = 19.3\%$
    c. 对于完全分散化的投资组合来说，组合方差等于组合的平均协方差：
    $\sigma^2 = 0.30 \times 0.30 \times 0.40 = 0.036$
    $\sigma = 0.190 = 19.0\%$

16. **资产组合风险** 假设一只典型股票收益率的标准差大约是 0.40（40%）。每对股票收益率的相关系数大约为 0.3。
    a. 分别计算等额投资 2 只、3 只……10 只股票的资产组合的方差和标准差；
    b. 利用这些估计值画出如图 7-11 那样的图。不能够通过分散化消除掉的市场方差有多大？
    c. 假设股票之间的相关系数为零，重复上述问题。

    参考答案：
    a. 参考教材图 7-13。对于每一个不同的组合，每个股票的相对权重为 1/投资组合中的股票数目 $(1/n)$，每个股票的标准差是 0.40，两两之间的相关系数是 0.30。因此，对于每个投资组合，对角线上各个元素相等，非对角线上的各元素也相等。共有 n 个对角线元素和 $(n^2 - n)$ 个非对角线元素。一般来说：
    组合的方差 $= n(1/n)^2 \times (0.4)^2 + (n^2 - n)(1/n)^2 \times (0.3) \times (0.4) \times (0.4)$

1 只股票的资产组合：
方差 $= 1(1)^2 \times (0.4)^2 + 0 = 0.16$
2 只股票组成的资产组合：
方差 $= 2 \times (0.5)^2 \times (0.4)^2 + 2 \times (0.5)^2 \times 0.3 \times 0.4 \times 0.4 = 0.104$
……
结果见下面问题(c)答案中表的第 2 和第 3 列。

b. 不能被分散掉的、潜在的市场风险是组合方差公式中的第 2 项：
潜在的市场风险 $= (n^2 - n)(1/n)^2 \times 0.3 \times 0.4 \times 0.4$
随着 n 逐步增加，$(n^2 - n)(1/n)^2 = 1 - 1/n$ 趋近于 1，因此潜在的市场风险为：
$0.3 \times 0.4 \times 0.4 = 0.048$

c. 除了所有的非对角线项目都为零外，其他项目和问题(a)相同，结果在下表的第 4 列和第 5 列。

股票数	问题(a)		问题(c)	
	方差	标准差	方差	标准差
1	0.160 000	0.400	0.160 000	0.400
2	0.104 000	0.322	0.080 000	0.283
3	0.085 333	0.292	0.053 333	0.231
4	0.076 000	0.276	0.040 000	0.200
5	0.070 400	0.265	0.032 000	0.179
6	0.066 667	0.258	0.026 667	0.163
7	0.064 000	0.253	0.022 857	0.151
8	0.062 000	0.249	0.020 000	0.141
9	0.060 444	0.246	0.017 778	0.133
10	0.059 200	0.243	0.016 000	0.126

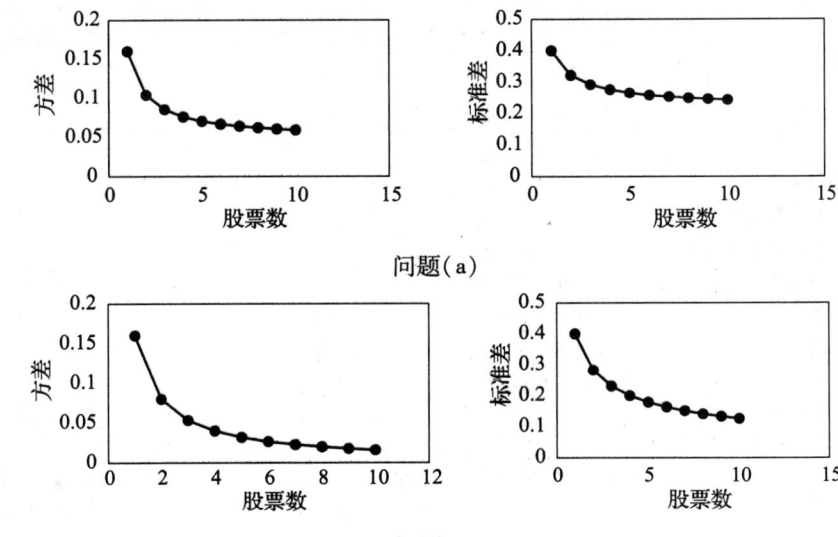

问题(a)

问题(c)

17. **资产组合风险** 表7-9显示了8只不同国家的公司的股票的标准差和相关系数。计算等额投资这8只股票的资产组合的方差。

表7-9 8只股票的收益率标准差和相关系数

	必和必拓	英国石油	菲亚特克莱斯勒	喜力啤酒	韩国电力	雀巢	索尼	塔塔汽车
必和必拓	1.00	0.42	0.38	0.16	0.33	-0.03	0.19	0.50
英国石油	0.42	1.00	0.40	0.25	0.26	0.12	0.41	0.29
菲亚特克莱斯勒	0.38	0.40	1.00	0.17	0.19	-0.10	0.44	0.32
喜力啤酒	0.16	0.25	0.17	1.00	0.17	0.44	0.37	0.26
韩国电力	0.33	0.26	0.19	0.17	1.00	0.01	0.16	0.13
雀巢	-0.03	0.12	-0.10	0.44	0.01	1.00	0.23	0.08
索尼	0.19	0.41	0.44	0.37	0.16	0.23	1.00	0.19
塔塔汽车	0.50	0.29	0.32	0.26	0.13	0.08	0.19	1.00
标准差(%)	19.80	29.10	43.06	18.04	27.83	9.70	44.84	39.11

注：相关系数和标准差是根据每个国家的货币计算的，就是说假设投资者不承担汇率风险。

参考答案：

等额投资8只股票，每只股票的投资比例为1/8=0.125。利用教材图7-13，得到下表，每个元素为：$0.125^2 \rho_{ij} \sigma_i \sigma_j$。资产组合方差是下表中所有元素的总和，为0.031 78。

	必和必拓	英国石油	菲亚特克莱斯勒	喜力啤酒
必和必拓	0.000 612 6	0.000 378 1	0.000 506 2	0.000 089 3
英国石油	0.000 378 1	0.001 323 1	0.000 783 2	0.000 205 1
菲亚特克莱斯勒	0.000 506 2	0.000 783 2	0.002 897 1	0.000 206 3
喜力啤酒	0.000 089 3	0.000 205 1	0.000 206 3	0.000 508 5
韩国电力	0.000 284 1	0.000 329 0	0.000 355 8	0.000 133 4
雀巢	-0.000 009 0	0.000 052 9	-0.000 065 3	0.000 120 3
索尼	0.000 263 6	0.000 835 9	0.001 327 4	0.000 467 7
塔塔汽车	0.000 605 0	0.000 515 7	0.000 842 0	0.000 286 6

	韩国电力	雀巢	索尼	塔塔汽车
必和必拓	0.000 284 1	-0.000 009 0	0.000 263 6	0.000 605 0
英国石油	0.000 329 0	0.000 052 9	0.000 835 9	0.000 515 7
菲亚特克莱斯勒	0.000 355 8	-0.000 065 3	0.001 327 4	0.000 842 0
喜力啤酒	0.000 133 4	0.000 120 3	0.000 467 7	0.000 286 6
韩国电力	0.001 210 2	0.000 004 2	0.000 312 0	0.000 221 1
雀巢	0.000 004 2	0.000 147 0	0.000 156 3	0.000 047 4
索尼	0.000 312 0	0.000 156 3	0.003 141 6	0.000 520 6
塔塔汽车	0.000 221 1	0.000 047 4	0.000 520 6	0.002 390 0

18. **资产组合风险** 你脾气古怪的姨妈克劳迪娅留给你50 000美元的英国石油公司股票和50 000美元现金。不幸的是，她的遗嘱要求，英国石油股票1年以后才能出售，

而现金必须全部投资于表7-9中的一只股票。在这些限制条件下，最安全的资产组合是什么？

参考答案：

"最安全"是指风险最小，即资产组合的方差最小。一半资金投资于英国石油公司（BP），另一半必须投资于另一只股票，因此需要计算英国石油分别与其他7只股票组成的资产组合的收益率方差，看哪一个资产组合的方差最小（见下表）。最安全的资产组合是英国石油公司（BP）和雀巢公司（Nestle）的组合。

	分别与英国石油组成的资产组合方差	方差
必和必拓	$0.5^2 \times 0.1980^2 + 0.5^2 \times 0.2910^2 + 2 \times 0.5 \times 0.5 \times 0.42 \times 0.1980 \times 0.2910 =$	0.04307
菲亚特克莱斯勒	$0.5^2 \times 0.4306^2 + 0.5^2 \times 0.2910^2 + 2 \times 0.5 \times 0.5 \times 0.40 \times 0.4306 \times 0.2910 =$	0.09259
喜力啤酒	$0.5^2 \times 0.1804^2 + 0.5^2 \times 0.2910^2 + 2 \times 0.5 \times 0.5 \times 0.25 \times 0.1804 \times 0.2910 =$	0.03587
韩国电力	$0.5^2 \times 0.2783^2 + 0.5^2 \times 0.2910^2 + 2 \times 0.5 \times 0.5 \times 0.26 \times 0.2783 \times 0.2910 =$	0.05106
雀巢	$0.5^2 \times 0.0970^2 + 0.5^2 \times 0.2910^2 + 2 \times 0.5 \times 0.5 \times 0.12 \times 0.0970 \times 0.2910 =$	0.02522
索尼	$0.5^2 \times 0.4484^2 + 0.5^2 \times 0.2910^2 + 2 \times 0.5 \times 0.5 \times 0.41 \times 0.4484 \times 0.2910 =$	0.09819
塔塔汽车	$0.5^2 \times 0.3911^2 + 0.5^2 \times 0.2910^2 + 2 \times 0.5 \times 0.5 \times 0.29 \times 0.3911 \times 0.2910 =$	0.07591

19. **贝塔** 贝塔为负的真实公司，如果有的话，也很少。假设你发现一家 $\beta = -0.25$ 的公司。

    a. 如果市场整体额外上涨了5%，该公司股票的收益率将如何变化？如果市场额外下跌了5%呢？
    b. 你投资了100万美元的充分分散化的股票资产组合。现在你又得到了20 000美元的遗产，下面哪个做法使整个资产组合产生最安全的收益率？
        ⅰ. 将20 000美元投资于国库券（$\beta = 0$）；
        ⅱ. 将20 000美元投资于 $\beta = 1$ 的股票；
        ⅲ. 将20 000美元投资于 $\beta = -0.25$ 的股票。
    解释你的答案。

    参考答案：

    a. 如果市场额外上涨5%，该股票收益率的变动 $= 0.05 \times (-0.25) = -0.0125 = -1.25\%$，即下跌1.25%，如果市场额外下跌5%，那么该股票收益率将上涨1.25%。
    b. "最安全"意味着风险最低。已经投资的充分分散化的股票资产组合只有市场风险，再投资2万美元，使整个资产组合最安全，意味着进一步降低资产组合的贝塔，让资产组合的贝塔下降最多的就是将2万美元投资于 $\beta = -0.25$ 的股票。

20. **资产组合风险** 你可用两项资产A和B组成一个资产组合，这两项资产的特征如下：

股票	预期收益率	标准差	相关系数
A	10%	20%	0.5
B	15%	40	

如果你要求的预期收益率为12%，资产组合中两项资产的权重分别是多少？资产组合的标准差是多少？

参考答案：
假设资产 A 的权重为 w_A，资产 B 的权重为 $1-w_A$
$E(r_P) = 0.12 = w_A \times 0.1 + (1-w_A) \times 0.15$
$w_A = 0.60, \ 1-w_A = 0.40$
该资产组合的方差
$\sigma_P^2 = 0.60^2 \times 0.20^2 + 0.40^2 \times 0.40^2 + 2 \times 0.60 \times 0.40 \times 0.50 \times 0.20 \times 0.40 = 0.0592$
$\sigma_P = 0.2433 = 24.33\%$

挑战题

21. **资产组合风险** 根据历史数据得到的美洲银行和星巴克的风险特性如下：

	美洲银行	星巴克
β	1.57	0.83
年标准差	35.80	21.00

假设市场收益率的标准差为23.0%。

a. 美洲银行和星巴克收益率的相关系数为0.30，平均投资两只股票的资产组合的标准差是多少？

b. 一个资产组合，1/3 的资金投资于美洲银行，1/3 投资于星巴克，1/3 投资于无风险国库券，这个资产组合的标准差是多少？

c. 一个资产组合，等额投资美洲银行和星巴克，同时利用50%的保证金融资，也就是说投资者只出资一半，其余从经纪人那里借。这个资产组合的标准差是多少？

d. 一个包含100只像美洲银行一样 β 等于 1.57 的股票的资产组合，其标准差大约是多少？如果这100只股票的 β 跟星巴克一样，资产组合的标准差又是多少？（提示：问题 d 只要用最简单的算术就可以回答。）

参考答案：
a. 组合的标准差为：
$\sigma_P = (x_1^2\sigma_1^2 + x_2^2\sigma_2^2 + 2x_1x_2\rho_{12}\sigma_1\sigma_2)^{0.5}$
平均投资美洲银行和星巴克的资产组合的标准差：
$\sigma_P = (0.5^2 \times 0.3580^2 + 0.5^2 \times 0.2100^2 + 2 \times 0.5 \times 0.5 \times 0.30 \times 0.3580 \times 0.2100)^{0.5}$
$= 0.2331 = 23.31\%$

b. 利用教材中的图 7-13，此时有 3 种证券。其中国库券无风险，其标准差为零，与其他两只证券的相关系数都为零。
资产组合的标准差为：
$\sigma_P = [(1/3)^2 \times 0.3580^2 + (1/3)^2 \times 0.2100^2 + 2 \times (1/3) \times (1/3) \times 0.30 \times 0.3580 \times 0.2100]^{0.5}$
$= 0.1554 = 15.54\%$

另外一种思路：这个组合的 1/3 投资于国库券，另外的 2/3 投资于由美国银行和星巴克等额投资构成的资产组合。因为国库券的风险为零，所以组合的标准差就是问题(a)中的组合的标准差的 2/3。即

$\sigma_P = (2/3) \times 23.31\% = 15.54\%$

c. 在 50% 的保证金融资情况下，投资者在美国银行和星巴克等额资产组合上的投资是他自由拥有的资金的两倍。因此，投资者的风险是问题(a)中只投资自己的钱时的风险的两倍。

$\sigma_P = 2 \times 23.31\% = 46.62\%$

d. 对于一个由 100 只股票组成的投资组合，每只股票的贝塔值都和美国银行的贝塔值 1.57 相等，这个资产组合的贝塔也是 1.57，并且几乎只有市场风险。因此，这个投资组合的标准差大约为：

$\sigma_P = 1.57 \times 23.0\% = 36.11\%$

如果股票的贝塔和星巴克的贝塔值一样，那么资产组合的标准差大约为：

$\sigma_P = 0.83 \times 23.0\% = 19.09\%$

22. **资产组合风险** 假设国库券可以提供 6% 的收益率，预期市场风险溢价为 8.5%。国债收益率的标准差是零，市场收益率的标准差是 20%。由不同比例的国库券和市场组合组成的资产组合，利用资产组合风险公式计算其标准差。（注意：当其中一个收益率的标准差为零时，两个收益率的协方差一定也等于零。）将预期收益率和标准差画图。

参考答案：

对于两个证券构成的资产组合，资产组合的方差（风险）为：

$\sigma_P^2 = x_1^2 \sigma_1^2 + x_2^2 \sigma_2^2 + 2x_1 x_2 \rho_{12} \sigma_1 \sigma_2$

如果证券 1 是国库券，证券 2 是市场组合，σ_1 为零，σ_2 等于 20%。因此：

$\sigma_P^2 = x_2^2 \sigma_2^2 = x_2^2 \times 0.20^2$

$\sigma_P = 0.20 x_2$

组合的预期收益率 $= 0.06 x_1 + (0.06 + 0.085) x_2 = 0.06 x_1 + 0.145 x_2$

预期收益率与标准差的关系见下表和下图。

资产组合	x_1	x_2	预期收益率	标准差
1	1.0	0.0	0.060	0.000
2	0.8	0.2	0.077	0.040
3	0.6	0.4	0.094	0.080
4	0.4	0.6	0.111	0.120
5	0.2	0.8	0.128	0.160
6	0.0	1.0	0.145	0.200

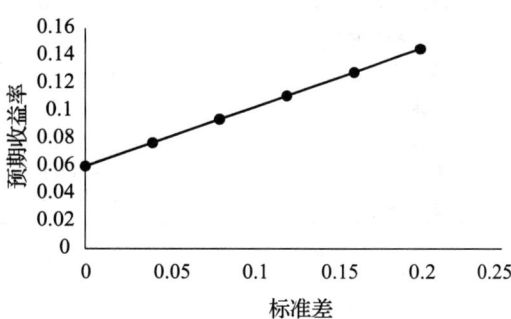

23. **贝塔** 计算表 7-9 中的每只股票相对于等额投资每一只股票的资产组合的贝塔值。

参考答案：

下表来自第 17 题答案。每列之和为 $\text{Cov}(0.125r_i, r_p)$。

（单位：千美元）

	必和必拓	英国石油	菲亚特克莱斯勒	喜力啤酒
必和必拓	0.000 612 6	0.000 378 1	0.000 506 2	0.000 089 3
英国石油	0.000 378 1	0.001 323 1	0.000 783 2	0.000 205 1
菲亚特克莱斯勒	0.000 506 2	0.000 783 2	0.002 897 1	0.000 206 3
喜力啤酒	0.000 089 3	0.000 205 1	0.000 206 3	0.000 508 5
韩国电力	0.000 284 1	0.000 329 0	0.000 355 8	0.000 133 4
雀巢	−0.000 009 0	0.000 052 9	−0.000 065 3	0.000 120 3
索尼	0.000 263 6	0.000 835 9	0.001 327 4	0.000 467 7
塔塔汽车	0.000 605 0	0.000 515 7	0.000 842 0	0.000 286 6
合计	0.002 729 9	0.004 423 0	0.006 852 7	0.002 017 2
	韩国电力	雀巢	索尼	塔塔汽车
必和必拓	0.000 284 1	−0.000 009 0	0.000 263 6	0.000 605 0
英国石油	0.000 329 0	0.000 052 9	0.000 835 9	0.000 515 7
菲亚特克莱斯勒	0.000 355 8	−0.000 065 3	0.001 327 4	0.000 842 0
喜力啤酒	0.000 133 4	0.000 120 3	0.000 467 7	0.000 286 6
韩国电力	0.001 210 2	0.000 004 2	0.000 312 0	0.000 221 1
雀巢	0.000 004 2	0.000 147 0	0.000 156 3	0.000 047 4
索尼	0.000 312 0	0.000 156 3	0.003 141 6	0.000 520 6
塔塔汽车	0.000 221 1	0.000 047 4	0.000 520 6	0.002 390 0
合计	0.002 849 8	0.000 453 8	0.007 025 1	0.005 428 4

每只股票相对于组合的贝塔值等于它与组合的协方差 $\text{Cov}(r_i, r_p)$，等于上表中各列的合计乘以 8)除以组合的方差。组合的方差即在第 17 题里计算出来的 0.031 78，协方差和贝塔值计算结果见下表：

	与组合的协方差	组合的方差	贝塔值
必和必拓	0.021 839 2	0.031 78	0.687 199 5
英国石油	0.035 384 0	0.031 78	1.113 404 7
菲亚特克莱斯勒	0.054 821 6	0.031 78	1.725 034 6
喜力啤酒	0.016 137 6	0.031 78	0.507 791 1
韩国电力	0.022 798 4	0.031 78	0.717 382
雀巢	0.003 630 4	0.031 78	0.114 235 4
索尼	0.056 200 8	0.031 78	1.768 433
塔塔汽车	0.043 427 2	0.031 78	1.366 494 7

第8章 资产组合理论和资本资产定价模型

基础题

1. **资产组合风险和收益率** 以下是4项投资的收益率和标准差：

	收益率(%)	标准差(%)		收益率(%)	标准差(%)
国库券	6	0	股票Q	14.5	28
股票P	10	14	股票R	21	26

计算以下资产组合的标准差。

a. 50%投资国库券，50%投资股票P；
b. 各50%投资股票P和R，假设两只股票：完全正相关、完全负相关、不相关；
c. 像图8-3那样画出股票P和R的图，假设相关系数为0.5；
d. 股票Q的收益率比R低，但是标准差更高。这是否意味着股票Q的价格太高或者股票R的价格太低？

参考答案：

a. $\sigma = 0.5 \times 0 + 0.5 \times 0.14 = 0.07 = 7\%$

b. 股票P和R完全正相关时，两只股票组成的资产组合的标准差：
$\sigma = (0.5^2 \times 0.14^2 + 0.5^2 \times 0.26^2 + 2 \times 0.5 \times 0.5 \times 1 \times 0.14 \times 0.26)^{0.5}$
$= 0.2 = 20\%$

完全负相关时：
$\sigma = [0.5^2 \times 0.14^2 + 0.5^2 \times 0.26^2 + 2 \times 0.5 \times 0.5 \times (-1) \times 0.14 \times 0.26]^{0.5}$
$= 0.06 = 6\%$

不相关时：
$\sigma = (0.5^2 \times 0.14^2 + 0.5^2 \times 0.26^2 + 2 \times 0.5 \times 0.5 \times 0 \times 0.14 \times 0.26)^{0.5}$
$= 0.1477 = 14.77\%$

c. 由股票P和R组成的资产组合，如下图：

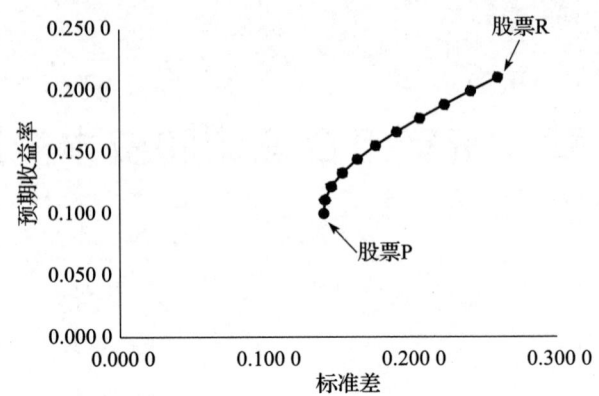

d. 不是。因为风险是用贝塔而不是标准偏差来衡量的。贝塔衡量的是市场风险,而标准差衡量的是总风险。可以给投资者带来风险溢价的只有市场风险。

2. **资产组合风险和收益率** 在下面每对投资(假设是投资者唯一可以进行的投资)中,理性投资者总是更喜欢哪项投资?

   a. 资产组合 A $r = 18\%$ $\sigma = 20\%$ b. 资产组合 C $r = 15\%$ $\sigma = 18\%$
      资产组合 B $r = 14\%$ $\sigma = 20\%$ 资产组合 D $r = 13\%$ $\sigma = 8\%$
   c. 资产组合 E $r = 14\%$ $\sigma = 16\%$
      资产组合 F $r = 14\%$ $\sigma = 10\%$

   参考答案:
   a. 资产组合 A。风险相同,投资者更喜欢预期收益率高的投资。
   b. 不一定。风险大的资产组合,预期收益率也高。投资者只能选择一个的话,两个投资组合都会被选择。
   c. 资产组合 F。预期收益率相同,投资者更喜欢风险低的投资。

3. **夏普比率** 利用7.1节和7.2节中证券收益率的长期数据,计算市场组合夏普比率的历史水平。

   参考答案:
   第7章所示证券的长期风险溢价为7.7%,证券收益的长期标准差为19.9%。
   夏普比率 = 风险溢价/标准差 = 7.7%/19.9% = 0.387

4. **有效资产组合** 图8-11意在显示能够得到的预期收益率和标准差的范围。

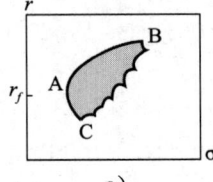 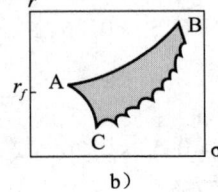

a)   b)

图 8-11   问题 4

a. 哪个图是正确的？为什么？
b. 有效资产组合的集合是什么？
c. 如果 r_f 为无风险利率，标出最优股票组合 X。

参考答案：
a. 图 8-11b 画错了。分散化降低了风险（例如，A 和 B 构成的资产组合的风险比 A 和 B 的平均风险要小）。
b. 图 8-11a 的 AB 线上的所有点都是有效资产组合。
c. 参考右面的图 2。

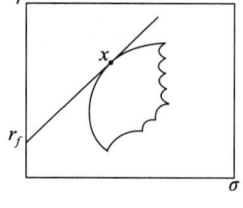

图 2

5. **有效资产组合**
   a. 在一张图上画出以下风险资产组合：

	资产组合							
	A	B	C	D	E	F	G	H
预期收益率(r,%)	10	12.5	15	16	17	18	18	20
标准差(σ,%)	23	21	25	29	29	32	35	45

b. 在以上资产组合中，有 5 个是有效资产组合，有 3 个不是。哪些是无效资产组合？
c. 假如你可以按照 12% 的利率借入或者借出资金。以上哪个资产组合的夏普比率最高？
d. 假设你愿意承担的标准差为 25%，如果不能借或者贷，你可以得到的最高的预期收益率是多少？
e. 如果可以自由借或者贷，你愿意承担的标准差为 25%，最优投资策略是什么？在这样的风险水平下，你获得的最高预期收益率是多少？

参考答案：
a. 各资产组合见下图：

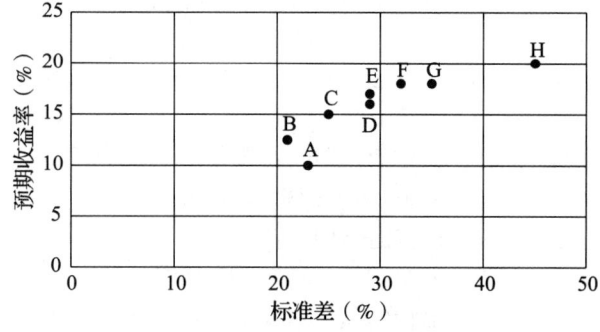

b. 资产组合 A、D 和 G 是无效资产组合。A 是无效组合，因为投资者如果投资资产组合 B，会得到比 A 更低的标准差（风险较小）和更高的预期收益率。D 是无效组合，如果投资者投资资产组合 E，可以在相同的风险水平上获得更高的预期收益率。G 是无效组合，投资者如果投资资产组合 F，在同样的预期收益率下，承担的风险更小。

c. 资产组合的夏普比率，等于该投资组合的预期收益率减掉12%的无风险利率，然后除以各自的标准差。下表是每个资产组合的夏普比率，资产组合F的夏普比率最高。

资产组合	A	B	C	D	E	F	G	H
预期收益率(r,%)	10	12.5	15	16	17	18	18	20
标准差(σ,%)	23	21	25	29	29	32	35	45
夏普比率[$(r-r_f)/\sigma$]	-8.7	2.4	12.0	13.8	17.2	18.8	17.1	17.8

d. 如果愿意承担的最大标准差为25%，标准差不大于25%而预期收益率最高的资产组合是资产组合C。

e. 如果可以自由借款，投资夏普比率最高的资产组合F，把25/32的资金投资资产组合F，以12%的利率借出剩余的资金，这样，该资产组合的标准差：
$\sigma = (25/32) \times 32\% = 25\%$

预期收益率：
$E(r) = (25/32) \times 18\% + (7/32) \times 12\% = 16.7\%$

6. **CAPM** 假如国债收益率是6%而不是2%。假设市场预期收益率为9%，利用表8-2中的贝塔。
   a. 计算强生的预期收益率；
   b. 找到预期收益率最高的单只股票；
   c. 找到预期收益率最低的单只股票；
   d. 如果无风险收益率是2%而不是6%，福特的预期收益率更高了还是更低了？假设预期市场收益率为9%。
   e. 如果无风险利率为8%，沃尔玛的预期收益率更高了还是更低了？

   参考答案：
   a. 强生的预期收益率 $r = 0.06 + 0.53 \times (0.09 - 0.06) = 0.0759 = 7.59\%$
   b. 预期收益率最高的股票是贝塔最高的卡特彼勒的股票，其预期收益率：
   $r = 0.06 + 1.66 \times (0.09 - 0.06) = 0.1098 = 10.98\%$
   c. 预期收益率最低的股票是贝塔最小的纽蒙特的股票，其预期收益率：
   $r = 0.06 + 0 \times (0.09 - 0.06) = 0.06 = 6\%$
   d. 无风险收益率是6%时，福特的预期收益率：
   $r = 0.06 + 1.44 \times (0.09 - 0.06) = 0.1032 = 10.32\%$
   无风险收益率是2%时，福特的预期收益率：
   $r = 0.02 + 1.44 \times (0.09 - 0.02) = 0.1208 = 12.08\%$
   无风险收益率是2%时，福特的预期收益率更高了。
   e. 无风险收益率是6%时，沃尔玛的预期收益率：
   $r = 0.06 + 0.45 \times (0.09 - 0.06) = 0.0735 = 7.35\%$
   无风险收益率是8%时，沃尔玛的预期收益率：
   $r = 0.08 + 0.45 \times (0.09 - 0.08) = 0.0845 = 8.45\%$
   如果无风险收益率是8%时，沃尔玛的预期收益率更高了。

7. **CAPM** 判断正误：
   a. CAPM 暗示，如果一项投资的贝塔为负值，其预期收益率将低于无风险利率；
   b. 贝塔为 2 的投资的预期收益率是市场预期收益率的两倍；
   c. 如果股票在证券市场线下方，其价值就被低估了。

   参考答案：
   a. 正确。市场风险溢价为正，如果贝塔为负，那么该投资的预期收益率将低于无风险利率。例如：
   $r = 0.08 + (-0.2) \times (0.10 - 0.08) = 0.0760 = 7.60\%$
   $r = 0.02 + (-0.8) \times (0.10 - 0.02) = -0.0440 = -4.40\%$
   b. 错误。贝塔为 2 的投资的风险溢价是市场组合风险溢价的两倍，不是市场组合预期收益率的两倍。例如：
   $r = 0.08 + 1 \times (0.10 - 0.08) = 0.10 = 10\%$
   $r = 0.08 + 2 \times (0.10 - 0.08) = 0.12 = 12\%$
   c. 错误。如果股票位于证券市场线下方，在给定风险下该股票的预期收益率太低了，因此，它的价值被高估了。

8. **APT** 考虑一个 3 因素 APT 模型，因素和相关风险溢价如下：

因素	风险溢价(%)
GNP 的变化	+5
能源价格的变化	-1
长期利率的变化	+2

   无风险利率为 7%，计算以下股票的预期收益率。
   a. 收益率与这 3 个因素都不相关的股票；
   b. 对每个因素的风险都是平均水平的股票(即所有的 $b = 1$)；
   c. 纯粹的能源股票，对能源因素的风险高($b = 2$)，对其他两个因素没有风险；
   d. 一家铝制品公司的股票，对利率和 GNP 变动的敏感度为平均水平，对能源价格的敏感度 $b = -1.5$。(铝制品公司是能源敏感公司，能源价格上升，公司将遭受损失。)

   参考答案：
   a. $r = 0.07 + 0 \times 0.05 + 0 \times (-0.01) + 0 \times 0.02 = 0.07 = 7\%$
   b. $r = 0.07 + 1 \times 0.05 + 1 \times (-0.01) + 1 \times 0.02 = 0.13 = 13\%$
   c. $r = 0.07 + 0 \times 0.05 + 2 \times (-0.01) + 0 \times 0.02 = 0.05 = 5\%$
   d. $r = 0.07 + 1 \times 0.05 + (-1.5) \times (-0.01) + 1 \times 0.02 = 0.155 = 15.5\%$

进阶题

9. **正/误** 判断正误，必要时解释或证明。
   a. 股票收益率波动越剧烈，投资者要求的预期收益率就越高；

b. CAPM 预测，贝塔为零的证券预期收益率将为零；
c. 投资国库券 10 000 美元、投资市场组合 20 000 美元的资产组合，其贝塔等于 2.0；
d. 宏观经济风险高的股票，投资者要求的预期收益率也高；
e. 对股票市场的波动越敏感的股票，投资者要求的预期收益率也比较高。

参考答案：
a. 错误。市场风险越高，投资者要求的预期收益率越高。不可分散风险用贝塔来度量，收益率波动性是全部风险。
b. 错误。贝塔为零的证券的预期收益率为无风险收益率。
c. 国库券的贝塔系数是零，市场组合的贝塔系数是 1。因此，有 1/3 的投资者的钱投资在国库券上，2/3 的钱投资到市场组合上，组合的贝塔为 $(1/3 \times 0) + (2/3 \times 1) = 0.67$。
d. 正确。宏观经济风险是不可分散风险。
e. 正确。股票市场风险是不可分散风险。

10. **资产组合风险和收益率** 回顾 8.1 节中强生和福特的计算。对于不同的 x_1、x_2，假设相关系数 $\rho_{1,2} = 0$，重新计算资产组合的预期收益率和标准差。像图 8-3 一样，画出预期收益率和标准差可能组合的范围。假设 $\rho_{1,2} = +0.25$，重新计算并画图。

参考答案：
证券 1 为强生股票，证券 2 为福特股票，那么有：

$r_1 = 0.08$ $\sigma_1 = 0.132$
$r_2 = 0.188$ $\sigma_2 = 0.310$

由强生和福特两只股票构成的资产组合的预期收益率和标准差：

$r_p = x_1 r_1 + x_2 r_2$
$\sigma_p = (x_1^2 \sigma_1^2 + 2 x_1 x_2 \sigma_1 \sigma_2 \rho_{1,2} + x_2^2 \sigma_2^2)^{0.5}$

因此，我们可以得到下面的结果：

x_1	x_2	$r_p(\%)$	$\rho_{1,2}=0$ 时的标准差 $(\sigma,\%)$	$\rho_{1,2}=0.25$ 时的标准差 $(\sigma,\%)$
1.0	0	8.00	13.20	13.20
0.9	0.1	9.08	12.28	13.01
0.8	0.2	10.16	12.25	13.52
0.7	0.3	11.24	13.11	14.66
0.6	0.4	12.32	14.71	16.30
0.5	0.5	13.40	16.85	18.30
0.4	0.6	14.48	19.33	20.57
0.3	0.7	15.56	22.06	23.01
0.2	0.8	16.64	24.94	25.59
0.1	0.9	17.72	27.93	28.26
0	1.0	18.80	31.00	31.00

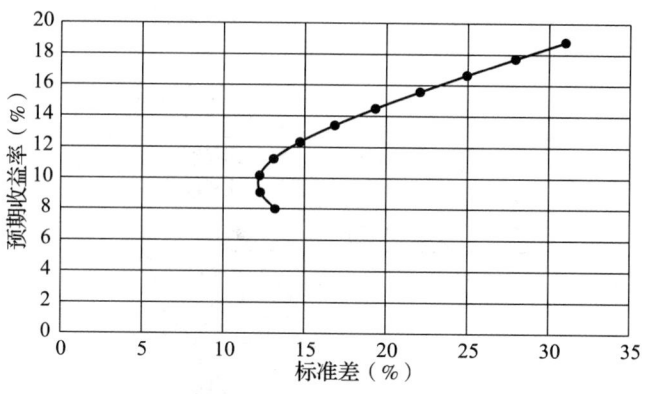

相关系数 = 0 时的资产组合

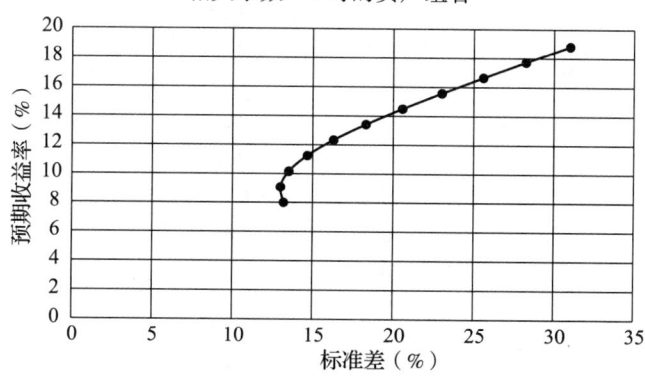

相关系数 = 0.25 时的资产组合

11. **资产组合风险和收益率** 马克·亨利维茨建议投资股票 X 和 Y，他预期 X 的收益率为 12%，Y 为 8%。X 的收益率标准差为 8%，Y 为 5%。两只股票收益率相关系数为 0.2。

a. 计算以下资产组合的预期收益率和标准差：

资产组合	X 占比（%）	Y 占比（%）
1	50	50
2	25	75
3	75	25

b. 画出 X 和 Y 组成资产组合的集合；

c. 假设亨利维茨先生还能够以 5% 借入或者借出资金。画图说明他有哪些投资机会。如果他可以借或者贷，在他所投资的普通股资产组合中，X 和 Y 的比例是多少？

参考答案：

a. 两只证券组成的资产组合的预期收益率和标准差：

$r_P = x_X r_X + x_Y r_Y$

$\sigma_P = (x_X^2 \sigma_X^2 + 2x_X x_Y \sigma_X \sigma_Y \rho_{X,Y} + x_Y^2 \sigma_Y^2)^{0.5}$

假设 $r_X = 0.12$、$r_Y = 0.08$、$\sigma_X = 0.08$、$\sigma_Y = 0.05$ 以及 $\rho_{X,Y} = 0.2$，资产组合的预期收益率和标准差如下：

资产组合	x_X	x_Y	$R_P(\%)$	$\rho_{X,Y}=0.2$ 时的 $\sigma_P(\%)$
1	0.50	0.50	10.00	5.12%
2	0.25	0.75	9.00	4.59%
3	0.75	0.25	11.00	6.37%

b. X 和 Y 组成资产组合中的一部分如下表所示：

资产组合	x_X	x_Y	$R_P(\%)$	$\rho_{X,Y}=0.2$ 时的 $\sigma_P(\%)$
1	0.00	1.00	8.00	5.00
2	0.10	0.90	8.40	4.73
3	0.20	0.80	8.80	4.60
4	0.30	0.70	9.20	4.62
5	0.40	0.60	9.60	4.80
6	0.50	0.50	10.00	5.12
7	0.60	0.40	10.40	5.56
8	0.70	0.30	10.80	6.08
9	0.80	0.20	11.20	6.67
10	0.90	0.10	11.60	7.32
11	1.00	0.00	12.00	8.00

X 和 Y 组成的资产组合集合如下图的曲线所示：

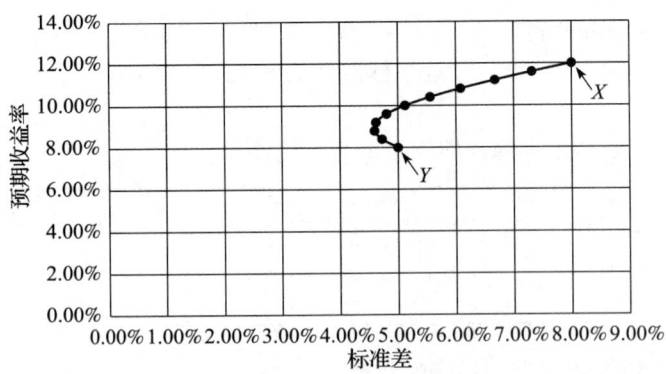

c. 如果能够以 5% 的利率自由借贷，那么可以选择的有效资产组合集合就是下图所示的直线，即从无风险资产出发与曲线相切的直线：

这时，有效资产组合由无风险资产和切点资产组合组成，切点资产组合是由 X 和 Y 组成的夏普比率最高的资产组合，假设切点组合中 X 的投资比例为 x，那么 Y 的投资比例为 $(1-x)$，通过求解切点资产组合的夏普比率的极值，可以求出 x，X 和 Y 的比例就是 $x/(1-x)$。

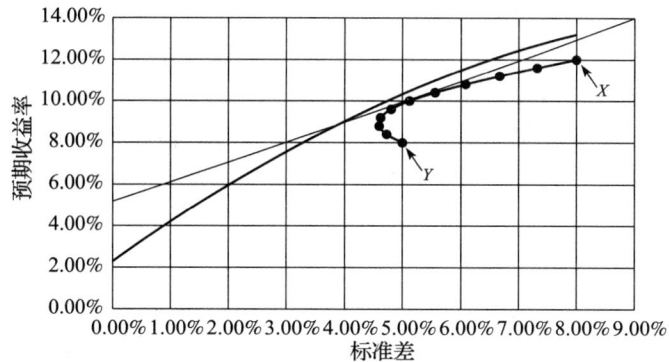

12. **资产组合风险和收益率** 埃比尼泽·斯克鲁奇将其资金的60%投资于股票A，剩余的投资于股票B。他对两只股票前景的评价如下：

	A	B
预期收益率(%)	15	20
标准差(%)	20	22
收益率相关系数	0.5	

   a. 他的投资组合的预期收益率和收益率标准差分别是多少？
   b. 如果相关系数是0或者 −0.5，以上问题的答案是什么？
   c. 斯克鲁奇先生的资产组合比只投资股票A更好还是更糟？或者，不可能下结论？
   参考答案：
   a. $r_p = 0.6 \times 0.15 + 0.4 \times 0.20 = 0.17 = 17\%$
      $\sigma_p = (0.6^2 \times 0.20^2 + 0.4^2 \times 0.22^2 + 2 \times 0.6 \times 0.4 \times 0.5 \times 0.20 \times 0.22)^{0.5}$
      $= 0.1808 = 18.08\%$
   b. 在另一种情况下，预期收益率都仍为17%。
      $\rho_{1,2} = 0$ 时：
      $\sigma_p = (0.6^2 \times 0.020^2 + 0.4^2 \times 0.22^2 + 2 \times 0.6 \times 0.4 \times 0 \times 0.20 \times 0.22)^{0.5}$
      $= 0.1488 = 14.88\%$
      $\rho_{1,2} = -0.5$ 时：
      $\sigma_p = [0.6^2 \times 0.020^2 + 0.4^2 \times 0.22^2 + 2 \times 0.6 \times 0.4 \times (-0.5) \times 0.20 \times 0.22]^{0.5}$
      $= 0.1076 = 10.76\%$
   c. 埃比尼泽·斯克鲁奇先生的投资组合比只投资于股票A更好。因为该组合的预期收益率更高(17% > 15%)，而风险(标准差)更低。

13. **夏普比率** 回顾第7章问题3。每年的无风险利率如下：

年份	2010	2011	2012	2013	2014
利率	0.12	0.04	0.06	0.02	0.02

a. 计算绍罗斯女士的资产组合和市场组合的预期收益率和收益率标准差。利用这些结果计算绍罗斯女士的资产组合和市场组合的夏普比率。根据这个指标,绍罗斯女士的资产组合表现比市场好还是糟?

b. 如果你持有市场组合和无风险贷款的组合,计算这段时期的平均收益率。需要确定的是,你的资产组合的贝塔和绍罗斯女士的资产组合相同。这个资产组合的平均收益率高于还是低于绍罗斯女士的资产组合?

对以上结果进行解释。

参考答案:

a.

	2010年	2011年	2012年	2013年	2014年	平均	标准差	夏普比率
绍罗斯女士(%)	24.9	-0.90	18.60	42.10	15.20	19.98	13.96	1.059
S&P 500(%)	17.2	1.00	16.10	33.10	12.70	16.02	10.29	1.051
利率(%)	12	4	6	2	2	5.20		

绍罗斯女士的资产组合的夏普比率:

$(19.98 - 5.20)/13.96 = 1.059$

S&P 500 的夏普比率:

$(16.02 - 5.20)/10.29 = 1.051$

绍罗斯女士的资产组合的表现比市场稍好。

b. 我们可以计算出绍罗斯女士投资的贝塔系数如下:

年份	市场收益率(%)	绍罗斯女士的收益率(%)	市场收益率与平均值的偏差(1)	绍罗斯女士的收益率与平均值偏差(2)	市场收益率偏差平方(1×1)	偏差乘积(1×2)
2010	17.20	24.90	1.18	4.92	1.39	5.81
2011	1.00	-0.90	-15.02	-20.88	225.60	313.62
2012	16.10	18.60	0.08	-1.38	0.01	-0.11
2013	33.10	42.10	17.08	22.12	291.73	77.81
2014	12.70	15.20	-3.32	-4.78	11.02	15.87
平均值	16.02	19.98		合计	529.75	712.99
方差	105.9	=529.75/5				
协方差	142.6	=712.99/5				
贝塔	1.3	=142.6/105.9				

为了构建一个贝塔为1.3的资产组合,以无风险利率借入自由资金30%的资金,然后全部投资市场投资组合。我们获得的净收益如下:

	2010年	2011年	2012年	2013年	2014年	平均值
1.3×市场收益率(%)	22.36	1.3	20.93	43.03	16.51	20.83
-0.3×无风险收益率(%)	-3.6	-1.2	-1.8	-0.6	0.6	-1.56
合计(%)	18.76	0.1	19.13	42.43	19.51	19.27

这个资产组合的平均收益率为19.27%,低于绍罗斯女士的资产组合的平均收益率19.98%。

14. **资产组合贝塔** 参考表7-5。
    a. 40%投资于福特、60%投资于强生的资产组合,其贝塔是多少?
    b. 关于这两只股票的前景,你没有任何更深入的信息,你会投资这个资产组合吗?设计另一个具有同样的预期收益率而风险更小的资产组合。
    c. 对40%投资于苹果、60%投资于沃尔玛的资产组合,重复问题a和b。

    参考答案:
    a. 根据表7-5,福特的β是1.44,强生的β是0.53。因此,资产组合的β:
    $\beta_P = 0.4 \times 1.44 + 0.6 \times 0.53 = 0.89$
    b. 会投资。如果没有关于这些股票前景的更多信息,在给定的市场风险水平下,其预期收益率就是最好的。当然,我们可以在承担更少独特风险的前提下获得同样的收益率。
    我们可以在组合中通过增加股票来减少独特风险。例如,可以将微软股票加入福特和强生的投资组合中,并将它们的权重分别调整为40%、20%和40%。该资产组合的贝塔系数将为:
    $\beta_P = 0.4 \times 0.98 + 0.2 \times 1.44 + 0.4 \times 0.53 = 0.89$
    两个资产组合的贝塔相同,预期收益率也将相同。但是新资产组合增加了股票,会进一步分散掉部分独特风险。
    c. 根据表7-5,苹果的贝塔是0.91,沃尔玛的贝塔是0.45。因此,资产组合的贝塔:
    $\beta_P = 0.4 \times 0.91 + 0.6 \times 0.45 = 0.63$
    继续上面的思路,可以通过增加股票来减少资产组合的独特风险。例如,可以将金宝汤公司股票添加到苹果和沃尔玛构成的资产组合中,并将权重调整为30%、42%和28%。这个资产组合的贝塔:
    $\beta_P = 0.30 \times 0.39 + 0.42 \times 0.91 + 0.28 \times 0.45 = 0.63$
    相同的贝塔,资产组合的预期收益率一定相同,但是新资产组合的独特风险更低,因为新股票的加入会进一步分散风险。
    注意,可以采用不同只股票的不同权重。关键是3种或更多的证券构成的新的资产组合的贝塔,必须与原来由两种股票构成的资产组合的贝塔相同。

15. **CAPM** 国库券收益率为4%,市场组合预期收益率为12%,利用CAPM:
    a. 像图8-6那样画图,说明预期收益率与贝塔的关系;
    b. 市场组合的风险溢价是多少?
    c. 贝塔为1.5的投资,要求的收益率是多少?
    d. 一项投资的贝塔为0.8,预期收益率为9.8%,这项投资的NPV为正吗?
    e. 市场预期股票X的收益率为11.2%,股票X的贝塔是多少?

    参考答案:
    a. 预期收益率与贝塔成正比,如下图所示:

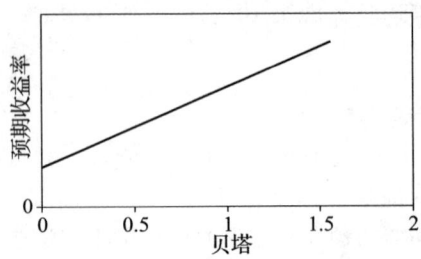

b. 市场组合的风险溢价 = $r_m - r_f$ = 0.12 - 0.04 = 0.08 = 8.0%

c. $r = r_f + \beta(r_m - r_f)$ = 0.04 + 1.5 × (0.12 - 0.04) = 0.16 = 16%

d. 对于任何投资，我们都可以利用证券市场线来发现其机会成本。$\beta = 0.8$ 的投资，机会成本为：

$r = r_f + \beta(r_m - r_f)$ = 0.04 + 0.8 × (0.12 - 0.04) = 0.104 = 10.4%

资本的机会成本为 10.4%，而该投资的预期收益率仅为 9.8%，那么该投资的 NPV 将为负。

e. $r = r_f + \beta(r_m - r_f)$

0.112 = 0.04 + (0.12 - 0.04)β

$\beta = 0.9$

16. **资产组合风险和收益率** 帕西瓦尔·哈基恩有 1 000 万美元，投资于长期公司债券。债券资产组合预期年收益率为 9%，标准差为 10%。

阿曼达·艾肯维斯是帕西瓦尔的财务顾问，建议帕西瓦尔考虑投资跟踪标准普尔 500 指数的指数基金。该指数基金的预期收益率为 14%，标准差为 16%。

a. 假如帕西瓦尔将所有的资金投资指数基金和国库券，这样做，会在资产组合风险不变的情况下提高预期收益率吗？国库券收益率为 6%。

b. 等额投资公司债券和指数基金会提高帕西瓦尔的收益吗？公司债券和指数基金的相关系数为 +0.1。

参考答案：

a. 珀西瓦尔当前的资产组合预期年收益率为 9%，标准差为 10%。首先，我们先要找到由国库券（证券 1：标准差为 0）和指数基金（证券 2：标准差为 16%）构成的资产组合中各资产的权重，并令其标准差等于当前资产组合的标准差 10%（风险不变），得到其投资比例，然后计算其预期收益率。两只证券构成的资产组合的方差为：

$\sigma_P^2 = x_1^2\sigma_1^2 + 2x_1x_2\sigma_1\sigma_2\rho_{12} + x_2^2\sigma_2^2$

$0.10^2 = 0 + 0 + x_2^2 \times 0.16^2$

$x_2 = 0.625$

$x_1 = 1 - 0.625 = 0.375$

资产组合的预期收益率为：

$r_p = x_1r_1 + x_2r_2 = 0.375 \times 0.06 + 0.625 \times 0.14 = 0.110 = 11.0\%$

他原来的资产组合的预期收益率为9%,因此通过投资国库券和指数基金,他可以在不改变风险的情况下提高预期收益率。

b. 等权重投资于公司债券(证券1)和指数基金(证券2)的资产组合的预期收益率为:

$r_p = x_1 r_1 + x_2 r_2 = 0.5 \times 0.09 + 0.5 \times 0.14 = 0.115 = 11.5\%$

$\sigma_P^2 = x_1^2 \sigma_1^2 + 2 x_1 x_2 \sigma_1 \sigma_2 \rho_{12} + x_2^2 \sigma_2^2$

$= 0.5^2 \times 0.10^2 + 2 \times 0.5 \times 0.5 \times 0.10 \times 0.16 \times 0.10 + 0.5^2 \times 0.16^2 = 0.0097$

$\sigma_P = 0.0985 = 9.85\%$

因此,他确实可以通过等额投资公司债券和指数基金来获得更好的业绩:标准差降低到9.85%,而预期收益率提升到11.5%。

17. **资本成本** 艾司隆公司正在评估业务扩展计划。预测项目的现金流如下:

年份	现金流(百万美元)
0	-100
1~10	+15

公司已有资产的贝塔为1.4,无风险收益率为4%,市场组合的预期收益率为12%。项目的 NPV 是多少?

参考答案:

假设公司正在扩张的项目的风险水平与公司当前的业务相同,那么评估项目所需的要求收益率为:

$r = r_f + \beta(r_m - r_f) = 0.04 + 1.4 \times (0.12 - 0.04) = 0.152 = 15.2\%$

项目的 $NPV = -100 + 15 \times \{1/0.152 - 1/[0.152 \times (1 + 0.152)^{10}]\}$

$= -25.29$(百万美元)

18. **APT** 判断下面关于 APT 的阐述是否正确:

a. APT 因素不会反映可分散风险;
b. 市场收益率不可能是 APT 因素;
c. 没有专门确定 APT 因素的理论;
d. APT 模型正确但不太有用,例如,当相关因素发生非预期变化的时候。

参考答案:

a. 正确。从定义上看,代表宏观经济风险的风险因素不能通过分散化消除。
b. 错误。APT 没有指明具体的风险因素是什么。
c. 正确。研究人员提出了不同的因素,并进行了实证研究,但是因素应该是什么没有被广泛接受的理论。
d. 正确。模型要有用的话,必须能够估计相关的参数。如果不管什么原因无法估计参数,那么模型只是理论上有用。

19. **APT** 考虑一下简化的 APT 模型:

因素	预期风险溢价(%)
市场	6.4
利率	-0.6
收益率利差	5.1

假设 $r_f = 5\%$，计算以下股票的预期收益率：

股票	因素风险暴露程度		
	市场 (b_1)	利率 (b_2)	收益率利差 (b_3)
P	1.0	-2.0	-0.2
P^2	1.2	0	0.3
P^3	0.3	0.5	1.0

参考答案：
股票 P：
$r = 0.05 + 1.0 \times 0.064 + (-2.0) \times (-0.006) + (-0.2) \times 0.051 = 0.1158 = 11.58\%$
股票 P^2：
$r = 0.05 + 1.2 \times 0.064 + 0 \times (-0.006) + 0.3 \times 0.051 = 0.1421 = 14.21\%$
股票 P^3：
$r = 0.05 + 0.3 \times 0.064 + 0.5 \times (-0.006) + 1.0 \times 0.051 = 0.1172 = 11.72\%$

20. **APT** 再回到问题19，一个资产组合，等额投资股票 P、P^2 和 P^3。
   a. 该资产组合的因素风险暴露程度是多少？
   b. 该资产组合的预期收益率是多少？

参考答案：
a. 该资产组合的风险因素暴露：
   b_1(市场) = $(1.0 + 1.2 + 0.3)/3 = 0.833$
   b_2(利率) = $(-2.0 + 0 + 0.5)/3 = -0.500$
   b_3(收益率) = $(-0.2 + 0.3 + 1.0)/3 = 0.367$
b. $r_P = 0.05 + 0.833 \times 0.064 + (-0.500) \times (-0.006) + 0.367 \times 0.051$
   $= 0.1250$
   $= 12.50\%$

21. **APT** 下表是4只股票对法玛-弗伦奇三因素的敏感性。假设无风险利率为2%，市场预期风险溢价为7%，规模因素的预期风险溢价为3.5%，账面价值市场价值因素的预期风险溢价为4.8%，估计每只股票的预期收益率。

	波音	金宝汤	陶氏化学	苹果
市场	1.13	0.51	1.51	1.08
规模	-0.49	-0.60	0.28	-0.57
账面价值市场价值比	-0.05	0.25	0.13	-0.074

参考答案:

$r_{波音} = 0.02 + 1.13 \times 0.07 + (-0.49) \times 0.035 + (-0.05) \times 0.048 = 0.0796 = 7.96\%$

$r_{金宝汤} = 0.02 + 0.51 \times 0.07 + (-0.60) \times 0.035 + 0.25 \times 0.048 = 0.0467 = 4.67\%$

$r_{道化学} = 0.02 + 1.51 \times 0.07 + 0.28 \times 0.035 + 0.13 \times 0.048 = 0.1417 = 14.17\%$

$r_{苹果} = 0.02 + 1.08 \times 0.07 + (-0.57) \times 0.035 + (-0.074) \times 0.048 = 0.0721 = 7.21\%$

挑战题

22. **基金业绩** 1999~2008 年,微型基金的平均年收益率为 4%。基金总裁在 2008 年的业绩讨论中提出,微型基金的收益率比美国市场的收益率高出了近 6%,他认为这一结果要归功于基金只投资有杰出管理团队的股票。

下表给出了这段时期的市场收益率、规模因素收益率、账面价值市场价值比因素收益率以及无风险利率:

年份	市场收益率	规模因素收益率	账面价值市场价值比因素收益率	无风险利率
1999	20.6%	15.3%	−34.2%	4.7%
2000	−17.5	−1.5	39.5	5.9
2001	−15.2	18.6	18.7	3.8
2002	−22.8	3.6	10.5	1.7
2003	30.8	27.8	4.9	1.0
2004	10.7	5.1	9.8	1.2
2005	3.1	−2.3	9.1	3.0
2006	10.6	0.3	14.3	4.8
2007	1.1	−8.1	−12.2	4.7
2008	−38.4	3.8	1.0	1.6

基金将自己定位为投资中小规模的股票,这反映到规模因素贝塔上,为 1.1。该基金对待市场风险也比较保守,估计市场贝塔为 0.7。账面价值市场价值比因素的贝塔为 −0.2。对这段时间内该基金的业绩做出评价。

参考答案:

该基金预测的预期收益率如下表。

以 1999 年为例。

市场风险溢价 = 0.206 − 0.047 = 0.159

规模因素风险溢价 = 0.153 − 0.047 = 0.106

账面市场价值比风险溢价 = −0.342 − 0.047 = −0.389

$E(r) = 0.047 + 0.70 \times 0.159 + 1.10 \times 0.106 + (-0.20) \times (-0.389) = 0.3527 = 35.27\%$

年份	利率	市场风险溢价	规模因素风险溢价	账面价值市场价值比风险溢价	预期收益率
1999	0.047	0.159	0.106	−0.389	35.27%
2000	0.059	−0.234	−0.074	0.336	−25.34%
2001	0.038	−0.190	0.148	0.149	3.80%

（续）

年份	利率	市场风险溢价	规模因素风险溢价	账面价值市场价值比风险溢价	预期收益率
2002	0.017	-0.245	0.019	0.088	-15.12%
2003	0.010	0.298	0.268	0.039	50.56%
2004	0.012	0.095	0.039	0.086	10.42%
2005	0.030	0.001	-0.053	0.061	-3.98%
2006	0.048	0.058	-0.045	0.095	2.01%
2007	0.047	-0.036	-0.128	-0.169	-8.52%
2008	0.016	-0.400	0.022	-0.006	23.86%
平均预期收益率					2.52%

根据法玛-弗伦奇的三因素模型，微型基金预测平均收益率为2.52%。由于该基金的实际平均收益率为4%，因此基金业绩表现突出，获得了超出风险的高收益。

23. **风险最小资产组合** 在教材第165页脚注⊖中，风险最小资产组合为90.2%投资强生、9.8%投资福特。请证明。（提示：需要一点儿微积分知识。）

    参考答案：
    两项风险资产组成的资产组合，其方差：
    $$\sigma_p^2 = x_1^2\sigma_1^2 + 2x_1x_2\sigma_1\sigma_2\rho_{12} + x_2^2\sigma_2^2$$
    由于 $x_1 + x_2 = 1$，$x_2 = 1 - x_1$，方差为：
    $$\sigma_p^2 = \sigma_1^2 x_1^2 + 2\sigma_1\sigma_2\rho_{12}(x_1 - x_1^2) + \sigma_2^2(1 - x_1)^2$$
    对 σ_p^2 求变量 x_1 的导数并令该导数为零，重新排列各项后得到下式：
    $$x_1(\sigma_1^2 - 2\sigma_1\sigma_2\rho_{12} + \sigma_2^2) + (\sigma_1\sigma_2\rho_{12} - \sigma_2^2) = 0$$
    让强生股票为证券1，则 $\sigma_1 = 0.132$，福特作为证券2，则 $\sigma_2 = 0.310$。两者的相关系数 $\rho_{12} = 0.19$。把这3个变量代入上式，我们有：
    $x_1 = 0.9015$，因此 $x_2 = 0.0985$。

24. **有效资产组合** 回顾在8.1节中计算过的3个有效资产组合的集合。
    a. 无风险利率为5%，你应该持有这3个有效资产组合中的哪一个？
    b. 如果无风险利率为2%，问题a的答案会变吗？

    参考答案：
    a. 3个资产组合的夏普比率(预期风险溢价/标准差)计算如下：

资产组合	预期收益率(%)	标准差(%)	夏普比率	计算公式
A	10.61	9.14	0.61	=(10.61-5)/9.14
B	12.84	10.35	0.76	=(12.84-5)/10.35
C	18.8	31	0.45	=(18.8-5)/31
无风险利率	5			

    资产组合B的夏普比率最高，因此最优的选择是资产组合B。
    b. 如果无风险利率是2%，资产组合B的夏普比率仍然最高，仍然是最优选择。

资产组合	预期收益率(%)	标准差(%)	夏普比率	计算公式
A	10.61	9.14	0.94	=(10.61-2)/9.14
B	12.84	10.35	1.05	=(12.84-2)/10.35
C	18.8	31	0.54	=(18.8-2)/31
无风险利率	2			

25. **APT** 这个问题是对 APT 的举例说明。想象只有两个普遍的宏观经济因素。投资 X、Y 和 Z 对这两个因素的敏感性如下:

投资	b_1	b_2
X	1.75	0.25
Y	-1.00	2.00
Z	2.00	1.00

假设因素 1 的预期风险溢价为 4%,因素 2 的预期风险溢价为 8%。显然,国库券的风险溢价为零。

a. 根据 APT,这 3 只股票的风险溢价分别是多少?

b. 假如你买入股票 X 200 美元、买入 Y 50 美元和卖出 Z 150 美元。你的这个资产组合对每个因素的敏感性分别是多少?该资产组合的预期风险溢价是多少?

c. 假如你买入股票 X 80 美元、买入 Y 60 美元和卖出 Z 40 美元。你的这个资产组合对每个因素的敏感性分别是多少?该资产组合的预期风险溢价是多少?

d. 最后,假如你投资股票 X 160 美元、Y 20 美元和 Z 80 美元。你的这个资产组合对每个因素的敏感性分别是多少?该资产组合的预期风险溢价是多少?

e. 构造一个基金,只对因素 1 有敏感性,为 0.5,提出两种可能的方法。(提示:一个资产组合包括国库券投资。)比较这种投资各自的预期风险溢价。

f. 假如 APT 不成立,X 的风险溢价为 8%,Y 的风险溢价为 14%,Z 的风险溢价为 16%。设计一个投资,对每个因素的敏感性为零,但风险溢价为正。

参考答案:

令 r_X 为投资 X 的风险溢价,令 x_X 为组合中 X 的投资比例(对投资 Y 和 Z 投资也用相同符号)。

a. $r_X = 1.75 \times 0.04 + 0.25 \times 0.08 = 0.09 = 9.0\%$

$r_Y = (-1.00) \times 0.04 + 2.00 \times 0.08 = 0.12 = 12.0\%$

$r_Z = 2.00 \times 0.04 + 1.00 \times 0.08 = 0.16 = 16.0\%$

b. 资产组合中 X、Y 和 Z 的投资比例分别为:

$x_X = 200/(200 + 50 - 150) = 2.0$

$x_Y = 50/(200 + 50 - 150) = 0.5$

$x_Z = -150/(200 + 50 - 150) = -1.5$

资产组合对因素的敏感性为:

因素 1: $2.0 \times 1.75 + 0.5 \times (-1.00) + (-1.5) \times 2.00 = 0$

因素2：$2.0 \times 0.25 + 0.5 \times 2.00 + (-1.5) \times 1.00 = 0$

因为敏感性都为零，所以预期风险溢价为零。

c. 在这个资产组合中，X、Y 和 Z 的投资比例分别为：

$x_X = 80/(80 + 60 - 40) = 0.8$

$x_Y = 60/(80 + 60 - 40) = 0.6$

$x_Z = -40/(80 + 60 - 40) = -0.4$

该资产组合对风险因素的敏感性为：

因素1：$0.8 \times 1.75 + 0.60 \times (-1.00) + (-0.4) \times 2.00 = 0$

因素2：$0.8 \times 0.25 + 0.6 \times 2.00 + (-0.4) \times 1.00 = 1.0$

因此，该资产组合的预期风险溢价等于第2个因素的预期风险溢价，即8%。

d. 在这个资产组合中，X、Y 和 Z 的投资比例分别为：

$x_X = 160/(160 + 20 - 80) = 1.6$

$x_Y = 20/(160 + 20 - 80) = 0.2$

$x_Z = -80/(160 + 20 - 80) = -0.8$

该资产组合对各因素的敏感性为：

因素1：$1.6 \times 1.75 + 0.2 \times (-1.00) + (-0.8) \times 2.00 = 1.0$

因素2：$1.6 \times 0.25 + 0.2 \times 2.00 + (-0.8) \times 1.00 = 0$

这个资产组合的期望风险溢价等于第1个因素的预期风险溢价，即4%。

第 9 章 风险和资本成本

基础题

1. **公司资本成本** 假设一家公司使用公司资本成本评估所有项目，它将高估还是低估高风险项目的价值？

   参考答案：
   高风险项目的资本成本将高于公司整体的资本成本。因此，如果使用公司资本成本作为贴现率，高风险项目的价值就会被高估。

2. **WACC** 公司 40% 的融资来自无风险负债。无风险利率为 10%，预期市场风险溢价为 8%，公司普通股贝塔为 0.5。公司资本成本是多少？假设公司所得税税率为 35%，税后 WACC 是多少？

   参考答案：
   股权成本 $= 0.10 + 0.5 \times 0.08 = 0.14$
   公司的资本成本 $= 0.4 \times 0.10 + 0.6 \times 0.14 = 0.124 = 12.4\%$
   税后 $WACC = 0.4 \times 0.10 \times (1 - 0.35) + 0.6 \times 0.14 = 0.110 = 11.0\%$

3. **度量风险** 参考图 9-2 右上图。陶氏化学股票收益率的多大比例可以用市场变动来解释？多大比例的风险是可分散风险？可分散风险是如何反映在图上的？贝塔估计值可能的误差范围是多少？

   参考答案：
   R^2 衡量股票收益率方差中可以用市场波动来解释的部分。道琼斯指数的 R^2 显示，60% 的方差是由于市场波动造成的。剩下的 40% 的方差是可分散的。可分散风险表现为拟合线周围的散点。估计的贝塔的标准误差是 0.17。如果你认为真实的 β 在估计值的 $\pm 2 \times 0.17 = \pm 0.34$ 的范围内，那么你的估计有 95% 的可能性是对的。图中显示贝塔为 1.65。

4. **定义** 给出以下术语的定义：

a. 债务成本　　b. 股权成本　　c. 税后 WACC　　d. 股权贝塔
e. 资产贝塔　　f. 专业化可比公司　　g. 确定性等值

参考答案：

a. 债务的预期收益率。如果债务的违约风险很低，该收益率就非常接近其到期收益率。

b. 权益的预期收益率。

c. 税后债务成本和股本成本的加权平均，其中权重分别是公司债务和权益的市场价值与公司总价值的比。

d. 市场收益率每提高 1 个百分点时，股票收益率的变化。

e. 市场收益率每提高 1 个百分点时，公司所有证券（债务和股本）组成的资产组合的收益率的变化。

f. 专门从事某一业务的公司，类似于多元化程度高的公司的某一部门。

g. 发生在 t 时期的确定现金流，与发生在 t 时期的不确定现金流具有相同的现值（PV）。

5. **资产贝塔**　在 EZCUBE 公司的融资中，50% 为长期债券，50% 为普通股权。债券的贝塔为 0.15，公司股权贝塔为 1.25，公司的资产贝塔是多少？

参考答案：
资产 $\beta = 0.5 \times 0.15 + 0.5 \times 1.25 = 0.7$

6. **可分散风险**　很多投资项目都有可分散风险。"可分散"在这里的含义是什么？项目的估值应该如何考虑可分散风险？应该完全忽略可分散风险吗？

参考答案：
可分散风险是项目特有的风险，可分散风险对充分分散化的资产组合没有影响。如果风险是可分散的，它不会影响项目的资本成本。可分散风险反映在项目现金流中。

7. **修正因素**　约翰·巴雷康估计他公司的税后 WACC 只有 8%。但是，为了抵消项目发起人的乐观引起的偏差，以及为了"约束"资本预算过程，他将全公司的贴现率设定为 15%。假设巴雷康先生对项目发起人的判断是正确的，项目发起人实际上比平均水平乐观估计了 7%。贴现率从 8% 提高到 15% 并不能够抵消偏差，请解释为什么。

参考答案：
假设第 1 年的预期现金流应该是 100 美元，但该项目发起人预测为 100 美元 $\times 1.07 = 107.0$ 美元，按照 15% 贴现，与实际预期现金流 100 美元按照 8% 贴现的结果基本相同。因此，对于第 1 期的现金流，将贴现率上调是可以的，但对之后各期发生的现金流，不能这么做。例如，将第 2 年的现金流 107 美元按 15% 贴现，与第 2 年的现金流 100 美元按 8% 贴现，两者的结果就不相等。通过调整贴现率，该项目的 NPV 将被低估。

8. **资产贝塔**　在其他条件相同的情况下，下面哪个项目的资产贝塔可能更高一些？为什么？

a. A 项目的销售团队支付固定年薪。B 项目的销售团队只支付佣金。

b. C 项目是只有头等舱的航线。D 项目是提供早餐谷物的完善、成熟的航线。

参考答案：
a. 项目 A。固定成本较高的项目一般具有较高的经营杠杆，从而导致更高的贝塔。
b. 项目 C。只有头等舱航线的收入比完善、成熟的航线市场周期性更高。

9. **判断正误** 判断以下说法的正误：
   a. 公司资本成本对所有项目来说，都是正确的贴现率，因为有些项目的高风险可以被其他项目的低风险所抵消。
   b. 较迟发生的现金流比近期现金流风险高，因此，长期项目需要更高的风险调整贴现率。
   c. 与快速收益项目相比，在贴现率中加入修正因素低估长期项目。

   参考答案：
   a. 错误。只有新项目的风险水平与公司现有业务的风险水平相同时，将公司资本成本作为新项目的贴现率才是正确的。如果新项目风险更高，就应该使用更高的资本成本。如果新项目风险较小，就应该使用较低的资本成本。
   b. 错误。考虑较迟发生的现金流的风险时，必须考虑现金流的所有可能结果，并且按照发生的概率计算加权现金流。不应根据现金流的不确定性来调整贴现率。
   c. 正确。在贴现率中加入修正因素所起的作用随时间的推移会叠加起来，从而低估项目的价值。

10. **确定性等值** 项目预测现金流如下：第 1 年 110 美元，第 2 年 121 美元。无风险利率为 5%，估计市场风险溢价为 10%，项目贝塔为 0.5。如果采用固定风险调整贴现率：
    a. 项目的现值是多少？
    b. 第 1 年和第 2 年的确定性等值现金流是多少？
    c. 第 1 年和第 2 年的确定性等值现金流与预期现金流的比是多少？

    参考答案：
    a. 项目的机会成本：
    $r = r_f + \beta \times (r_m - r_f) = 0.05 + 0.5 \times 0.10 = 0.10$
    项目的现值：$PV = 110/(1+0.10) + 121/(1+0.10)^2 = 200.00$（美元）
    b. 第 1 年的确定性等值现金流：
    $CEQ_1/(1+0.05) = 110/(1+0.10)$
    $CEQ_1 = 105.00$（美元）
    第 2 年的确定性等值现金流：
    $CEQ_2/(1+0.05)^2 = 121/(1+0.10)^2$
    $CEQ_2 = 110.25$（美元）
    c. 第 1 年确定性等值现金流与预期现金流的比：$105/110 = 0.95$
    第 2 年确定性等值现金流与预期现金流的比：$110.25/121 = 0.91$

进阶题

11. **资本成本** 奥克弗诺基房地产公司的普通股总市值为 600 万美元，其负债总价值为 400 万美元。公司财务主管估计，目前股票贝塔为 1.5，预期市场风险溢价为 6%，国库券利率为 4%。假设为简化起见，奥克弗诺基的负债无风险，公司不需要纳税。

    a. 公司股票要求的收益率是多少？
    b. 估计公司资本成本。
    c. 公司当前业务拓展项目的贴现率是多少？
    d. 假设公司想进行多样化，生产玫瑰色眼镜，无负债光学制造商的贝塔为 1.2。估计奥克弗诺基新项目的要求收益率。

    参考答案：

    a. $r_{股权} = r_f + \beta(r_m - r_f) = 0.04 + 1.5 \times 0.06 = 0.13 = 13\%$
    b. 公司资本成本：
    $$r_{资产} = (D/V)r_{债务} + (E/V)r_{股权} = 4/(4+6) \times 0.04 + 6/(4+6) \times 0.13$$
    $$= 0.094$$
    $$= 9.40\%$$
    c. 资本成本取决于被评估项目的风险。如果项目的风险与公司其他资产的风险相似，那么相应的预期收益率就是公司的资本成本。因此，业务拓展项目合适的贴现率是 9.4%。
    d. 公司所在的是房地产行业，新项目是生产玫瑰色眼镜，因此应该采用光学制造项目的资本成本。无负债光学制造商的资本成本等于其股权成本，贝塔为 1.2，因此，股权成本：
    $r_{股权} = r_f + \beta(r_m - r_f) = 0.04 + 1.2 \times 0.06 = 0.112 = 11.2\%$
    因此，公司新项目所要求的收益率应该是 11.2%。

12. **资本成本** 尼禄小提琴公司的资本结构如下：

证券	贝塔	总市值（百万美元）
负债	0	100
优先股	0.20	40
普通股	1.20	299

    a. 公司资产贝塔是多少？（提示：所有公司证券组成的资产组合的贝塔是多少？）
    b. 假设 CAPM 正确。对扩大现有业务规模的投资项目而言，尼禄公司应该设定多高的贴现率而不会改变资产贝塔呢？假设无风险利率为 5%，市场风险溢价为 6%。

    参考答案：

    a. 公司的市场价值 $= 100 + 40 + 299 = 439$（百万美元）
    $\beta_{资产} = 100/439 \times 0 + 40/439 \times 0.20 + 299/439 \times 1.20 = 0.836$
    b. $r_{资产} = r_f + \beta_{资产}(r_m - r_f) = 0.05 + 0.836 \times 0.06 = 0.1001 = 10.01\%$

13. **度量风险** 下面是对两家知名加拿大公司股票风险的估计：

	标准差(%)	R^2	贝塔	贝塔的标准误差
多伦多道明银行	13	0.49	0.83	0.11
罗布劳(Loblaw)	21	0.01	0.21	0.25

a. 在每只股票的风险中，多大比例是市场风险？多大比例是特殊风险？
b. 多伦多道明银行股票的收益率方差是多少？特殊风险方差是多少？
c. 罗布劳股票贝塔的置信区间是什么？（见9.2.1节"置信区间"的定义）
d. 如果CAPM正确，多伦多道明银行股票的预期收益率是多少？假设无风险利率为5%，预期市场回报率为12%。
e. 假设明年市场收益率为零。知道这一点之后，你期望多伦多道明银行的股票收益率是多少？

参考答案：

a. 多伦多道明银行的 R^2 为0.49，这说明49%的风险来自市场的变动，即市场风险。因此，总风险的51%是独特风险。罗布劳(Loblaw)的 R^2 为0.01，说明1%的风险来自市场风险，99%的风险是独特风险。

b. 多伦多道明银行的方差为：$(0.13)^2 = 0.0169$
来自市场风险的方差 $= 0.49 \times 0.0169 = 0.0083$
来自可分散风险的方差 $= (1 - 0.49) \times 0.0169 = 0.0086$

c. 95%置信区间$_{罗布劳}$：$[\beta - 2 \times (\beta\text{的标准误差}), \beta + 2 \times (\beta\text{的标准误差})]$
$= [(0.21 - 2 \times 0.25), (0.21 + 2 \times 0.25)] = [-0.29, 0.71]$
罗布劳股票贝塔的95%的置信区间为：$[-0.29, 0.71]$

d. 多伦多道明银行的股票的预期收益率：
$r_{TD} = r_f + \beta_{TD} \times (r_m - r_f) = 0.05 + 0.83 \times (0.12 - 0.05) = 0.1081 = 10.81\%$

e. 假设明年市场收益率为零，期望多伦多道明银行的股票收益率为：
$r_{TD} = r_f + \beta_{TD} \times (r_m - r_f) = 0.05 + 0.83 \times (0 - 0.05) = 0.0085 = 0.85\%$

14. **公司资本成本** 已知金色羊毛金融公司的以下信息：

长期负债余额	300 000 美元
目前到期收益率($r_{负债}$)	8%
普通股数量	10 000 股
每股价格	50 美元
每股账面价值	25 美元
股票预期收益率($r_{股权}$)	15%

计算该公司的公司资本成本。不考虑税收。

参考答案：

公司负债的价值 $= 300\,000$（美元）
股权的市场价值 $= 10\,000 \times 50 = 500\,000$（美元）

公司总价值 = 300 000 + 500 000 = 800 000（美元）
公司的资本成本为：
$r_{资产}$ = 300 000/800 000 × 0.08 + 500 000/800 000 × 0.15 = 0.123 8 = 12.38%

15. **度量风险** 再看一下表9-1。这次关注诺福克南方铁路公司。
   a. 分别利用公司自己的贝塔估计值和行业贝塔估计值，根据CAPM计算诺福克南方铁路公司的股权成本。这两个结果有何不同？假设无风险利率为2%，市场风险溢价为7%。
   b. 诺福克南方铁路的真实贝塔不是行业平均值，对这一点你有信心吗？
   c. 在什么情况下，你可能会建议诺福克南方铁路公司根据自己的贝塔估计值，计算其股权成本？

   参考答案：
   a. 根据诺福克南方铁路公司的贝塔估计值计算股权成本：
   $r_{NS} = r_f + \beta_{NS} \times (r_m - r_f)$ = 0.02 + 1.16 × 0.07 = 0.101 2 = 10.12%
   根据行业贝塔估计值计算：
   $r_{IND} = r_f + \beta_{IND} \times (r_m - r_f)$ = 0.02 + 1.24 × 0.07 = 0.106 8 = 10.68%
   两个结果相差10.12% – 10.68% = –0.56%
   根据公司的贝塔估计值计算的资本成本，比根据行业贝塔估计值计算的资本成本低了0.56%。
   b. 不，我们不能认为诺福克公司的真实贝塔值不是行业平均水平。行业贝塔估计值和公司贝塔估计值之间的差异为0.08（= 1.24 – 1.16），小于标准误差（0.16），因此我们有99%的把握认为不能拒绝假设$\beta_{IND} = \beta_{NS}$。
   c. 诺福克公司的贝塔与行业的贝塔不同，有很多原因。例如，诺福克南部的业务可能没有行业中典型的公司那样具有周期性。或者诺福克的固定成本较低，其经营杠杆较低。还有可能诺福克的负债可能比行业中典型公司的少，它的财务杠杆更低。

16. **资产贝塔** 什么类型的公司需要估计行业资产贝塔？如何估计？描述具体步骤。
    参考答案：
    资产组合管理公司的金融分析师或投资者可能会使用行业贝塔。计算行业贝塔时，构建一系列的行业资产组合，并评估该资产组合的收益率与市场收益率的关系。

17. **WACC** Binomial林场的资金来源包括500万美元的银行贷款，年报中报告的普通股为667万美元，目前发行有500 000股，在威奇托股票交易所的价格为每股18美元。计算公司WACC或资产贝塔时，Binomial林场应该使用多高的负债率？
    参考答案：
    负债率 = 负债的市场价值/负债和权益的市场价值之和
    = 5 000 000/[5 000 000 + (500 000 × 18)] = 0.357 1 = 35.71%

18. **贝塔和经营杠杆** 你经营一台 encabulator 永动机，每年平均产生 2 000 万美元的收入。原料成本占收入的 50%，是可变成本，总是与收入成正比。没有其他经营成本。资本成本为 9%，公司长期借款利率为 6%。

现在，史蒂贝克资本公司找到你，提出愿意连续 10 年、以每年 1 000 万美元的固定价格供应原材料。

a. 如果你签了这个固定价格合同，对公司的经营杠杆和商业风险有何影响？

b. 分别计算在有这个固定价格合同和没有这个合同时 encabulator 机器的现值。

参考答案：

a. 如果你签了固定价格合同，不随销售量变动的固定成本增加，经营杠杆增加，资产贝塔（$\beta_{资产}$）增加，公司的商业风险增加。

b. 在固定价格合同下：

$PV(资产) = PV(收入) - PV(10 年内的固定成本) - PV(10 年之后的变动成本)$

$= 2\,000/0.09 - 1\,000 \times \{1/0.06 - 1/[0.06 \times (1 + 0.06)^{10}]\}$

$\quad - (0.50 \times 2\,000/0.09)/(1 + 0.09)^{10}$

$= 10\,168.681\,8(万美元)$

如果没有固定价格合同：

$PV(资产) = PV(收入) - PV(可变成本)$

$= 2\,000/0.09 - (0.50 \times 2\,000)/0.09 = 11\,111.111\,1(万美元)$

在固定价格合同下，原材料成本锁定，不随销售量变动，所以固定成本的贴现率采用长期借款利率，经营风险增加，所以价值下降。

19. **政治风险** "妈妈和爸爸"杂货公司刚刚向中南极洲共和国政府发运了够用 1 年的杂货商品。250 000 美元货款 1 年后才支付，要等雪地火车到达之后。不幸的是，这期间很可能会发生政变，如果这样，新政府是不会支付货款的。因此，"妈妈和爸爸"杂货公司的财务主管决定对这笔资金以 40% 的贴现率贴现，而不是以公司资本成本的 12% 贴现。

a. 用 40% 的贴现率来抵消政治风险，有什么问题？

b. 如果发生政变的可能性是 25% 的话，250 000 美元货款的实际价值为多少？

参考答案：

a. 政变的威胁意味着预期现金流达不到 25 万美元。如果政变会增加市场风险，就可以提高贴现率；如果政变不影响市场风险，就可以修正预期现金流。

b. 发生政变的可能性是 25%，如果发生政变，货款全部损失，那么对未来现金流的无偏预测是：

预期现金流 $= 0.25 \times 0 + 0.75 \times 250\,000 = 187\,500(美元)$

假设现金流和公司其他业务的风险一样，则货款的价值：

$PV = 187\,500/(1 + 0.12) = 167\,410.71(美元)$

20. **修正因素** 一家石油公司正在一块产油的油田周边地区钻探一系列新油井，大约 20% 的新井是干井。即使新井钻探到石油，其产量也并不确定：钻探出石油的新井中有40%日产量只有1 000桶,60%为5 000桶。

a. 假设未来油价为100美元/桶,预测一口周边新井的年现金收入。
b. 地质学家建议,为抵消枯井的风险,对新井的现金流用30%贴现。石油公司的正常资本成本为10%。这一建议合理吗?简要说明理由。

参考答案:

a. 日产量 $= 0.2 \times 0 + 0.8 \times (0.4 \times 1\,000 + 0.6 \times 5\,000) = 2\,720$(桶)
   年现金收入 $= 2\,720 \times 365 \times 100 = 99\,280\,000$(美元)
b. 出现干井是可分散风险,不影响贴现率,但影响现金流的预测,如问题 a 所示。项目的适当贴现率是石油公司的正常资本成本。

21. **确定性等值** 项目预测现金流如下:

现金流(千美元)			
C_0	C_1	C_2	C_3
−100	+40	+60	+50

估计项目的贝塔为1.5,市场收益率 r_m 为16%,无风险利率 r_f 为7%。
a. 估计资本机会成本和项目的现值(对所有现金流采用同样的贴现率)。
b. 每年的确定性等值现金流是多少?
c. 每年的确定性等值现金流与预期现金流的比率是多少?
d. 解释这些比率为什么会逐渐下降。

参考答案:

a. 根据CAPM,项目的机会成本
   $r = 0.07 + 1.5 \times (0.16 - 0.07) = 0.205\,0 = 20.50\%$
   项目的现值:
   $PV = -100 + 40/(1+0.205) + 60/(1+0.205)^2 + 50/(1+0.205)^3 = 3.09$(美元)
b. $CEQ_1 = 40 \times [(1+0.07)/(1+0.205)]^1 = 35.52$
   $CEQ_2 = 60 \times [(1+0.07)/(1+0.205)]^2 = 47.31$
   $CEQ_3 = 50 \times [(1+0.07)/(1+0.205)]^3 = 35.01$
c. $a_1 = 35.52/40 = 0.888\,0$
   $a_2 = 47.31/60 = 0.788\,5$
   $a_3 = 35.01/50 = 0.700\,1$
d. 使用固定的风险调整贴现率等同于假设确定性等值现金流与预期现金流的比率(a_t)以一个恒定的复合速率下降。

22. **变化的风险** 麦格雷戈威士忌公司正打算向市场推出佐餐苏格兰威士忌。该产品首先要在南加利福尼亚州进行两年的市场测试,初始投资500 000美元。测试不产生任何利润,而是发现消费者的偏好。有60%的机会需求令人满意,在这种情况下,麦格雷戈公司将花费500万美元在全国范围内推广这种苏格兰威士忌,并且将永久性地每年获得700 000美元的利润。如果需求并不令人满意,该产品将退出市场。

一旦了解了消费者偏好，该产品就承担平均风险，因此，麦格雷戈公司对该投资要求 12% 的收益率。但初始市场测试阶段的风险要高得多，因此公司对初始投资要求 20% 的收益率。

那么这个佐餐苏格兰威士忌项目的净现值为多少？

参考答案：

$t=2$ 时，项目的 NPV 有两个可能的值：

$NPV_{2投放市场} = -5\,000\,000 + 700\,000/0.12 = 833\,333$（美元）

$NPV_{2退出市场} = 0$

因此，$t=0$ 时：

$NPV_0 = -500\,000 + (0.60 \times 833\,333 + 0.40 \times 0)/(1+0.20)^2 = -152\,778$（美元）

挑战题

23. **成本贝塔** 假设你正在评估一系列未来高风险（高贝塔系数）现金流出的价值。高风险意味着高贴现率。而贴现率越高，现值就越低。这似乎在说，现金流出的风险越高，你就越不要担心！这样的推理正确吗？现金流的符号会影响适合的贴现率吗？请解释。

    参考答案：
    对于一个高贝塔项目，你应该以高利率来贴现所有的现金流，这是正确的。因此，现金流出的风险越高，你就越不应该担心它们，因为贴现率越高，这些现金流的现值就越接近于零。这个结果是有道理的。因此，最好是在市场繁荣时支付高现金流，市场低迷时支付低现金流（高贝塔），而不是相反。

    投资的贝塔与现金流的符号无关。对于支付现金流的人来说是高贝塔的投资，那么对于收现金流的人来说，它的贝塔值也必定高。如果现金流的符号影响了贴现率，那么每项资产对买方和卖方具有不同的价值，这显然是不可能的。

24. **修正因素** 一家石油公司的高管，正在考虑投资 1 000 万美元，投资两口油井中的一口，或者全部两口都投资：1 号油井预期每年产油 300 万美元，连续 10 年；2 号油井预期每年产石油 200 万美元，连续 15 年。这些都是实际现金流（通胀调整后）。

    产油井的贝塔系数为 0.9，市场风险溢价为 8%，名义无风险利率为 6%，预期通胀率为 4%。

    两口油井都是开发过去发现的油田。不幸的是，两口井都有 20% 的可能性是干井。干井意味着现金流为零，完全损失 1 000 万美元的投资。

    不考虑税收，如有必要可做进一步的假设。
    a. 对已开发油井的现金流进行贴现，正确的实际贴现率是多少？
    b. 石油公司高管建议，在实际贴现率中增加 20 个百分点，以抵消干井风险。用风险调整贴现率计算每口油井的净现值。
    c. 你认为这两口油井的净现值是多少？

d. 为得到两口油井正确的净现值,是否能在已开发油井的贴现率中增加一个修正因素呢?请解释。

参考答案:

a. 由于干井的风险不太可能与市场有关,所以我们可以使用与生产井相同的贴现率。

$r_{名义} = 0.06 + 0.9 \times 0.08 = 0.1320 = 13.20\%$

$r_{实际} = (1 + 0.1320)/(1 + 0.04) - 1 = 0.0885 = 8.85\%$

b. 根据石油公司高管的建议

贴现率 $= 0.0885 + 0.20 = 0.2885$

用这个贴现率来计算两口油井的净现值:

$NPV_1 = -10 + 3 \times [1/0.2885 - 1/(0.2885 \times (1 + 0.2885)^{10})] = -42.5736(万美元)$

$NPV_2 = -10 + 2 \times [1/0.2885 - 1/(0.2885 \times (1 + 0.2885)^{15})] = -322.2336(万美元)$

c. 1号井的预期收入:$0.2 \times 0 + 0.8 \times 3 = 240(万美元)$

2号井的预期收入:$0.2 \times 0 + 0.8 \times 2 = 160(万美元)$

用8.85%作为贴现率:

$NPV_1 = -10 + 2.4 \times [1/0.0885 - 1/(0.0885 \times (1 + 0.0885)^{10})] = 550.4596(万美元)$

$NPV_2 = -10 + 1.6 \times [1/0.0885 - 1/(0.0885 \times (1 + 0.0885)^{15})] = 301.2104(万美元)$

d. 对于1号井,当然可以找到一个贴现率(也称"修正因素"),在该贴现率下,每年的现金流为300万美元,一共持续10年的项目的净现值为5 504 600美元。同样地,对于2号井,人们也可以找到适当的贴现率。然而,这两个"修正因素"一定是不同的。特别是2号井的修正因素会更小,因为它的现金流持续的时间更长。在有更多远期现金流的情况下,贴现率增加一点,都会对现值产生较大的影响。

第三部分

资本预算的最佳实践

第 10 章　项目分析

第 11 章　投资、战略和经济租金

第 12 章　代理问题、薪酬和业绩评估

第 10 章　项 目 分 析

基础题

1. **资本预算过程**　判断正误：
   a. 资本预算的批准使经理可以进行任何包括在预算中的项目。
   b. 资本预算和项目审批几乎可以说是"自下而上"发起的。战略规划则是"自上而下"的过程。
   c. 项目发起人很可能会过度乐观。

   参考答案：
   a. 错误。对具体项目来说，资本预算不是最终批准。大部分公司要求单个项目提供有更多详细分析的拨款申请书。
   b. 正确。战略规划需要考虑备选方案。
   c. 正确。现金流预测经常被高估。

2. **资本预算过程**　下面的每个行动或者问题如何扭曲或者干扰资本预算过程？请解释。
   a. 项目发起人的过度自信。
   b. 行业变量和宏观经济变量预测的不一致。
   c. 资本预算只是自下而上的组织过程。

   参考答案：
   a. 过度自信通常会高估现金流预测。
   b. 由于项目现金流预测是基于一定的假设，预测的不一致不仅造成接受或拒绝的决策错误，也会造成排序错误。
   c. 纯粹自下而上的过程可能没有考虑战略备选方案。

3. **术语**　定义和简单解释一下术语：
   a. 敏感性分析　　b. 情景分析　　c. 盈亏平衡分析　　d. 蒙特卡罗模拟
   e. 决策树　　　　f. 实物期权　　g. 放弃期权　　　　h. 扩张期权

参考答案：
a. 敏感性分析：分析单个输入变量的变动对项目的 NPV 的影响。
b. 情景分析：分析多个输入变量同时发生变化对 NPV 的影响。
c. 盈亏平衡分析：分析会计利润为零或净现值为零时，项目必须达到的销售量。
d. 蒙特卡罗模拟：分析所有可能情况产生的可能结果和权重。
e. 决策树：用图形展示未来的可能事件和相应决策。
f. 实物期权：未来修正项目的选择权。
g. 放弃期权：选择提前退出项目，这会创造额外的价值。
h. 扩张期权：选择增加投资或扩大产出，这会创造额外的价值。

4. **项目分析**　判断正误：
   a. 资产贝塔等于零的项目，没有必要进行敏感性分析；
   b. 敏感性分析可以用来识别项目成功最关键的变量；
   c. 如果只有一个变量不确定，敏感性分析给出项目现金流和 NPV 的"乐观"和"悲观"时的价值；
   d. NPV 意义下的盈亏平衡时的销售水平，比会计利润意义下的盈亏平衡时的销售水平高；
   e. 成本中固定成本比例高时，风险减少；
   f. 蒙特卡罗模拟可以帮助预测现金流。

   参考答案：
   a. 错误。敏感性分析可以说明哪些来源的额外信息最有用。
   b. 正确。单位变动引起 NPV 变化最大的变量，就是项目成功最关键的变量。
   c. 正确。只有一个不确定变量时，敏感性分析就变成情景分析。
   d. 正确。NPV 考虑了资本的机会成本而会计利润没有。
   e. 错误。固定成本越高，经营杠杆越高，风险越大。
   f. 正确。蒙特卡罗模拟估计所有创造现金流的变量，来预测现金流。

5. **蒙特卡罗模拟**　假设公司经理已经估计了项目现金流，计算了 NPV，进行了与图 10-2 类似的敏感性分析。列出进行蒙特卡罗模拟，模拟项目现金流所需要的其他步骤。

   参考答案：
   其他步骤包括：
   a. 描述标的变量对项目现金流的影响；
   b. 说明现金流预测误差的概率分布；
   c. 根据概率分布模拟现金流。

6. **实物期权**　判断正误：
   a. 决策树可以帮助确定和描述实物期权；
   b. 扩张的选择权增加现值；
   c. 高放弃价值减少现值；
   d. 如果项目具有正的 NPV，公司总是应该立刻进行投资。

参考答案：
a. 正确。决策树可以包含扩展或放弃项目的实物期权。
b. 正确。对成功业务进行扩张的能力增加项目的现值。
c. 错误。就像扩张期权有价值一样，放弃期权也会提高项目的价值。
d. 错误。何时投资对公司现在的价值贡献最大，就选择何时实施项目。

7. **有偏预测** 设置更高的贴现率并不是解决现金流预测偏高的办法，请解释为什么。

   参考答案：
   在公司门槛利率下 NPV 为正的项目的比例，与公司设定的门槛利率无关（不管公司设定多高的门槛利率，可接受项目的比例几乎是不变的）。设置更高的贴现率并不能阻止经理预测现金流时更乐观，最好的解决办法是仔细分析现金流预测，考察支持现金流预测的证据是否充分。

进阶题

8. **资本预算过程** 假设现代语言公司解构部的一位工厂经理提出购买新的混淆器生产设备的想法。画出大纲或流程图，跟踪整个资本预算过程，从新投资项目想法开始，到项目投资完成、开始生产。

   大纲或流程图应该考虑这些问题：谁将准备最初的项目申请书？申请书将包含什么信息？谁来评价这份申请书？需要批准吗？谁来批准？如果设备购买和安装的费用比预期高出 40%，会怎样呢？设备最后用完了将怎样？

   参考答案：
   我们假设购买新混淆器生产设备的建议是解构部的一位工厂经理提出的（请注意，除了类似这样的自下而上的提议，也可以由部门经理和高级经理自上而下发起提议）。资本预算过程的其他步骤如下：
   （1）很多大公司首先预测经济变量，如通货膨胀、GDP 增长率等，也对行业特别感兴趣的变量进行预测，如原材料的价格和行业销售预测等。
   （2）工厂经理常常向部门经理咨询后，以拨款申请书的形式准备项目申请书。拨款申请书通常包括对必要开支的说明、详细的预测、贴现现金流分析以及其他支持性细节（如敏感性分析）。
   （3）根据投资规模的不同，拨款申请书由部门经理、高级经理审核批准，大额投资还需要董事会批准。
   （4）预测费用作为年度资本预算的一部分，由高管和董事会批准。
   （5）重大的成本超支通常需要提交补充拨款申请书，要解释没有预测到额外费用的原因。
   （6）设备最终建成投产时，大多数公司都会进行项目稽查来发现问题和评价预测精度。项目稽查的主要目的是在未来改进流程。

9. **有偏预测** 重新考察 5.3 节中的项目 F 和 G 的现金流。假设资本成本为 10%。假设这类项目的预测现金流一般比平均水平高估 8%，即每个项目的预测现金流都应该减少

8%。但是财务经理有点儿懒,不愿意花时间跟项目发起人争论现金流高估的问题,于是指导项目发起人采用18%的贴现率。

a. 项目真实的 NPV 是多少?
b. 在18%的贴现率下,项目的 NPV 是多少?
c. 在什么情况下,18%的贴现率会给出正确的 NPV?(提示:对更远期的现金流来说,向上的偏差更严重吗?)

参考答案:

a. 应该将项目的预测现金流减少8%,来计算项目真实的 NPV:

$NPV_F = -9\,000 + 6\,000 \times (1-0.08)/(1+0.10) + 5\,000 \times (1-0.08)/(1+0.10)^2$
$\qquad + 4\,000 \times (1-0.08)/(1+0.10)^3$
$\qquad = 2\,584.67$

$NPV_G = -9\,000 + 1\,800 \times (1-0.08)/0.10 = 7\,560.00$

b. 如果不调整预测现金流而将贴现率调整为18%,项目的 NPV:

$NPV_F = -9\,000 + 6\,000/(1+0.18) + 5\,000/(1+0.18)^2 + 4\,000/(1+0.18)^3 = 2\,110.19$

$NPV_G = -9\,000 + 1\,800/0.18 = 1\,000.00$

c. 对只在第1年得到所有(或大多数)现金流入的项目来说,18%的贴现率会给出近似正确的 NPV。1年后收到的1美元,以18%的利率贴现,其现值是0.847 5美元。1年后收到的 $1 \times (1-0.08)$ 美元,以10%的利率贴现,其现值是0.836 4美元。正确答案被高估了约1.3%。

但是,对5年或10年后的现金流,以18%的利率贴现,结果比正确值低了约23%或46%。错误程度提高,是因为错误叠加在一起,现值计算的分母大大提高,现值被严重低估。

10. **情境分析** 在以下情境下,小型电动摩托车项目的 NPV 是多少:

市场规模	110 万辆	单位可变成本	360 000 日元
市场份额	0.1	固定成本	20 亿日元
单位价格	400 000 日元		

参考答案:

(单位:10 亿日元)

项目	第0年	第1~10年
1. 投资	15	
2. 销售收入		$110 \times 0.1 \times 4 = 44.00$
3. 可变成本		$110 \times 0.1 \times 3.6 = 39.60$
4. 固定成本		2.00
5. 折旧		$15/10 = 1.50$
6. 税前利润(2-3-4-5)		0.90
7. 所得税(6×50%)		0.45
8. 净利润(6-7)		0.45
9. 经营现金流(8+5)		1.95
10. 净现金流(9-1)	-15	1.95

$$NPV = -15 + 1.95 \times \{1/0.10 - 1[0.10 \times (1 + 0.10)^{10}]\} = -3.018$$

即 -30.18 亿日元。

11. **敏感性分析** Otobai 公司的雇员（见 10.2 节）对小型电动摩托车项目的预测进行了修改：

	悲观	预期	乐观
市场规模	80 万辆	100 万辆	120 万辆
市场份额	0.04	0.1	0.16
单位价格	300 000 日元	375 000 日元	400 000 日元
单位可变成本	350 000 日元	300 000 日元	275 000 日元
固定成本	50 亿日元	30 亿日元	10 亿日元

利用电子表格进行敏感性分析。项目的主要不确定性有哪些？

参考答案：

敏感性分析结果如下：

（单位：10 亿日元）

项目	NPV		
	悲观	预期	乐观
市场规模	-1.17	3.43	8.04
市场份额	-10.39	3.43	17.26
单位价格	-19.61	3.43	11.11
单位可变成本	-11.93	3.43	11.11
固定成本	-2.71	3.43	9.58

以市场规模悲观时为例，这时其他因素保持为预期状况，项目的 NPV 计算过程如下：

（单位：10 亿日元）

	第 0 年	第 1~10 年
1. 投资	15	
2. 销售收入		$80 \times 0.1 \times 3.75 = 30.00$
3. 可变成本		$80 \times 0.1 \times 3.0 = 24.00$
4. 固定成本		3.00
5. 折旧		$15/10 = 1.50$
6. 税前利润(2-3-4-5)		1.50
7. 所得税(6×50%)		0.75
8. 净利润(6-7)		0.75
9. 经营现金流(8+5)		2.25
10. 净现金流(9-1)	-15	2.25

$$NPV = -15 + 2.25 \times \{1/0.10 - 1/[0.10 \times (1 + 0.10)^{10}]\} = -1.17$$

即 -11.7 亿日元。

项目的主要不确定因素是市场份额、单位价格和单位可变成本。

12. **盈亏平衡分析和经营杠杆** Otobai 正在考虑小型电动摩托车的另一种生产方法（见 10.2 节）。这需要额外增加投资 150 亿日元，但是单位可变成本可以减少 40 000 日元。其他假设同表 10-1。

a. 这一替代方案的 *NPV* 是多少？
b. 仿照图 10-2，画出这一方案的盈亏平衡图。
c. 如何解释盈亏平衡图？
d. 假设 Otobai 公司的管理者想知道，表 10-1 所示的小型电动摩托车项目达到盈亏平衡时，单位可变成本是多少。计算项目利润为零时的单位可变成本，以及 *NPV* 为零时的单位可变成本。假设初始投资额为 150 亿日元。
e. 计算基于替代方案的 *DOL*。

参考答案：

a.
（单位：10 亿日元）

	第 0 年	第 1 ~ 10 年
1. 投资	30	
2. 销售收入		100 × 0.1 × 3.75 = 37.50
3. 可变成本		100 × 0.1 × 2.6 = 26.00
4. 固定成本		3.00
5. 折旧		30/10 = 3.00
6. 税前利润 (2 − 3 − 4 − 5)		5.50
7. 所得税 (6 × 50%)		2.75
8. 净利润 (6 − 7)		2.75
9. 经营现金流 (8 + 5)		5.75
10. 净现金流 (9 − 1)	−15	5.75

$NPV = -30 + 5.75 \times \{1/0.10 - 1/[0.10 \times (1+0.10)^{10}]\} = 5.331$

即 53.31 亿日元。

b. 令 Q 代表盈亏平衡时的销量，则盈亏平衡点通过下式计算得到：

$NPV = -$投资额 $+ \{[Q \times ($价格 $-$ 可变成本$) -$ 固定成本 $-$ 折旧$] \times (1 -$ 所得税税率$) +$ 折旧$\} \times PVIFA_{10\%,10} = 0$

$PVIFA_{10\%,10}$ 为 10 年年金现值因子：

$PVIFA_{10\%,10} = 1/0.10 - 1/[0.10 \times (1+0.10)^{10}]$

解方程，得到 $Q = 84\,911$ 辆。

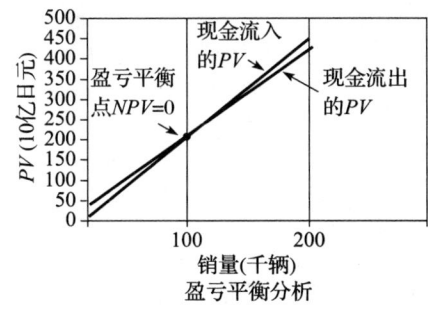

盈亏平衡分析

c. NPV 为零时对应的销售量，就是盈亏平衡的销售量。实际销售量高于盈亏平衡点，项目的 NPV 大于零。

d. 为了找到项目在净利润为零时的成本水平，列出净利润的方程，令净利润为零，解出可变成本：

净利润 = [（市场规模×市场占有率）×（单价 − 可变成本）− 固定成本 − 折旧] × (1 − 所得税税率) = 0

$[100 \times 0.1 \times (3.75 - VC) - 3 - 1.5] \times (1 - 0.5) = 0$

$VC = 3.3$

即净利润为零时的单位可变成本是 33 000 日元。

初始投资的年度等价成本为：

$15/PVIFA_{10\%, 10} = 2.4412$

经营现金流等于等价年度成本时，达到 NPV 意义上的盈亏平衡：

$2.4412 = [110 \times 0.1 \times (3.75 - VC) - 3 - 1.5] \times (1 - 0.5) + 1.5$

$VC = 3.112$

即可变成本 VC = 31 112 日元时，项目的 NPV = 0。

e. DOL = 1 + (固定成本/税前利润)，固定成本包括固定生产成本（30 亿日元）和折旧（30 亿日元）。税前利润为 55 亿日元，因此：

$DOL = 1 + (30 + 30)/55 = 2.09$

13. **盈亏平衡分析** 盈亏平衡计算最经常关注的是销售量不足的影响，但可以同样关注现金流的其他组成部分。狗狗时光公司正在考虑一个生产和市场推广一种鱼子酱味狗粮的投资项目。该项目初始投资需要 90 000 美元，可以进行 10 年直线折旧。第 1～10 年，预计每年产生销售收入 100 000 美元，可变成本是销售收入的 50%，固定成本为 30 000 美元。公司税率为 30%，资本成本为 10%。

a. 分别计算项目在 NPV 盈亏平衡和会计盈亏平衡下的固定成本。

b. 假设你担心项目实施后公司税率立刻增加，计算盈亏平衡下的税率。

c. 税率的提高对会计盈亏平衡点有何影响？

参考答案：

a. 计算项目的 NPV：

年份	第 0 年	第 1～10 年	年份	第 0 年	第 1～10 年
初始投资额	90 000		所得税		3 300
收入		100 000	净利润		7 700
可变成本		50 000	经营现金流		16 700
固定成本		30 000	项目现金流	−90 000	16 700
折旧		9 000	NPV	12 614.27	
税前收入		11 000			

使项目 NPV = 0 的经营现金流为：

$-90 000 + C \times \{1/0.1 - 1/[0.1 \times (1 + 0.1)^{10}]\} = 0$

$C = 14\ 647$(美元)

假设 $NPV = 0$，即 NPV 盈亏平衡的固定成本为 FC_1，则

$(100\ 000 - 100\ 000 \times 50\% - FC_1 - 9\ 000) \times (1 - 30\%) + 9\ 000 = 14\ 647$(美元)

(经营现金流 = 净利润 + 折旧)

解得 $FC_1 = 32\ 933$

假设会计盈亏平衡的固定成本为 FC_2，则

$(100\ 000 - 100\ 000 \times 50\% - FC_2 - 9\ 000) \times (1 - 30\%) = 0$

(净利润 = 0)

解得 $FC_2 = 41\ 000$(美元)

b. 假设 NPV 盈亏平衡（即 $NPV = 0$）的税率为 T_C，则

$(100\ 000 - 100\ 000 \times 50\% - 30\ 000 - 9\ 000) \times (1 - T_C) + 9\ 000 = 14\ 647$

$T_C = 48.66\%$

c. 税率提高对会计盈亏平衡点没有影响。不管税率是多少，净利润都等于零。

14. **敏感性分析** Rustic Welt 公司正在考虑用更现代的设备取代老式贴边机。新设备成本 900 万美元(已有老设备无残值)。新机器的好处是预期会使单位生产成本从 8 美元降为 4 美元。但是，如下表所示，在未来的销售量、新机器的性能方面存在某些不确定性：

	悲观	预期	乐观
销售量(百万条)	0.4	0.5	0.7
新机器生产成本(美元/条)	6	4	3
新机器经济寿命(年)	7	10	13

假设贴现率为 12%，公司不需要纳税。对设备更换决策进行敏感性分析。

参考答案：

如果 Rustic 现在就进行设备更替，那么会发生 900 万美元资本投资的年度等价成本，同时生产成本会降低。

在所有变量都是预期值的情况下：

新机器的经济寿命预期是 10 年，所以新机器的等价年度成本为：

$EAC = 900 / \{1/0.12 - 1/[0.12 \times (1 + 0.12)^{10}]\} = 159.285\ 7$(万美元)

生产成本下降 = $50 \times (8 - 4) = 200$(万美元)

年度成本节约 = $200 - 159.285\ 7 = 40.714\ 3$(万美元)

重复以上过程，我们可以得到如下敏感性分析结果：

	节约的等价年度成本(万美元)		
	悲观	预期	乐观
销售量	0.71	40.71	120.71
新机器生产成本	-59.29	40.71	90.71
新机器经济寿命	2.79	40.71	59.89

15. **敏感性分析** 利用电子表格对第 6 章中的鸟肥项目进行敏感性分析。进行任何你认为合理的假设。关键变量有哪些？公司对你的分析结果会有什么反应？

    参考答案：

    无标准答案。除其他变量外，学生应该关注销量预测中的关键变量：营运资本需求、残值、折旧计划和资本成本。

16. **经营杠杆** 假设 Otobai 公司的项目的预期可变成本是每年 330 亿日元，固定成本为零。这一变化对经营杠杆有何影响？假设全部 330 亿日元都是固定成本，重新计算经营杠杆。

    参考答案：

    经营杠杆 $DOL = 1 + （固定成本 + 折旧）/经营利润$

    经营利润不发生变化，只是成本结构发生变化：

    330 亿日元都是可变成本时：$DOL = 1 + (1 + 1.5)/3.0 = 1.5$

    330 亿日元都是固定成本时：$DOL = 1 + (33 + 1.5)/3.0 = 12.5$

17. **经营杠杆** 销售量增加 1% 时，扣除折旧后的税前利润的百分比增加值，一般用来度量经营杠杆。

    a. 假设销售量为 100 000 辆，计算小型电动摩托车项目的经营杠杆。
    b. 说明这个数值等于 1 + 包括折旧在内的固定成本/税前利润。
    c. 如果销售量为 200 000 辆，经营杠杆变高还是变低？

    参考答案：

    a. $经营杠杆 = \dfrac{经营利润变动的百分比}{销量变动 1\%}$

    销量增加 1%，从 100 000 单位增加到 101 000 单位，销售额从 375 亿日元增长到 378.75 亿日元，税前利润由 30 亿日元增长到 30.75 亿日元。

    $经营杠杆 = \dfrac{0.075/3}{0.375/37.5} = 2.5$

    b. $经营杠杆 = 1 + \dfrac{固定成本 + 折旧}{经营利润} = 1 + \dfrac{3.0 + 1.5}{3.0} = 2.5$

    c. $经营杠杆 = \dfrac{经营利润变动的百分比}{销量变动 1\%}$

    销售量增长 1%，从 200 000 辆增长到 202 000 辆，销售额从 750 亿日元增长到 757.5 亿日元，税前利润从 105 亿美元增长到 106.5 亿日元。

    $经营杠杆 = \dfrac{(10.65 - 10.5)/10.5}{(75.75 - 75)/75} = 1.43$

18. **决策树** 再次考察 9.4 节中的威格创公司的电动拖把项目。假设试验失败，威格创公司继续进行该项目，100 万美元的投资每年只产生 75 000 美元。用决策树来分析威格创公司遇到的问题。

参考答案：

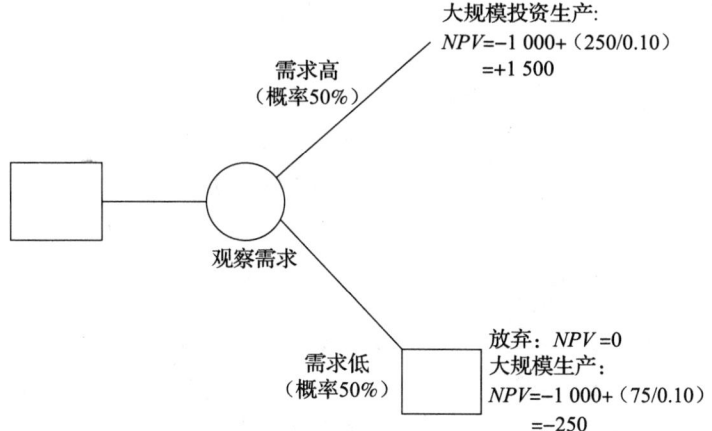

19. **决策树** 你对某丰产油田产油量的中位数预测为 1 000 万桶，实际上有 50% 的可能性为 1 500 万桶，50% 的可能性有 500 万桶。如果实际产油量为 1 500 万桶，钻探现金流的现值为 800 万美元，如果产油量只有 500 万桶，现值就只有 200 万美元。钻井的成本为 300 万美元。假设地震测试需要花费 10 万美元，可以验证地下储油量。值得花钱进行这个测试吗？利用决策树来说明你的答案是正确的。

参考答案：

不做地震测试：项目的净现值 $= 50\% \times (800 - 300) + 50\% \times (200 - 300) = 200$（万美元）

做地震测试，如果发现产油量低就放弃钻井：

项目的净现值 $= 50\% \times (800 - 300) + 50\% \times 0 - 10 = 240$（万美元）

做地震测试的价值：$240 - 200 = 40$（万美元）

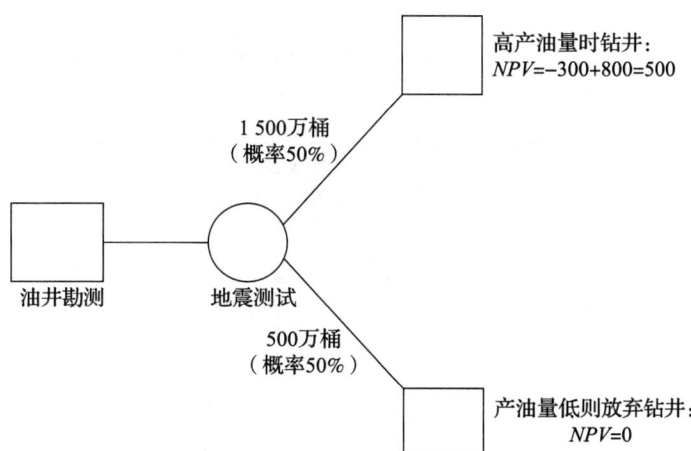

20. **蒙特卡罗模拟** 利用 Excel 模拟 Otobai 项目的现金流，考察哪些变量是项目的主要不确定性因素。假设更多其他的分析可以有效去除一个变量的不确定性因素。这种分析方法用在哪个变量上最有用,提出你的建议。

参考答案:
利用 Excel,答案不同。

21. **实物期权** 描述以下每种情况中的实物期权:
    a. 德意志莫塔尔公司推迟了一项重大工厂扩建项目。根据贴现现金流分析,项目的 NPV 为正,但高管想在行动之前对产品需求有更多的了解。
    b. 西部电信公司承诺生产专门为欧洲市场设计的数字转换开关。项目 NPV 为负,但是从战略角度来看,项目是合理的,因为在快速增长并且潜在盈利性很高的市场中,需要占据有利地位。
    c. 西部电信否决了一条生产新型数字开关的完全一体的自动化生产线,而依靠便宜一些的标准设备。根据贴现现金流分析,自动化生产线总体上效率更高。
    d. 富士山航空公司买了一架大型喷气式飞机,该飞机带有特殊装置,可以快速从运输机改装成客机,或者反之。

    参考答案:
    a. 时间选择期权　　b. 扩张期权　　c. 放弃期权　　d. 生产期权

22. **决策树** 再次考虑图 10-7 中的决策树,将可能的结果扩展如下:
    - 畅销:$PV = 1\,500$ 百万美元,5% 的概率
    - 高于平均:$PV = 700$ 百万美元,20% 的概率
    - 平均:$PV = 300$ 百万美元,40% 的概率
    - 低于平均:$PV = 100$ 百万美元,25% 的概率
    - 不受欢迎:$PV = 40$ 百万美元,10% 的概率

    重新画出决策树。第 2 阶段试验的 1 800 万美元投资 NPV 仍为正吗?

    参考答案:
    从右到左推算,下表显示,在第 3 阶段实验开始的时候,加权平均 NPV 为 119 百万美元:

加权 NPV	结果的发生概率	放弃的 NPV	投资额为 130 百万美元,$r=9.6\%$ 下的 NPV	阶段Ⅲ的结果	成功时的 PV	阶段Ⅲ成功的概率
39	5%	781	781	畅销	1 500	80%
59	20%	295	295	高于平均	700	80%
21	40%	52	52	平均	300	80%
0	25%	0	−69	低于平均	100	80%
0	10%	0	−106	不受欢迎	40	80%
119						

    初始投资下的 NPV 计算如下:

$$NPV = -18 + 0.44 \times \frac{119}{(1.096)^2} = 25.6(百万美元)$$

投资的净现值仍然是正的。

23. **决策树** 再次考虑图 10-7 中的例子。研发小组提出，建议增加 20 百万美元的投资，扩展第 2 阶段试验。目标是证明用于治疗患者时，药物可以采用吸入的方式而不是液体的方式。如果成功，适用范围将扩大，最好的情况下 PV 增加到 10 亿美元，成功的概率不变。利用 Excel 版的表 10-7。增加的 20 百万美元投资值得吗？如果第 3 阶段成功的概率下降到 75%，这个问题的答案会发生变化吗？

参考答案：

从右往左推算，下列的电子表格显示，在第 3 阶段实验开始的时候，加权 NPV 增加到了 146 百万美元：

加权 NPV	结果的发生概率	放弃的 NPV	投资额为 130 百万美元，$r=9.6\%$ 下的 NPV	阶段Ⅲ的结果	成功时的 PV	阶段Ⅲ成功的概率
119	25%	478	478	最好的情况	1 000	80%
26	50%	52	52	最可能的情况	300	80%
0	25%	0	-69	最坏的情况	100	80%
146						

在初始投资决策时的 NPV 计算如下：

$$NPV = -38 + 0.44 \times \frac{146}{(1.096)^2} = 15.32(百万美元)$$

项目的 NPV 尽管下降了，但仍是正的。显然，额外增加的 20 百万美元投资并不值。阶段Ⅲ成功的概率下降到 75% 时的计算结果见下表中的计算：

加权 NPV	结果的发生概率	放弃的 NPV	投资额为 130 百万美元，$r=9.6\%$ 下的 NPV	阶段Ⅲ的结果	成功时的 PV	阶段Ⅲ成功的概率
110	25%	440	440	最好的情况	1 000	75%
20	50%	41	41	最可能的情况	300	75%
0	25%	0	-73	最坏的情况	100	75%
130						

$$NPV = -38 + 0.44 \times \frac{130}{(1.096)^2} = 9.75(百万美元)$$

所以，研发小组的建议没有价值。

挑战题

24. **决策树** 玛格纳包机公司是阿格尼斯·玛格纳建立的一家新公司，为美国东南部提供公司高管飞行服务。创始人认为，很多公司对商务飞机有需求，但全时拥有又不合算，因此包机的需求将迅速增长。但是，投资是有风险的。第1年市场需求低迷的可能性为40%，如果是这样，随后市场仍低迷的可能性为60%。另外，如果开始时需求旺盛，80%的可能性以后的需求仍然旺盛。马上要解决的问题是决定购买哪种飞机。涡轮螺旋桨飞机成本为550 000美元，活塞发动机飞机成本只有250 000美元，但载客量更少。另外，活塞引擎飞机是老机型，折旧可能更快。玛格纳女士认为，明年二手的活塞引擎飞机只需150 000美元就可以买到。

    表10-7是第1年和第2年两种飞机在不同的市场需求下的收益。例如，如果两年的市场需求都很高，涡轮螺旋桨飞机在第2年的收益为960 000美元。如果第1年需求旺盛，第2年低迷，活塞引擎飞机在第2年的收益只有220 000美元。第2年的收益可以认为是当年的现金流加上之后的现金流在第2年的价值。将这些现金流看作确定性等值现金流，因此可以直接用10%的无风险利率来贴现。

    表10-7 玛格纳女士的包机服务的可能收益
    （所有的数字单位都是千美元。括号中的数字是概率。）

	涡轮螺旋桨飞机的收益			
第1年需求	高(0.6)		低(0.4)	
第1年收益	150		30	
第2年需求	高(0.8)	低(0.2)	高(0.4)	低(0.6)
第2年收益	960	220	930	140
	活塞引擎飞机的收益			
第1年需求	高(0.6)		低(0.4)	
第1年收益	100		50	
第2年需求	高(0.8)	低(0.2)	高(0.4)	低(0.6)
第2年收益	410	180	220	100

    玛格纳女士现在有个想法：开始时先买一架活塞引擎飞机。如果第1年需求低迷，玛格纳包机公司就坐拥这家不那么贵的飞机，静观其变。另外，如果第1年需求高涨，她可以花150 000美元再买一架二手活塞引擎飞机，这样，如果第2年需求继续高涨，第2年这两架飞机的收益就是800 000美元。但是，如果第2年需求下滑，收益就只有100 000美元。

    a. 画出玛格纳包机公司的决策树。
    b. 如果玛格纳包机公司买了一架活塞引擎飞机，如果第1年需求高涨，它应该扩张吗？
    c. 给定问题b的答案，你建议玛格纳女士购买涡轮螺旋桨飞机还是活塞引擎飞机？
    d. 如果没有扩张期权，投资活塞引擎飞机的*NPV*是多少？扩张期权所贡献的额外价值是多少？

参考答案：
a. 决策树

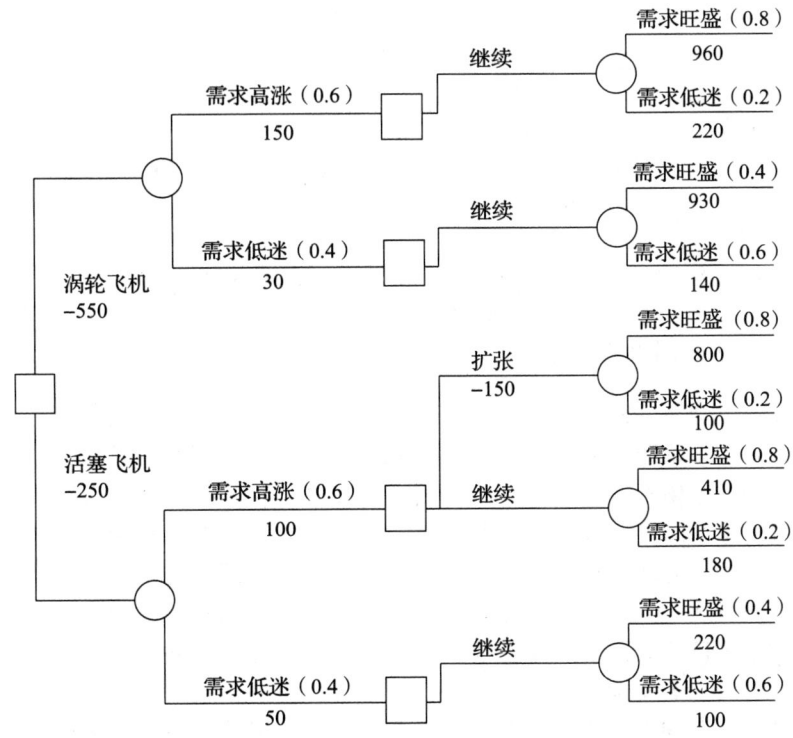

b. 我们对决策树从后往前推算。如果我们购买了活塞飞机并且需求旺盛的话：
- 在第1年"扩张"的分支：
$$-150 + \frac{0.8 \times 800 + 0.2 \times 100}{1.10} = 450$$
- 在第1年"继续"的分支：
$$\frac{0.8 \times 410 + 0.2 \times 180}{1.10} = 331$$
所以，如果我们购买了活塞飞机并且需求旺盛的话，我们应该在第1年的时候扩张，因为这时的 NPV 最大。

c. 继续上面的分析，如果我们购买了活塞飞机并且需求低迷：
- "继续"分支的 NPV 为：
$$\frac{0.4 \times 220 + 0.6 \times 100}{1.10} = 135$$
- 我们使用这些结果来计算"活塞飞机"分支在0时刻的净现值，即 NPV 为：
$$-250 + \frac{0.6 \times (100 + 451) + 0.4 \times (50 + 135)}{1.10} = 118(千美元)$$
- 对涡轮飞机分支进行同样的分析。如果需求高涨，在第1年的期望现金流为：
$$(0.8 \times 960) + (0.2 \times 220) = 812(千美元)$$

- 如果需求低迷，期望现金流为：
  $(0.4 \times 930) + (0.6 \times 140) = 456$（千美元）
- 因此，对"涡轮飞机"分支，总的 NPV 为：
$$NPV = -550 + \frac{0.6 \times 150 + 0.4 \times 30}{1.10} + \frac{0.6 \times 812 + 0.4 \times 456}{(1.10)^2} = 96$$

所以，公司应该购买活塞引擎飞机。

d. 为了计算扩张期权的价值，我们首先计算没有扩张期权时候的 NPV：
$$NPV = -250 + \frac{0.6 \times 100 + 0.4 \times 50}{1.10} +$$
$$\frac{0.6 \times (0.8 \times 410 + 0.2 \times 180) + 0.4 \times (0.4 \times 220 + 0.6 \times 100)}{1.10^2} = 52（千美元）$$

因此，扩张期权的价值为：$118 - 52 = 66$（千美元）

25. **项目分析** 新能源公司正在评估生产一种新的生物燃料的项目。工厂需要投资 4 000 百万美元，具备每年生产 40 百万桶合成油的潜力。该产品是常规油的替代品，售价相同。油的市场价格在每桶 1 百美元附近波动，未来价格不确定性相当大。生产所需的有机原料的可变成本预计为每桶 82 美元，估计会比较稳定。另外，无论产量如何，工厂每年的维护费用为 100 百万美元。工厂的预期寿命为 15 年，按照 MACRS 折旧，回收期 10 年。扣除清理费用后的残值可以忽略不计。对该产品的需求很难预测。年销售量的范围在 25 百万桶到 35 百万桶之间，取决于消费者的接受程度。贴现率为 12%，新能源公司的税率为 35%。

a. 油价和销售量为以下组合时，计算项目的 NPV 是多少。哪个来源的不确定性对项目的成功最重要？

	油价		
年销售量（百万桶）	80 美元/桶	100 美元/桶	120 美元/桶
25			
30			
35			

b. 如果油价为 100 美元，在工厂的生命期内销售量必须保持在什么水平，项目才能 NPV 盈亏平衡？（需要用试错法，除非你对 Excel 的高级功能比较熟悉，例如 Goal Seek 命令。）

c. 油价为 100 美元，每年的会计盈亏平衡的销售量是多少？为什么每年都会发生变化？你认为这种盈亏平衡的概念合理吗？

d. 如果表中的情形发生的概率相同，公司的 NPV 是多少？

e. 不管问题 d 的答案如何，为什么新工厂总是值得建？（提示：在低油价的情形下，公司为避免损失，可能拥有什么实物期权？）

参考答案：

a. 油价和销售量在不同组合下的 NPV 计算结果如下：

NPV：敏感性分析	油价		
年销售量（百万桶）	80 美元/桶	100 美元/桶	120 美元/桶
25	−3 812 296 731	−1 598 765 772	614 765 187
30	−3 856 567 350	−1 200 330 199	1 455 906 952
35	−3 900 837 969	−801 894 627	2 297 048 716

下面是油价为 100 美元/桶、销售量为 30 000 000 桶的假设下计算的示例：

项目数据	输入	项目数据	输入
计划投资	4 000 000 000 美元	市场价格	100.00 美元/桶
可变成本	82 美元	贴现率	12%
年度维护成本	100 000 000 美元	税率	35%
年产量	30 000 000 桶		

MACRS 10 年折旧表：

年份	1	2	3	4	5	6	7	8	9	10	11
折旧比例	10.00%	18.00%	14.40%	11.52%	9.22%	7.37%	6.55%	6.55%	6.56%	6.55%	3.28%

情景：每年 30 000 000 桶，100 美元/桶				
年份	0	1	2	3
产量		30 000 000	30 000 000	30 000 000
收入		3 000 000 000	3 000 000 000	3 000 000 000
可变成本		2 460 000 000	2 460 000 000	2 460 000 000
固定成本		100 000 000	100 000 000	100 000 000
EBITDA		440 000 000	440 000 000	440 000 000
折旧		400 000 000	720 000 000	576 000 000
EBIT		40 000 000	−280 000 000	−136 000 000
所得税		14 000 000	−98 000 000	−47 600 000
净利润		26 000 000	−182 000 000	−88 400 000
投资	4 000 000 000			
净现金流	−4 000 000 000	426 000 000	538 000 000	487 600 000
PV	−4 000 000 000	380 357 143	428 890 306	347 064 049

情景：每年 30 000 000 桶，100 美元/桶				
年份	4	5	6	7
产量	30 000 000	30 000 000	30 000 000	30 000 000
收入	3 000 000 000	3 000 000 000	3 000 000 000	3 000 000 000
可变成本	2 460 000 000	2 460 000 000	2 460 000 000	2 460 000 000
固定成本	100 000 000	100 000 000	100 000 000	100 000 000
EBITDA	440 000 000	440 000 000	440 000 000	440 000 000
折旧	460 800 000	368 800 000	294 800 000	262 000 000
EBIT	−20 800 000	71 200 000	145 200 000	178 000 000
所得税	−7 280 000	24 920 000	50 820 000	62 300 000
净利润	−13 520 000	46 280 000	94 380 000	115 700 000
投资				
净现金流	447 280 000	415 080 000	389 180 000	377 700 000
PV	284 254 526	235 527 539	197 170 700	170 852 299

(续)

	情景：每年 30 000 000 桶，100 美元/桶			
年份	8	9	10	11
产量	30 000 000	30 000 000	30 000 000	30 000 000
收入	3 000 000 000	3 000 000 000	3 000 000 000	3 000 000 000
可变成本	2 460 000 000	2 460 000 000	2 460 000 000	2 460 000 000
固定成本	100 000 000	100 000 000	100 000 000	100 000 000
EBITDA	440 000 000	440 000 000	440 000 000	440 000 000
折旧	262 000 000	262 400 000	262 000 000	131 200 000
EBIT	178 000 000	177 600 000	178 000 000	308 800 000
所得税	62 300 000	62 160 000	62 300 000	108 080 000
净利润	115 700 000	115 440 000	115 700 000	200 720 000
投资				
净现金流	377 700 000	377 840 000	377 700 000	331 920 000
PV	152 546 695	136 252 892	121 609 291	95 419 068

	情景：每年 30 000 000 桶，100 美元/桶			
年份	12	13	14	15
产量	30 000 000	30 000 000	30 000 000	30 000 000
收入	3 000 000 000	3 000 000 000	3 000 000 000	3 000 000 000
可变成本	2 460 000 000	2 460 000 000	2 460 000 000	2 460 000 000
固定成本	100 000 000	100 000 000	100 000 000	100 000 000
EBITDA	440 000 000	440 000 000	440 000 000	440 000 000
折旧				
EBIT	440 000 000	440 000 000	440 000 000	440 000 000
所得税	154 000 000	154 000 000	154 000 000	154 000 000
净利润	286 000 000	286 000 000	286 000 000	286 000 000
投资				
净现金流	286 000 000	286 000 000	286 000 000	286 000 000
PV	73 409 077	65 543 818	58 521 266	52 251 131
	$NPV = -1\ 200\ 330\ 199$			

b. 利用 Excel 软件的单变量求解，在净现值盈亏平衡下的销售量为每年 45 063 040 桶。

项目数据	输入	项目数据	输入
计划投资	4 000 000 000 美元	市场价格	100.00 美元/桶
可变成本	82 美元	贴现率	12%
年度维护成本	100 000 000 美元	税率	35%
年产量	45 063 040 桶		

MACRS 10 年折旧表：

年份	1	2	3	4	5	6	7	8	9	10	11
折旧比例	10.00%	18.00%	14.40%	11.52%	9.22%	7.37%	6.55%	6.55%	6.56%	6.55%	3.28%

情景：每年 45 063 040 桶，100 美元/桶				
年份	0	1	2	3
产量		45 063 040	45 063 040	45 063 040
收入		4 506 304 007	4 506 304 007	4 506 304 007
可变成本		3 695 169 286	3 695 169 286	3 695 169 286
固定成本		100 000 000	100 000 000	100 000 000
EBITDA		711 134 721	711 134 721	711 134 721
折旧		400 000 000	720 000 000	576 000 000
EBIT		311 134 721	-8 865 279	135 134 721
所得税		108 897 152	-3 102 848	47 297 152
净利润		202 237 569	-5 762 431	87 837 569
投资	4 000 000 000			
净现金流	-4 000 000 000	602 237 569	714 237 569	663 837 569
PV	-4 000 000 000	537 712 115	569 385 817	472 506 469

情景：每年 45 063 040 桶，100 美元/桶				
年份	4	5	6	7
产量	45 063 040	45 063 040	45 063 040	45 063 040
收入	4 506 304 007	4 506 304 007	4 506 304 007	4 506 304 007
可变成本	3 695 169 286	3 695 169 286	3 695 169 286	3 695 169 286
固定成本	100 000 000	100 000 000	100 000 000	100 000 000
EBITDA	711 134 721	711 134 721	711 134 721	711 134 721
折旧	460 800 000	368 800 000	294 800 000	262 000 000
EBIT	250 334 721	342 334 721	416 334 721	449 134 721
所得税	87 617 152	119 817 152	145 717 152	157 197 152
净利润	162 717 569	222 517 569	270 617 569	291 937 569
投资				
净现金流	623 517 569	591 317 569	565 417 569	553 937 569
PV	396 256 687	335 529 469	286 458 137	250 573 225

情景：每年 45 063 040 桶，100 美元/桶				
年份	8	9	10	11
产量	45 063 040	45 063 040	45 063 040	45 063 040
收入	4 506 304 007	4 506 304 007	4 506 304 007	4 506 304 007
可变成本	3 695 169 286	3 695 169 286	3 695 169 286	3 695 169 286
固定成本	100 000 000	100 000 000	100 000 000	100 000 000
EBITDA	711 134 721	711 134 721	711 134 721	711 134 721
折旧	262 000 000	262 400 000	262 000 000	131 200 000
EBIT	449 134 721	448 734 721	449 134 721	579 934 721
所得税	157 197 152	157 057 152	157 197 152	202 977 152
净利润	291 937 569	291 677 569	291 937 569	376 957 569
投资				
净现金流	553 937 569	554 077 569	553 937 569	508 157 569
PV	223 726 093	199 805 926	178 353 072	146 083 158

(续)

	情景：每年 45 063 040 桶，100 美元/桶			
年份	12	13	14	15
产量	45 063 040	45 063 040	45 063 040	45 063 040
收入	4 506 304 007	4 506 304 007	4 506 304 007	4 506 304 007
可变成本	3 695 169 286	3 695 169 286	3 695 169 286	3 695 169 286
固定成本	100 000 000	100 000 000	100 000 000	100 000 000
EBITDA	711 134 721	711 134 721	711 134 721	711 134 721
折旧				
EBIT	711 134 721	711 134 721	711 134 721	711 134 721
所得税	248 897 152	248 897 152	248 897 152	248 897 152
净利润	462 237 569	462 237 569	462 237 569	462 237 569
投资				
净现金流	462 237 569	462 237 569	462 237 569	462 237 569
PV	118 644 871	105 932 920	94 582 965	84 449 076
		NPV = 0		

c. 用固定成本（折旧＋维护费用）除以每桶的毛利润（价格－可变成本），我们可以计算出每年的盈亏平衡点：

年份	1	2	3	4	5	6	7	8
会计盈亏平衡点（桶）	27 777 778	45 555 556	37 555 556	31 155 556	26 044 444	21 933 333	20 111 111	20 111 111
年份	9	10	11	12	13	14	15	
会计盈亏平衡点（桶）	20 133 333	20 111 111	12 844 444	5 555 556	5 555 556	5 555 556	5 555 556	

会计盈亏平衡点不太有用，每年的盈亏平衡销售量都不同，跟折旧有关。实际上，在会计盈亏平衡点下，NPV 是负值。

d. 如果所有情景发生的概率相同，计算 NPV 时，9 个 NPV 都用 1/9 作为权重相乘。用问题 a 的计算结果，这个价值是 −12 亿美元。

e. 项目在油价不利的情况下拥有放弃期权，应该将期权价值算进去，可以利用实物期权进行分析。另外，等待未来获得更多信息也可能是有价值的。

第 11 章 投资、战略和经济租金

基础题

1. **经济租金**　判断正误：
   a. 赚取到资本机会成本的公司，也在获取经济租金；
   b. 投资正 NPV 项目的公司预期得到经济租金；
   c. 财务经理应该尽力确定公司能够获得经济租金的领域，因为在这个领域中才有可能发现 NPV 为正的项目；
   d. 经济租金是经营性资本设备的等价年度成本。

   参考答案：
   a. 错误。经济租金是超过了资本成本的利润。
   b. 正确。
   c. 正确。
   d. 错误。

2. **均衡价格**　凹效用度量表的需求急剧上升，而行业是高度竞争性的。建立一家效用度量表工厂需要 5 000 万美元，年产量为 500 000 台。生产成本为每台 5 美元，预期成本不变。生产机器可以无限期使用，资本成本为 10%。效用度量表的竞争性价格是多少？
   　　a. 5 美元　　　　　　　　b. 10 美元　　　　　　　　c. 15 美元

   参考答案：
   初始投资 5 000 万美元，如果资本成本是 10%，初始投资的等价年度成本为：
   $5\,000 \times 10\% = 500$（万美元）
   竞争性价格是使投资 $NPV=0$ 的价格，这时每年的经营现金流等于投资的等价年度成本。假设竞争性价格为 P，那么：
   $(P-5) \times 50 = 500$
   $P = 15$（美元）
   因此，竞争性的价格为 15 美元。

3. **市场价格** 你姐夫想让你和他一起在郊区的小镇购买一座建筑物。然后,你们一起开一家墨西哥餐馆。你们两人都对这一地区的未来房地产价格持乐观态度。你的姐夫预测了现金流,发现 NPV 是很大的正值。计算时假设 10 年后出售房产。

   在做最后的决定之前,你还要计算什么?

   参考答案:
   大多数项目,如果按合适的经风险调整后的贴现率贴现,项目的净现值将接近零,除非有市场不能复制的特殊优势。因此,对 NPV 非常高的项目必须进行深入考察。
   如果你没有仔细考察过这个项目,你应该获取对房地产前景方面的专业建议,因为你可能过于乐观了。你可以与相关人士进行讨论,确定未来是否会修建高速公路或有其他开发项目,因此而影响房地产价值;还可以从租赁的角度对这座建筑物进行价值评估,确定哪些因素导致正的净现值。在各种情况下,找到产生正 NPV 的关键变量。这些变量的预测合理吗?如果预测不合理会怎么样?做完这些工作,再考虑购买还是租赁。

4. **市场价格** 在伦敦金属交易所中,1 年后交割的期铜价格为 5 500 美元/吨。(注意:铜交割时付款。)无风险利率为 0.5%,预期市场收益率为 8%。
   a. 假设你打算明年生产和销售 100 000 吨铜。产出的现值是多少?假设 1 年后进行销售。
   b. 如果铜的贝塔值为 1.2,1 年后铜的预期价格是多少?1 年后铜的确定性等值价格是多少?

   参考答案:
   a. 由于铜可以通过期货合约出售,所以我们以无风险利率贴现:
   $PV = (100\ 000 \times 5\ 500)/(1 + 0.005) = 5\ 472\ 600\ 000(美元)$
   b. 铜的预期收益率:
   $E(r) = r_f + \beta(r_m - r_f) = 0.005 + 1.2 \times (0.08 - 0.005) = 0.095 = 9.5\%$
   预期 1 年后铜的价格:
   $E(P1) = 当前价格 \times [1 + E(r)] = (5\ 500/1.005) \times (1 + 0.095) = 5\ 992.54$
   如果铜的贝塔值为 1.2,预期 1 年后铜价为 5 992.54 美元/吨。
   1 年后铜的确定性等值价格就是 1 年后铜的期货价格 5 500 美元/吨。

5. **机会成本** 新型商用飞机与旧机型相比,油耗大大降低。当竞争对手都使用较新型的飞机时,使用旧机型的航空公司如何才有可能盈利呢?请简单解释。

   参考答案:
   旧飞机的二手市场价值可能低到足以弥补飞机的高油耗。此外,旧飞机可以在燃油效率相对不那么重要的航线上使用。

进阶题

6. **市场价格** 假设你在考虑投资一项资产,该资产有相当完善的二手市场。比如,你所在的公司是达美航空公司,资产是普遍采用的机型——波音 757。一般来看,二手市场的存在如何使你的问题得以简化？你认为这些简化在实践中能够实现吗？请解释。

参考答案：

对边际用户（marginal user）来说，波音 757 一定是 NPV 为零的投资。如果波音 757 对达美的航线来说非常适合（商业竞争不会迫使达美把节约的成本以低票价的形式传递给客户），达美公司就可以获得经济租金，除非波音公司对不同用户收取不同的价格（二级市场的存在杜绝了这种可能）。因此，决策焦点是，飞机在达美公司手里更值钱，还是在边际用户手中更值钱。二级市场的存在可以使决策更简单。

首先，因为存在完善的二级市场以及飞机过去的交易价格信息，只关注最初几年的现金流就可以了，可以用飞机的二手交易价格作为残值。

可以用飞机的历史交易价格来估计系统风险（见第 8 章）。

由于存在二级市场，在购买决策分析中需要包含放弃期权，这非常重要。

7. **市场价格** 商业喷气式飞机的大部分标准机型有非常活跃的、竞争性的租赁市场。主要的国内和国际航空公司所使用的很多飞机，都不是航空公司所有的，而是租赁的，租期从几个月到几年不等。

    伽马航空公司拥有两架远程麦道 DC-11 飞机，刚从拉丁美洲航线撤回。公司正考虑利用这些飞机开通从美国阿克伦到加拿大耶洛奈夫的新航线，预期利润丰厚。航站楼设施、培训和广告等需要相当大的投资。一旦决定开通这条航线，伽马航空公司必须至少运营 3 年。一个复杂的情况是，伽马航空国际部的经理反对将这些飞机用于阿克伦—耶洛奈夫航线，原因是经过公司新枢纽乌兰巴托的流量，预测在未来将会增长。

    如何评估阿克伦—耶洛奈夫航线？给出分析所需要的具体步骤。解释如何考虑飞机租赁市场。如果项目有吸引力，如何向国际部经理反馈你的意见？

    参考答案：

    关键的问题是：伽马航空公司能够在从阿克伦—耶洛奈夫的新航线赚取经济租金吗？必要的分析步骤包括：

    a. 预测成本。它包括建立和维护终端设备的成本，所有必要的培训、广告、设备等。
    b. 预测收入。它既要包括详细的市场需求分析（预期的乘客类型、票价多少），也要有竞争情况分析（如果伽马航空公司成功了，最快得多久会出现竞争对手？）
    c. 计算净现值。

    伽马航空公司可以通过租赁市场发现飞机的机会成本，这是成本的一个重要组成部分。因此，租赁市场很重要。

    如果阿克伦—耶洛奈夫的新航线项目有吸引力，乌兰巴托中心业务会增长，伽马航空公司只要再租赁一架飞机就可以了。

8. **市场价格** 假设现在的金价为每盎司⊖ 1 200 美元。高手咨询公司向你建议，未来两年金价的平均增速为 12%，之后增速降为长期趋势每年 3%。8 年后所生产的 100 万盎

⊖ 1 盎司 = 28.349 5 克

司黄金的价格是多少？假设金价的贝塔为零，无风险利率为 5.5%。

参考答案：
每盎司 1 200 美元的价格代表了预期未来金价的现值。因此，从现在开始的 8 年里，100 万盎司的现值应该是：

$PV = 1\,200 \times 100 = 120\,000$（万美元）

9. **经济租金** 我们认为美国主要铁路公司所拥有的洲际铁路是"战略资产"，这些资产产生的利润将不断增长。你期望在什么情况下，这些资产将产生经济租金？需要记住的是，铁路公司的竞争对手是汽车运输公司和其他铁路公司。汽车运输公司具有包括灵活性在内的某些优势。

参考答案：
州际铁路公司有多余的产能，能够以低成本满足不断增长的需求时，就会产生经济租金。例如，经济增长和油价上涨就会为州际铁路公司带来经济租金。卡车运输公司灵活、较快地扩大产能，但高昂的燃料成本可能会导致它们无法跟相对油耗更低的州际铁路公司进行有效竞争。

10. **经济租金** 由于购买了一项关键专利，你的公司现在是北美独家生产 barke lgassers（BG）的厂家。购买每年生产 20 万单位 BG 的生产设备，需要立即发生资本支出 2 500 万美元。每单位 BG 的生产成本估计为 65 美元。BG 市场经理非常自信，所有 20 万单位的 BG 都能够以每单位 100 美元的价格售出，直到 5 年后专利到期。之后，市场经理没有给出关于销售价格的线索。

BG 项目的 *NPV* 是多少？假设实际资本成本为 9%。为了简单起见，还有以下假设：
- 制造 BG 的技术不变。资本成本和生产成本的实际值不变。
- 竞争对手了解这项技术，专利一到期，就能够马上进入，也就是第 6 年。
- 如果你公司立即投资，12 个月后将满负荷生产，即第 1 年。
- 没有税。
- BG 生产设备将使用 12 年，使用期结束时无残值。

参考答案：
从时间上看 BG 项目，根据提供的信息：

年份（年末）	公司	竞争对手
0	投资	
1		
2	产生现金流（保护性价格）	
3	产生现金流（保护性价格）	
4	产生现金流（保护性价格）	
5	产生现金流（保护性价格）	投资
6	产生现金流（保护性价格）	
7	产生现金流（竞争性价格）	产生现金流（竞争性价格）
8	产生现金流（竞争性价格）	产生现金流（竞争性价格）
9	产生现金流（竞争性价格）	产生现金流（竞争性价格）
10	产生现金流（竞争性价格）	产生现金流（竞争性价格）

年份(年末)	公司	竞争对手
11	产生现金流(竞争性价格)	产生现金流(竞争性价格)
12	产生现金流(竞争性价格)	产生现金流(竞争性价格)
13		产生现金流(竞争性价格)
14		产生现金流(竞争性价格)
15		产生现金流(竞争性价格)
16		产生现金流(竞争性价格)
17		产生现金流(竞争性价格)

先考虑 6 年后，竞争对手的产品进入市场后的价格。因为没有了专利保护，BG 项目不再有超额利润(经济租金)，投资的 $NPV=0$。

单位 BG 的投资额是：$2\,500/20 = 125$(万美元)

生产设备的使用期是 12 年，我们认为从开始投资到项目结束是 12 年，第 2~12 年产生现金流，单位 BG 的现金流是：$EBIT$(单位价格 - 单位生产成本 - 单位折旧) - 税(等于零) + 单位折旧 = 单位价格 - 单位生产成本。6 年后，竞争对手进入市场后，$NPV=0$，即

$$-125 + \sum_{t=2}^{12} \frac{P-65}{(1+9\%)^t} = 0$$

得到 $P = 85.02$(万美元)

单位 BG 的 NPV：

$$-125 + \sum_{t=2}^{6} \frac{100-65}{(1+9\%)^t} + \sum_{t=7}^{12} \frac{85.02-65}{(1+9\%)^t} = 53.45(万美元)$$

BG 项目的 $NPV = 53.45 \times 20 = 1\,069$(万美元)

11. **经济租金** 如果技术进步使新 BG 生产设备的成本以每年 3% 的速度递减，问题 10 的答案将如何变化？第 1 年建成的新工厂的成本为 $2\,500 \times (1-0.03) = 2\,425$(万美元)，第 2 年建成的新工厂成本为 2 352 万美元，依次类推。假设单位生产成本仍为 65 美元。

参考答案：

$t=6$ 后的销售价格会发生变化，因为投资变为：

$2\,500 \times (1-0.03)^5 = 2\,146.8$(万美元)

单位投资额为：$2\,146.8/20 = 107.34$(万美元)

竞争对手进入市场后，$NPV=0$：

$$-107.34 + \sum_{t=2}^{12} \frac{P-65}{(1+9\%)^t} = 0$$

$P = 82.19$(万美元)

因此，考虑新工厂成本的下降，单位 BG 的 NPV：

$$-125 + \sum_{t=2}^{6} \frac{100-65}{(1+9\%)^t} + \sum_{t=7}^{12} \frac{82.19-65}{(1+9\%)^t} = 45.88(万美元)$$

BG 项目的 $NPV = 45.88 \times 20 = 917.6$(万美元)

12. 经济租金 在下面的每个假设下，分别重新评估 polyzone 项目的 *NPV*。在每种情况下，正确的管理决策分别是什么？

a. 第（前 4 年）4 年的价差为每磅⊖1.20 美元。
b. 美国化工厂能够在第 1 年开始生产，而不是第 2 年，产量为 40 百万磅。
c. 美国化工厂进行了技术创新，使年生产成本下降为 25 百万美元。竞争对手的生产成本不变。

参考答案：

a. 前 4 年价差为每磅 1.20 美元，重复教材中表 11-1 的计算过程，得到 *NPV* = -4.40 百万美元，净现值为负，所以不应投资该项目。

年份	0	1	2	3	4	5~10
投资（百万美元）	100					
产量（百万磅）	0	0	40	80	80	80
价差（美元/磅）	0	1.20	1.20	1.20	1.20	0.95
净收入（百万美元）	0	0	48	96	96	76
生产成本（百万美元）	0	0	30	30	30	30
运输费用（百万美元）	0	0	4	8	8	8
其他成本（百万美元）	0	20	20	20	20	20
现金流（百万美元）	-100	-20	-6	38	38	18
NPV(@8%) = -4.40 百万美元						

b. 如果从第 1 年开始生产，则净现值是 40.40 百万美元，所以这个项目是可以接受的。

年份	0	1	2	3	4	5~10
投资（百万美元）	100					
产量（百万磅）	0	40	80	80	80	80
价差（美元/磅）	0	1.20	1.20	1.20	1.10	0.95
净收入（百万美元）	0	48	96	96	88	76
生产成本（百万美元）	0	30	30	30	30	30
运输费用（百万美元）	0	4	8	8	8	8
其他成本（百万美元）	0	20	20	20	20	20
现金流（百万美元）	-100	-6	38	38	30	18
NPV(@8%) = 40.40 百万美元						

c. 如果生产成本下降为 25 百万美元，则净现值为 18.64 百万美元，因此项目是可以接受的。

年份	0	1	2	3	4	5~10
投资（百万美元）	100					
产量（百万磅）	0	0	40	80	80	80
价差（美元/磅）	0	1.20	1.20	1.20	1.10	0.95
净收入（百万美元）	0	0	48	96	88	76

⊖ 1 磅 = 0.453 千克。

年份	0	1	2	3	4	5~10
生产成本（百万美元）	0	0	25	25	25	25
运输费用（百万美元）	0	0	4	8	8	8
其他成本（百万美元）	0	20	20	20	20	20
现金流（百万美元）	-100	-20	-1	43	35	23
$NPV(@8\%) = 18.64$ 百万美元						

13. **市场价格** 摄影实验室回收再利用胶卷使用过的白银。斯蒂金河摄影公司正打算为其在特列格拉克里克的实验室购置一套更先进的设备。他们收集到的信息如下：
- 设备成本为 100 000 美元，每年运行成本为 80 000 美元。
- 设备的使用寿命为 10 年，可以在 5 年内直线折旧（见 6.2 节）。
- 每年可多回收 5 000 盎司白银。
- 白银现价为每盎司 40 美元。过去 10 年，白银的实际价格每年上升 4.5%。白银在活跃的竞争市场上交易。
- 公司的边际税率为 35%，假设使用美国税法。
- 斯蒂金河摄影公司的公司资本成本为 8%，为实际资本成本。
- 名义无风险利率为 6%。

新设备的净现值为多少？必要时可增加其他假设。

参考答案：

计算项目的 NPV 时，要明确以下几点：
- 初始投资 100 000 美元。
- 折旧税盾。折旧费 5 年内每年都是 20 000 美元，用名义利率估值。
- 新增白银产量的税后价值。未来白银交割价格的现值毫无疑问应该用今天的现货价格来近似。因此，没有必要对白银未来预测价格进行贴现。
- 设备运行成本每年 80 000 美元，按公司的实际资本成本估值，这样就不需要假设由于通胀所带来的成本增加。只关心税后成本。

项目的 NPV：

$NPV = -100\,000 + [(100\,000/5) \times 0.35] \times [1/0.06 - 1/(0.06 \times 1.06^5)]$
$\quad\quad + (10 \times 5\,000 \times 40) \times (1 - 0.35) - 80\,000(1 - 0.35) \times [1/0.06 - 1/(0.06 \times 1.06^{10})]$
$\quad = 880\,562.31$（美元）

14. **市场价格** 剑桥歌剧协会为 2019 年 12 月的筹款舞会设立了特别的门票兑奖券，设立了 20 张门票兑奖券，每张门券兑奖券的持券人可在 2020 年 12 月 31 日从协会领取奖金。奖金金额由标准普尔综合指数决定，即 2020 年 12 月 31 日的指数与 2020 年 6 月 30 日的指数之比乘以 100 美元。如果 2020 年 6 月 30 日的指数为 1 000，2020 年 12 月 31 日的指数为 1 200，那么奖金金额将为 100 × (1 200/1 000) = 120（美元）。

筹款舞会之后，出现了兑奖券的黑市。2020 年 1 月 1 日，兑奖券值多少钱？2020 年 6 月 30 日呢？假设无风险年利率为 10%，同时假设 2020 年年末，剑桥歌剧协会有清偿,并且会支付奖金。必要时可增加其他假设。

如果奖金不与标准普尔综合指数挂钩,而是与道·琼斯工业指数挂钩,兑奖券的价值会不同吗?

参考答案:

令 6 月 30 日是基准期,这样,2020 年 6 月 30 日的价格为 100 美元。此前 6 个月,即 2020 年 1 月 1 日的票价为:$100/1.10^{0.5} = 95.35$(美元)。

与道·琼斯工业指数挂钩,价格也是一样的。

15. **市场价值** 你要评估新泽西北部的一幢大建筑,价值评估是一家铁路公司破产清算的需要。事实如下:
    - 如果铁路公司将建筑物进行清理并按最佳非铁路用途出售,即作为仓库出售,那么根据破产清算要求,建筑物的价值等于铁路公司收到的净现金收入。
    - 建筑物的评估价值为 100 万美元。这个数字参考了最近新泽西一组类似的已经用作或者可用作仓库的建筑物的实际售价。
    - 如果现在将该建筑物作为仓库出租,每年可以产生 80 000 美元的现金流,这笔现金流是支付了经营成本和房地产税之后的净现金流:

租金毛收入	180 000 美元
经营成本	50 000 美元
房地产税	50 000 美元
净现金流	80 000 美元

租金毛收入、经营成本和房地产税是不确定的,预期按照通胀率增长。
    - 但是,需要花 1 年的时间和 200 000 美元来清理铁路设施,使建筑物适合作为仓库出租。200 000 美元需要立即投资。
    - 该建筑物一经准备好可用作仓库,就会投放到市场上出售。房地产顾问说这类房产投放市场后平均需要 1 年的时间才能卖出去。但是,铁路公司在等待卖出的同时可以作为仓库出租出去。
    - 房地产投资的资本机会成本为实际利率 8%。
    - 房地产顾问提醒说,新泽西北部的可比建筑的售价在下降,以实际值衡量,过去 10 年的年平均下降幅度为 2%。
    - 建筑物售出时,铁路公司要支付销售收入的 5% 作为佣金。
    - 铁路公司不缴纳所得税,但需要缴纳房地产税。

参考答案:

现在有 200 000 美元的现金流出,用以清理建筑。

1 年后有 50 000 美元现金流出,缴纳房地产税。

2 年后,公司将获得 80 000 美元的净租金和 100 万美元扣除建筑物价格下跌部分以及销售佣金后的现金流入。

$$NPV = -200\,000 - 50\,000/1.08 + [80\,000 + 1\,000\,000 \times (1-0.02)^2 \times (1-0.05)]/1.08^2$$
$$= 604\,509.60(美元)$$

16. **市场价格** 硫黄山矿业公司正在考虑在加拿大亚伯达省北部的穆斯本德开发一座新的 calonium 矿，矿需要预先投资 110 百万美元，每年将生产 100 000 吨高等级 calonium，这一产量与当前世界总产量 900 万吨比起来微不足道。每年提炼成本估计为每吨 120 美元，为实际值，并且保持不变。Calonium 的当前市场价格为每吨 240 美元，咨询公司保德河联合公司估计，在可预见的将来，calonium 的实际价格将以每年 3% 的实际增长率增长。还有一些 calonium 生产商。几家加拿大矿山被认为不可能达到盈亏平衡。其他成本在 150 ~ 200 美元范围内的其他生产商正获利颇丰。无所得税，实际机会成本大约为 8%。Calonium 矿开发是环境友好的行为，关闭矿山也没有成本。硫黄山矿业公司应该继续这个项目吗？如需要可做任意额外假设。

参考答案：

假设：

（1）初始成本发生的时间在 $t=0$。

（2）没有税收，所以折旧不会影响现金流。

（3）每年的收入和成本都发生在年末，以第 1 年，即 $t=1$ 开始。

（4）在 $t=1$ 时，每吨的价格比当前每吨 240 美元的实际价格高出 3%，此后每年的实际价格都将增加 3%。

（5）每吨的实际成本不变，都是 120 美元。

（6）年产量保持在 10 万吨不变。

（7）每年的实际利率保持在 8% 不变。

（8）假设每年的净利润等于现金流。

（9）关闭这座矿山没有成本。

（10）该矿增加的产量不会影响当前或项目的市场价格或预期成本。

		利率：8%			
年份	初始投资	年度收入	年度成本	净利润（现金流）	当年生产结束的 NPV
0	-110 000 000				-110 000 000
1		24 720 000	12 000 000	12 720 000	-98 222 222
2		25 461 600	12 000 000	13 461 600	-86 681 070
3		26 225 448	12 000 000	14 225 448	-75 388 451
4		27 012 211	12 000 000	15 012 211	-64 354 027
5		27 822 578	12 000 000	15 822 578	-53 585 447
6		28 657 255	12 000 000	16 657 255	-43 088 550
7		29 516 973	12 000 000	17 516 973	-32 867 565
8		30 402 482	12 000 000	18 402 482	-22 925 277
9		31 314 556	12 000 000	19 314 556	-13 263 190
10		32 253 993	12 000 000	20 253 993	-3 881 672
11		33 221 613	12 000 000	21 221 613	5 219 914
12		34 218 261	12 000 000	22 218 261	14 043 091
13		35 244 809	12 000 000	23 244 809	22 590 159

（续）

年份	初始投资	利率：8%			
		年度收入	年度成本	净利润（现金流）	当年生产结束的 NPV
14		36 302 153	12 000 000	24 302 153	30 864 096
15		37 391 218	12 000 000	25 391 218	38 868 467
16		38 512 955	12 000 000	26 512 955	46 607 345
17		39 668 343	12 000 000	27 668 343	54 085 240

根据这些假设，该矿山投资 11 年之后产生正的净现值。因此，如果预计该矿山至少开采 11 年，就接受该项目。

但是，在接受项目之前，回答下面几个问题，会对决策很有帮助：

- 为什么目前有些矿山高盈利而有些甚至达不到收支平衡？
- 为什么当前盈利的矿山产品的成本（150～200 美元/吨）高于预计的 120 美元/吨？
- 为什么以实际值衡量的售价每年增长 3%，而以实际值衡量的成本保持不变？
- 如果矿山不得不关闭，它有其他用途（如地下油库、转售）吗？
- 估计该矿山的 calonium 的储量是多少？

挑战题

17. **经济租金** Polysyllabic 酸的生产是一个竞争性行业。大多数工厂的年产出都在 10 万吨。经营成本为 0.90 美元/吨，售价为 1 美元/吨。一座产能 10 万吨的工厂所需的投资成本为 10 万美元，可以一直生产下去。工厂目前的残值为 6 万美元，预期两年后下降为 5.79 万美元。

    Phlogiston 公司计划投资 10 万美元建立一家工厂，采用新的低成本工艺生产 polysyllabic 酸，工厂的产能跟现有工厂相同，但是经营成本为 0.85 美元/吨。Phlogiston 公司估计，在使用这一新技术方面它能够领先竞争对手 2 年的时间，但是在 2 年内没有能力再建新工厂。它还认为未来 2 年内需求可能疲软，新工厂会出现暂时的产能过剩。

    假设没有税，资本成本为 10%。

    a. 第 2 年年末，酸的需求有上升趋势，需要利用新工艺再建几家新工厂。这些新工厂的 NPV 可能是多少？
    b. 这对第 3 年以及以后的 Polysyllabic 酸的价格意味着什么？
    c. 你期望已有的工厂在第 2 年被废弃吗？如果工厂残值为 4 万美元或者 8 万美元，你的答案有何不同？
    d. United Alchemists 公司的酸生产工厂已经完全折旧了。第 2 年之后，它能够盈利吗？
    e. Acidosis 公司去年花 10 万美元买了一家新工厂，现在资产一年减计了 1 万美元，第 2 年应该将工厂废弃吗？

f. Phlogiston 公司的新工厂的 NPV 是多少?

参考答案:

a. 新工厂的 NPV 可能为零,因为 phlogiston 公司所在的行业是完全竞争行业,它拥有的新技术在成本上只领先竞争对手 2 年的时间,2 年后没有一家公司会拥有任何技术优势。因此,两年后建新工厂 NPV 是零,投资成本为 10 万美元。

b. 新工厂收入的 PV 为:
$$PV = 10 = [10 \times (P - 0.85)]/0.10$$
得到:$P = 0.95$ 美元/吨。

c. $t = 2$ 时,现有的工厂的 PV 为:
$$PV = [10 \times (0.95 - 0.90)]/0.10 = 5$$
如果两年后工厂残值为 4 万美元,就继续生产。如果工厂残值为 8 万美元,就将工厂报废出售。

d. 工厂残值预期两年后下降为 5.79 万美元,因此继续保留工厂的 NPV 为:
$$-5.79 + 5 = -0.79 < 0$$
因此,应该将现有工厂报废出售。

账面价值是历史成本,与决策不相关。即使是完全折旧了的工厂,2 年后也应该出售。

e. 应该将工厂报废。沉淀成本不相关。2 年后现有的工厂的 NPV 是负的,因此应该出售。

f. Phlogiston 的项目造成了暂时性的产能过剩。因此,未来 2 年的价格必须是这样的:现在报废工厂还是第 2 年报废工厂,对现有工厂的所有者来说是无差别的。根据这一点,我们可以解出第 1 年和第 2 年后的价格。

今天的残值是 6 万美元。同样,今天的残值等于未来现金流的现值。因此:
$$6 = [10 \times (P - 0.90)]/1.10 + [10 \times (P - 0.90)]/1.10^2 + 5.79/1.10^2$$
$$P = 0.97$$

根据这个价格,我们可以计算新工厂的 NPV:
$$PV = 10 \times [(0.97 - 0.85)/1.10 + (0.97 - 0.85)/1.10^2 + (0.95 - 0.85)/(0.10 \times 1.10^2)] - 10$$
$$= 0.3471 (万美元)$$

18. **均衡价格** 全球航空体系由航线 X 和 Y 组成,每个航线都需要 10 架飞机。为这些航线提供服务的飞机有 3 种型号——A、B 和 C。可以得到 5 架 A 型飞机、10 架 B 型飞机和 10 架 C 型飞机。这些飞机其他方面都完全一致,只有运营成本不同:

机型	年度运营成本(百万美元)	
	航线 X	航线 Y
A	1.5	1.5
B	2.5	2.0
C	4.5	3.5

飞机的使用寿命为 5 年,残值为 100 万美元。

飞机所有者自己不运营,而是将飞机租给运营商。所有者通过竞争使自己的租金收入最大化,而运营商试图最小化经营成本。机票价格也由竞争决定。假设资本成本为10%。

a. 哪种飞机用于哪种航线?每种型号的飞机的价值是多少?
b. 如果 A 型飞机的数量增加到 10 架,每种飞机的用途和价格将发生怎样的变化?
c. 如果 A 型飞机的数量增加到 15 架呢?
d. 如果 A 型飞机的数量增加到 20 架呢?

如需要可以增加假设条件。

参考答案:

飞机的使用成本应该最小,就是说每架飞机都将用在其相对优势最大的航线上。举例来说,对于 a 问题,很明显,需要 5 架 A 型飞机和 5 架 B 型飞机用于 X 航线,而 5 架 B 型飞机和 5 架 C 型飞机用于 Y 航线。剩下的 C 型飞机将被弃用。人们愿意为一架飞机支付的最高价格是该飞机退役所带来的所有额外费用的现值。在 10% 的贴现率下,使用 5 个时期的年金因子,我们得到下表所示的运营成本的 PV(单位:百万美元)。

机型	航线 X	航线 Y
A	5.7	5.7
B	9.5	7.6
C	17.1	13.3

注:以 X 航线使用 A 型飞机为例,每年的运营成本是 1.5 百万美元,由于飞机的使用寿命为 5 年,因此 5 年总运营成本的现值: $1.5 \times [1/0.10 - 1/(0.10 \times (1+0.10)^5)] = 5.7$。

在 X 航线上使用 A 型飞机,运营成本是最低的,如果不能使用 A 型飞机,航空公司就应该用 B 型飞机代替,那么额外增加的成本 = B 型飞机的价格 + 运营 B 型飞机的成本 – 运营 A 型飞机的成本,因此 A 型飞机的价格 = B 型飞机的价格 + 9.5 – 5.7,因此对 X 航线,A 型飞机的价格 + 5.7 = B 型飞机的价格 + 9.5。同样,在 Y 航线上使用 B 型飞机的成本(B 型飞机的价格 + 7.6)等于在 Y 航线上使用 C 型飞机的成本(C 型飞机的价格 + 13.3)。此外,由于 5 架 C 型飞机被弃用,其残值为 1 百万美元,因此 C 型飞机的价格一定为 1 百万美元。因此,B 型飞机的价格 = 1 + 13.3 – 7.6 = 6.7(百万美元),A 型飞机的价格 = 6.7 + 9.5 – 5.7 = 10.5(百万美元)。问题 a ~ d 的答案见下表。

	各航线使用飞机的型号		弃用的飞机型号	飞机价格(百万美元)		
	航线 X	航线 Y		A	B	C
a.	5A + 5B	5B + 5C	5C	10.5	6.7	1.0
b.	10A	10B	10C	10.5	6.7	1.0
c.	10A	5A + 5B	5B + 10C	2.9	1.0	1.0
d.	10A	10A	10B + 10C	2.9	1.0	1.0

19. **经济租金** 税收是一种成本,因此税率的变化会影响消费品价格、项目生命期和现

有公司的价值。下面的问题就说明了这一点，还说明看起来"对生意有利"的税收变化并不总会增加现有公司的价值。事实上，除非新投资的动机是增加消费者需求，否则只会使现有设备报废。

Bucolic 酸生产是竞争性行业。需求在稳定上升，不断有新工厂建立。在假设条件下，一项新工厂投资的预期现金流如下表。

	0	1	2	3
1. 初始投资	100			
2. 销售收入		100	100	100
3. 现金营运成本		50	50	50
4. 税收折旧		33.33	33.33	33.33
5. 税前收入		16.67	16.67	16.67
6. 所得税@40%		6.67	6.67	6.67
7. 净利润		10	10	10
8. 税后残值				15
9. 现金流(7+8+4−1)	−100	+43.33	+43.33	+58.33
		$NPV@20\% = 0$		

假设：
1. 税收折旧为 3 年直线折旧。
2. 税前残值第 3 年为 25，如果资产在第 2 年报废，则为 50。
3. 残值的税收为残值和折旧后的投资额之差的 40%。
4. 资本成本为 20%。

a. 新建 1 年的工厂的价值是多少？2 年的呢？
b. 假设政府现在改变了税收折旧政策，允许在第 1 年计提 100% 的折旧。这对新建成 1 年和 2 年的工厂的价值有何影响？已经存在的工厂必须采用原来的税收折旧安排。
c. 在工厂只有 2 年而不是 3 年的时候将其报废，有意义吗？
d. 如果公司所得税完全取消，你对以上问题的回答如何变化？

参考答案：

a. 根据假设，一座工厂的寿命为 3 年，新建 1 年工厂的价值等于未来 2 年的现金流的现值：

$PV = 43.33/1.20 + 58.33/1.20^2 = 76.62$

同样，新建 2 年工厂的价值：$PV = 58.33/1.20 = 48.61$

b. 这是一个完全竞争行业，因此，投资生产 bucolic 酸的新工厂的项目一定是零净现值。首先，我们要计算净现值为零的新工厂的销售收入(R)。

	0	1	2	3
1. 初始投资	100			
2. 销售收入		R	R	R
3. 现金营运成本		50	50	50
4. 税收折旧		100		

	0	1	2	3
5. 税前收入		$R-150$	$R-50$	$R-50$
6. 所得税@40%		$0.4R-60$	$0.4R-20$	$0.4R-20$
7. 净利润		$0.6R-90$	$0.6R-30$	$0.6R-30$
8. 税后残值				15
9. 现金流(7+8+4-1)	-100	$0.6R+10$	$0.6R-30$	$0.6R-15$

$$NPV = 0 = -100 + (0.6R+10)/1.20 + (0.6R-30)/1.20^2 + (0.6R-15)/1.20^3$$

得到：$R = 95.88$

我们现在使用新的销售收入重新计算新建成 1 年和 2 年的工厂的价值。回想一下，已经存在的工厂必须采用原来的税收折旧安排。

	0	1	2	3
1. 初始投资	100			
2. 销售收入		95.88	95.88	95.88
3. 现金营运成本		50	50	50
4. 税收折旧		33.33	33.33	33.33
5. 税前收入		12.54	12.54	12.54
6. 所得税@40%		5.02	5.02	5.02
7. 净利润		7.52	7.52	7.52
8. 税后残值				15
9. 现金流(7+8+4-1)	-100	40.86	40.86	55.86

新建 1 年工厂的价值：$PV = 40.86/1.20 + 55.86/1.20^2 = 72.84$

新建 2 年工厂的价值：$PV = 55.86/1.20 = 46.55$

c. 2 年报废的新建工厂的净残值为：$50 - [(0.4)\times(50-33.33)] = 43.33$，而 2 年工厂的价值为 46.55，所以不应该报废。

d. 求解净现值为零时的销售收入(R)：

	0	1	2	3
1. 初始投资	-100			
2. 销售收入		R	R	R
3. 营运成本		-50	-50	-50
4. 残值				$+25$

$$-100 + (R-50)/1.20 + (R-50)/1.20^2 + (R-50+25)/1.20^3 = 0$$

$R = 90.60$

在销售收入为 90.60 的情况下：

新建 1 年工厂的价值：$PV = 40.60/1.20 + 65.60/1.20^2 = 79.40$

新建 2 年工厂的价值：$PV = 65.60/1.20 = 54.67$

第 12 章　代理问题、薪酬和业绩评估

基础题

1. **CEO 薪酬**　判断正误：
   a. 美国的 CEO 们得到的报酬比其他国家高。
   b. 在美国的 CEO 们的薪酬中，有很大比例来自股票期权。
   c. 股票期权每年给予管理者一定数量的股票，通常持续 5 年。
   d. 美国会计准则现在要求将股票期权确认为薪酬支出。

   参考答案：
   a. 正确。
   b. 正确。
   c. 错误。股票期权给予管理者以固定价格购买公司股票的权利(但不是义务)。
   d. 正确。

2. **术语**　定义以下术语：
   （a）资本投资中的代理成本　　（b）私有收益　　（c）帝国建造
   （d）壁垒性投资　　（e）委托监督

   参考答案：
   a. 代理成本：管理者不以公司价值最大化为目标时，公司价值会下降，因为要支付监督成本和控制成本。
   b. 私有收益：经理享有的特权或其他好处。
   c. 帝国建造：为了扩大规模而投资，而不是投资净现值为正的项目。
   d. 壁垒性投资：管理者选择或设计那些能增加管理者对公司的价值的投资项目。
   e. 委托监督：代表委托人进行监督。例如，董事会代表股东监督管理层。

3. **监督**　只有监督不可能彻底消除资本投资中的代理成本，简单解释原因。

4. **EVA** 回答以下关于经济增加值或 EVA 的几个问题：
   a. EVA 是百分比还是货币金额？
   b. 写出计算 EVA 的公式。
   c. EVA 和剩余收入有什么不同吗？如果有，不同是什么？
   d. EVA 的意义是什么？为什么公司使用 EVA？
   e. EVA 的效果是由会计收入和资产的精确度量决定的吗？

   参考答案：
   a. EVA 的单位是货币单位。
   b. EVA = 产生的收入 −（资本成本 × 投资额）
   c. EVA 和剩余收入本质上是一样的。
   d. EVA 使管理者能看到资本成本。基于 EVA 的薪酬能够激励管理者处置掉不必要的资产，放弃那些投资收益低于资本成本的投资。
   e. 是的，使用 EVA 需要对财务报表进行调整。

5. **业绩的会计度量** 现代语言公司净资产 2 000 万美元，产生了 160 万美元的利润，资本成本为 11.5%，计算净 ROI 和 EVA。

   参考答案：
   ROI = 收入/净资产 = 160/2 000 = 0.08 = 8%
   EVA = 产生的收入 −（资本成本 × 投资额）= 160 −（0.115 × 2 000）= −70（万美元）

6. **EVA** 填空：
   "项目在给定年份的经济收入等于_____减去其_____折旧。新项目要几年才能实现全部盈利能力。在这种情况下，在项目早期，账面收入_____经济收入，在项目后期，账面收入_____经济收入。"

   参考答案：
   现金流；经济；低于；高于。

7. **盈利目标** 在实践中，上市公司的管理者如何满足短期盈利目标？通过创造性会计吗？

   参考答案：
   管理者通常不会通过创造性会计来实现短期盈利目标，而是通过减少或推迟可自由支配的广告费、维护费、研发或其他费用来实现。

进阶题

8. **激励** 比较对这两类管理者的典型的薪酬和激励计划：(a) 高管（如 CEO 或 CFO）和

(b) 工厂或部门经理。主要的不同是什么？你能解释吗？

参考答案：

典型的高管薪酬和激励计划包括工资、利润分享和股票期权。这通常是为了尽可能地使管理者的利益与股东的利益一致。这些高管通常要对直接影响整个公司未来的公司战略和政策负责。

工厂和部门经理通常得到固定工资和基于会计绩效的奖金。这么做，是因为他们直接对日常业绩负责，而这种评价方法提供了一种绝对的绩效标准，而不是与股东预期相对的标准。另外，这样也可以对只负责一小部分公司业务的初级经理进行评价。

9. **激励** 假设工厂和部门经理的报酬只有固定工资，没有其他激励或奖金。

   a. 描述在资本投资决策中出现的代理问题。
   b. 将经理的薪酬与 EVA 挂钩能够减轻这些问题吗？

   参考答案：

   a. 当只有固定工资，没有其他激励或奖金让他们以股东的最大利益行事时，管理者的表现往往不是最优的：

   (1) 他们可能不会那么努力地发现和实施增加价值的项目。

   (2) 他们可能会从公司中获取实物利益，比如更奢华的办公室、社交活动的门票、过度支出等。

   (3) 他们可能只是为了经营一家大公司而扩大经营规模。

   (4) 为了奖励现有员工，他们可能会选择次优的投资项目，而不是 NPV 最高却需要外部人员的投资项目。

   (5) 为了保持工作舒适，经理可能会投资更安全的项目，而不是风险更高的项目。

   b. 将经理的薪酬与 EVA 挂钩，是为了确保资产得到有效配置，并确保收益率超过资本成本。这样，管理者如果不履行股东财富最大化的责任的话，收益率会低于最低要求的回报率（资本成本）。管理者越为股东利益而工作，EVA 就越大。

10. **监督** 谁监督美国上市公司的高管？（我们在本章中提到过多种监督。）

    参考答案：

    股东最终负责监督美国上市公司的高管。但是，除非有占主导地位的股东（或少数大股东），监督通常被委派给由股东选出的董事会。大型上市公司的董事会聘请独立的会计师事务所来审计公司的财务报表。借款人为保证贷款不受损失，通常也会对公司的管理进行监督，这同时也保护了股东利益。

11. **激励** 我们注意到，在实践中管理薪酬必须依靠结果而不是努力，为什么？不对努力进行奖励会产生什么问题？

    参考答案：

    管理层的努力程度无法观察，所以在实践中，高管薪酬必须依赖努力的结果。奖励结果而不是努力，产生了主要问题，在公司经营中，结果是由包括经理的努力在内的很多因素共同产生的。精确衡量产生某个特定结果的管理者的努力程度，即使不是不可能，通常也非常困难。因此，有可能奖励管理者的贡献并适当激励他们，设计这类激励机制是很困难的。

12. **激励** 关于将高管的薪酬与公司普通股收益率挂钩的薪酬计划，有以下几个问题：
    a. 当前的股价取决于投资者对未来业绩的预期，这会带来什么问题？
    b. 股票收益率受管理者控制以外的因素的影响，例如利率或原材料价格的变化。这会是个严重问题吗？如果是，你能给出部分解决问题的方法吗？
    c. 薪酬计划如果依赖股票收益率而不是会计数据，这是个优势吗？为什么是或不是？

    参考答案：
    a. 如果公司宣布雇用一位有望增加公司价值的新经理，这些信息应该立即反映在股价中。如果经理的表现确实如预期的那样，那么股票价格不应该有太大的变化，因为他的表现已经包含在股票价值中了。
    b. 这会是一个潜在的非常严重的问题，因为经理可能会因为她无法控制的因素而亏损。一个办法是关注价格变化，将原材料的实际价格和价格指数进行比较。另一个办法是与竞争对手的绩效进行对比。
    c. 与股票收益挂钩的薪酬方案并不一定是优势。例如，除了 a 部分所讨论的预期问题之外，还有许多超出管理者控制的因素，如货币政策或新的环境法规。但是，股价涨跌往往取决于公司收益率是否超过要求的资本成本。从这个意义上说，它确实是绩效的衡量标准。

13. **激励** 你是安卓斯考根铜业公司董事会薪酬委员会主席，咨询师建议了两个 CEO 股票期权计划：
    a. 传统的股票期权计划，行权价格为现在的股价。
    b. 另一个替代计划，行权价格由其他铜业公司股票资产组合的未来价格决定。只有在安卓斯考根铜业公司的股价比竞争对手表现好时，CEO 才会得到收益。

    　　第二个计划为 CEO 设定了更高的标准，因此这一激励计划中的股票数量比传统计划中的高。假设每个计划所给予的股票数量经过调整，使两个计划的现值相同。你会投票支持哪个计划？请解释。

    参考答案：
    答案可能会有所不同。要考虑的问题是，就 CEO 和股东的激励与薪酬的一致性而言，哪个计划的激励结构最合适。在这方面，两个计划都各有利弊。在股票期权方案 a 中，如果安卓斯考根铜业公司股票的价格上涨，不管上涨是 CEO 的行为造成的，还是 CEO 无法控制的情况（如铜价上涨）的结果，CEO 都会得到补偿。
    另外，看 b 方案，如果 CEO 的行为导致安卓斯考根铜业公司股票的表现超过了铜业公司股票的资产组合，那么他将得到报酬。但是，如果其他铜业公司的 CEO 表现不佳，导致安卓斯考金公司的股票表现好于其他表现平平的公司的 CEO 们的平均水平，那么安卓斯考根铜业公司的 CEO 也会得到奖励。

14. **EVA** 表 12-5 给出了安卓斯考根铜业公司的拉姆福德冶炼厂的简明利润表和资产负债表。
   a. 计算工厂的 EVA。假设资本成本为 9%。
   b. 如表 12-5 所示，工厂在安卓斯考根铜业公司的账面上为 48.32 百万美元。但是，这是个现代化工厂，出售给其他铜业公司的话售价为 95 百万美元。这个事实应该使你计算出的 EVA 发生怎样的变化？

表 12-5 拉姆福德冶炼厂的简明财务报表 （单位：百万美元）

2015 年利润表		2015 年 12 月 31 日资产	
销售收入	56.66	净营运资本	7.08
原材料成本	18.72		
经营成本	21.09	厂房和设备投资	69.33
折旧	4.50	减：累计折旧	21.01
税前收入	12.35	厂房和设备净值	48.32
税@35%	4.32		
净利润	8.03	总资产	55.40

参考答案：
a. EVA = 产生的收入 − (资本成本 × 投资额) = 8.03 − 0.09 × 55.40 = 3.044(百万美元)
b. 这时，投资额应该用工厂总资产的市场价值：
   EVA = 8.03 − 0.09 × 95 = −0.52(百万美元)

15. **EVA** 草药资源是一家小但是很赚钱的公司，专门生产宠物辅食。这个行业不是高技术行业，但是草药资源平均大约有 120 万美元的税后利润，主要来自它的专利——一种使猫不过敏的酶。专利有 8 年的保护期，专利权价值 400 万美元。

   公司的资产包括营运资本 200 万美元，土地、厂房和设备 800 万美元。专利并不出现在公司账面上。假设公司的资本成本为 15%。公司的 EVA 是多少？

参考答案：
EVA = 产生的收入 − (资本成本 × 投资额)
    = 120 − [0.15 × (400 + 200 + 800)] = −90(万美元)

16. **业绩的会计度量** 下面的说法对还是错？简单解释。
   a. 账面盈利性指标是单个资产实际盈利能力的有偏度量。但是，当公司均衡地持有旧资产和新资产的时候，这些偏差就被剔除了。
   b. 如果公司采用的折旧方案与预期经济折旧相匹配，就可以避免账面盈利性的系统性偏差。但是，很少有(如果有的话)公司这样做。

参考答案:
a. 错误。偏差很难消除,即使是在稳定状态。
b. 正确。账面盈利性的偏差可以追溯到资产负债表中记录资产所采用的会计规则和折旧方法。经济折旧可以避免这些系统性偏差,但很少使用。

17. **经济收入** 考虑以下项目:

	年份			
	0	1	2	3
净现金流	−100	0	78.55	78.55

内部收益率为20%。假设资本的机会成本也是20%,NPV就正好等于零。计算每年的预期经济收入和经济折旧。

参考答案:

	年份		
	1	2	3
净现金流	0.00	78.55	78.55
年初的 PV	100.00	120.00	65.45
年末的 PV	120.00	65.45	0.00
价值变化(经济折旧)	20.00	−54.55	−65.45
预期经济收入	20.00	24.00	13.10

18. **业绩的会计度量** 对第11章所描述的生产polyzone的投资,计算其每年的账面盈利性和经济盈利性。利用表11-2中的现金流和竞争性价差,并假设10年直线折旧。

对于生产polyzone的成熟公司,稳定状态下的账面收益率(ROI)是多少?假设无增长和竞争性价差。

参考答案:
在10年直线折旧的假设下,每年的账面盈利、经济盈利和收益率的计算见下表。

对于一个成熟的公司来说,因为工厂可以持续经营10年,"稳定状态"意味着我们正在运营10个工厂,每年我们都会关闭一个工厂,然后开始建设另一个。总的净收入为76美元,这是10年每年的账面收入的总和。同样,总账面投资额为550美元。因此,生产polyzone的成熟公司在"稳定状态"下的账面收益率为:

$ROI = 76/550 = 0.1382 = 13.82\%$

注意,这与8%的经济收益率有很大的不同。

年份	0	1	2	3	4	5	6	7	8	9	10
1. 投资	100										
年末的账面价值		90	80	70	60	50	40	30	20	10	0
2. 价差净收入	0.00	0	38	76	76	76	76	76	76	76	76
3. 生产成本	0	0	30	30	30	30	30	30	30	30	30
4. 运输成本	0	0	0	0	0	0	0	0	0	0	0
5. 折旧		10	10	10	10	10	10	10	10	10	10
6. 其他成本	0	20	20	20	20	20	20	20	20	20	20
7. 净利润(2-3-4-5-6)		-30	-22	16	16	16	16	16	16	16	16
8. 账面收益率		-30.00%	-24.44%	20.00%	22.86%	26.67%	32.00%	40.00%	53.33%	80.00%	160.00%
9. 现金流(7+5)	-100	-20	-12	26	26	26	26	26	26	26	26
10. 年初的PV		99.29	127.23	149.41	135.37	120.19	103.81	86.12	67.00	46.36	24.07
11. 年末的PV		127.23	149.41	135.37	120.19	103.81	86.12	67.00	46.36	24.07	0.00
12. 经济折旧(10-11)		-27.94	-22.18	14.05	15.17	16.38	17.70	19.11	20.64	22.29	24.07
13. 经济收入(9-12)		7.94	10.18	11.95	10.83	9.62	8.30	6.89	5.36	3.71	1.93
14. 经济收益率(13/10)	8.00%	8.00%	8.00%	8.00%	8.00%	8.00%	8.00%	8.00%	8.00%	8.00%	8.00%

19. 业绩的会计度量 现在假设诺德海德新超市的现金流如下：

	年份						
	0	1	2	3	4	5	6
现金流（千美元）	−1 000	+298	+298	+298	+138	+138	+140

a. 计算经济折旧。折旧是加速还是减速？

b. 重新得到表 12-2 和表 12-3，说明以下的关系：（ⅰ）"实际"收益率和账面 ROI；（ⅱ）项目生命期内每一年的实际 EVA 和预测 EVA。

参考答案：

a. 见下表。经济折旧与账面折旧比，是加速折旧。

b. 见下表。

账面收入和账面收益率：

	年份					
	1	2	3	4	5	6
1. 现金流	298	298	298	138	138	140
2. 年初的账面价值	1 000	834	667	500	333	167
3. 年末的账面价值	834	667	500	333	167	0
4. 账面折旧（2−3）	167	167	167	167	167	167
5. 账面收入（1−4）	131	131	131	−29	−29	−27
6. 账面收益率（5/2）	13.11%	15.73%	19.66%	−5.76%	−8.63%	−16.07%
7. EVA（5−2×10%）	31	47.6	64.3	−79	−62.3	−43.7

经济收入和经济收益率：

	年份					
	1	2	3	4	5	6
1. 现金流	298	298	298	138	138	140
2. 年初的 PV	1 000.05	802.06	584.26	344.69	241.16	127.27
3. 年末的 PV	802.06	584.26	344.69	241.16	127.27	0.00
4. 经济折旧（2−3）	197.99	217.79	239.57	103.53	113.88	127.27
5. 经济收入（1−4）	100.01	80.21	58.43	34.47	24.12	12.73
6. 经济收益率（5/2）	0.10	0.10	0.10	0.10	0.10	0.10
7. EVA（5−2×10%）	0.00	0.00	0.00	0.00	0.00	0.00

20. 业绩的会计度量 假设稳定状态的增长率为每年 10%，重新构建表 12-4。你的答案举例说明了一个有趣的原理：当经济收益率和稳定状态的增长率相同的时候，账面收益率等于经济收益率。

参考答案：

商店的账面收入：

购置年份	年份					
	1	2	3	4	5	6
1	-66.80	33.20	83.20	131.20	131.20	131.20
2		-73.48	36.52	91.52	144.32	144.32
3			-80.83	40.17	100.67	158.75
4				-88.91	44.19	110.74
5					-97.80	48.61
6						-107.58
总账面收入	-66.80	-40.28	38.89	173.98	322.58	486.04

商店的账面价值：

购置年份	年份					
	1	2	3	4	5	6
1	1 000.81	834.01	667.21	500.41	333.61	166.81
2		1 100.89	917.41	733.93	550.45	366.97
3			1 210.98	1 009.15	807.32	605.50
4				1 332.08	1 110.07	888.06
5					1 465.29	1 221.07
6						1 611.81
总账面价值	1 000.81	1 934.90	2 795.60	3 575.57	4 266.74	4 860.22
所有商店的账面收益率	-6.7%	-2.1%	1.4%	4.9%	7.6%	10%①

① 这是稳定状态下的收益率。

21. **业绩的会计度量** 俄亥俄建筑产品公司(OBP)正在考虑推出一款新产品，需要初始设备投资 30 800 美元(不需要营运资本投资)。该产品的预期利润如下(单位：美元)。

	第1年	第2年		第1年	第2年
净销售收入	23 337	22 152	税@35%	3 317	1 824
折旧	13 860	16 940	净利润	6 160	3 388
税前利润	9 477	5 212			

第 2 年以后没有现金流，设备没有残值。资本成本为 10%。

a. 项目的 NPV 是多少？
b. 计算第 1 年和第 2 年每年的预期 EVA 和投资收益率。
c. 为什么第 1 年到第 2 年，EVA 会下降，而投资收益率却不变？
d. 计算经济增加值的现值。这一数字与项目 NPV 相比如何？
e. 如果 OBP 对投资采用直线折旧，投资收益率和 EVA 分别是多少？你认为这会提供一个度量接下来业绩的更好标准吗？

参考答案：

a.

	0	1	2
投资	30 800		
净销售收入		23 337	22 152
折旧		13 860	16 940
税前利润		9 477	5 212
税@35%		3 317	1 824
净利润		6 160	3 388
现金流	−30 800	20 020	20 328
NPV	4 200		

b.

	0	1	2
投资	30 800		
净销售收入		23 337	22 152
折旧		13 860	16 940
税前利润		9 477	5 212
税@35%		3 317	1 824
净利润		6 160	3 388
投资的账面价值（期初）		30 800	16 940

采用账面价值，第 1 年的 EVA：$6\,160 - 10\% \times 30\,800 = 3\,080$（美元）

第 1 年的投资收益率：$6\,160/30\,800 = 20\%$

第 2 年的 EVA：$3\,388 - 10\% \times 16\,940 = 1\,694$（美元）

第 2 年的投资收益率：$3\,388/16\,940 = 20\%$

c. 第 1 年到第 2 年，EVA 下降的原因是第 2 年的折旧增加了，净收入减少，投资收益率不变是因为资产的账面价值也减少了。

d. EVA 的现值 $= 3\,080/1.1 + 1\,694/1.1^2 = 4\,200$（美元），等于项目的 NPV。

e. 如果采用直线折旧，

	0	1	2
投资	30 800		
净销售收入		23 337	22 152
折旧		15 400	15 400
税前利润		7 937	6 752
税@35%		2 778	2 363
净利润		5 159	4 389
投资的账面价值（期初）		15 400	15 400

第 1 年的 EVA：$5\,159 - 10\% \times 30\,800 = 2\,079$（美元）

第 1 年的投资收益率：$5\,159/30\,800 = 16.7\%$

第 2 年的 EVA：$4\,389 - 10\% \times 15\,400 = 2\,849$（美元）

第 2 年的投资收益率：$4\,389/15\,400 = 28.5\%$

挑战题

22. **业绩的会计度量** 考虑有如下现金流的一项资产：

	年份			
	0	1	2	3
现金流（百万美元）	−12	+5.20	+4.80	+4.40

公司采用直线折旧。因此，对这个项目来说，每年折旧 400 万美元。贴现率为 10%。
a. 说明经济折旧等于账面折旧。
b. 说明账面收益率每年都相同。
c. 说明项目的账面盈利性就是其实际盈利性。
你刚刚举例说明了另一个原理：如果在项目的生命期内每年的账面收益率都相同，账面收益率就等于 IRR。

参考答案：

	年份			
	0	1	2	3
资产现金流		+5.20	+4.80	+4.40
现金流现值	12	8	4	0
经济折旧		4	4	4
账面折旧		4	4	4
账面收益率		(5.2−4)/12 = 10%	(4.8−4)/8 = 10%	(4.4−4)/4 = 10%
经济收益率		(5.2−4)/12 = 10%	(4.8−4)/8 = 10%	(4.4−4)/4 = 10%

23. **业绩的会计度量** 在诺德海德例子中，实际折旧是减速的。情况并不总是这样的。例如，下表说明了平均起来波音 737 的市场价值是如何随年限而变化的，以及要获得 10% 的收益率，每年需要产生的现金流。（例如，如果第 1 年年初以 19.69 百万美元的价格购买 737，1 年后卖掉，总利润为 17.99 + 3.67 − 19.69 = 1.97（百万美元），即购买成本的 10%。）

很多航空公司对飞机计提折旧时，采用 15 年直线折旧，残值等于原始购买成本的 20%。
a. 计算飞机每年的经济折旧和账面折旧。
b. 比较每年的实际收益率和账面收益率。
c. 假设一家航空公司每年投资固定数量的波音 737，稳定状态下的账面收益率会高估还是低估实际收益率？

起始年	市场价值	现金流	起始年	市场价值	现金流
1	19.69		9	12.05	1.90
2	17.99	3.67	10	11.46	1.80
3	16.79	3.00	11	10.91	1.70
4	15.78	2.69	12	10.39	1.61
5	14.89	2.47	13	9.91	1.52
6	14.09	2.29	14	9.44	1.46
7	13.36	2.14	15	9.01	1.37
8	12.68	2.02	16	8.59	1.32

参考答案：

a 和 b 的答案见下表，其中

经济折旧$_t$ = 市场价值$_{t-1}$ − 市场价值$_t$

账面折旧 = (19.69 − 19.69 × 20%)/15 = 1.05

实际收益率$_t$ = 经济收益率$_t$ = (现金流$_t$ − 经济折旧$_t$)/市场价值$_{t-1}$

账面收益率$_t$ = (现金流$_t$ − 账面折旧$_t$)/账面价值$_{t-1}$

起始年	市场价值	经济折旧	账面折旧	账面价值	现金流	账面收益率	经济收益率
1	19.69						
2	17.99	1.7	1.05	18.64	3.67	13.31%	10.01%
3	16.79	1.2	1.05	17.59	3	10.46%	10.01%
4	15.78	1.01	1.05	16.54	2.69	9.32%	10.01%
5	14.89	0.89	1.05	15.49	2.47	8.58%	10.01%
6	14.09	0.8	1.05	14.44	2.29	8.00%	10.01%
7	13.36	0.73	1.05	13.39	2.14	7.55%	10.01%
8	12.68	0.68	1.05	12.34	2.02	7.24%	10.03%
9	12.05	0.63	1.05	11.29	1.9	6.89%	10.02%
10	11.46	0.59	1.05	10.24	1.8	6.64%	10.04%
11	10.91	0.55	1.05	9.19	1.7	6.35%	10.03%
12	10.39	0.52	1.05	8.14	1.61	6.09%	9.99%
13	9.91	0.48	1.05	7.09	1.52	5.77%	10.01%
14	9.44	0.47	1.05	6.04	1.46	5.78%	9.99%
15	9.01	0.43	1.05	4.99	1.37	5.30%	9.96%
16	8.59	0.42	1.05	3.94	1.32	5.41%	9.99%

c. 稳定状态下的所有飞机的账面价值 = 19.69 + 18.64 + ⋯ + 3.94 = 189.02

账面收入 = 3.67 + 3 + ⋯ + 1.32 − 15 × 1.05 = 15.21

账面收益率 = 15.21/189.02 = 8.05%

实际收益率为 10%，因此账面收益率低估了实际收益率。

第四部分

融资决策和市场有效性

第 13 章　有效市场和行为金融

第 14 章　公司融资综述

第 15 章　公司如何发行证券

第13章 有效市场和行为金融

基础题

1. **市场有效性** 下面哪些陈述是正确的？
   股票价格看起来表现得像连续数值：(a)是随机数；(b)服从有规律的周期；(c)相差一个随机数。

   参考答案：
   陈述(c)是正确的。价格变动相互独立，并遵循"随机漫步"。有效市场理论认为，股票价格的变化必须是随机的和不可预测的。

2. **市场有效性** 填空：
   "有效市场假说有3种形式。检验股票收益率的随机性提供了_____假说的证据。检验股票价格对公开发布的信息的反应提供了_____假说的证据，检验专业管理的基金的表现提供了_____假说的证据。市场有效性是投资者竞争的结果。很多投资者寻找公司业务的新信息，来帮助他们精确地评估股票价值。这样的寻找有助于确保价格反映所有可以获得的信息，也就是说，帮助保持市场的_____有效性。其他投资者研究过去的股价，希望找到周期性的模式，使他们能够获得超额利润。这些研究帮助保证股票价格反映历史股票价格中的所有信息，也就是说，帮助保持市场_____有效性。"

   参考答案：
   弱有效；半强有效；强有效；强；弱

3. **市场有效性** 判断正误：有效市场假说假设
   a. 没有税。
   b. 有完美的预见。
   c. 连续价格变化是独立的。
   d. 投资者非理性。
   e. 没有交易成本。
   f. 预测是无偏的。

参考答案：
a. 错误。有效市场假说认为投资者能阅读财务报表，了解税收的影响。
b. 错误。套利理论认为没有完美预见这样的事情。
c. 正确。
d. 错误。行为金融研究发现，投资者受他们对风险的态度和概率假设的影响，而套利消除了任何盈利机会。
e. 错误。交易成本通常很高。例如，有些交易成本非常高，有些交易是很难操作的。
f. 正确。

4. **市场有效性** 判断正误：
  a. 融资决策比投资决策不容易逆转。
  b. 检验显示，连续价格变化几乎是完全负相关的。
  c. 半强形式的有效市场假说认为股价反映所有公开信息。
  d. 在有效市场中，每只股票的预期收益率都相同。

  参考答案：
  a. 错误。融资决策跟投资决策不同，不需要项目有同样的完成程度，因此更容易逆转。
  b. 错误。实证检验显示，股票价格的变动本质上没有相关性。
  c. 正确。
  d. 错误。单只股票的收益率与以贝塔衡量的股票的市场风险有关。

5. **超额收益率** 对联合沙发股票的 60 个月收益率的分析，得到该股票的贝塔为 1.45，阿尔法为每月 -0.2%。1 个月以后，市场上涨了 5%，联合沙发上涨了 6%，该股票的超额收益率是多少？

  参考答案：
  超额收益率 = 实际收益率 − 预期收益率 = 实际收益率 − ($\alpha + \beta \times$ 市场指数的收益率)
  $= 0.06 - (0.2\% + 1.45 \times 0.05) = -1.05\%$

6. **行为金融学** 判断正误：
  a. 大多数经理人容易过度自信。
  b. 心理学家发现，一旦遭受损失，人们对进一步损失的态度更放松。
  c. 心理学家观察到，预测时人们容易更重视最近发生的事情。
  d. 行为偏差为得到容易的套利利润提供了机会。

  参考答案：
  a. 正确。过度自信是系统性偏差。
  b. 错误。一旦投资者遭受损失，他们往往更担心未来的损失。
  c. 正确。
  d. 错误。理性投资者利用市场无效的能力有限，受到交易成本和借入股票的可能性的限制。

7. **公告效应** 地热公司刚刚得到了好消息：其利润比去年增加了20%。大多数投资者预测增加25%。这个消息公布后，公司的股价会上升还是下降？

    参考答案：
    下降。预期25%的上涨已经反映到股价里了，相对于预期，20%的增长是坏消息。

8. **5个教训** 下面是市场有效性的5个教训，对每个教训给出一个说明该教训与财务经理相关的例子。
    a. 市场没有记忆力。
    b. 相信市场价格。
    c. 看透本质。
    d. 自己动手实现的替代方案。
    e. 窥一斑而见全豹。

    参考答案：
    a. 投资者不应该根据收益的明显趋势或周期来买卖股票。
    b. CFO不应该针对利率或汇率的波动进行投机，没有理由认为CFO掌握了更多信息。
    c. 财务经理评估大客户信誉时，可以考察其股价和负债的收益率，股价下跌或债券收益率高说明以后会有麻烦。
    d. 公司不应为降低风险而进行多元化，投资者自己可以多元化投资。
    e. 如果投资者认为发行人没有私人信息，股票发行价格就不会出现抑价。

9. **异象** 给出2~3个对市场有效性提出质疑的研究结果或事件。简单解释为什么。

    参考答案：
    a. 有证据表明，两只股票有相同的现金流（例如，荷兰皇家壳牌和壳牌运输贸易公司），但股票价格不同。
    b. 小规模公司股票在某个历史时期的风险收益率高于平均水平。
    c. 证据表明，在最初几个交易日之后，有些IPO的收益率相对较低。

进阶题

10. **有效市场** 对以下评论你如何看？
    a. "有效市场，天哪！我知道很多投资者做疯狂的事情。"
    b. "有效市场？胡说八道！我知道至少一打的人在股票市场上赚了大钱。"
    c. "有效市场理论的问题是它忽略了投资者的心理。"
    d. "尽管有很多限制，公司价值最好的指南还是账面价值，它比市场价值稳定，后者依赖于一时的时尚。"

    参考答案：
    a. 个人投资者可以做疯狂的事情，但不会影响市场效率。有效市场中的资产价格是一致价格，也是边际价格。怪人可以免费赠送资产，也可以支付市场价格的两倍来购买资产。可是当他的资产或资金耗尽时，价格将调整到之前的水平（假设他的行为没有释放出新的相关信息）。如果你有幸认识这位怪人，他的损失就是你的收益。但是你最好不要指望这种事情经常发生。幸运的是，有效市场保护了没有这位怪人那么极端的投资者。即使他们交易时是"非理性"的，也能得到公平的价格，因为价格反映了所有信息。

b. 确实，多少人赚了大钱？或者更确切地说，多少人大赚一笔之后又亏了？有些人可能是幸运的，还有些人非常幸运。有效市场并不排除这种可能性。

c. 投资者心理是个难以捉摸的概念，经常被用来解释价格变动，可是引起价格变动的投资者自己也无法解释价格为什么变动。即使真的存在投资者心理，能利用它获利吗？如果某一天投资者心理推高了价格，第二天还会如此吗？还是会让价格降至"真实"水平？几乎没有人能事先告诉你"投资者心理"能做什么。基于投资者心理的理论也不知所云。

d. 稳定的价格有什么好处？条件改变或新信息出现时，这个价格就作废了，你无法以这个价格买卖。市场价格是你现在可以买卖的价格，是它决定了价值。

11. **市场有效性** 对以下评论发表看法：
    a. "随机漫步理论，其启示是投资股票就像轮盘赌，是对我们的资本市场的有力控诉。"
    b. "如果每个人都相信你通过绘制股票价格图就可以赚钱，股价变化就不是随机的。"
    c. "随机漫步理论意味着事件是随机的，但是很多事件并不是随机的。如果今天下雨了，猜测明天可能再下雨也合理。"

    参考答案：
    a. 日常生活中处处都有风险，可能会失业、丧偶，房子也可能遭到暴风雨的破坏。这并不是说就应该辞职、离婚或者卖掉房子。如果承认我们所处的世界是有风险的，那么我们必须接受随着新信息的出现，资产价值会波动。另外，如果资本市场完善，股票价格变动将遵循"随机漫步"。理性投资者对付不确定世界，其结果就是价值的随机漫步。
    b. 为了使这个例子更清晰，假设每个人都相信同样的价格走势图，当价格显示向下的运动趋势时会发生什么？在亏损预期下，投资者愿意持有这只股票吗？当然不。他们开始抛售，股价下跌，直到预期会带来正收益。趋势将"自我毁灭"。
    c. 应用于有效市场时，随机漫步理论的意思是预期结果的波动是随机的。假设明天有80%的可能性下雨（因为今天下雨），那么当地雨伞商店今天的股价就会对明天的高销售额做出反应。这家店的销售额不会遵循随机漫步，但它的股票价格会。因为每天的股票价格都反映了投资者对未来天气和销售量的所有信息。

12. **市场有效性** 下面哪些观察看起来在说明市场非有效？解释这些观察与弱有效、半强有效还是强有效的有效市场假说矛盾。
    a. 免税的市政债券的税前收益率低于纳税的政府债券。
    b. 管理者购买自己公司的股票获得超额收益。
    c. 某个季度的市场收益率与下个季度的总利润变化有正相关关系。

d. 近期内价值异常上涨的股票，未来将继续上涨，关于这点，证据存在争议。
e. 在并购消息宣布前，被收购公司的股票有上涨趋势。
f. 盈利之高超出预期的公司，盈利公告后几个月的股票收益率似乎很高。
g. 平均来看，风险非常高的股票的收益率高于风险低的股票。

参考答案：
理解市场非有效的一种方法，是说市场非有效意味着可以轻松赚钱。以下观察似乎表明市场非有效：

(b) 与市场强有效假说矛盾。市场强有效时，价格反映与公司有关的所有信息，也包括只有管理层才知道的信息，掌握信息的管理者也无法获得超额回报。

(d) 与市场弱有效假说矛盾。市场弱有效时，不可能通过研究股票过去的走势获得超额收益。

(f) 与市场半强有效假说矛盾。市场半强有效时，股价根据新信息立即调整，公司发布盈利公告后，股价立即进行调整，不会等几个月。

13. **超额收益率** 英特尔和康尼格拉的股票截至2012年2月的60个月的阿尔法和贝塔如下。阿尔法用月百分比表示。

	阿尔法	贝塔
英特尔	0.97	1.08
康尼格拉	0.51	0.67

解释如何用这些估计值来计算超额收益率。

参考答案：
首先，把这些估计值代入计算股票预期收益率的市场模型中，然后，用实际收益率减去预期收益率，得到超额收益率：

超额收益率（英特尔公司）= 实际收益率 − (0.97 + 1.08 × 市场指数收益率)

超额收益率（康尼格拉公司）= 实际收益率 − (0.51 + 0.67 × 市场指数收益率)

14. **市场有效性** "如果有效市场假说正确，养老金管理者选择资产组合就是轻而易举的事了。"解释为什么不是这样的。

参考答案：
有效市场假说并不是说投资组合选择就是轻而易举的事，管理者还要完成3项重要工作。第一，她必须确保投资组合是充分分散化的组合。应当注意的是，拥有多只股票并不能确保投资组合是充分分散化的。第二，她必须确保充分分散化的投资组合的风险适合客户。第三，为了利用适合养老金的特殊税法，需要调整投资组合，税法有可能在不增加投资组合的风险情况下提高预期收益率。

15. **5个教训** 两位财务经理——阿尔法和贝塔，正在研究一张展示标准普尔综合指数5年的实际业绩的图。两位经理的公司都想在明年的某个时候发行新股。

阿尔法：我们公司将立即发行。市场周期显然已经到顶，下一步几乎肯定要下降了。

最好现在就发行，股价还比较合适。

贝塔：你太紧张了，我们还要再等等。市场过去1年左右没有什么变动，这是事实，但是这张图清楚地显示出上涨趋势。市场正向更高的阶段发展。

你如何对阿尔法和贝塔说明你的看法？

参考答案：

他们都误以为市场是可以预测的，猜测市场的方向是浪费时间。记住市场有效性的第一课：市场没有记忆。决定何时发行股票时，不应该参考"市场周期"。

16. **套利** 市场有效假说对以下陈述将如何反应？
   a. "我注意到短期利率比长期利率低大约1%，我们必须借短期资金。"
   b. "我注意到日本的利率比美国低。我们将借入日元而不是美元。"

   参考答案：

   有效市场假说认为赚钱没有捷径。因此，这样的机会出现时，我们应该对此抱持怀疑态度。

   a. 在短期利率和长期利率的问题上，相对于长期资金，借入短期资金的风险不同。例如，假设我们需要的是长期资金，但只能借入短期的。短期负债到期时，我们必须以某种方式进行再融资。此时就有可能无法再融资，或者可能以很高的利率再融资。

   b. 针对日元和美元利率问题，不管是借日元还是借美元，都有风险。在借款期内，日元兑美元的汇率可能会发生变动。

17. **市场有效性** 法玛和弗伦奇说明，小市值公司的平均收益率显著高于大市值公司。对这一结果可能的解释是什么？这个结果否认市场有效性吗？简单解释。

   参考答案：

   这确实是否认有效市场假说的证据。市场有效性的关键是市场参与者之间的高度竞争。对于小公司股票来说，竞争水平相对较低，因为主要市场参与者（如共同基金和养老基金）倾向于持有知名大公司的股票。这样，小公司股票和大公司股票基本是在不同的市场上交易，因此小公司效应是市场无效的反映。

   但至少还存在两种可能的情况。首先，差异可能只是巧合。在统计推断中，我们从不证明确定的事实。我们最好做的是在一定置信度下，去接受或拒绝一个特定的假设。因此，无论统计检验的结果是什么，可能小公司效应仅仅是统计偶然性，尽管可能性非常小。

   其次，小市值公司可能存在研究没有度量的某种额外风险。根据现有信息和参与者数量，很难相信美国的任何证券市场都不是很有效。因此，对于小公司效应最可能的解释是，用于估计预期收益率的模型是不正确的，还存在一些尚未确认的风险因素。

18. **超额收益率** 下表第A列是英国FTSE100指数从2013年6月到2015年1月的月收益率。B列和C列是两家公司——高管奶酪和帕丁顿啤酒的股票月收益率。两家公司都在 2015 年 1 月公告盈利状况。计算两只股票在盈利公告月份的平均超额收益率。

月份	市场收益率	高管奶酪收益率	帕丁顿啤酒收益率
2013 年 6 月	-5.6	-3.2	-9.2
7 月	6.5	6.1	7.3
8 月	-3.1	2.0	-6.7
9 月	0.8	0.4	0.5
10 月	4.2	2.7	7.3
11 月	-1.2	-2.3	-4.9
12 月	1.5	1.4	1.8
2014 年 1 月	-3.5	-3.8	-5.0
2 月	4.6	4.0	5.6
3 月	-3.1	-4.2	-5.7
4 月	2.8	1.3	4.5
5 月	1.0	0.9	0.5
6 月	-1.5	-1.4	-0.7
7 月	-0.2	-0.3	-0.8
8 月	1.3	1.6	2.2
9 月	-2.9	-2.4	-6.4
10 月	-1.2	-0.9	-0.8
11 月	2.7	2.3	3.4
12 月	-2.3	-1.7	-2.3
2015 年 1 月	4.0	5.7	4.1

参考答案：
可以有几种方法解决这个问题，所有方法都应该给出大致相同的答案。我们利用 Excel 的回归分析功能来计算每只股票的阿尔法和贝塔。
股票的收益率 = α + (β × 市场指数的收益率) + 误差项
回归结果见下表：

	α	β
高管奶酪	0.117 6	0.78
帕丁顿啤酒	-0.809 5	1.45

高管奶酪在 2015 年 1 月的超额收益率为：
5.7% - [0.117 6% + 0.78 × 4.0%] = 2.46%
帕丁顿啤酒的超额收益率为：
4.1% - [-0.809 5% + 1.45 × 4.0%] = -0.89%

19. **套利的限制** 1997 年 5 月 15 日，科威特政府宣布销售 1.7 亿股 BP 股票，价值 20 亿美元。伦敦股市收盘后，高盛公司被联系，并给了 1 小时用来考虑是否购买该股票。高盛决定购买，出价每股 710.5 便士 (11.59 美元)，科威特政府接受了。然后，高盛公司开始寻找买家。它组织了全球 500 家机构和个人投资者，将所有的股票以 716

便士的价格再次销售了出去。在第2天上午,伦敦股票交易所开盘之前,再次销售就完成了。高盛公司一夜之间赚了1500万美元。[1]

在市场有效性方面,这个交易说明了什么?讨论一下。

参考答案:
市场很有可能是有效的。科威特政府不太可能获得有关BP公司股票的非公开信息。高盛提供的是一种中介服务,应该得到报酬。投资者以(较高的)买价买进股票,以(较低的)卖价卖出,两者之间的差额(0.11美元)是经纪人的收入。当时的美国,1/8(0.125美元)的买卖价差并不罕见。1500万美元的"利润"主要跟订单规模有关,不是错误定价。

20. **泡沫** 激励和代理问题是如何形成证券的错误定价或者泡沫的?请解释,并给出一些例子。

    参考答案:
    所有权和控制权分离,产生的代理成本有可能导致市场扭曲。许多人(明确或隐性地)雇用他人替他们管钱,这些管理者可能没有同样的动机去寻找最好的价格。我们预期在大型市场中这种扭曲产生的影响较小,但可能仍然存在不完善的地方。
    如教材所述,抵押贷款证券市场就是一个例子。银行收取了证券打包的费用,但没有保留所有权风险,它们也许不应该争取充分承销。这可能导致了宽松的信贷条件和房地产市场泡沫。

21. **行为金融学** 很多评论家将次贷危机归咎于"非理性繁荣",你怎么看?简要解释。

    参考答案:
    这是个阐述观点的问题,有不同答案。有些指责可能确实来自那些对住房市场升值和偿还抵押贷款能力过度乐观的借款人。抵押贷款支持证券的购买者可能错误地认为这些工具提供了足够的收益率。其他解释包括信用评级不准确、代理成本问题(贷款发放机构缺乏有效承销贷款的动机)、房利美和房地美的购买活动和政府对它们的隐性支持,以及其他的信息不对称问题。

挑战题

22. **市场有效性** "强有效市场假说很荒谬。看看共同基金X吧,在过去10年中,每一年业绩都很优异。"这种观点对吗?假设X在任何年份业绩优异是偶然的,有50%的概率。

    a. 如果X是唯一的基金,计算它连续10年获得优异业绩的概率。

    b. 现在,美国有接近10 000只共同基金。碰巧在10 000只基金中,至少1只连续10年业绩优异的概率是多少?

---

[1] "Goldman Sachs Earns a Quick $15 Million Sale of BP Shares," *The Wall Street Journal*, May 16, 1997, p. A4.

参考答案：

a. 共同基金 X，每一年业绩都很优异的概率为 0.50。它连续 10 年获得优异业绩的概率为：$0.5^{10}=0.000\,976\,56$。这是个小概率事件。

b. 在 10 000 只共同基金中，没有 1 只基金能连续 10 年都取得业绩优异的概率为：$(1-0.000\,976\,56)^{10\,000}=0.000\,057\,12$。因此，在 10 000 只基金中，至少 1 只连续 10 年业绩优异的概率为：$1-0.000\,057\,12=0.999\,942\,88$。这是几乎确定会发生的。

23. **泡沫** 泡沫破灭后，事后看有些极端的泡沫太明显了。但是，如何定义泡沫？有很多例子，好消息传来，股价上升，之后是坏消息和股价下跌。你能够设定一些规则和程序来区分泡沫和股价的正常起落吗？

参考答案：
很难定义事前规则来识别泡沫，价格偏离内在价值的某个指标，就是发生了泡沫。该领域的研究侧重于流动性过剩、通胀压力、对"基本面"的严格分析，以及其他可能导致价格超过内在价值(不管其含义是什么)的因素。但是，既然我们预计价格会随机漫步，自然这种随机漫步在有时会使价格迅速上升。识别泡沫的过程挺烦人的。

第 14 章 公司融资综述

基础题

1. **资金来源** 判断正误:
   a. 在大多数年份中,美国非金融公司的净股票发行尽管规模小,但是正的。
   b. 美国公司的大部分资本投资是由留存收益和再投资的折旧提供资金来源的。
   c. 在过去 50 年中美国的负债率总体是上升的。

   参考答案:
   a. 错误。美国非金融公司的净股票发行是负的,说明股票回购大于股票发行。
   b. 正确。
   c. 正确。

2. **多数投票** 需要选举 10 位董事,每位股东拥有 80 股股票。在下面两种情况下,每位股东对他(她)喜欢的候选人能够投出的最高票数是多少?
   a. 多数投票
   b. 累积投票

   参考答案:
   a. 多数投票是对每个候选人的单独选举。某股东对任一候选人的最大投票数等于他所拥有的股份数量。假设 1 股可以投 1 票。
   任一候选人的最大票数 = 1 × 80 股 × 1 票/股 = 80 票
   b. 累积投票是一种联合选举,股东可以把所有的选票投给一个候选人。股东能投给单个候选人的最大票数等于:
   投给任一候选人的最大票数 = 10 个空缺职位 × 80 股 × 1 票/股 = 800 票

3. **术语** 用下列术语填空:浮动利率、普通股、可转换、次级、优先股、高级、认股权证
   a. 公司发生违约时,一位债权人的顺序排在公司的其他一般债权人后面,他(她)的贷款被认为是_____债务。

b. 很多银行贷款的利率是_____利率。
c. _____债券可以转换成发行公司的股票。
d. _____给予持有者以事先确定的价格购买发行公司股票的权利。
e. _____的股利只有在公司支付了其_____的股利后才能支付。

参考答案：
a. 次级　　b. 浮动　　c. 可转换　　d. 认股权证　　e. 普通股、优先股

4. **对/错**　判断正误：
   a. 在美国，大部分普通股由个人投资者持有。
   b. 保险公司是金融中介。
   c. 对合伙企业的投资不能公开交易。

   参考答案：
   a. 错误。几乎一半的美国普通股由金融机构（如共同基金、养老基金和保险公司）持有。
   b. 正确。
   c. 错误。投资者可以买卖合伙权。

进阶题

5. **投票权**　假设东部公司发行了有投票权和没有投票权的股票。投资者希望有投票权股票的股东能够利用他们的权利赶走公司的无能管理者。你会希望有投票权的股票价格更高一些吗？请解释。

   参考答案：
   人们认为有投票权的股票价格更高，因为它们拥有有价值的附加利益/责任。

6. **税收**　2015年贝塔公司的毛利润为760 000美元。
   a. 假设公司的融资由普通股和100万美元的负债组成。负债的利率为10%，公司税率为35%。支付了利息和公司所得税以后，普通股股东能够得到的利润是多少？
   b. 现在假设贝塔公司没有发行债务，而是利用普通股和100万美元的优先股的组合来融资。优先股的股利率为8%，公司税率仍为35%。支付了优先股股利和公司所得税以后，普通股股东能够得到的利润是多少？

   参考答案：

a.

	（单位：美元）
毛利润	760 000
负债的利息（100万美元的10%）	100 000
税前利润	660 000
税（35%）	231 000
净利润	429 000
普通股股东可获得的利润	429 000

b.

	（单位：美元）
毛利润	760 000
税（35%）	266 000
净利润	494 000
优先股息（100万美元的8%）	80 000
普通股股东可获得的利润	414 000

7. **公司债务** 下面的哪个特征能够增加公司债券的价值？哪个特征能减少公司债券的价值？
   a. 借款人有权利在到期前偿还贷款。　　b. 债券可以转换成股票。
   c. 债券由房地产抵押贷款做担保。　　　d. 债券是次级债券。

   参考答案：
   a. 减少价值。这是一份期权，借款人只会在对他们有利的时候才会行使这个期权。借款人得到的这份有价值的期权，是以债权人的成本为代价的。因此，这个期权会降低债券的价值。
   b. 增加价值。如果股价下跌，债券持有人没有义务将债券转换成股票，而如果公司的股价上涨，债券持有人就可以将债券换成更有价值的股票。这份期权增加了公司债券的价值。
   c. 增加价值。抵押品为贷款人提供额外的保护。
   d. 减少价值。公司破产时，只有在优先级债务全部偿还后才会偿还次级债务。因此，次级债券的投资者承担了更多风险。

8. **金融危机** 对从 2007 年夏天开始的金融危机，按时间顺序构建重要事件的大事记。你认为金融危机是什么时候结束的？在回答这一问题之前，你可能会想对"进一步阅读"中的文章和书籍进行综述。

   参考答案：
   有不同答案。
   从 2007 年夏天开始的危机，按时间顺序的大事记如下：
   2007 年 6 月：贝尔斯登承诺出资 32 亿美元救助其旗下的对冲基金。
   2007 年 9 月：北岩银行获得英格兰银行的紧急资金。
   2007 年 10 月：花旗集团开始对抵押贷款损失进行一系列减计。
   2007 年 12 月：美联储设定定期资金拍卖额度。
   2008 年 1 月：评级机构威胁降低主要债券发行人 Ambac 和 MBIA 的信用评级。
   2008 年 2 月：经济刺激计划立法。
   2008 年 3 月：JPMorgan 在美联储的支持下收购贝尔斯登。
   2008 年 3 月：SEC 计划禁止裸卖空。
   2008 年 7 月：FDIC 接管 IndyMac 银行。
   2008 年 9 月：雷曼兄弟破产；
   　　　　　　　美国银行收购美林证券；
   　　　　　　　10 家银行接受 700 亿美元的流动资金支持；
   　　　　　　　AIG 被降低了信用评级；
   　　　　　　　RMC 货币市场基金跌破 1 美元；
   　　　　　　　美国国会否决财政部的救助计划。
   2008 年 10 月：9 家大银行同意接受财政部的资本注入；
   　　　　　　　　国会通过修改后的救助计划；

消费者信心创历史最低纪录。
2008 年 12 月：NBER 宣布经济衰退从 2007 年 12 月开始；
财政部向 GMAC 注资 50 亿美元。
2009 年 2 月：财政部宣布资本救助计划；
美联储扩大定期资金拍卖额度。
2009 年 3 月：美联储公布银行压力测试结果。
2009 年 6 月：通用汽车宣布破产。
2009 年 9 月：SEC 批准评级机构管理新规。
2009 年 12 月：美国银行、花旗银行和富国银行偿还 TARP 资金。
2010 年 2 月：SEC 对卖空进行限制。
2010 年 5 月：道琼斯指数下跌 998.5 点，创单日跌幅历史纪录。
2010 年 8 月：新房屋销售量历史最低。
2010 年 10 月：通用汽车在美国历史上最大的 IPO 中融资 231 亿美元。
2010 年 12 月：登记失业率两年来达到最低水平。

9. **金融危机** 我们提到了金融危机的几个原因，你认为还有其他什么原因？在回答这一问题之前，你可能会想对"进一步阅读"中的文章和书籍进行综述。

   参考答案：
   有不同答案。金融危机的所谓原因包括：
   （1）长时间的低利率导致了宽松的信贷条件。
   （2）高杠杆率。
   （3）美国房地产市场泡沫的破裂。
   （4）次级抵押贷款的高违约率。
   （5）抵押贷款支持证券的巨额损失。
   （6）投资不透明的衍生品市场，通过信用违约互换（CDS）损失被放大。
   （7）高失业率。

挑战题

10. **多数投票** 匹克威克纸业的股东需要选举 5 位董事。发行在外的股票数为 200 000 股。在下面的情况下，为保证你能够选出至少 1 位董事，你需要拥有多少股票？
    （a）公司采用多数投票制。 （b）公司采用累积投票制。

    参考答案：
    a. 多数投票制：
    需要的股份数 =（发行在外的股份数/2）+ 1 = 200 000/2 + 1 = 100 001
    b. 累积投票制：
    需要的股份数 =［发行在外的股份数/(公开的席位数 + 1)］+ 1
    =［200 000/(5 + 1)］+ 1 = 33 334

第 15 章 公司如何发行证券

基础题

1. **发行的类型** 下面每种发行方法后面，都列出了两种发行。选择一个更有可能采用这一发行方法的发行。
   a. 配股发行(首次公开发行/进一步出售已经在公开交易的股票)。
   b. 规则144A(国际债券发行/外国公司的美国债券发行)。
   c. 私募(发行已有股票/工业公司的债券发行)。
   d. 暂搁注册(首次公开发行/大型工业公司的债券发行)。
   参考答案：
   a. 进一步出售已经在公开交易的股票。　　b. 外国公司的美国债券发行。
   c. 工业公司的债券发行。　　　　　　　　d. 大型工业公司的债券发行。

2. **定义** 下面每个术语都和所列出的一个事件相联系，将它们匹配在一起。
   a. 最大努力　　　b. 簿记　　　c. 暂搁注册　　　d. 规则144A
   事件：
   A. 投资者向承销商说明他们愿意购买多少新股，他们的意向可以用来帮助确定价格。
   B. 承销商接受的责任只是尽力出售新发行的证券。
   C. 有些发行不需要注册，而可以在合格机构买家之间自由交易。
   D. 在同一次注册下，可以分批发行同一只证券。
   参考答案：
   a. B　　　　　　b. A　　　　　　c. D　　　　　　d. C

3. **定义** 解释以下术语或短语的意思：
   a. 风险资本　　　　　b. 簿记　　　　　c. 承销商价差
   d. 注册说明书　　　　e. 赢家的诅咒

参考答案：
a. 为初创企业融资。
b. 承销商收集对新发行证券的非约束性需求意向。
c. 承销商从公司购买证券的价格和再出售给公众的价格的差异。
d. 向证券交易委员会提交的描述所发行证券的文件。
e. 赢得新发行证券的竞标人容易出价过高。

4. **承销成本** 在下面每组发行中，哪一个的承销和管理成本的比例可能更低一些？
   a. 大规模发行/小规模发行　　b. 债券发行/普通股发行　　c. IPO/增发
   d. 小规模的私募债券/小规模的普通现金发行债券
   参考答案：
   a. 大规模发行　　b. 债券发行　　c. 增发　　d. 小规模的私募债券

5. **股票发行** 判断正误：
   a. 风险资本家提供的第一阶段融资足够弥补所有的发展支出。第二阶段融资一般由 IPO 提供。
   b. 只有当原始投资者出售部分股票时，IPO 抑价才是个问题。
   c. 公司宣布发行新股后，股价一般会下跌。这是由于发行决策所释放的信息造成的。
   参考答案：
   a. 错误。第一阶段融资一般由家庭储蓄和银行贷款提供，天使投资人或者风险资本公司有时提供第二阶段融资，但风险资本公司很少一次性提供全部资金，而是进行阶段性投资。只有少数公司能够继续发展到通过 IPO 来募集资金的阶段。
   b. 错误。抑价有很多原因。首先，很难判断会有多少投资者愿意购买股票；其次，有些投资银行家认为抑价会提升之后的市场交易价格；最后是赢家的诅咒，出价最高的竞标人认为自己出价过高，会调低自己愿意接受的价格。
   c. 正确。

6. **私募** 你要选择公开发行还是私募，在每种情况下都是发行 1 000 万美元面值的 10 年期债务。每种发行的信息如下。
   - 公开发行：债券的利率为 8.5%，以面值发行。承销价差为 1.5%，其他费用为 80 000 美元。
   - 私募：私募的利率为 9%，但是总的发行费用只有 30 000 美元。
   a. 扣除发行费用后的净发行收入相差多少？
   b. 其他情况相同，哪个交易更好？
   c. 除了利率和发行成本，在决定选择哪种发行方式时，你还希望考虑哪些因素？
   参考答案：
   a. 公开发行的净收入 = 10 000 000 × (1 – 1.5%) – 80 000 = 9 770 000（美元）
   　　私募发行的净收入 = 10 000 000 – 30 000 = 9 970 000（美元）

b. 其他情况相同，两种融资方式每年支付的利息不同，计算公开发行节约的利息支付的现值：

$PV = C \times \{1/r - 1/[r(1+r)^t]\}$
$= [(0.09 - 0.085) \times 10\,000\,000] \times \{1/0.085 - 1/[0.085(1+0.085)^{10}]\}$
$= 328\,067(美元)$

（这里采用 8.5% 作为贴现率，是因为市场上投资者以面值购买公开发行的债券，投资者要求的收益率为 8.5%。）

公开发行比私募节约了利息，其现值为 328 067 美元，而发行收入少了 200 000 美元，权衡的结果是公开发行更好。

c. 除了利息和发行成本，在考虑发行方式时，还要考虑发行的方便程度。例如，私募发行更灵活，发行条款更容易协商。

7. **配股发行** 联合啤酒公司正在计划推出无酒精啤酒。为筹集资金，它计划进行配股发行，每 2 股可以 10 美元购买 1 股新股。（公司目前已发行 100 000 股，市场价格为 40 美元/股。）假设新募集的资金将获得合理的收益率。给出以下数值：
   a. 新股的发行数量。   b. 新投资的金额。   c. 发行后公司的总价值。
   d. 发行后股票的总股数。   e. 发行后股票价格。
   f. 配股发行给股东以低于市场价购买一股新股的机会，这个机会的价值是多少？

   参考答案：
   a. 新股的发行数量 = 现有股数/购买一股新股所需要的现有股票数
   $= 100\,000/2 = 50\,000$（股）
   b. 新投资的金额 = 配股融资额 = 新发行股数 × 发行价格
   $= 50\,000 \times 10 = 500\,000$（美元）
   c. 发行后公司的总价值 = 当前价值 + 新投资 = $100\,000 \times 40 + 500\,000 = 4\,500\,000$（美元）
   d. 发行后股票的总股数 = 现有股票数 + 新股票数 = $100\,000 + 50\,000 = 150\,000$（股）
   e. 发行后的股票价格 = 发行后公司的总价值/发行后股票总股数
   $= 4\,500\,000/150\,000 = 30$（美元）
   f. 机会的价值 = $30 - 10 = 20$（美元）

进阶题

8. **定义** 这是一个更进一步的词汇测试，简要解释以下词汇：
   a. 第 0 阶段、第 1 阶段和第 2 阶段融资   b. 附带收益
   c. 配股发行   d. 路演   e. 最大努力发行   f. 合格机构买家
   g. 蓝天法案   h. 绿鞋期权

   参考答案：
   a. 第 0 阶段融资是公司创始人通过个人积蓄和个人贷款来为公司筹资。第 1 阶段和第 2 阶段融资是支持公司创始人的其他渠道的资金来源，一般来自风险投资人。

b. 附带收益是支付给私募股权或风险投资合伙人的投资收益。
c. 配股是向老股东发行新股，与向所有感兴趣的投资者发行新股不同。
d. 路演是向潜在投资者展示公司的情况，目的是观察他们对股票发行的反应，从而估计对新股的需求。
e. 最大努力发行是承销商承诺尽最大可能来销售所发行的证券。
f. 合格机构买家是大型金融机构，按照规则144A可以跟其他合格机构买家交易未注册证券。
g. 蓝天法案是在本州内出售证券的州法律。
h. 绿鞋期权是一项承销协议，承销商有选择权，可以从发行人手中多购买一定数量的股票。

9. **风险投资**
   a. "一个信号只有在有成本时才可信。"解释为什么管理层对玛文公司股权投资的意愿是一个可信的信号。管理层只接受最终所需资本投资的一部分，这个意愿也是可信的信号吗？
   b. "当管理者得到的奖励是不断增加的休闲时间或商务飞机的时候，成本被股东承担了。"解释第一梅里亚姆的一揽子融资方案如何处理这个问题。

   参考答案：
   a. 管理层对玛文公司股权投资的意愿是可信的信号，因为管理团队做好了新公司失败就失去一切的准备，因此传递出的信号是他们的态度是严肃的。接受的风险资本仅满足部分资金需求，管理层就增大了自己的风险，降低了第一梅里亚姆的风险。如果玛文公司的管理层缺乏项目通过第一阶段的信心，这一决定就是不明智的，而且要付出巨大代价。
   b. 玛文公司的管理层同意不接受丰厚的薪酬。管理层的在职消费由股东来承担，在玛文案例中，管理者就是股东。

10. **承销** 在有些英国的IPO中，任何投资者都可以申请购买股票。憨豆先生发现，平均来看，这些股票的抑价为9%，而在有些年份的政策，只允许投资者申请每笔发行的固定比例。令他感到失望和困惑的是，这一政策没有使投资者通过购买新股而得到任何利润。请向他解释为什么会这样。

    参考答案：
    如果憨豆先生竞购抑价股票，他将只能得到所申购股数的一部分。如果他竞购认购不足的股票，其他人不愿意购买，他将得到所申购的全部股数。因此，平均来看，股票可能是抑价购买的，但是考虑到所有股票，可能无利可图。这也称为"赢者的诅咒"。

11. **发行成本** 为什么债务发行成本低于股票发行成本？列出可能的原因。
    参考答案：
    债务发行成本低于股票发行成本，有几个可能的原因：

- 债券的政府管制的合规成本可能更低；
- 债券的风险更低，因此价格波动不如股票剧烈，这降低了错误定价的可能性，从而降低了承销商的风险。

12. **价格影响** 普通股发行会使股价下降，有 3 个原因：a. 需要价格下降来吸收增加的供给；b. 发行带来暂时的价格压力，直到被消化；c. 管理层有股东不知道的信息。更充分地解释这些原因。你认为哪个更可信？有什么方法可以验证是否正确吗？

    参考答案：
    a. 对这个原因的解释：如果需求没有弹性，价格需要大幅下降才能出售更多的股票。只有在投资者认为股票没有替代品（也就是说他们很看重这只股票的独特特征）的情况下，才会出现这种结果。
    b. 对这一原因的解释：价格压力与市场有效性不一致，这意味着新股发行的时候，股票价格先下降再上升。
    c. 如果公司股票被低估，即使放弃好的投资机会，管理者也不愿意发行新股。如果股票被高估，则相反。投资者意识到这一点，因此公司发行新股时会调低股价。当然，股价被低估的公司的管理者更不愿意发行新股，因为他们的行为被错误解读。

    如果(b)是股价下降的原因，那么之后价格会回升。如果(a)是原因，预期价格不会回升，而发行规模越大，股价跌幅越大。如果(c)是原因，价格跌幅将与发行规模有关（假设信息与规模相关）。

13. **抑价** 构造一个简单的例子来说明：
    a. 公司低于市场价格进行现金发行新股，老股东的境遇会变糟。
    b. 公司低于市场价格配股发行新股，即使新股东不希望利用他们的权利，老股东的境遇不会变糟。

    参考答案：
    a. 举例如下：发行新股之前，发行在外的股票有 100 股，每股 10 美元。公司出售 20 股新股，每股 5 美元。那么公司价值增加 $20 \times 5 = 100$（美元）。发行新股之后，每股价值：$(100 \times 10 + 100)/(100 + 20) = 9.17$（美元）。新股东获利 $20 \times (9.17 - 5) = 83$（美元），老股东损失 $100 \times (10 - 9.17) = 83$（美元）。
    b. 举例如下：发行新股之前，发行在外的股票有 100 股，每股 10 美元。公司配股发行 20 股新股，每股 5 美元。每份配股权价值 = $(10 - 5)/(5 + 1) = 0.83$（美元），股东财富 = 股票价格 + 配股权价值 = $9.17 + 0.83 = 10$（美元）。股东财富不受影响。

14. **配股发行** 2012 年，潘多拉盒子公司进行配股发行，每 4 股可以以 5 欧元来购买 1 股新股。发行前，股票数量为 1 000 万股，市场价格为 6 欧元。
    a. 新募集资金的金额是多少？
    b. 配股给股东以低于市场价格购买 1 股新股的机会，这个机会的价值是多少？

c. 发行之后预期股票价格是多少？

d. 在股东不愿意行使他们的权利之前，公司的总价值会下降多少？

参考答案：

a. 新发行股票数 = 现有股票数/购买 1 股新股需要的现有股票数
$$= 10\,000\,000/4 = 2\,500\,000(股)$$
新募集资金金额 = 新发行股票数 × 每股发行价格
$$= 2\,500\,000 \times 5 = 12\,500\,000(欧元)$$

b. 配股权价值 = $(6-5)/(4+1) = 0.2$(欧元)

c. 配股后的股价 = $(10\,000\,000 \times 6 + 12\,500\,000)/(10\,000\,000 + 2\,500\,000)$
$$= 5.80(欧元)$$

之前拥有 4 股老股的股东，其股票价值 $4 \times 6 = 24$(美元)，现在支付 5 美元购买 1 股新股，总价值为 $24 + 5 = 29$(欧元)，现在他拥有 5 股，那么每股价值 $29/5 = 5.80$(欧元)。因此，跟之前相比既没有变好也没有变坏。

d. 股价将下降到发行价格每股 5 欧元。公司总价值为 $10\,000\,000 \times 5 = 50\,000\,000$(欧元)。

15. **配股发行** 问题 14 给出了潘多拉盒子公司配股发行的详细情况。假设公司决定以每股 4 欧元发行新股。需要发行多少新股才能募集到同样多的资金？重新计算问题 14 中的(b)到(d)。说明发行价格为 4 欧元而不是 5 欧元，股东的境遇同样好。

参考答案：

新募集资金金额 = $12\,500\,000$(美元)

需要发行新股数 = $12\,500\,000/4 = 3\,125\,000$

每股新股需要的现有股票数 = $10\,000\,000/3\,125\,000 = 3.2$(股)

b. 配股权价值 = $(6-4)/(3.2+1) = 0.48$(美元)

c. 配股后的股价 = $(10\,000\,000 \times 6 + 12\,500\,000)/(10\,000\,000 + 3\,125\,000)$
$$= 5.52(美元)$$

d. 股价将下降到发行价格每股 4 美元。公司总价值为 $10\,000\,000 \times 4 = 40\,000\,000$(美元)。

16. **现金发行** 假设不是以每股 4 欧元进行配股(见问题 15)，潘多拉盒子公司决定进行普通现金发行，发行价格为 4 欧元。老股东的境遇仍同样好吗？请解释。

参考答案：

老股东会遭受损失。

在发行新股之前，股权价值 = $10\,000\,000 \times 6 = 60\,000\,000$(美元)

现金发行之后股权价值 = $60\,000\,000 + 12\,500\,000 = 72\,500\,000$(美元)

总的股票数量 = $10\,000\,000 + 3\,125\,000 = 13\,125\,000$(股)

每股价值 = $72\,500\,000/3\,125\,000 = 5.523\,8$(美元)

老股东每股损失 0.476 2 美元，新股东每股获利 1.523 8 美元。

17. **发行成本** 假设 2019 年 4 月，范戴克指数公司要进行 IPO，发行 100 股股票。公司出售一半股票，老股东出售另一半，每位老股东都出售他们所拥有的股票的一半。

公开发行价格为每股 50 美元，承销商得到的价差为 7%。发行得到了超额认购，交易第一天，股价上升到 160 美元。

a. 公司得到的发行收入是多少？老股东呢？
b. 承销商得到的佣金是多少？
c. "留在桌上的钱" 金额是多少？
d. 对出售股票的股东来说，抑价的成本是多少？

参考答案：

a. 公司得到的发行收入 $= 50 \times 50 \times (1 - 7\%) = 2\,325$（美元）
   老股东得到的发行收入 $= 50 \times 50 \times (1 - 7\%) = 2\,325$（美元）
b. 承销商得到的佣金 $= 100 \times 50 \times 7\% = 350$（美元）
c. 留在桌上的钱 $= 100 \times (160 - 50) = 11\,000$（美元）
d. 对出售股票的老股东来说，抑价的成本：
   $50 \times [160 - 50 \times (1 - 7\%)] = 5\,675$（美元）

18. **IPO** 参考本章最后附录中玛文公司的招股说明书，回答以下问题：
    a. 如果对新股的需求大大超出预期，承销商能够额外购买多少股？
    b. 在一级发行中出售多少股？在二级发行中呢？
    c. IPO 之后的一天，玛文股票交易价格为 105 美元，抑价程度为多少？与美国 IPO 的平均抑价程度相比如何？
    d. 玛文的新股发行有 3 种成本：承销费用、管理费用和抑价。玛文发行的总货币成本是多少？

    参考答案：

    a. 135 000 股。
    b. 一级发行中出售 500 000 股，二级发行中出售 400 000 股。
    c. 发行价格为 80 美元，如果之后交易价格为 105 美元，抑价了 25 美元，抑价的百分比为 $1 - 80/105 = 24\%$。
    d. 承销费用为 504 万美元，管理费用为 82 万美元，抑价 $900\,000 \times 25 = 22\,500\,000$（美元），即 2 250 万美元，总货币成本为 2 836 万美元。

19. **IPO** 找出最近的一个 IPO 的招股说明书。(a) 该发行的发行成本与玛文比起来如何？(b) 与表 15-3 比起来如何？你能解释差异的原因吗？

    参考答案：

    有不同答案。发行成本不同的可能原因有：
    - 规模大的发行，成本比率较低。
    - 债券发行成本低于股票。
    - 对承销商来说，IPO 涉及的风险比增发新股要高，因此承销商获得更高的费率作为补偿。

挑战题

20. **风险资本**

    a. 为什么风险资本公司喜欢按照阶段来投资？如果你是玛文公司的管理者，你对这样的安排感到高兴吗？事后来看，第一梅里亚姆在不同阶段的投资是赚了还是亏了？

    b. 第一梅里亚姆对玛文进行更多投资的价格没有提前确定。但是玛文公司可以给予第一梅里亚姆按照预定价格购买更多股票的期权，这样会更好吗？

    c. 在第二阶段中，玛文公司试图从另一家风险投资公司募集资金，而不是优先考虑第一梅里亚姆。为了保护自己防止出现这种情况，风险投资公司有时要求对新股发行的优先购买权。你会推荐这一安排吗？

    参考答案：

    a. 风险投资公司喜欢进行阶段性投资，原因是可以激励管理者达到下一阶段，风险投资公司也可以考察在每个阶段项目是否继续具有正的 NPV。玛文公司对这样的安排应该感到高兴，因为这样也能显示出它的信心。事后来看，第一梅里亚姆在不同阶段的投资赚了，因为下个阶段获得同样的股份，其支付的资金更多了，说明其早期的投资升值了。

    b. 这种安排的问题是，尽管玛文公司有动力确保期权被行权，但没有动力最大化所出售的新股的价值。

    c. 如果第一梅里亚姆进行了大笔投资，必须再次进行后续投资，优先投资的权利是有意义的。在实践中，玛文公司与第一梅里亚姆的交易可能是最好的。

21. **拍卖** 解释单一价格拍卖和歧视性拍卖的不同。为什么会喜欢用一种方法出售证券而不是另一种？

    参考答案：

    在单一价格拍卖中，所有成功的竞标人支付相同的价格。在歧视性拍卖中，每位成功的竞标人支付自己的竞标价。人们更喜欢单一价格拍卖，因为单一价格拍卖集中所有的竞标人的信息，减少赢者的诅咒。

22. **稀释** 以下是比萨建筑公司的财务数据：

股价	40 美元/股	公司市场价值	400 000 美元
股票数量	10 000	每股盈利（EPS）	4 美元
账面净值	500 000 美元	投资收益率	8%

    截至目前，比萨建筑的业绩并不突出。它希望发行新股募集 80 000 美元，向一个很有希望的市场进行扩张。比萨的财务顾问认为，发行新股并不是好的选择，因为除了其他原因以外，"以低于每股账面价值的价格出售股票，只会抑制股价，减少股东财富。"为证明这一点，财务顾问给出了下面的例子："假设发行 2 000 股新股，

发行价为 40 美元,将发行收入进行投资。(忽略发行成本。)假设投资收益率不变。那么,

账面净值 = 580 000(美元)

总盈利 = 0.08 × 580 000 = 46 400(美元)

每股盈利 = $\frac{46\ 400}{12\ 000}$ = 3.87(美元)

因此,EPS 下降,每股账面价值下降,股价相应下降到 38.70 美元。

对这一观点进行评价,特别注意数字例子中的隐含假设。

参考答案:

比萨建筑的投资收益率为 8%,假设投资者要求的收益率为 10%。如果发行 2 000 股新股,发行价格为 40 美元,募集资金 80 000 美元,然后投资于预期收益率为 8% 的项目,假设项目带来的收入是永续年金,那么项目的 NPV 为:

−80 000 + (80 000 × 8%)/10% = −16 000(美元)

股价下跌是因为投资了 NPV 小于零的项目,而不是因为以低于每股账面价值的价格出售新股。

如果投资者知道公司将投资于 NPV 小于零的项目导致股价下跌,那么公司就无法以 40 美元的价格出售新股了。因此,这个项目公布后,股价将下跌为:

(400 000 − 16 000)/10 000 = 38.40(美元)

这样,公司应该发行 80 000/38.40 = 2 083(股)新股。

如果股票发行收入的投资收益率为 10%,那么股价将保持不变。

第五部分
PART5

股利政策和资本结构

第 16 章　股利政策
第 17 章　负债策略重要吗
第 18 章　公司应该负债多少
第 19 章　融资与估值

第16章 股 利 政 策

基础题

1. **股利** 2014年,安特吉公司支付定期季度股利每股0.83美元。
   a. 将以下日期连线匹配:
      (A1)7月25日,星期五　　(B1)登记日
      (A2)8月11日,星期一　　(B2)支付日
      (A3)8月12日,星期二　　(B3)除息日
      (A4)8月14日,星期四　　(B4)最后一个带息日
      (A5)9月2日,星期二　　(B5)公告日
   b. 其中的某一天,股价下跌了约0.83美元,是哪一天?为什么?
   c. 2014年8月安特吉股价大约是71美元,股利收益率是多少?
   d. 2014年安特吉的预测盈利为每股5.90美元,股利支付率是多少?
   e. 假设安特吉支付10%的股票股利,股价会怎样?

   参考答案:
   a. A1 – B5;A2 – B4;A3 – B3;A4 – B1;A5 – B2
   b. 在除息日,安特吉股价下跌大约0.83美元,这之后购买股票的投资者不会记入分红名单,不会得到股利。
   c. 股利收益率 = 年度股利/股价 = (0.83×4)/71 = 4.68%
   d. 股利支付率 = 年度股利/EPS = (0.83×4)/5.90 = 0.5627 = 56.27%
   e. 支付10%的股票股利后,发行在外的股票数量增加10%,而公司总价值不变,因此股价将下跌为71/1.10 = 64.55(美元)。

2. **股利政策** 下面是典型公司股利政策的几个"事实",哪些正确?哪些错误?
   a. 公司在决定每年的股利时,先考察资本支出的需要,然后将剩余的现金分配出去。
   b. 管理者和投资者似乎关心股利变化超过股利水平。
   c. 公司短期内盈利水平意外比较高的时候,管理者常常暂时提高股利。

d. 公司进行重大股票回购，常常通过相应减少现金股利来融资。

参考答案：
a. 错误。公司的股利水平与过去的股利水平、当前盈利以及预测的未来盈利水平有关。
b. 正确。股利的变化会向投资者传递某种信息。
c. 错误。股利会被平滑化，盈利意外比较高的时候，管理者很少暂时性地提高经常性股利，而是会支付特别股利。
d. 错误。公司回购股票时也很少减少现金股利。

3. **股利** 海岸盐业公司有多余的现金。其 CFO 决定发起定期股利计划，每股季度股利 1 美元，即每年 4 美元。股利宣布后股价上涨到 90 美元。
   a. 股价为什么上涨？　　b. 股票除息后，价格如何变化？

   参考答案：
   a. 公司宣布增加股利，对投资者是个好消息，投资者知道管理者不愿意减少股利，高管除非对保持盈利水平有信心，否则也不愿意增加股利。因此，股利增加的公告传递的信号是管理者对未来盈利有信心，所以股价会上涨。
   b. 除息日股价将下跌，跌幅大约为所支付的股利，除息日之后购买股票的投资者不享受该股利。

4. **回购** 再看一下问题 3。假设 CFO 宣布以每股 4 美元回购股票，而不是支付现金股利。
   a. 回购宣布后，股价如何变化？你会期望股价上涨到 90 美元吗？简单解释。
   b. 假设公告后立即进行回购，回购会导致股价额外上涨吗？

   参考答案：
   a. 宣布股票回购后，股价不发生变化或者可能小幅上涨，不会涨到 90 美元。宣布股票回购并不是承诺公司会持续回购，可能只说明公司当前盈利比较好，传递的信号不那么强烈。
   b. 宣布回购这一信息会立即反映到股价中，回购不会导致股价再上涨。

5. **股利和股票价格** 回到理性半导体公司的第一张资产负债表。现在假设公司赢了一场官司，得到了 100 万美元的现金，市场价值也升高了这么多。公司决定每股分红 2 美元而不是 1 美元。解释以下情况下公司的股价会如何变化：(a) 以现金股利的形式分红；(b) 进行股票回购。

   参考答案：
   理性半导体公司目前有 200 万美元的现金，其市场价值为 1 200 万美元，每股价值 12 美元，市场价值的资产负债表如下：

   （单位：万美元）

多余的现金	200	负债	0
固定资产和净营运资本	1 000	股权市值(100 万股，每股 12 美元)	1 200
	1 200		1 200

a. 如果以现金股利的形式分红，股票价格将从 12 美元下降为 10 美元。
b. 如果进行股票回购，股价不变。可以回购 2 000 000/12 = 166 667(股)。

6. **股利和股票价格** 再次回到理性半导体公司的第一张资产负债表。假设公司没有赢得官司(见问题 5)，只有 100 万美元是多余的。而公司决定支付现金股利每股 2 美元。如果公司保持负债和投资策略不变，公司应该如何为每股 2 美元的股利融资？股价会如何？

   参考答案：
   如果保持负债和投资策略不变，公司可以发行新股再募集 100 万美元现金，来支付每股 2 美元的股利。股价将下跌 2 美元，新股发行价格为 9 美元，因此公司需要发行新股 1 000 000/9 = 111 111(股)。

7. **股利和股东** 胆小先生很仰慕沃伦·巴菲特，相信伯克希尔-哈撒韦公司是好投资。他想投资 100 000 美元，但有些犹豫，因为伯克希尔-哈撒韦公司从来没有支付过股利。他每年需要 5 000 美元的现金来维持生活。胆小先生应该怎么做？(注意伯克希尔-哈撒韦公司的 A 级股票价格超过每股 100 000 美元，而 B 级股票价格则低得多。)

   参考答案：
   他可以将 100 000 美元投资于伯克希尔-哈撒韦公司的 B 级股票，需要现金时就出售部分股票。

8. **股利和估值** Surf & Turf 酒店是一家成熟公司，但不支付股利。预测明年的盈利为 5 600 万美元，发行在外的股票有 1 000 万股。传统上，公司用盈利的 50% 来回购股票，剩下的进行再投资。有了再投资，公司产生稳定的盈利增长，每年 5%，假设股权成本为 12%。
   a. 利用第 4 章的固定增长 DCF 模型，计算 Surf & Turf 当前的股价。(提示：选择容易的方法，估计总市值。)
   b. 现在，Surf & Turf 的 CFO 宣布从回购转向定期现金股利。明年的股利为每股 2.80 美元。CFO 向投资者保证，公司将继续分配盈利的 50%，再投资 50%。未来所有的分配都以股利的形式进行。Surf & Turf 的股价将变为什么？为什么？

   参考答案：
   a. 利用第 4 章的固定增长 DCF 模型
   公司的总市值 = [明年盈利×(1 - 再投资比率)]/(r-g)
   = [5 600×(1 - 0.50)]/(12% - 5%) = 40 000(万美元)
   股价 = 公司总市值/发行在外的总股票数 = 40 000/1 000 = 40(美元)
   b. 利用固定增长的股利贴现模型
   股价 = DIV_1/(r-g) = 2.80/(0.12 - 0.05) = 40(美元)
   股价不发生变化。

9. **股利和股价** 有一类投资者喜欢支付股利的股票，因为股利提供定期、方便的收入来源。相对于不支付股利而回购股票的公司的股票来说，这些支付股利的股票的价格，会因这些投资者的需求而上涨吗？为什么？

参考答案：

不一定。如果投资者的股利需求得到了满足，任何公司只增加股利支付，并不会因此而提高股价。

10. **股利和税收** 以下美国投资者，哪些因为税收的原因更喜欢通过回购而不是股利来分配现金的公司？哪些不关心？

    a. 养老金
    b. 个人所得税税率在最高等级的个人投资者
    c. 公司
    d. 慈善捐赠基金或大学捐赠基金

    参考答案：

    在美国目前的税收政策下，假设资本利得不能延迟纳税，除了公司，所有投资者都认为回购和股利并没有不同。公司仅对股利收入的30%纳税，所以更喜欢股利。

11. **股利政策** Halfshell海鲜盈利状况依然很不错，但增长变缓。其CFO应该如何决定何时启动向股东的分红计划？CFO应该回答什么问题？

    参考答案：

    进行股利支付决策时，公司的CFO需要回答两个问题。首先是要决定支付多少现金，其次是决定支付现金股利还是回购股票。

    要回答第一个问题，公司要决定有多少多余现金。如果自由现金流为正，负债可控，有足够的现金或借债能力，可以为不可预见的机会提供资金或者弥补意外损失，同时具备这3个条件，就说明公司有多余现金。

    要回答第二个问题，公司必须决定是否存在税收优势或者其他市场的不完美，使得投资者更偏好现金股利或者股票回购。

进阶题

12. **股利和回购** 访问苹果公司的网站，或访问Yahoo! Finance这样的金融网站。

    a. 苹果公司的股利从开始的季度股利每股2.65美元增长了吗？
    b. 最近一次股利的公告日是哪天？
    c. 苹果公司的上一次除息日是哪一天？
    d. 除息日的股价有何变化？什么时候支付了股利？
    e. 苹果公司的股利收益率是多少？
    f. 查找苹果公司明年的预测EPS，股利支付率是多少？
    g. 苹果公司明年计划花费多少资金进行股票回购？总的股利支付率（股利加回购）是多少？

    参考答案：

    有不同答案。

13. **股利政策** 投资者和财务经理更关注现金股利的变化而不是现金股利的水平。为什么？

    参考答案：
    投资者知道管理者不愿意减少股利，除非高管对保持盈利水平有信心，否则也不愿意增加股利。因此，投资者对股利的变化更有兴趣，股利变化是盈利可持续性的重要指标。

14. **股利的信息含量** "股利的信息含量"的意思是什么？请解释。

    参考答案：
    股利的变化传递公司未来盈利状况的信号，股利增加说明管理者对未来盈利有信心，因此投资者和财务经理称之为股利的信息含量。一般来说，股利增加会使股价上升，股利减少会使股价下跌。

15. **股利的信息含量** 股利增加传递的好消息，意思是说公司仅仅通过支付现金股利就能够提高长期股价吗？请解释。

    参考答案：
    从长期来看，公司仅靠支付现金股利是不能提升股价的。公司只有自由现金流为正时才支付股利。经营现金流用于所有正 NPV 的投资后，剩余的是自由现金流。因此，公司必须找到正 NPV 的项目来增加公司价值和提升股价。

16. **股利政策** MM 坚持，分析股利政策应该保持负债和投资政策不变，为什么？请解释。

    参考答案：
    MM 坚持，分析股利政策时应该保持公司的资产、投资和负债不变。在这些条件下，不用考虑投资和负债变化的影响，对股利支付和股票回购进行比较，才能得到股利政策无关理论。

17. **股利和价值** Little Oil 公司发行在外的股票有 100 万股，总市值为 2 000 万美元。预期公司明年支付 100 万美元股利，之后股利将以每年 5% 的速度永续增长。因此，第 2 年的股利为 105 万美元，第 3 年为 110.25 万美元，依次类推。但是，公司听说股价由股利决定，因此宣布明年的股利增加到 200 万美元，多出来的那部分现金在支付股利后立即发行股票来筹集。之后，每年支付的股利跟之前预测的一样，即第 2 年 105 万美元，之后每年按照 5% 的速度增长。

    a. 第 1 年新股的发行价格是多少？
    b. 公司需要发行多少股新股？
    c. 这些新股的预期股利是多少？第 1 年以后老股东得到的股利是多少？
    d. 说明现有股东得到的现金流的现值仍然是 2 000 万美元。

    参考答案：
    a. 首先，当前有 100 万股，总市值为 2 000 万美元，当前股价 P_0 = 2 000/100 = 20（美

元/股)。

根据固定增长的股利贴现模型：$P_0 = DIV_1/(r-g) = 1/(r-5\%)$，得到 $r = 10\%$。
1 年后，公司支付每股 1 美元的股利后，股价 $P_1 = DIV_2/(r-g) = 1.05/(10\% - 5\%) = 21$(美元/股)。
如果 1 年后增加股利支付，每股支付 2 美元股利，那么股价将下降为 20 美元/股，公司以 20 美元/股来发行新股，为多支付的 100 万美元融资。

b. 公司需要发行新股 $100/20 = 5$(万股)。

c. 发行新股后，公司已发行股票共有 105 万股，第 2 年预期股利为 $105/105 = 1$(美元/股)。
第 3 年预期股利为 $110.25/105 = 1.05$(美元/股)，因此老股东得到的股利仍然以 5% 增长。

d. 现有股东得到的每股股利为：第 1 年 2 美元；第 2 年 1 美元；之后以 5% 增长。
因此现有股东的每股价值为：
$$PV = 2/(1+10\%) + [1/(10\%-5\%)]/(1+10\%) = 20(美元)$$
现有股票有 100 万股，因此现有股东得到的现金流的价值为 2 000 万美元。

18. **股利和价值** 在 16.3 节中，我们阐述过，MM 证明股利无关时，假设以合理的价格发行新股。回到问题 17，假设第 1 年发行新股的价格为每股 10 美元，说明谁赚了、谁亏了。股利政策仍然无关吗？为什么？

    参考答案：
    从问题 17 中，我们已经知道第 1 年发行新股的价格应该为 20 美元/股，如果发行价格为 10 美元/股，显然新股东赚了，老股东就亏了。如果公司的投资和负债政策不变，现金股利和增发新股的作用互相抵消，公司股价不受影响，因此股利政策无关。但是如果新股发行价格不合理，股利政策就不再无关了。

19. **股利和估值** 再次回到问题 17。公司每年都支付 50 万美元股利，不增加也不减少，公司的价值是多少？剩余的现金流用来回购股票。假设公司的自由现金流的增长率为 5%，与问题 17 相同。

    参考答案：
    如果公司每年支付 50 万美元现金股利，利用剩余的现金流来回购股票，公司价值不变，因此第 1 年回购股票价格仍为 20 美元/股。

20. **股利 VS 回购** House of Haddock 发行在外的股票有 5 000 股，股价为 140 美元/股。公司预期明年支付每股 20 美元的股利，之后预期以年 5% 的增长率永续增长。现在，公司总裁乔治·米莱宣布了一个意外消息，他说公司从此以后一半现金支付股利，另一半用来回购股票。回购的股票不进行股利分红。

    a. 这个消息公布前和公布后，公司的总价值分别是多少？每股的价值是多少？
    b. 对计划继续持有股票、不会将股票卖回给公司的股东来说，预期每股股利现金流是怎样的？对每股现金流进行贴现，检查你所估计的股票价值是否正确。

参考答案：

a. 消息公布前公司总价值为 5 000 × 140 = 700 000（美元）。

消息公布后公司股价和总价值不变。每股价值仍是 140 美元。

b. 现在股票价值 140 美元，明年股利为每股 20 美元，之后按 5% 增长率增长，根据固定增长的股利贴现模型，得到股权资本成本 $r = DIV_1/P_0 + g = 20/140 + 5\% = 19.3\%$。

第 1 年：

支付股利和回购股票前，股票价格 $P_1 = P_0 \times (1 + r) = 140 \times (1 + 19.3\%) = 167$（美元/股），第 1 年用于回购股票的现金为 5 000 × 10 = 50 000（美元），可以回购股票 (5 000 × 10)/167 = 299（股），用于支付现金股利的资金也是 50 000 美元，剩余股票为 5 000 − 299 = 4 701（股），每股支付现金股利 50 000/4 701 = 10.64（元）。

第 2 年：

公司投资和负债不变，自由现金流增长率仍是 5%，所以第 2 年用于分红和回购股票的现金为 100 000 × (1 + 5%) = 105 000（美元）。

第 1 年分红后股价变为 167 − 10.64 = 156.36（美元/股），第 2 年分红和回购前股价为 156.36 × (1 + 19.3%) = 186.54（美元/股），可以回购股票 52 500/186.54 = 281（股），剩余股票为 4 701 − 281 = 4 420（股），每股支付现金股利 52 500/4 420 = 11.88（美元）。

第 3 年：

第 3 年用于分红和回购股票的现金为 $100\,000 \times (1 + 5\%)^2 = 110\,250$（美元）。

第 2 年分红后股价变为 186.54 − 11.88 = 174.66（美元/股），第 3 年分红和回购前股价为 174.66 × (1 + 19.3%) = 208.37（美元/股），可以回购股票 55 125/208.37 = 265（股），剩余股票 4 420 − 265 = 4 155（股），每股支付现金股利 55 125/4 155 = 13.27（美元）。

……

	第 1 年	第 2 年	第 3 年	……
现金股利	10.64	11.88	13.27	……
现金股利增长率		11.7%	11.7%	……

按照固定增长的股利贴现模型，现在的股价为：

$P_0 = 10.64/(19.3\% − 11.7\%) = 141.44$（美元/股）

（由于四舍五入导致的计算误差，这一结果并不等于 140。）

21. **股利 VS. 回购** House of Herring 公司的主要财务指标如下：

2018 年每股盈利	5.50 美元	计划每股股利	2.75 美元
发行在外的股票数量	4 000 万股	2018 年底股价	130 美元
目标股利支付率	50%		

公司计划在 2019 年 1 月支付所有的股利。所有的公司所得税和个人所得税在

2017年免除。

a. 其他相同，在计划的股利支付之后，公司的股价将变为多少？

b. 假设公司取消了股利，宣布用节省下来的资金回购股票。公告日股票价格发生怎样的变化？假设投资者从公告中无法获得任何公司前景的信息。公司需要回购多少股票？

c. 假设公司将股利增加为每股5.50美元，发行新股来筹集所需的现金。股票含息价和除息价分别是多少？需要发行多少股票？再次假设投资者从公告中无法获得任何公司前景的信息。

参考答案：

a. 2019年1月，计划的股利2.75美元/股支付之后，公司的股价变为130 – 2.75 = 127.25(美元/股)。

b. 公告日股价不发生变化，仍是130美元/股。

公司需要回购的股票数：$(2.75 \times 4\,000)/130 = 846\,154$(股)

c. 含息价仍为130美元/股，除息价为130 – 5.5 = 124.5(美元/股)。

需要发行的股票数：$[(5.50 - 2.75) \times 4\,000]/124.5 = 883\,534$(股)

22. **股利和股东** 对以下评论做出评价："我可以出售股票得到所需现金，这说得很好，但是意味着在市场的最低点出售股票。如果公司定期支付股利，投资者则可以避免该风险。"

参考答案：

题目里所说的风险是投资风险，而不是融资的结果。如果投资者来自股利的资金用于消费，而没有将股利再投资于公司的股票，实际上投资者也是在"出售"公司的权益，在这种情况下，如果之后股价大幅上涨，他同样也会遭受损失。

23. **股利和股票价格** Hors d'Age 奶酪工厂在过去10年间每年都在支付定期股利每股4美元。公司将所有盈利都用于支付股利，预期不再增长。公司有100 000 股股票，股价为每股80美元。公司手头有足够的现金支付明年的年度股利。

假设从第1年开始，公司决定将现金股利减少为零，宣布将回购股票。

a. 股票价格立即会发生怎样的反应？忽略税收，假设回购不传递任何关于经营盈利能力或经营风险的信息。

b. 公司需要回购多少股票？

c. 预测和比较老股利政策与新股利政策下的未来股价，至少做第1~3年的。

参考答案：

a. 如果忽略税收，股票回购公告也不包含盈利和商业风险的信息，那么股价仍然为80美元/股。

b. 根据支付4美元定期股利和股价80美元/股，可以得到股权成本为5%。1年后，回购股票前股价为$80 \times (1 + 5\%) = 84$(美元/股)，回购的股票数：$(4 \times 100\,000)/84 = 4\,762$(股)。

c. 公司的总市值为$80 \times 100\,000 = 8\,000\,000$(美元)，每年产生的收入为400 000美元。

在老股利政策下，公司全部收入都用来支付股利，每股 4 美元，公司支付股利前股价上涨到 84 美元，支付股利后下降为每股 80 美元，股权成本为 5%，每年如此。

在新股利政策下，400 000 美元的收入用来回购股票，第 1 年回购 4 762 股，回购后股价仍为 84 美元。第 2 年回购前股价上涨为 $84 \times (1+5\%) = 88.2$（美元），回购股票数：$400\,000/88.2 = 4\,535$（股）。回购后股价仍为 88.2 美元。第 3 年回购前股价上涨为 $88.2 \times (1+5\%) = 92.61$（美元/股），回购股票数：$400\,000/92.61 = 4\,319$（股）。

在老股利政策下，股东的投资收益来自股利，在新股利政策下，股东的投资来自股价的增长，两种情况下，投资收益率都是 5%。

24. **回购**　《洛杉矶时报》关于股票回购的文章这样写道："越来越多的公司发现，现在能做的最好的投资就是投资自己。"讨论一下这个观点。回购的愿望受到公司前景和股价怎样的影响？

    参考答案：
    如果市场有效，股票回购是 NPV 为零的投资。如果在实物资产投资和股票回购之间进行选择的话，显然，相对于 NPV 为负的项目，股东更喜欢股票回购。《洛杉矶时报》关于股票回购的观点，貌似是在说公司在只有 NPV 为负的项目的情况下，最好进行股票回购。

    对该观点有另一种可能的解释，那就是管理者有内幕消息，认为公司的股价太低了。在这种情况下，股票回购损害了出售股票的股东的利益，而对不出售股票的股东有利。还可以从税收的角度去理解这一观点，那就是回购股票相对于支付现金股利有税收好处。撇开这些问题不谈，也很难说回购股票究竟对公司有何好处。

25. **股利和资本成本**　简要评论以下的说法：
    a. "不像美国的公司，总是受到股东要求增加股利的压力，日本公司只支付盈利的很小一部分作为股利，资本成本更低。"
    b. "不像新资本，需要一系列新的股利支持，留存收益没有成本。"
    c. "如果公司回购股票而不是支付股利，股票数量下降，每股盈利增加。因此，股票回购一定比支付股利更受偏爱。"

    参考答案：
    a. 这一说法是在说公司资本成本等于股利收益率，如果正确的话，不支付股利的公司的资本成本就等于零。这显然是不正确的。
    b. 留存收益率是公司代表股东将资金再投资于公司内部，因此留存收益并不是免费的资本，其成本就是股权成本。
    c. 如果资本利得的税率低于股利的税率，这个说法是正确的。如果不是因为税收的原因，这个说法是不正确的。每股盈利跟偏好股票回购还是股利没有关系。

26. **股利和估值**　慷慨的股利和高市盈率正相关，这是否意味着支付现金股利提升股价，而不是回购股票提升股价？（提示：股利水平会告诉投资者关于长期盈利的信息吗？）

参考答案：
高股利与高市盈率正相关，并不意味着支付现金股利可以提升股价。相关关系并不是因果关系。

第一，高股利股票和低股利股票的市盈率可能不同，因为它们的增长前景不同。假设公司管理者草率地使用留存收益，而谨慎地使用外部资金，投资者对高股利公司的估值更高就是正确的。根源是投资决策的差异，而不是投资者对高股利的偏好，没有哪家公司靠提高股利支付率而获得持续的市场价值提升。

第二，其他因素也会影响公司的股利政策和市场估值。例如，我们知道股东尽可能保持稳定的股利支付率，未来前景不明确的公司会选择保守的股利政策，投资者也可能担心不确定性，因此公司股票的市盈率就会比较低。同样，这反映了股价和股利支付率之间的关联，本质上是股价与风险的关联，而不是股价与股利市场偏好的关联。

第三，高股利支付率可能是一次性的。例如，如果一家公司通常支付盈利的一半作为股利，公司遭遇罢工，盈利减半。这是暂时性的，所以管理层决定仍保持正常的股利水平，因此这一年的股利支付率为100%，不是50%。暂时的盈利下降也影响公司的市盈率。股价也可能会因为当年的盈利水平差强人意而下跌，但不会下跌到罢工前价值的一半。投资者意识到罢工是暂时的，股价与当年的每股盈利的比值上升。在这个例子里，暂时的劳动力麻烦带来了高股利支付率和高市盈率，从而造成了股利政策和市场价值的欺骗性的关联。同样，如果公司暂时有好运气，或者报告的盈利水平低估或高估了作为股利和股价的基础的长期盈利水平，也会造成这种欺骗性的关系。

27. **回购和 EPS** "很多公司利用股票回购提高每股盈利。例如，假设一家公司的情况如下：

净利润	1 000 万美元	市盈率	20
回购前的股票数	1 000 000	股票价格	200 美元
每股盈利	10 美元		

公司现在以每股200美元的价格回购200 000股股票，股票数量下降到800 000股，每股盈利提高到12.50美元。假设市盈率仍然是20，股价一定会升高到250美元。"讨论一下。

参考答案：
这一分析有个问题，就是假设公司回购股票后资产规模减少20%，其净利润仍然保持不变。公司为了回购股票，需要出售部分资产获得现金，回购股票和资产规模减少后，净利润相应减少，每股盈利和市盈率不变，股价也不变。

28. **股利和税收** 中间派认为，股利政策无关紧要，因为为满足投资者的需求，股利高、中和低的股票供给已经进行了调整。喜欢高股利的投资者投资那些能给他们想要的股利的股票。想要资本利得的投资者看到有大量低股利股票可以选择。因此，高股利公司转换成低股利公司无利可图，反之亦是。

假设政府降低了股利的税率，而没有降低资本利得的税率。假设在税率变化之前，股利的供给与投资者的需求是匹配的。你期望税收的变化对美国公司支付的总现金股利有何影响？对高股利和低股利公司的比例的影响呢？在股利供给的调整完成后，股利政策仍然是不相关的吗？请解释。

参考答案：
即使中间派关于股利供给的观点是正确的，我们仍不知道为什么投资者偏好当前的股利水平。因此，我们很难预测税收变化的影响。税收对投资者来说是个重要因素，但不是唯一的。税收政策的变化很有可能改变均衡的股利水平，但很难预测改变的程度有多大。不管怎样，中间派认为，只要公司根据新的均衡调整了股利供给，股利政策又会变得无关。

挑战题

29. **股利政策和股利贴现模型** 考虑以下两种说法："股利政策无关"和"股价是预期未来股利的现值"（见第4章）。这听起来是矛盾的。设计本问题就是为了说明这两种说法是完全一致的。

    查尔斯河矿业公司目前的股价是50美元。明年的每股盈利和每股股利分别是4美元和2美元。投资者预期永续增长率为每年8%。投资者要求的预期收益率$r=12\%$。

    我们可以利用永续增长模型来计算股价：

    $$PV = \frac{DIV}{r-g} = \frac{2}{0.12-0.08} = 50$$

    假设公司宣布将实现100%的股利政策，发行股票来为增长融资。利用永续增长模型说明当前股价不变。

    参考答案：
    在原来的股利政策下，明年分红后，公司的股价为$50 \times (1+8\%) = 54$（美元/股），公司的总价值为$54N$（N为现在的股票数）。在新的股利政策下，将全部盈利都分红，那么多支付2美元/股股利，因此股票价格又减少2美元，而公司新发行$2N$美元的新股来为增长融资，假设发行价格为P_1，发行数量为n，那么：$2N = nP_1$。在新的股利政策下，发行新股后的公司价值为$(N+n)P_1$，与在原来的股利政策下的公司价值相等，因此：$54N = (N+n)P_1$。可以得到$P_1 = 52$。
    假设在新的股利政策下，股利增长率为g，当前股价为P_0，那么：
    $52 = (1+g)P_0$
    $P_0 = 4/(12\% - g)$
    可以得到$g = 4\%$，$P_0 = 50$美元，因此改变股利政策而股价保持不变。

30. **股利和税收** 假设只有3类投资者，税率如下：

	个人	公司	机构
股利	50%	5%	0%
资本利得	15	35	0

个人投资者共投资股票800亿美元,公司投资100亿美元,剩下的被机构持有。所有的3类投资者都只追求税后收入最大化。

这些投资者都从以下3类股票中选择,股票的税前每股股利如下:

	低股利	中等股利	高股利
股利	5 美元	5 美元	30 美元
资本利得	15	5	0

预期这些收益都是永续的。低股利股票的总市值为1 000亿美元,中等股利股票的价值为500亿美元,高股利股票为1 200亿美元。

a. 谁是决定股票价格的边际投资者?
b. 假设边际投资者要求12%的税后收益率。低、中等和高股利股票的价格分别是多少?
c. 计算每组投资者投资3类股票的税后收益率。
d. 每组投资者持有的3类股票的金额是多少?

参考答案:

a. 边际投资者是机构投资者。

b. 根据 $P_0 = DIV_1/(1+r) + P_1/(1+r)$,有 $P_0 = [DIV_1 + (P_1 - P_0)]/r = ($股利 + 资本利得$)/r$

对低股利股票,$P_0 = (5+15)/0.12 = 166.67$(美元/股)

对中等股利股票,$P_0 = (5+5)/0.12 = 83.33$(美元/股)

对高股利股票,$P_0 = (30+0)/0.12 = 250$(美元/股)

c. 对机构投资者来说,每种股票的税后收益率都是12%。

对个人投资者来说

低股利股票的税后收益率 $r = [(0.50 \times 5) + (0.85 \times 15)]/166.67 = 9.15\%$

中等股利股票的税后收益率 $r = [(0.50 \times 5) + (0.85 \times 5)]/83.33 = 8.10\%$

高股利股票的税后收益率 $r = [(0.50 \times 30) + (0.85 \times 0)]/250 = 6\%$

对公司投资者来说

低股利股票的税后收益率 $r = [(0.95 \times 5) + (0.65 \times 15)]/166.67 = 8.70\%$

中等股利股票的税后收益率 $r = [(0.95 \times 5) + (0.65 \times 5)]/83.33 = 9.60\%$

高股利股票的税后收益率 $r = [(0.95 \times 30) + (0.65 \times 0)]/250 = 11.40\%$

d. 每组投资者持有3类股票的金额如下表:

	低股利股票	中等股利股票	高股利股票
个人	800 亿美元		
公司			100 亿美元
机构	200 亿美元	500 亿美元	1 100 亿美元

第 17 章 负债策略重要吗

基础题

1. **自制杠杆** 克拉夫特女士拥有 50 000 股 Copperhead 公司的普通股,市场价值为每股 2 美元,总价值 100 000 美元。公司目前的融资情况如下:

	市场价值
普通股(800 万股)	1 600 万美元
短期贷款	200 万美元

Copperhead 公司现在宣布,它将发行普通股,取代 100 万美元的短期贷款。克拉夫特女士该怎么做,才能保证她得到与之前完全相同比例的利润?

参考答案:

公司资本结构改变之前,克拉夫特女士拥有的股权占比 = 拥有的股份/公司总股份 = 50 000/8 000 000 = 0.625%

公司发行 50 万股普通股,减少短期贷款 100 万美元。

这时,克拉夫特女士可以借款 0.625% × 100 = 0.625 = 6 250(美元),再购买公司新发行的股票,可以购买 3 125 股,共持有该公司 53 125 股股票,仍占公司全部股票数量的 0.625%(53 125/8 500 000)。这样,克拉夫特女士得到与之前完全相同比例的利润。下面验证一下。

	原资本结构	资本结构改变后
公司收入	R	R
利息	200 万美元 × r	100 万美元 × r
净利润	R − 200 万美元 × r	R − 100 万美元 × r
克拉夫特女士的股权收益	0.625% × (R − 200 万美元 × r)	0.625% × (R − 100 万美元 × r)
克拉夫特女士的负债支付的利息	0	0.625% × 100 万美元 × r
克拉夫特女士的总收益	0.625% × (R − 200 万美元 × r)	0.625% × (R − 200 万美元 × r)

2. **杠杆和资本成本** Spam 公司完全由普通股融资，贝塔为 1.0。公司预计产生等额永续的盈利和股利。股票市盈率为 8，股权成本为 12.5%。公司股票价格为 50 美元。现在，公司决定回购一半的股票，用等价值的负债来代替。负债无风险，利率为 5%。公司不需要缴纳公司所得税。假设 MM 是正确的，计算再融资后的以下项目：
   a. 股权成本 b. 总资本成本（WACC） c. 市盈率
   d. 股票价格 e. 股票贝塔

   参考答案：
   a. 根据 MM 理论，有负债时公司的资本成本与无负债时相同，都是 12.5%：
   $$r_A = r_D(D/V) + r_E(E/V)$$
   $$0.125 = 0.05 \times 0.50 + r_E \times 0.50$$
   $$r_E = 20\%$$
   b. 总资本成本将保持在 12.5% 不变。
   c. 公司预计产生等额永续的盈利和股利，意味着 E/P 为 20%。因此，市盈率（P/E）为 5。
   d. 如果 MM 理论是正确的，股价仍为 50 美元。
   e. 债务无风险，其贝塔为零。再融资前后，公司资产贝塔不变：
   $$\beta_A = \beta_D(D/V) + \beta_E(E/V)$$
   $$1.0 = 0 \times 0.50 + \beta_E \times 0.50$$
   $$\beta_E = 2.0$$

3. **杠杆和资本成本** Nothern Sludge 公司的普通股和负债价值分别为 5 000 万美元和 3 000 万美元，投资者当前要求 16% 的普通股收益率和 8% 的负债收益率。如果 Nothern Sludge 公司额外发行 1 000 万美元的普通股，来替代部分负债，股票的预期收益率将如何变化？假设资本结构的变化不影响负债的风险，无税。

   参考答案：
   公司资产收益率为：
   $$r_A = r_D(D/V) + r_E(E/V) = 0.08 \times 3\,000/8\,000 + 0.16 \times 5\,000/8\,000 = 13\%$$
   发行股票替代负债后，如果公司的债务风险不受影响，且无税，那么公司资产收益率不变：
   $$r_A = r_D(D/V) + r_E(E/V)$$
   $$0.13 = 0.08 \times 2\,000/8\,000 + r_E \times 6\,000/8\,000$$
   $$r_E = 14.67\%$$
   股票的预期收益率将从 16% 下降为 14.67%。

4. **杠杆和资本成本** 假设麦克白除斑剂公司只发行了 2 500 美元的负债，回购了 250 股股票。
   a. 重新得出表 17-2，说明每股盈利和股票收益率现在如何随经营收入而变化。
   b. 如果麦克白公司资产的贝塔为 0.8，负债无风险，在负债融资后，股权的贝塔是多少？

参考答案：

a. 发行负债 2 500 美元，以每股 10 美元回购股票 250 股，发行在外的股票为 750 股。
重新计算表 17-2 如下：

经营收入（美元）	500	1 000	1 500	2 000
利息（美元）	250	250	250	250
股权盈利（美元）	250	750	1 250	1 750
每股盈利（美元）	0.33	1.00	1.67	2.33
股权收益率（%）	3.33	10.00	16.67	23.33

b. 在新的资本结构下，负债 2 500 美元，权益为 7 500 美元，
$\beta_A = \beta_D(D/V) + \beta_E(E/V)$
$0.8 = 0 \times 2\,500/10\,000 + \beta_E \times 7\,500/10\,000$
$\beta_E = 1.07$

5. **MM 命题** 判断正误：
   a. MM 命题假设完美资本市场，无扭曲的税收或其他不完美。
   b. MM 第一命题说：公司负债使每股收益增加，但使市盈率下降。
   c. MM 第二命题说：股权成本随负债的增加而增加，与负债公司价值比 D/V 成正比。
   d. MM 第二命题假设增加的负债不影响公司负债的利率。
   e. 如果没有破产风险，负债不增加财务风险和股权成本。
   f. 负债总是增加公司价值，即使存在因为一个理由而喜欢负债的目标客户。

   参考答案：
   a. 正确。
   b. 正确。只要公司的收益大于利息支付，每股收益就会增加，而市盈率下降是因为股权风险增大。
   c. 错误。股权成本随负债权益比 D/E 上升。
   d. 错误。公式 $r_E = r_A + (D/E)(r_A - r_D)$ 不要求 r_D 必须是常数。
   e. 错误。债务放大了股权收益的变化。
   f. 错误。只有喜欢负债的目标客户的需求没有得到满足时，增加负债才会增加公司价值。

6. **杠杆和资本成本** 参考 17.1 节。假设麦克白女士的投资银行家告诉她，因为新发行负债有风险，债权人要求 12.5% 的收益率，比无风险收益率高 2.5%。
   a. r_A 和 r_E 分别是多少？
   b. 假设无杠杆股票的贝塔是 0.6，资本结构变化后的 β_A、β_E 和 β_D 是多少？

   参考答案：
   a. 公司总价值 10 000 美元，负债价值 5 000 美元，权益价值 5 000 美元。
   资产收益率保持 15% 不变，有：
   $r_A = r_D(D/V) + r_E(E/V)$
   $0.15 = 0.125 \times 0.50 + r_E \times 0.50$
   $r_E = 17.50\%$

b. 资产的贝塔不变，即 $\beta_A = 0.6$。

$$\beta_A = \beta_D(D/V) + \beta_E(E/V)$$
$$0.6 = 0.50\beta_D + 0.50\beta_E \tag{1}$$

要求解两个未知数，你需要两个公式。第二个公式需要知道无风险利率，即

无风险利率 $r_f = 12.5\% - 2.5\% = 10\%$

我们知道每单位贝塔的风险溢价一定是恒定的，因此有：

负债的风险溢价/β_D = 股权的风险溢价/β_E

$(0.125 - 0.100)/\beta_D = (0.175 - 0.100)/\beta_E$

$$\beta_E = 3\beta_D \tag{2}$$

将(2)式代入(1)：

$0.6 = 0.50\beta_D + 0.50 \times 3\beta_D$

得到 $\beta_D = 0.3$，$\beta_E = 3\beta_D = 0.9$。

7. **杠杆和资本成本** 注意图 17-5 的两个空白图。在图 17-5a 中，假设 MM 正确，画出财务杠杆(负债权益比)与(1)负债收益率和股权收益率(2)加权平均资本成本的关系。然后假设传统主义者正确，同样画出图 17-5b。

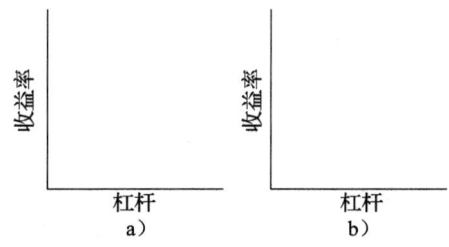

图 17-5 见问题 7

参考答案：

参见教材图 17-3。

8. **杠杆和资本成本** 高乔人服务公司创立时为全股权融资，股权成本 14%。假设公司进行了再融资，市场价值的资本结构如下：

负债(D)	45%	$r_D = 9.5\%$
股权(E)	55%	

利用 MM 第二命题计算新的股权成本。公司边际税率 $T_c = 40\%$，计算公司税后加权平均资本成本。

参考答案：

再融资后的股权成本 $r_E = r_A + (r_A - r_D)(D/E)$
$= 0.14 + (0.14 - 0.095) \times (45/55) = 17.68\%$

税后 $WACC = r_D(1 - T_c)(D/V) + r_E(D/E)$
$= 0.095 \times (1 - 0.40) \times 0.45 + 0.1768 \times 0.55 = 12.29\%$

进阶题

9. **自制杠杆**   公司 A 和 B 只有资本结构不同。A 公司 30% 负债、70% 股权，B 公司 10% 负债、90% 股权。两家公司的负债都没有风险。
   a. 罗森克兰茨拥有 A 公司 1% 的普通股，对他来说，哪些其他投资组合会产生同样的现金流？
   b. 吉尔登斯吞拥有 B 公司 2% 的普通股，对他来说，哪些其他投资组合会产生同样的现金流？
   c. 如果 A 公司的总价值低于 B 公司，罗森克兰茨和吉尔登斯吞都不会投资 B 公司的普通股，请说明原因。

   参考答案：
   a. 这两家公司价值相等，假设都是 V。A 公司负债为 $0.3V$，B 公司负债为 $0.1V$。两家公司的负债利率都为无风险利率 r_f。两家公司的税前收入相同，假设都是 R。
   罗森克兰茨投资 A 公司 1% 的普通股，投资额为 $0.01 \times 0.7V = 0.007V$，得到的未来现金流为：
   $0.01 \times A$ 公司净利润 $= 0.01 \times (R - 0.3Vr_f)$
   罗森克兰茨可以购买 B 公司 1% 的股权，同时借款 $0.01 \times (D_A - D_B) = 0.01 \times (0.3V - 0.1V) = 0.002V$，需要净现金支出 $0.01 \times 0.9V - 0.002V = 0.007V$，得到的未来现金流为：
   $0.01 \times B$ 公司净利润 $- 0.002Vr_f = 0.01 \times (R - 0.1Vr_f) - 0.002Vr_f$
   $= 0.01 \times (R - 0.3Vr_f)$
   因此，投资 B 公司 1% 的普通股、借款 $0.002V$（公司价值的 0.2%）的投资组合与投资 A 公司 1% 的普通股得到相同的现金流。
   b. 吉尔登斯吞投资 A 公司 2% 的股权，并借出资金 $0.02 \times (D_A - D_B) = 0.02 \times (0.3V - 0.1V) = 0.004V$，需要净现金支出 $0.02 \times 0.7V + 0.004V = 0.018V$，与投资 B 公司 2% 的股权所需投资额相同，得到的未来现金流：
   $0.02 \times A$ 公司利润 $+ 0.004Vr_f = 0.02 \times (R - 0.3Vr_f) + 0.004Vr_f = 0.02 \times (R - 0.1Vr_f)$
   与投资 B 公司 2% 的股权得到的未来现金流相同。
   c. 两家公司在未来产生的现金流相同，都是 R，如果 A 公司的价值低于 B 公司，罗森克兰茨投资 A 公司 1% 的股权与替代投资组合相比，所需的投资额低，而未来得到的现金流相同，因此不会投资替代投资组合。同样，吉尔登斯吞会投资替代投资组合，而不会投资 B 公司的普通股，因为替代组合得到的未来现金流相同，而投资额更低。

10. **MM 第一命题**   以下是一首五行打油诗：

    从前有个人叫卡拉瑟斯，
    他养的奶牛乳头很神奇，
    他说，"难道这不精致？

一个乳头产奶酪，

其他的产脱脂乳！"

卡拉瑟斯先生的奶牛和公司融资决策之间有什么类似？正确应用MM第一命题，如何解释卡拉瑟斯先生的奶牛的价值？

参考答案：

公司负债时，实际上将现金流分解为两个部分。MM第一命题指出，投资者可以通过自制杠杆或者通过投资债务和股权的投资组合，从而消除公司杠杆的影响，获得与原来相同的现金流，因此财务杠杆不会影响公司价值。

这和卡拉瑟斯的奶牛很相似。如果将奶油和脱脂牛奶放入同一个桶里，奶牛就没有什么特殊的价值。（如果投资者同时持有债务和股权，公司不会通过将现金流分成两类来增加价值。）同样的道理，如果可以无成本地将全脂牛奶分离成奶油和脱脂牛奶，那么奶牛就没有什么特别的价值。（如果投资者可以自己借钱，公司借款就不会增加价值。）如果消费者想要奶油和脱脂牛奶，如果牛奶不能分解为脱脂牛奶，或者这样做成本很高，那么卡拉瑟斯的奶牛将会有额外的价值。

11. **MM第一命题** 高管粉笔公司只由普通股融资，发行在外的普通股为2 500万股，市场价格每股10美元。现在，公司宣布想发行16 000万美元负债，用发行收入回购普通股。

    a. 公告对公司股票市场价值有何影响？
    b. 用16 000万美元新债发行收入，公司可以回购多少股票？
    c. 资本结构改变后，公司的市场价值（股权和负债）是多少？
    d. 资本结构改变后，负债率是多少？
    e. 谁（如果有的话）获利或损失了？

    参考答案：

    a. 股票的市场价格不受公告的影响。
    b. 回购股票数＝回购股票的金额/股票价格＝16 000/10＝1 600（万股）
    c. 公司的市场价值＝债务价值＋股权价值
    $$= 16\,000 + (2\,500 - 1\,600) \times 10 = 25\,000(万美元)$$
    公司的市场价值不变。
    d. 负债率＝负债价值/（负债价值＋股权价值）＝16 000/25 000＝64%
    e. 没有人从中获利或损失。

12. **MM第一命题** 高管奶酪公司发行了市场价值10 000万美元的负债，发行在外的股票有1 500万股，每股市场价值10美元。现在，公司宣布想再发行6 000万美元的负债，用发行收入回购普通股。债权人看到额外的风险，已有负债的市场价值下降到7 000万美元。

    a. 公告对公司股票市场价值有何影响？
    b. 用6 000万美元新债发行收入，公司可以回购多少股票？
    c. 资本结构改变后，公司的市场价值（股权和负债）是多少？

d. 资本结构改变后，负债率是多少？
e. 谁（如果有的话）获利或损失了？

参考答案：

a. 新发行负债后公司的总价值不变，已有负债市场价值下降 3 000 万美元，那么公司股票的市值增加 3 000 万美元，因此股票的价格上涨到：

股价 = 权益的市场价值/股数 = (1 500×10 + 3 000)/1 500 = 12（美元/股）

b. 回购股数 = 总回购金额/股价 = 6 000/12 = 500（万股）

c. 公司的市场价值 = 负债的价值 + 股权的价值
= (7 000 + 6 000) + (1 500 - 500)×12 = 25 000（万美元）

公司的市场价值不变。

d. 负债率 = 负债价值/(负债价值 + 股权价值) = 13 000/25 000 = 52%

e. 现有债务的投资者损失 3 000 万美元，而股东获利 3 000 万美元。每股股票的价值上涨为：

股票资本利得 = 总收益/股数 = 3 000/1 500 = 2（美元/股）

13. **杠杆和资本成本** 哈伯德宠物食品公司的资金来源中有 80% 普通股、20% 债权。普通股的预期收益率为 12%，债券的利率为 6%。假设债券无风险，画图说明在不同的负债权益比下，公司普通股预期收益率（r_E）与普通股和债券的组合的预期收益率（r_A）。

参考答案：

公司的资本成本为：

$r_A = 0.8 \times 0.12 + 0.2 \times 0.06 = 10.8\%$

根据 MM 第一定理，公司的资本成本不受资本结构变化的影响。

根据 MM 第二定理，股权成本与负债权益比成正比，因此有：

D/E	r_E	r_A	D/E	r_E	r_A
0.00	0.108	0.108	1.00	0.156	0.108
0.10	0.113	0.108	2.00	0.204	0.108
0.50	0.132	0.108	3.00	0.252	0.108

见下图：

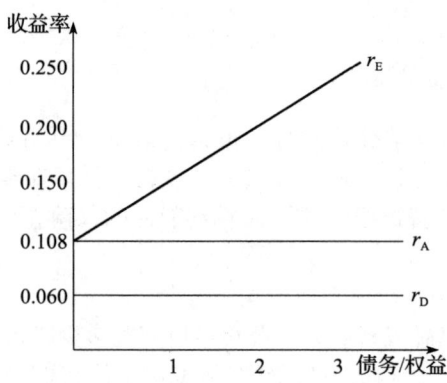

14. **MM 命题** "MM 完全忽略了这一事实,那就是你负债越多,要求的利率越高。"仔细解释这个反对意见是否有效。

    参考答案:
    这个反对意见无效。MM 第二定理允许债务和股权的收益率随负债权益比的增加而增加。债务利率上升是因为债权人承担了更多的风险。财务杠杆增加,普通股的要求收益率也提高。具体请参见教材图 17-2 和相关讨论。

15. **杠杆和资本成本** 说明以下观点错在哪里:
    a. "随着公司负债增加,负债风险变大,股东和债权人都要求更高的收益率。因此,减少负债既降低负债成本也降低股权成本,每个人都变好。"
    b. "适度负债不会严重影响财务困境或破产的概率,因此,适度负债不会增加股东要求的预期收益率。"

    参考答案:
    a. 这个观点表面看起来是正确的,其实不正确,因为没有考虑权重的变化。根据 MM 第一定理,公司的资本成本(r_A)不受资本结构的影响。随着负债权益比的增加,股权成本和债务成本都增加了,但公司的股权比例下降,因此整体效果是公司的资本成本保持不变。
    b. 适度负债并不会严重影响财务困境的概率,但一定会增加股权的波动性(即市场风险),股东承担更高的风险,因此要求更高的平均收益率来补偿。

16. **杠杆和资本成本** 以下每个表述都是错误或至少是误导性的,请解释为什么。
    a. "提供 10% DCF 收益率的资本投资机会是有吸引力的项目,如果它以 8% 利率的负债全部提供资金。"
    b. "公司负债越多,必须支付的利率越高,公司之所以应该在保守的负债水平下运营,这是一种重要原因。"

    参考答案:
    a. 如果这个项目是公司唯一的资产,这将是一笔不错的交易。股东不用出一分钱,因此也不会有任何损失。然而,理性贷款人不会以 8% 的承诺收益率借出 100% 的资产价值,除非公司用其他资产作抵押品。
    有时候,公司会很方便地借到某项投资所需的所有现金。这些投资不足以支持所有额外负债,公司的其他资产向贷款人提供了担保。
    无论在何种情况下,如果公司价值与财务杠杆无关,那么任何资产对公司价值的贡献都与融资方式无关。请注意,该表述还忽略了财务杠杆增加对股东的影响。
    b. 这不是债务保守的一个重要原因。只要 MM 第一命题成立,虽然随着公司借款的增加,利率也在上升,但是公司的总资本成本是不变的。(利率不断提高,说明财务困境的概率增大,这一点很重要。)

17. **负债的目标客户** 你能发明会对投资者有吸引力的新型负债吗?你认为为什么它们没有被发明出来?

参考答案：

教材给出了这类证券的例子，包括可赎回累积优先股和浮动利率票据。请注意，为了取得成功，此类证券必须既能满足监管要求，又能吸引不满意的客户。

18. **杠杆和市场价值**　想象一家公司，预期产生等额经营利润，随着杠杆增加：

    a. 股权的市场价值与税后利润之比会怎样变化？
    b. 分别在（ⅰ）MM 正确和（ⅱ）传统主义者正确的情况下，公司的市场价值与息税前利润之比会怎样变化？

    参考答案：

    a. 随着杠杆增加，股本成本上升。这就是说，随着杠杆的增加，税后收入（即股东有权获得的现金流）与权益价值的比率也会增加。因此，随着杠杆的增加，权益的市值与税后利润的比率会降低。

    b. （ⅰ）假设 MM 正确，公司的市场价值由公司的收入决定，而与收入如何在其证券持有人之间分配无关。同时，公司息税前收入与公司的融资无关。随着杠杆增加，公司的价值和公司息税前收入的价值保持不变。因此，该比值是一个常数。

    （ⅱ）假设传统主义者正确。公司息税前收入与杠杆无关。随着杠杆增加，公司的资本成本先下降后上升。因此，公司的市场价值先上升后下降。随着杠杆的增加，公司的市场价值与公司息税前利润的比率先增加，然后下降。

19. **杠杆和资本成本**　阿基米德杠杆公司由负债和股权混合提供融资，关于其资本成本有以下信息：

$r_E = $ ___	$r_D = 12\%$	$r_A = $ ___
$\beta_E = 1.5$	$\beta_D = $ ___	$\beta_A = $ ___
$r_f = 10\%$	$r_m = 18\%$	$D/V = 0.5$

    请填空。

    参考答案：

    根据 CAPM，我们可以计算 r_E：
    $r_E = r_f + \beta_E(r_m - r_f) = 0.10 + 1.5 \times (0.18 - 0.10) = 22.00\%$
    对负债有：
    $r_D = r_f + \beta_D(r_m - r_f)$
    $0.12 = 0.10 + \beta_D(0.18 - 0.10)$
    $\beta_D = 0.25$
    $r_A = r_D(D/V) + r_E(E/V) = 0.12 \times 0.50 + 0.22 \times 0.50 = 17.00\%$
    $\beta_A = \beta_D(D/V) + \beta_E(E/V) = 0.25 \times 0.50 + 1.5 \times 0.50 = 0.875$

20. **杠杆和资本成本**　回到问题 19。假设现在阿基米德公司回购负债，发行股权，使得 $D/V = 0.30$。负债减少使 r_D 下降到 11%，其他变量如何变化？

参考答案：

根据 MM 第一定理，公司的价值不会因为资本结构的改变而变化，由于预期经营收入不受杠杆变化的影响，因此公司的资本成本也不发生变化。换句话说，r_A 仍为 17%，β_A 仍等于 0.875。但是，债务和股权的风险发生变化，因此其预期收益率将发生变化。如果 r_D 下降为 11%，那么对负债来说：

$$r_D = r_f + \beta_D(r_m - r_f)$$
$$0.11 = 0.10 + (0.18 - 0.10)\beta_D$$
$$\beta_D = 0.125$$

对股权来说：

$$r_A = \left(\frac{D}{D+E} \times r_D\right) + \left(\frac{E}{D+E} \times r_E\right)$$
$$0.17 = 0.3 \times 0.11 + 0.7 \times r_E$$
$$r_E = 19.6\%$$

同样有：

$$r_E = r_f + \beta_E(r_m - r_f)$$
$$0.196 = 0.10 + (0.18 - 0.10)\beta_E$$
$$\beta_E = 1.20$$

21. **杠杆和资本成本** 欧米茄公司有 10 百万股股票，现在市场价格每股 55 美元。公司估计股东预期收益率大约为 12%。公司还发行了 200 百万美元的长期债券，利率为 7%。公司边际税率为 35%。

    a. 欧米茄的税后 WACC 是多少？

    b. 如果欧米茄根本没有负债，WACC 会变高多少？[提示：对这个问题，你可以假设公司总的贝塔(β_A)不受资本结构的影响，或者不受节税的影响，因为负债利息是减税的。]

    参考答案：

    a. $D = 200$ 百万美元，$E = 55 \times 10 = 550$(百万美元)，$V = D + E = 750$(百万美元)。

    税后 $WACC = r_D(1 - T_C)(D/V) + r_E(E/V)$
    $= 0.07 \times (1 - 0.35) \times 200/750 + 0.12 \times 550/750 = 10.01\%$

    c. 如果没有负债，公司的资本成本就是全股权融资时的资产收益率，而资本结构的变化不会影响资产收益率，因此，公司的资产收益率始终等于负债和股权的收益率的加权平均值，也就是税前 WACC：

    税前 $WACC = r_D(D/V) + r_E(E/V) = 0.07 \times 200/750 + 0.12 \times 550/750 = 10.67\%$

22. **杠杆和资本成本** 伽马航空公司的资产贝塔为 1.5。无风险利率为 6%，市场风险溢价为 8%。假设资本资产定价模型正确。伽马航空的边际税率为 35%。画图，画出伽马航空的股权成本和税后 WACC 与负债权益比 D/E 的函数关系，从无负债开始到 $D/E = 1.0$。假设伽马的负债在 $D/E = 0.25$ 之前都是无风险的，然后 $D/E = 0.5$ 时利率上升到 6.5%，$D/E = 0.8$ 时上升到 7%，$D/E = 1.0$ 时上升到 8%。与问题 21 一样，你可以假设公司总的贝塔(β_A)不受资本结构的影响，或者不受节税的影响，因为负债利息是减税的。

参考答案：

根据 CAPM，公司资产贝塔 β_A 为 1.5，那么资产收益率：

$r_A = r_f + \beta_A(r_m - r_f) = 0.06 + 1.5 \times 0.08 = 0.18$

而 $r_A = r_D(D/V) + r_E(E/V)$，因此 $r_E = r_A + (r_A - r_D)(D/E)$。

已知 r_A 和 r_D，在不同的 D/E 下，可以计算出 r_E。然后，再计算税后 WACC：

税后 $WACC = r_D(1 - T_C)(D/V) + r_E(E/V)$

结果如下表所示。

D/E	r_A	r_D	r_E	税后 WACC
0.00	0.18	0.06	0.180 0	0.180 0
0.05	0.18	0.06	0.186 0	0.179 0
0.10	0.18	0.06	0.192 0	0.178 1
0.15	0.18	0.06	0.198 0	0.177 3
0.20	0.18	0.06	0.204 0	0.176 5
0.25	0.18	0.06	0.210 0	0.175 8
0.30	0.18	0.061	0.215 7	0.175 1
0.35	0.18	0.062	0.221 3	0.174 4
0.40	0.18	0.063	0.226 8	0.173 7
0.45	0.18	0.064	0.232 2	0.173 0
0.50	0.18	0.065	0.237 5	0.172 4
0.55	0.18	0.066	0.242 7	0.171 8
0.60	0.18	0.067	0.247 8	0.171 2
0.65	0.18	0.068	0.252 8	0.170 6
0.70	0.18	0.069	0.257 7	0.170 1
0.75	0.18	0.069	0.263 3	0.169 7
0.80	0.18	0.07	0.268 0	0.169 1
0.85	0.18	0.072 5	0.271 4	0.168 3
0.90	0.18	0.075	0.274 5	0.167 6
0.95	0.18	0.077 5	0.277 4	0.166 8
1.00	0.18	0.08	0.280 0	0.166 0

股权成本和税后 WACC 与负债权益比 D/E 的函数关系如下图所示。

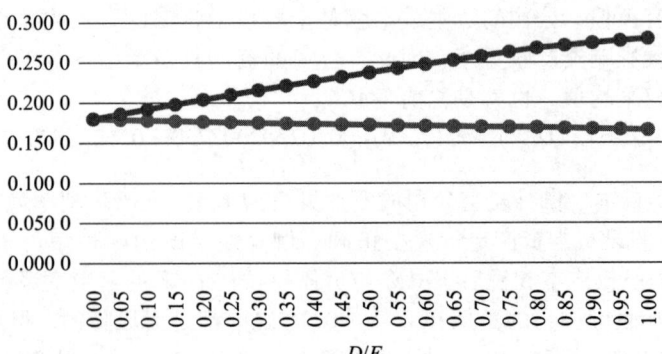

挑战题

23. **投资者选择**
    考虑以下 3 张选票：如果_____当选总裁，A 选票支付 10 美元；如果_____当选总裁，B 选票支付 10 美元；如果都没有当选，C 选票支付 10 美元。（自己填空。）这 3 张选票能够低于现值 10 美元出售吗？它们能够卖得更高吗？试着拍卖这些选票。这对 MM 第一命题有何启发？

    参考答案：
    忽略资金的时间价值。3 个事件只有一个事件会发生，持有 3 张选票能确定得到收益 10 美元。因此，这 3 张选票加在一起，价值不可能低于 10 美元。但是，如果拆分出售，总的售价可能超过 10 美元。如果支持某位候选人的选民对选票的需求得不到满足，就会出现某张选票价格比较高的情况。如果出现这种情况，那么 MM 第一命题就不成立了。

24. **投资者选择** 人们常常用各种超市的类比来表达 MM 命题背后的思想，例如，"馅饼的价值应该不由如何分决定"，或者"整只鸡的成本应该等于买两只鸡腿、两个鸡翅、两片鸡胸等组合起来的成本"。

    实际上，第一命题不适用于超市。你买一整张没切的馅饼，比单独买几片再组合起来，付的钱要少。超市卖切好的鸡，收费更高。为什么？什么成本或不完美使第一命题不适用于超市？这些成本或不完美对公司在美国或世界资本市场发行证券很重要吗？请解释。

    参考答案：
    有些顾客可能只想要鸡腿，他们可以买一整只鸡，切割开，然后在超市的停车场卖掉其他部分。这样做的成本太高。对这家商店来说，把鸡切成小块分开卖效率高得多。但这也有成本，因此可以观察到，超市在把鸡切成小块卖收取的费用更高。
    同样的思考也会影响金融产品。但是，
    a. 公司重新包装现金流的相应成本一般情况下都很小。
    b. 投资者也可以自己付出很小的成本重新包装现金流。事实上，专业金融机构的成本往往比公司自己的成本要低。

25. **投资者选择** 假设新证券设计可以受到专利保护。专利持有人可能限制新设计的使用，或者向使用这个设计的其他公司收取专利使用费。这样的专利对 MM 资本结构无关理论有何影响？

    参考答案：
    能够识别到不满意客户，然后设计满足客户需求的金融服务或工具的公司，可以违反 MM 的资本结构无关理论，提高企业价值。但是，如果有一位金融创新者成功地做到了这一点，其他的人也会效仿，最终 MM 理论又会变得有效。
    如果金融创新可以获得专利，那么创新者就可以限制其他财务管理者使用，利用创新持续创造价值。因此，在专利的生命期内，MM 的资本结构无关理论可能就不成立。

第 18 章 公司应该负债多少

基础题

1. **税盾** 利息税盾的现值通常写作 T_cD,其中 D 是负债金额,T_c 是公司边际税率。在什么假设条件下,这个现值是正确的?

   参考答案:
   税率固定、债务金额固定并且是永续的,投资者对利息和股权收入所缴纳的个人所得税税率相同,在满足以上假设的条件下,税盾现值写作 T_cD 才是正确的。

2. **税盾** 以下是联合煎锅公司(UF)的账面价值和市场价值的资产负债表:

账面价值			(单位:美元)
净营运资本	20	负债	40
长期资产	80	股权	60
	100		100

市场价值			(单位:美元)
净营运资本	20	负债	40
长期资产	140	股权	120
	160		160

   假设有税的 MM 理论成立。公司无增长,40 美元负债为永久性负债。假设公司税率为 40%。
   a. 在公司价值中,负债产生的税盾价值占多少美元?
   b. 如果公司多借 20 美元债务,用来回购股票,UF 的股东财富将增加多少美元?

   参考答案:
   a. 税盾价值 = T_cD = 0.40 × 40 = 16(美元)
   b. 权益增加的价值 = T_c × 负债增加额 = 0.40 × 20 = 8(美元)

3. **税盾** 如果公司税率 $T_c = 0.35$，个人税率 $T_p = 0.35$，股东得到的所有股权收入都是资本利得并全部避税（$T_{pE}=0$），公司负债的相对税收优势是什么？如果公司决定支付现金股利作为股权收益，税率为15%，相对税收优势如何变化。

   参考答案：
   公司负债的相对税收优势为：$(1-T_p)/[(1-T_{pE})(1-T_c)]$
   如果公司税率 $T_c = 0.35$，个人税率 $T_p = 0.35$，股东得到的所有股权收入都是资本利得并全部避税（$T_{pE}=0$），那么负债的相对优势为1，也就是没有相对优势。如果公司决定支付现金股利作为股权收益，税率为15%，相对优势为1.18，债务的税收优势增大。

4. **税盾** "公司不能利用利息税盾，除非它有纳税收入要保护。"这个论断对负债策略有何启发？简单解释。

   参考答案：
   没有应税收入的公司不需要缴税，因此不用通过借款的利息费用来避税。利息费用只会增加税收损失的结转，因此没有应税收入时没有动力利用负债利息税盾。

5. **财务困境** 这个问题测试你对财务困境的理解。
   a. 破产的成本是什么？仔细定义这些成本。
   b. "即使不破产公司也会发生破产成本。"解释这为何会发生。
   c. 解释债权人和股东的利益冲突如何导致财务困境成本。

   参考答案：
   a. 财务困境的直接成本是破产的法律和管理费用。间接成本包括可能的清算延迟（如美国东航的例子）、解决破产过程中的投资不足或经营决策带来的损失。此外，破产威胁也有成本。
   b. 如果财务困境增加了违约的可能性，经理人和股东的激励就会发生改变，这可能导致糟糕的投资或融资决策。
   c. 参见答案5（b）。阅读教材18.3节中"游戏"的例子。

6. **破产** 2015年2月28日，PDQ计算机公司宣布破产，股价从3.00美元下跌到0.50美元。发行在外的股票有1 000万股。这意味着破产成本是 $1\,000 \times (3.00-0.50)=2\,500$（万美元）吗？请解释。

   参考答案：
   不一定。破产公告传递了公司盈利状况不佳或前景黯淡的信息，因此公司价值减少。但是，股价下跌的部分原因是预期发生破产成本。

7. **权衡理论** 传统最优资本结构理论认为，公司权衡负债带来的利息税盾的好处和可能的财务困境成本。这个理论预测，账面盈利性和目标账面负债率的关系是什么？这个理论的预测与事实一致吗？

   参考答案：
   很多盈利公司会有更多的应税收入需要保护，并且不太可能发生财务困境成本，因此，权衡理论预测盈利公司(账面)负债率会比较高。而实际上，盈利较高的公司负债最少。

8. **负债率** 拉詹和津加莱斯确定了4个变量，似乎能够解释几个国家的负债率的差别。这4个变量是什么？

    参考答案：
    这4个变量是规模、有形资产、盈利能力和市净率。对于大公司和拥有更多有形资产的公司来说，负债率往往更高。相反，盈利能力更强和市净率更高的公司，其负债率更低。

9. **啄序理论** 为什么信息不对称使公司通过负债而不是发行普通股来筹集外部资金？

    参考答案：
    公司发行证券时，外部投资者担心管理层可能有对他们不利的信息。如果是这样，这些证券可能会被高估。跟股权相比，投资者对债券价格高估的担心要少得多。债券比股票更安全。如果之后有负面消息传出，债券价格受到的影响也较小。
    有借款能力的公司(不会发生大量财务困境成本)一般通过负债筹集外部资金。发行股票会被投资者解读为"坏消息"，新股票只能在之前市场价格的基础上折扣出售。

10. **啄序理论** 填空。根据啄序理论，
    a. 公司的负债率由_____决定。
    b. 负债率与过去的盈利性有关，因为_____。

    参考答案：
    a. 公司的负债率由<u>累积的外部融资需求</u>决定。
    b. 负债率与过去的盈利性有关，因为<u>盈利能力较强的公司更多地依赖内部现金流，需要的外部融资较少</u>。

11. **财务宽松** 对哪类公司来说，财务宽松最有价值？应该发行负债并将债务发行收入支付给股东，以此降低财务宽松，存在这样的情况吗？请解释。

    参考答案：
    对于拥有良好的但不确定的投资机会的成长型公司来说，财务宽松非常有价值。财务宽松意味着正的 NPV 投资项目可以迅速筹集到资金。但过多的财政宽松会使成熟公司过度投资。增加负债可以强迫这些公司向投资者支付现金，从而减少公司过度投资。

进阶题

12. **税盾** 计算以下3笔负债所产生的利息税盾现值。只考虑公司税，边际税率 $T_c = 0.35$。
    a. 1 000美元1年期贷款，利率8%。

b. 5年期贷款，1 000美元，利率8%。假设到期偿还本金。

c. 1 000美元永续负债，利率7%。

参考答案：

a. 税盾的现值 $= T_c(r_dD)/(1+r_D)$
$= [0.35 \times (0.08 \times 1\,000)]/(1+0.08) = 25.93(美元)$

b. 税盾的现值 $= \sum_{i=1}^{5}[0.35 \times (0.08 \times 1\,000)]/(1+0.08)^i = 111.80(美元)$

c. 税盾的现值 $= T_cD = 0.35 \times 1\,000 = 350(美元)$

13. **税盾** 假设国会设定的利息和股利的最高等级的个人所得税税率为35%，最高等级的已实现资本利得税税率为15%。公司所得税税率为35%。如果(a)所有的资本利得立刻实现；(b)资本利得永远延迟。假设资本利得占股权收入的一半。计算债权投资所要交纳的公司税和个人税与股权投资纳税额的差额。

参考答案：

1美元的债权投资收入，总税收 = 公司税 + 个人税 = $0 + (0.35 \times 1) = 0.35$(美元)

1美元的股权投资收入，假设所有的资本利得立刻实现，

总税收 = 公司税 + 个人税
$= (0.35 \times 1) + \{0.5 \times 0.35 \times [1-(0.35 \times 1)]\} + \{0.5 \times 0.15 \times [1-(0.35 \times 1)]\}$
$= 0.512\,5(美元)$

1美元的股权收入，假设资本利得永远延迟，

总税收 = 公司税 + 个人税
$= (0.35 \times 1) + \{0.5 \times 0.35 \times [1-(0.35 \times 1)]\} = 0.463\,8(美元)$

14. **税盾** "MM论证的麻烦是它忽略了这样的事实，就是个人缴纳个人所得税时利息支出不能减免纳税"，如果利息和股权收入的个人税率相同，说明为什么这一条不是反对意见。

参考答案：

考虑有负债公司，假设该公司拥有永久的预期现金流 X，负债的利率是 r_D，个人和公司的所得税率分别为 T_p 和 T_c。股东每年的现金流为：

$(X-r_DD)(1-T_c)(1-T_p)$

因此，股权价值为：

$$V_L = \frac{X(1-T_c)(1-T_p)}{r(1-T_p)} - \frac{r_DD(1-T_c)(1-T_p)}{r_D(1-T_p)} = \frac{X(1-T_c)}{r} - D(1-T_c)$$

其中 r 是全股权公司的资本机会成本。如果股东以相同的利率 r_D 借款 D，并投资于全股权公司，他们每年得到的现金流为：

$X(1-T_c)(1-T_p) - r_DD(1-T_p)$

那么，股权价值为：

$$V_U = \frac{X(1-T_c)(1-T_p)}{r(1-T_p)} - \frac{r_DD(1-T_p)}{r_D(1-T_p)} = \frac{X(1-T_c)}{r} - D$$

假设公司资产相同,股东财富的差异:

$$V_L - V_U = DT_c$$

这就是由 MM 理论预测的股东财富的变化。

如果个人纳税时利息支出不能抵税,那么

$$V_U = \frac{X(1-T_c)(1-T_p)}{r(1-T_p)} - \frac{r_D D}{r_D(1-T_p)}$$

$$V_L - V_U = \frac{r_D D - r_D D(1-T_c)(1-T_p)}{r_D(1-T_p)} = DT_c + \frac{DT_p}{1-T_p}$$

因此,当个人支付的利息不允许扣除纳税时,有负债公司的股权价值相对较大。

15. **税盾** 回头再看一下 18.1 节中强生公司的例子。假设强生增加其长期负债到 300 亿美元,利用增加的负债来回购股票。在新资本结构下重建表 18-4B。如果表中的假设正确,强生公司的股东增加了多少价值?

参考答案:

长期负债增加:30 000 – 13 152 = 16 848(百万美元)

公司所得税税率为 35%,所以,公司价值增加,增加值为税盾价值:

0.35 × 16 848 = 5 897(百万美元)

公司的市场价值变为:332 124 + 5 897 = 338 021(百万美元)

股权的市场价值变为:299 600 – 16 848 + 5 897 = 288 649(百万美元)

利息税盾的现值变为:4 603 + 5 897 = 10 500(百万美元)

表 18-4B 重构为:

(单位:百万美元)

		账面价值	
净营运资本	36 991	长期负债	30 000
长期资产	72 124	其他长期债务	19 372
		股权	59 743
总净资产	109 115	总价值	109 115
		市场价值	
净营运资本	36 991	长期负债	30 000
利息税盾的现值	10 500	其他长期债务	19 372
长期资产	290 530	股权	288 649
总净资产	338 021	总价值	338 021

强生公司的股东价值增加了税盾价值 5 897 百万美元。

16. **代理成本** 在 18.3 节中,我们简单了解了 3 个游戏:拖延时间、套现开溜和诱导转向。

对每个游戏,构造一个简单的数字例子(像风险转移游戏中的例子那样),说明股东如何以债权人利益为代价而获利。然后解释玩这些游戏的诱惑如何会导致财务困境成本。

参考答案：
假设循环文件公司的资产负债表如下：

（单位：美元）

账面价值			
净营运资本	20	债券	50
固定资产	80	普通股	50
总资产	100	总价值	100
市场价值			
净营运资本	20	债券	25
固定资产	10	普通股	5
总资产	30	总价值	30

a. 拖延时间

假设循环文件公司放弃 10 美元的资本投资，新的资产负债表如下：

市场价值			（单位：美元）
净营运资本	30	债券	29
固定资产	8	普通股	9
总资产	38	总价值	38

在这种情况下，股东的价值增加，但很明显，公司的竞争能力被削弱了。

b. 套现开溜

假设公司支付 5 美元股利：

市场价值			（单位：美元）
净营运资本	15	债券	23
固定资产	10	普通股	2
总资产	25	总价值	25

在这种情况下，普通股的价值应该降为零，显然债券投资者承担了部分损失而补贴了股东。

c. 诱导转向

市场价值			（单位：美元）
净营运资本	30	新发行的债券	20
固定资产	20	以前发行的债券	20
总资产	50	普通股	10
		总价值	50

17. **破产成本** 考察一些资产类型不同的实际公司。每家公司在发生财务困境时会遇到什么经营问题？资产保持价值的能力如何？

参考答案：
不同的公司答案不同。教材第 18.3 节考虑了很多重要问题。财务困境成本包括破产成本（直接的和间接的）、客户流失以及商业风险承受能力下降。

18. **代理成本** 让我们回到循环文件公司的市场价值资产负债表：

净营运资本	20	25	债券
固定资产	10	5	普通股
总资产	30	30	总价值

在以下举措中，谁赚了？谁亏了？
a. 循环文件公司积攒了 5 美元，支付现金股利。
b. 循环文件公司停业，出售固定资产，将净营运资本变现 20 美元。遗憾的是，固定资产在二手市场上只出售了 6 美元。这 26 美元投资于国库券。
c. 循环文件公司遇到一个可接受的投资机会，$NPV = 0$，需要投资 10 美元。公司用负债为这个项目融资。新债务的担保、优先等级与老债务相同。
d. 假设新项目的 $NPV = +2$ 美元，发行优先股融资。
e. 贷款人同意延长贷款期限，从 1 年延长到 2 年，以便给循环文件公司复苏的机会。

参考答案：
a. 股东赚了。用于担保债券的资产价值下降，因此债券价值下降。
b. 如果现金是投资于短期国库券，债券持有人赚了。债券持有人得到 26 美元以及国库券投资的利息。股东损失，因为公司价值不可能上升。
c. 债券持有人亏了。公司的资产和债券同时增加了 10 美元，公司的负债比率将上升，债券持有人承担更多风险。老债券持有人的损失就是股东的收益。
d. 股东和债权人都赚了。他们共享公司的价值增值。优先股的优先等级低于债券，因此债券持有人不会因为发行优先股受到不利影响（假设优先股的发行不会导致更多的博弈，新投资不会使公司的资产更安全或风险更高）。
e. 股东赚了。债券持有人亏了，因为他们承担风险的时间长了。

19. **代理成本** 萨拉德石油存储公司（SOS）用长期负债来为大部分的设备融资。公司的违约风险比较高，但还未到举步维艰的地步。请解释：
a. SOS 发行股权，投资 NVP 为正的项目，为什么股东会损失？
b. SOS 用现金来投资 NPV 为负的项目，为什么股东会获利？
c. 为什么 SOS 的股东会从支付大量现金股利中获利？

参考答案：
a. 股东会损失，因为 SOS 如果投资于 NPV 为正的项目，之后发生破产，在这种情况下，该项目的收益就由债券持有人获得。
b. 如果新项目的风险足够大，那么，即使项目的 NPV 为负，它的收益也可能会大于投资额而增加股东财富。现实就是这样的结果，对于高违约风险公司承担的高风险项目，结果有利时股东获益，而结果不利时，债券持有人承担代价。
c. 考虑极端情况，假设 SOS 把其所有财产都作为股利支付，那么股东将获得所有资产，而债券持有人则一无所有（注意：法律会阻止这种欺诈性的财产转移行为）。

20. **合约**
a. 公司陷入财务困境时，谁会从债券合约的复杂条款中受益？用一句话给出答案。

b. 发行债券时，谁会从复杂条款中受益？假设公司有以下选择：①发行的债券对股利支付、额外借款等有标准的限制条款；②发行的债务限制最少但利率高得多。假设从贷款人的角度，①和②的利率都是公平的。你希望公司发行哪种债券？为什么？

参考答案：

a. 债券持有人会从复杂条款中受益。因为复杂条款限制了财富从债券持有人转移给股东的行为。

b. 如果没有复杂条款，债券持有人需要收取更高的利率，这样交易才公平。公司也可能会发行带有标准限制条款的债券。对公司来说，限制条款很可能比高利率的成本更低。

21. **啄序理论** "我很吃惊地发现，宣布发行股票使发行公司的价值平均下降这次发行收入的30%，这样的发行成本使承销商的价差和发行的管理费用都相形见绌了。这使得普通股发行成本过高。"

 a. 你正在考虑发行10 000万美元的股票。根据过去的证据，你预测发行公告将使股价下跌3%，公司市场价值下降筹资额的30%。另外，一项你认为NPV为4 000万美元的投资项目需要额外的股权资金。你应该继续发行股票吗？

 b. 股票发行公告引起的市场价值下降是与承销商价差同样意义的发行成本吗？对问题开始时的引用，你的看法是什么？

 参考答案：

 a. 在其他条件相同的情况下，公司宣布发行新股票，为NPV为4 000万美元的投资项目融资，股权价值应该增加4 000万美元（减去发行成本）。但是，根据过去的经验，管理层预计股权价值将下跌3 000万美元。可能有几个原因导致了这种矛盾：

 （1）投资者可能已经对拟投资的项目打了折扣（当然，这一点不是股价下跌的全部原因）。

 （2）投资者可能根本没有注意到这个项目，而是可能认为，公司需要现金是因为经营现金流比较低。

 （3）投资者可能认为，公司决定发行股票而不是债券，是因为管理层认为股票价值被高估。

 b. 与承销商的价差不同，公司价值下跌不是发行成本。如果股价确实被高估了，发行新股导致股价下跌，这是无论如何都会发生的事。如果股票没有被高估，管理层需要考虑的是，释放一些信息使投资者相信其股票估值是正确的，还是通过发行债券为项目融资。

22. **交换发行** 罗纳德·马苏里斯分析了负债交换成股权的交换发行或者反向的交换发行对股价的影响。㊀ 在交换发行中，公司用新发行的证券交换股东手中之前发行的证

㊀ R. W. Masulis, "The Effect of Capital Structure Change on Security Prices: A Study of Exchange Offers," *Journal of Financial Economics* 8 (June 1980), pp. 139–177, and "The Impact of Capital Structure Change on Firm Value," *Journal of Finance* 38 (March 1983), pp. 107–126.

券。这样,想提高负债率的公司会用新债交换已发行的股票,想要更保守的资本结构的公司用新股交换已经发行的债券。

马苏里斯发现,负债换股权的交换发行是好消息(消息宣布后股票上升),而股权换负债是坏消息。

a. 这些结果与资本结构权衡理论一致吗?
b. 这些结果与以下证据一致吗?
①投资者将股票发行公告看作坏消息;②投资者将股票回购看作好消息;③投资者认为债权发行不传达任何消息,或者微微感到失望。
c. 如何解释马苏里斯的发现?

参考答案:
a. 马苏里斯的研究结果,与负债有税收优势因而更好的观点一致,与权衡理论不一致。权衡理论认为,管理者需要在负债的税收优势和可能造成的财务困境成本之间取得平衡。在权衡理论中,公司交换发行是为了使负债水平达到最优。在任何情况下,不管增加杠杆还是减小杠杆,交换发行都应该是好消息。
b. 这些结果与股票发行和股票回购的公告效应方面的证据是一致的。
c. 一种解释是,交换发行反映了管理层对公司前景的评价。管理层只有在对未来现金流非常有信心的情况下才愿意承担更多债务,如果他们担心公司未来偿还债务的能力,将会减少债务。

23. **代理成本** 凯查女士的项目的可能结果(见例18-1)没有变化,只是现在项目有40%的可能性收益为24美元,60%的可能性收益为零。
a. 如果银行贷款额是10美元的现值,重新计算银行和凯查女士的预期收益。凯查女士会投资哪个项目?
b. 银行的最高贷款额是多少,才会诱导凯查女士接受项目1?

参考答案:
a. 凯查女士会投资项目2:

	银行的预期收益	凯查女士的预期收益
项目1	+10.0	+5
项目2	$(0.4 \times 10)+(0.6 \times 0)=4.0$	$(0.4 \times 14)+(0.6 \times 0)=+5.6$

b. 当凯查女士从项目2得到的预期回报与项目1的预期回报相等时,两个项目就是无差异的。如果 X 是凯查女士对贷款的支付,那么项目2的回报为:$0.4 \times (24 - X)$。令该表达式等于5(凯查女士从项目1得到的回报),解方程,得到 $X = 11.5$。因此,银行贷款为11.5美元的现值时,凯查女士会接受项目1。

24. **杠杆目标** 有的公司的负债-权益目标不是负债率,而是公司已发行负债的目标信用评级。设定信用评级作为目标而不是用负债率作为目标,这样做有何利弊?

参考答案:
基于债券评级来设定债务——权益目标,好处是公司可以将借贷成本降至最低。将评级下降作为违约条件的债券契约非常实用。缺点是，如果企业拒绝借入相对安全的融资额，就不能充分利用债务融资带来的税收好处。

挑战题

25. **杠杆度量** 大多数财务经理用公司的账面资产负债表计算负债率。很多金融经济学家强调用市场价值资产负债表计算各种比率。理论上，哪种度量是正确的？权衡理论要解释的是账面杠杆还是市场杠杆？啄序理论呢？

    参考答案：
    一般来说，正确的衡量标准是来自市值资产负债表的比率。账面资产负债表反映的是债务和股权的历史价值，它们可能与市场价值存在显著差异。资本结构的任何变化都是按当前市场价值进行的。

    权衡理论应该解释的是市场杠杆，债务水平的增减都应该按市场价值进行。例如，决定偿还债务从而减少财务困境的可能性，就是按照债务的市场价值来购买债务，已偿还债务的利息税盾也是基于其市场价值。同样，通过增加债务来增加利息税盾，也要以当前市场价格发行新债券。

    类似地，啄序理论也是基于债务和股权的市场价值。来自留存收益的内部融资是基于当前市场价值的股权融资，另一个方案是将收益分配给股东。公司的举债能力是用债务的当前市值来衡量的，因为金融市场将当前的负债总额视为偿还债务所需的支付。

26. **权衡理论** 权衡理论依赖于财务困境的威胁，但为什么上市公司不得不陷入财务困境？根据这个理论，公司应该在图18-2中的曲线上运行，市场的变化或商业上的挫折会使公司负债率上升，使公司沿着曲线右手边的部分下降。在这种情况下，为什么公司不发行股权、收回负债而回到最优负债率？

    公司为什么不尽快发行股票或者发行足够的股票，来避免财务困境呢？

    参考答案：
    如果总能迅速发行股票并用额外收益回购债务，那么公司的确有可能会避免财务困境。但是，负面的市场事件会导致公司对其债券违约，那么潜在的股票投资者就可能不愿购买公司的股票，因为这样就如同他们把钱放在正在下沉的船上一样，资金将用于偿还破产中具有优先索取权的债券。特别是债券很快进入违约状态时（或者有交叉违约条款情况，即一类债券违约会触发其他违约事件）。

    有时候债券持有人可能会意识到，公司只有作为持续经营主体时才会有更大的价值，因此会同意债务减息换取股权。只有在这种情况下，公司才可能真正筹集到额外的股权资金，但是谈判会很棘手。

第19章 融资与估值

基础题

1. **WACC** 利用以下信息，计算美国联邦废品场的 $WACC$：
   - 负债：余额账面价值为 7 500 万美元，交易价格为账面价值的 90%，到期收益率为 9%。
   - 股权：250 万股，每股 42 美元。假设该公司股票的预期收益率为 18%。
   - 税：边际税率 $T_c = 0.35$。

   参考答案：
   债券和股票的市场价值分别是：
   $D = 0.90 \times 7\,500 = 6\,750$（万美元）
   $E = 42 \times 250 = 10\,500$（万美元）
   $D/V = 6\,750/(6\,750 + 10\,500) = 0.39$
   $WACC = 0.09 \times (1 - 0.35) \times 0.39 + 0.18 \times 0.61 = 13.25\%$

2. **WACC** 假设联邦废品场决定变为更保守的负债策略，1 年以后负债率下降到 15%（$D/V = 0.15$），利率下降到 8.6%。在新假设下，重新计算联邦废品场的 $WACC$。公司的商业风险、资本机会成本和税率保持不变。利用 19.3 节中解释过的三步法。

   参考答案：
   第一步：在原来的资本结构下，计算资产收益率。
   $r = 0.09 \times 0.39 + 0.18 \times 0.61 = 0.144\,8$
   第二步：负债率下降后，得到去杠杆的股权收益率。
   $r_D = 0.086$
   $r_E = 0.144\,8 + (0.144\,8 - 0.086) \times (15/85) = 0.155\,2$
   第三步：在新的负债率下，计算 $WACC$。
   $WACC = 0.086 \times (1 - 0.35) \times 0.15 + 0.155\,2 \times 0.85 = 0.140\,3 = 14.03\%$

3. **WACC** 判断正误。应用 WACC 时假设：
   a. 在项目的经济寿命期内，项目支持固定金额的负债。
   b. 在项目的经济寿命期内，项目支持的负债率不变。
   c. 公司每一期都在平衡负债，保持负债与价值的比率不变。

   参考答案：
   a. 错误。在项目的经济寿命期内，负债与项目价值的比率不变，而负债金额不一定固定。
   b. 正确。
   c. 正确。

4. **股权现金流估值法** 股权现金流估值法的含义是什么？这个方法中使用的贴现率是什么？利用这个方法得到精确的估值，需要哪些假设？

   参考答案：
   股权现金流估值法是用股权成本来贴现股权现金流。更多内容参考教材 19.2 节。该方法假定负债权益比保持不变，只有这样股权成本才是固定不变的。

5. **APV** 判断正误。APV 方法：
   a. 从项目基础情况下的价值开始。
   b. 假设全股权融资，用项目的 WACC 对预测的现金流进行贴现，来计算基础情况下的价值。
   c. 负债按照固定的计划偿还时特别有用。

   参考答案：
   a. 正确。
   b. 如果利息税盾可以单独估值就是错误的。
   c. 正确。

6. **APV** 项目的成本为 100 万美元，基础情况下的 NPV 正好等于零（NPV = 0），在下面的情况下，项目的 APV 分别是多少？
   a. 如果公司投资这个项目，需要发行股票融资 50 万美元。发行成本是净发行收入的 15%。
   b. 如果公司投资这个项目，负债能力增加 50 万美元，而没有发行成本。这笔负债的利息税盾价值为 76 000 美元。

   参考答案：
   $APV = $ 基础情况下的 $NPV \pm $ 融资副效应的 PV
   a. $APV = 0 - 0.15 \times 50 = -7.5$（万美元）
   b. $APV = 0 + 76\,000 = 76\,000$（美元）

7. **WACC** 松林细语是一家全股权融资的公司。公司股票的预期收益率为 12%。
   a. 公司平均风险的投资的资本机会成本是多少？

b. 假设公司发行负债，回购股票，负债与公司价值之比变为 30%（$D/V = 0.30$）。在新的资本结构下，公司的加权平均资本成本是多少？负债利率为 7.5%，税率为 35%。

参考答案：
a. 12%。对全股权融资公司来说，公司资本机会成本是该公司股东的预期收益率。
b. 股东的预期收益率为：
$$r_E = 0.12 + (0.12 - 0.075) \times (30/70) = 0.1393$$
公司的加权平均资本成本为：
$$WACC = 0.075 \times (1 - 0.35) \times 0.30 + 0.1393 \times 0.70 = 0.1121$$

8. *APV* 考虑一个只持续 1 年的项目，初始投资 1 000 美元，预期现金流入为 1 200 美元。资本机会成本 $r = 0.20$，负债利率 $r_D = 0.10$，每 1 美元利息的税盾 $T_c = 0.35$。
   a. 项目基础情况下的 *NPV* 是多少？
   b. 如果公司负债融资提供该项目投资额的 30%，*APV* 是多少？

   参考答案：
   a. 基础情况下的 $NPV = -1\,000 + 1\,200/1.20 = 0$
   b. APV = 基础情况下的 NPV + 利息税盾的 PV
   $= 0 + (0.35 \times 0.10 \times 0.30 \times 1\,000)/1.10 = 9.55$（美元）

9. *WACC* WACC 公式似乎在说负债比股权"便宜"，也就是说，更多负债融资的公司的贴现率更低，这合理吗？请简单解释。

   参考答案：
   不合理。负债越多，股东要求的收益率越高。（借款人可能也会要求更高的收益率。）因此，"便宜"负债的隐藏成本是：它使股权成本变高。

10. *APV 和负债能力* 假设 KCS 公司 5 000 万美元收购了私人企业巴塔哥尼亚汽车运输公司，KCS 只有 500 万美元现金，因此安排了 4 500 万美元的银行贷款。汽车运输公司的正常负债价值比最多为 50%，而银行对 KCS 的信用评级很满意。
    假设你正在用 *APV* 方法和与表 19-2 相同的形式评估巴塔哥尼亚汽车运输公司的价值，负债应该是多少？请简单解释。

    参考答案：
    巴塔哥尼亚汽车运输公司的举债能力不是 90%。KCS 能够负债 4 500 万美元，部分原因是其现有的资产实力。此外，用银行贷款收购的决策并不意味着 KCS 改变了它的目标负债比。对巴塔哥尼亚汽车运输公司使用 APV 估值时，仍可以假设 50% 的负债比率。

进阶题

11. *WACC* 表 19-3 给出了许愿井连锁汽车旅馆的账面资产负债表。公司的长期负债由其房地产资产提供担保，而公司也利用短期银行贷款作为永久性的融资来源。银行贷款利率为10%,担保负债的利率为9%。许愿井有1 000万股股票,市场价格为每股90美元。许愿井普通股的预期收益率为18%。

计算许愿井的WACC,假设其负债的市场价值和账面价值相同,边际税率为35%。

表19-3 许愿井公司的账面资产负债表 （单位：百万美元）

现金和可交易证券	100	银行贷款	280
应收账款	200	应付账款	120
存货	50	流动负债	400
流动资产	350		
房地产	2 100	长期负债	1 800
其他资产	150	股权	400
总资产	2 600	总计	2 600

参考答案：
因为短期银行贷款作为永久性的融资来源,市场价值的资本结构为：
$WACC = 0.10 \times (1 - 0.35) \times 0.094 + 0.09 \times (1 - 0.35) \times 0.604 + 0.18 \times 0.302 = 9.6\%$

（单位：百万美元）

银行借款（10%）	280	9.4%
长期负债（9%）	1 800	60.4%
股权（18%，90美元/股×1 000万股）	900	30.2%
	2 980	100.0%

12. **预测现金流** 假设许愿井正在评估一家新的汽车旅馆,位于威斯康星州麦迪逊县的一个浪漫的地方。解释你将如何预测这个项目的税后现金流。（提示：如何处理税、利息支出、营运资本的变化?）

参考答案：
如教材6.1节所述,预测税后增量现金流时,不要包括利息,要假设全股权融资。

13. **APV** 为麦迪逊县的项目融资,许愿井公司需要安排增加8 000万美元负债和2 000万美元新股发行。承销费、价差和其他融资成本总计400万美元。在评估项目价值的时候,这些如何考虑?

参考答案：
基础情况下的NPV,加上利息税盾的PV,减去其他融资成本400万美元,这是项目的APV。

14. **WACC** 表19-4是伦斯勒毛毡公司的简化资产负债表。计算公司的WACC。负债刚刚进行了再融资,短期负债利率6%,长期负债利率8%。公司股票的预期收益率为15%。共发行有746万股,每股价格46美元。税率为35%。

表19-4 伦斯勒毛毡公司的简化账面资产负债表（单位：千美元）

现金和可交易证券	1 500	短期借款	75 600
应收账款	120 000	应付账款	62 000
存货	125 000	流动负债	137 600
流动资产	246 000		
土地、厂房和设备	302 000	长期负债	208 600
		递延纳税	45 000
其他资产	89 000	所有者权益	246 300
总计	637 500	总计	637 500

参考答案：

我们对资产负债表做3个调整：

- 忽略递延税。它是一个会计分录，既不代表负债，也不代表资金来源。
- 应付账款减去现金资产后的"净支出"。
- 股权使用市场价值(7.46百万股×46美元/股)。

现在，市场价值资产负债表右侧科目：

		（单位：千美元）
短期负债(STD)	75 600	0.120 5
长期负债(LTD)	208 600	0.332 5
股东权益(E)	343 160	0.547 0
总计	627 360	1.000 0

考虑了每一个融资项目来源后，税后加权平均成本计算公式为：

$$WACC = r_{STD} \times (1-T_c) \times (STD/V) + r_{LTD} \times (1-T_c) \times (LTD/V) + r_E \times (E/V)$$
$$= 0.06 \times (1-0.35) \times 0.120\ 5 + 0.08 \times (1-0.35) \times 0.332\ 5 + 0.15 \times 0.547\ 0$$
$$= 10.40\%$$

15. **WACC** 如果伦斯勒毛毡公司发行5 000万美元新股，用发行收入收回长期负债，那么公司的WACC和股权成本如何变化？假设公司的负债利率不变。利用19.3节中的三步法。

参考答案：

假设短期债务是永久性的，那么市场价值资本结构如下：

		（单位：千美元）
短期负债(STD)	75 600	0.120 5
长期负债(LTD)	208 600	0.332 5
股东权益(E)	343 160	0.547 0
总计	627 360	1.000 0

第一步：

$$r = r_{STD}(STD/V) + r_{LTD}(LTD/V) + r_E(E/V)$$
$$= 0.06 \times 0.120\ 5 + 0.08 \times 0.332\ 5 + 0.15 \times 0.547\ 0 = 11.59\%$$

第二步：重新调整后，市场价值资本结构为：

（单位：千美元）

短期负债(STD)	75 600	0.120 5
长期负债(LTD)	158 600	0.252 8
股东权益(E)	393 160	0.626 7
总计	627 360	1.000 0

$r_E = r + (r - r_{STD}) \times (STD/E) + (r - r_{LTD}) \times (LTD/E)$
$= 0.115\,9 + (0.115\,9 - 0.06) \times (75\,600/393\,160) + (0.115\,9 - 0.08) \times 158\,600/393\,160$
$= 14.11\%$

第三步：
$WACC = r_{STD} \times (1 - T_C) \times (STD/V) + r_{LTD} \times (1 - T_C) \times (LTD/V) + r_E \times (E/V)$
$= 0.06 \times 0.65 \times 0.120\,5 + 0.08 \times 0.65 \times 0.252\,8 + 0.1411 \times 0.626\,7$
$= 10.63\%$

16. **APV** 数字有机物公司(DO)有个投资机会，现在投资100万美元($t=0$)，预期在$t=1$得到税后收益60万美元，在$t=2$得到70万美元。项目只持续两年。全股权融资的合适资本成本为12%，借款利率为8%，DO将对项目负债30万美元。这笔负债将分两次等额偿还，每年15万美元。假设负债税盾的价值为每1美元利息0.30美元。利用表19-2中的方法计算这个项目的APV。

参考答案：
基础情景下的$NPV = -1\,000\,000 + 600\,000/1.12 + 700\,000/1.12^2 = 93\,750$（美元）
以债务成本贴现，利息税盾的现值为：

年份	年初未偿还债务	利息	利息税盾	PV(税盾)
1	300 000	24 000	7 200	6 667
2	150 000	12 000	3 600	3 086

$APV = 93\,750 + 6\,667 + 3\,086 = 103\,503$（美元）

17. 考虑与19.1节中的榨汁机项目类似的另一个永续项目，初始投资额为1 000 000美元，预期现金流入为每年95 000美元，永远持续下去。全股权融资的资本机会成本为10%，这个项目使公司以7%利率负债，税率35%。
利用APV法来计算项目的价值。
a. 首先假设项目将部分采用负债融资，负债400 000美元，金额固定且永续。
b. 然后假设初始负债额随项目市场价值的变化而成正比地变化。
解释(a)和(b)假设下答案的不同。

参考答案：
a. 基础情景下的$NPV = -1\,000\,000 + 95\,000/0.10 = -50\,000$（美元）

税盾的 $PV = 0.35 \times 400\,000 = 140\,000$（美元）

$APV = -50\,000 + 140\,000 = 90\,000$（美元）

b. 税盾的 PV 近似为：$0.35 \times 0.07 \times 400\,000/0.10 = 98\,000$（美元）

$APV = -50\,000 + 98\,000 = 48\,000$（美元）

当负债额固定并且税盾确定时，税盾的现值会更高。如果负债额随项目市场价值的变化而同向变化，利息税盾与项目价值一样不确定，因此必须以项目的资本成本来贴现。

18. **资本机会成本** 假设一所大学投资了问题17中描述的项目。项目所需的资金来自大学的捐赠基金，而捐赠基金广泛投资于股票和债券的多元化资产组合。但是，大学也能以7%的利率借款。大学是免税的。

大学的财务主管建议以7%的利率发行400 000美元永续债券、出售捐赠基金中价值600 000美元的普通股来为项目融资。普通股的预期收益率为10%。因此，他建议用加权平均资本成本贴现来评估这个项目，加权平均资本成本为：

$$r = r_D \frac{D}{V} + r_E \frac{E}{V} = 0.07 \left(\frac{400\,000}{1\,000\,000} \right) + 0.10 \left(\frac{600\,000}{1\,000\,000} \right) = 0.088$$

即 8.8%。

财务主管的方法对在哪儿？错在哪儿？大学应该投资这个项目吗？应该负债吗？如果财务主管全部通过出售捐赠基金中的普通股来融资，项目对大学的价值会变化吗？

参考答案：

融资来源（负债率和所售股票的预期收益率）与项目不相关。即便大学出售的股票收益率较低，该项目的价值也不会更高。大学是免税的，负债是零净现值的活动，那么基础情况下的净现值 NPV 等于 APV，调整的资本成本 r^* 等于全股权融资时的资本机会成本。从第17题得到，基础情况下的 NPV 是负的，因此大学不应该投资。

19. **APV** 考虑一个生产太阳能热水器的项目。该项目需要1 000万美元投资，连续10年每年将产生税后现金流175万美元。资本机会成本为12%，反映了项目的商业风险。

a. 假设项目采用500万美元负债和500万美元股权融资。利率为8%，边际税率为35%。在项目的生命期内等额偿还负债。计算项目的 APV。

b. 如果公司在筹集500万美元股权资本的时候发生发行成本40万美元，APV 如何变化？

参考答案：

a. 基础情况下的 $NPV = -1\,000 + 175 \times \{[1 - [1/(1 + 0.12)^{10}]]/0.12\}$

$= -11.211$（万美元）$= -112\,110$（美元）

$APV =$ 基础情况下的 $NPV +$ 税盾的 PV

通过下表计算税盾的 PV：

(单位：千美元)

年份	期初未偿还债务	利息	利息税盾	税盾的现值 PV
1	5 000	400	140	129.630
2	4 500	360	126	108.025
3	4 000	320	112	88.909
4	3 500	280	98	72.033
5	3 000	240	84	57.169
6	2 500	200	70	44.112
7	2 000	160	56	32.675
8	1 500	120	42	22.691
9	1 000	80	28	14.007
10	500	40	14	6.485
			总计	575.736

$APV = -112\ 110 + 575\ 736 = 463\ 626$（美元）

b. APV = 基础情况下的 NPV + 税盾的 PV - 股权融资成本
 = $-112\ 110 + 575\ 736 - 400\ 000 = 63\ 626$（美元）

20. **WACC 和 APV** 再看一下表 19-1 和表 19-2 里约公司的估值。说明估值如何随以下变量的变化而变化：
 a. 预期长期增长率。
 b. 固定资产和营运资本的投资额。
 c. 资本机会成本。注意你也可以改变表 19-1 中的资本机会成本。
 d. 盈利能力，也就是销货成本与销售收入的比值。
 e. 假设的负债融资额。

 参考答案：
 每小题的假设不同，答案不同。

21. **发行成本和 APV** 本生化学公司目前的负债率是目标负债率 40%，正在考虑投资 100 万美元扩展现有业务。扩展的业务预期每年产生 130 000 美元现金流入，并一直持续下去。

 公司还没决定是否进行扩张以及如何融资。有两个选择，一个是发行 100 万美元普通股，另一个是发行 100 万美元 20 年期负债。股票发行成本大约是融资额的 5%，债务发行成本大约是 1.5%。

 本生的财务经理波莉·乙烯女士估计，公司股权要求的收益率为 14%，而她认为发行成本使新股的成本提高到 19%。因此，项目看起来不可行。

 另外，她认为公司可以发行新的负债，成本为 7%，考虑发行成本后新债的成本为 8.5%。因此，她建议本生应该继续这个项目，而采用长期负债融资。

 乙烯女士对吗？你如何评价这个项目？

 参考答案：
 注意下面几点：第一，债务和权益的成本并不是 8.5% 和 19%。发行成本仅在发行时发生，并不是每年都要支付。第二，本生公司可以用债务来为整个项目融资，这一事实与是否投资该项目无关。资本成本与当下的融资来源无关。有关的是项目对公司整体借款能力的贡献。第三，该项目可以使用永续负债。第一次发行的债务期限为20年，这一事实与决策无关。

假定项目与公司其他资产具有相同的商业风险，因为它是永续的，我们可以使用公司的加权平均资本成本。

如果我们忽略发行成本，那么有：

$$WACC = r_D \times (1 - T_C) \times (D/V) + r_E \times (E/V)$$
$$= 0.07 \times (1 - 0.35) \times 0.4 + 0.14 \times 0.6 = 10.22\%$$

使用10.22%为贴现率，计算项目的NPV：

$NPV = -1\,000\,000 + 130\,000/0.102\,2 = 272\,016(美元)$

股票的发行成本为：$0.050 \times 1\,000\,000 = 50\,000(美元)$

债券的发行成本为：$0.015 \times 1\,000\,000 = 15\,000(美元)$

显然发行债券更便宜。忽略未来发行成本的影响，基于当前债务发行成本，则净现值为：

扣除发行成本后的$NPV = 272\,016 - 15\,000 = 257\,016(美元)$

但是，如果使用债务，公司的负债率将高于目标负债率，之后要筹集更多的股权。如果股权融资可以通过留存收益获得，就不需要考虑其他发行成本。如果通过发行股票使负债率下降到目标负债率，将产生额外的发行成本。

认真估计由该项目引起的发行成本，需要比较公司有该项目和没有该项目的财务计划。

22. **WACC** 内华达海鲁德公司40%负债融资，加权平均资本成本为9.7%。

$$WACC = (1 - T_c)r_D \frac{D}{V} + r_E \frac{E}{V}$$
$$= (1 - 0.35) \times 0.085 \times 0.40 + 0.125 \times 0.60 = 0.097$$

高萨公司正建议内华达海鲁德发行7 500万美元优先股，股利率为9%。发行收入将用来回购普通股。优先股发行占发行前公司价值的10%。

高萨公司认为这些交易完成后，公司的WACC将下降到9.4%：

$WACC = (1 - 0.35) \times 0.085 \times 0.40 + 0.09 \times 0.10 + 0.125 \times 0.50 = 0.094$，即9.4%

你同意这个计算吗？请解释。

参考答案：

不同意。高萨公司的计算是基于这样的假设：第一，债务成本不变。第二，公司资本结构改变后股权成本不变。前者是恰当的假设，后者不恰当。

23. **公司估值** 奇亚拉公司的管理层进行了预测，如表19-5所示。从这个表开始，评估公司整体的价值。奇亚拉公司的WACC为12%，5年后的长期增长率为4%。公司有500万美元负债和865 000股普通股。每股价值是多少？

表19-5 奇亚拉公司的现金流预测　　（单位：千美元）

	年	历史			预测				
		-2	-1	0	1	2	3	4	5
1. 销售收入		35 348	39 357	40 123	36 351	30 155	28 345	29 982	30 450
2. 销货成本		17 834	18 564	22 879	21 678	17 560	16 459	15 631	14 987
3. 其他成本		6 968	7 645	8 025	6 797	5 078	4 678	4 987	5 134
4. $EBITDA(1-2-3)$		10 546	13 148	9 219	7 876	7 517	7 208	9 364	10 329
5. 折旧		5 671	5 745	5 678	5 890	5 670	5 908	6 107	5 908
6. $EBIT(4-5)$		4 875	7 403	3 541	1 986	1 847	1 300	3 257	4 421
7. 税(35%)		1 706	2 591	1 239	695	646	455	1 140	1 547
8. 税后利润(6-7)		3 169	4 812	2 302	1 291	1 201	845	2 117	2 874
9. 营运资本的变化		325	566	784	-54	-342	-245	127	235
10. 投资(总固定资产的变化)		5 235	6 467	6 547	7 345	5 398	5470	6 420	6 598

参考答案：

				最新预测				
	年份	0	1	2	3	4	5	
1.	销售收入	40 123	36 351	30 155	28 345	29 982	30 450	
2.	销货成本	22 879	21 678	17 560	16 459	15 631	14 987	
3.	其他成本	8 025	6 797	5 078	4 678	4 987	5 134	
4.	$EBITDA(1-2-3)$	9 219	7 876	7 517	7 208	9 364	10 329	
5.	折旧和摊销	5 678	5 890	5 670	5 908	6 107	5 908	
6.	$EBIT$(税前利润)$(4-5)$	3 541	1 986	1 847	1 300	3 257	4 421	
7.	税@35%	1 239	695	646	455	1 140	1 547	
8.	税后利润(6-7)	2 302	1 291	1 201	845	2 117	2 874	
9.	营运资本的变化	784	-54	-342	-245	127	235	
10.	投资(总固定资产的变化)	6 547	7 345	5 398	5470	6 420	6 598	
11.	$FCF(8+5-9-10)$	649	-110	1 815	1 528	1 677	1 949	
	PV(FCF,第1~4年)	3 502			第4年的期末价值			
	PV(期末价值)	15 483			24 363			
	公司的PV	18 985						

股权价值为：18 985 - 5 000 = 13 985(千美元)

股价为：13 985/865 = 16.17(美元/股)

挑战题

24. **迈尔斯-艾泽尔公式**　在第431页脚注㊀中，我们参考了迈尔斯-艾泽尔贴现率公式，这个公式假设负债不是连续再平衡，而是每年一次。推导这个公式。然后用在去杠杆化的桑格利亚WACC中，并计算桑格利亚的资本机会成本。你得到的答案将跟我们在19.3节中计算的机会成本略有不同，你能解释为什么吗？

参考答案：

对APV为零的单期项目来说：

$$APV = C_0 + \frac{C_1}{1+r_A} + \frac{(T_C \times r_D \times D)}{1+r_D} = 0$$

对上式重新整理得到：

$$\frac{C_1}{-C_0} - 1 = r_A - (T_C \times r_D)\left(\frac{D}{-C_0}\right)\left(\frac{1+r_A}{1+r_D}\right)$$

对于单期项目来说，这个等式的左边就是项目的 IRR。等式右侧的 $\left(\frac{D}{-C_0}\right)$ 是项目的负债率。因此，项目可接受的最低收益率为：

$$r^* = r_A - (T_C \times r_D \times L)\left[(1+r_A)/(1+r_D)\right]$$
$$= 0.0984 - (0.35 \times 0.06 \times 0.20) \times (1.0984/1.06) = 9.405\%$$

25. **再平衡** WACC 公式假设再平衡负债以保持负债率 D/V 不变。再平衡将未来利息税盾的水平与公司的未来价值联系在一起，这使得利息税盾变得有风险。这意味着固定负债水平(不进行再平衡)对股东更好吗？

    参考答案：
    没有再平衡的固定负债水平对股东来说不一定更好。注意，当债务重新平衡时，明年的利息税盾是固定的，因此以较低的利率贴现。但是紧接着的下一年的利息并不是确定的，因此要用较高的利率贴现。这更接近现实，反映了未来事件的不确定性。

26. **期末价值** 假设第 7 年以后，竞争使得盈利超过 WACC 的任何机会都消失（$PVGO = 0$），修正表 19-1。里约公司的估值如何变化？

    参考答案：
    对表 19-1 进行修正，第 7 年之后的假设：
    （1）销售收入保持不变(增长率为 0)。
    （2）成本依然是销售收入的 76%。
    （3）折旧仍为净固定资产的 14%。
    （4）净固定资产保持 93.8 百万美元不变。
    （5）营运资本保持为销售收入的 13%。

表 19-1 里约公司的现金流预测和公司价值（单位：百万美元）

	年份	0	最新预测							
			1	2	3	4	5	6	7	8
1.	销售收入	83.6	89.5	95.8	102.5	106.6	110.8	115.2	118.7	118.7
2.	销货成本	63.1	66.2	71.3	76.3	79.9	83.1	87.0	90.2	90.2
3.	$EBITDA(1-2)$	20.5	23.3	24.4	26.1	26.6	27.7	28.2	28.5	28.5
4.	折旧	3.3	9.9	10.6	11.3	11.8	12.3	12.7	13.1	13.1
5.	税前利润($EBIT$)(3-4)	17.2	13.4	13.8	14.8	14.9	15.4	15.5	15.4	15.4
6.	税	6.0	4.7	4.8	5.2	5.2	5.4	5.4	5.4	5.4
7.	税后利润(5-6)	11.2	8.7	9.0	9.6	9.7	10.0	10.1	10.0	10.0
8.	固定资产投资	11.0	14.6	15.5	16.6	15.0	15.6	16.2	15.9	13.1
9.	营运资本投资	1.0	0.5	0.8	0.9	0.5	0.6	0.6	0.4	0.0
10.	自由现金流 $FCF(7+4-8-9)$	2.5	3.5	3.2	3.4	5.9	6.1	6.0	6.8	10.0

(续)

年份	最新预测								
	0	1	2	3	4	5	6	7	8
第1~7年FCF的现值	24							第7年的期末价值:	
期末价值的现值	61							111	
公司的现值	85								
假设:									
销售增长率(%)	6.7	7.0	7.0	7.0	4.0	4.0	4.0	3.0	0.0
成本(销售收入的百分比)	75.5	74.0	74.5	74.5	75.0	75.0	75.5	76.0	76.0
营运资本(销售收入的百分比)	13.3	13.0	13.0	13.0	13.0	13.0	13.0	13.0	13.0
净固定资产(销售收入的百分比)	79.2	79.0	79.0	79.0	79.0	79.0	79.0	79.0	79.0
折旧(净固定资产的百分比)	5.0	14.0	14.0	14.0	14.0	14.0	14.0	14.0	14.0
税率(%)	35.0								
债务成本(%)(r_D)	6.0								
股权成本(%)(r_E)	12.4								
负债比(D/V)	0.4								
WACC(%)	9.0								
长期增长率预测值(%)	0.0								
固定资产和营运资本									
总固定资产	95.0	109.6	125.1	141.8	156.8	172.4	188.6	204.5	217.6
减: 累积折旧	29.0	38.9	49.5	60.8	72.6	84.9	97.6	110.7	123.9
固定资产净值	66.0	70.7	75.6	80.9	84.2	87.5	91.0	93.8	93.8
净营运资本	11.1	11.6	12.4	13.3	13.9	14.4	15.0	15.4	15.4

附录

1. 美国政府解决了跟你的公司的一项纠纷,将支付1 600万美元,承诺在12个月后支付这笔钱。而你的公司需要对这笔钱纳税,边际税率为35%。这笔钱的价值是多少?1年期国库券的收益率为5.5%。

   参考答案:
   未来美国政府要支付这笔钱,所以它没有风险。你公司得到的税后现金流为:$0.65 \times 1\ 600(万美元) = 1\ 040(万美元)$

   税后贴现率为:$0.65 \times 0.055 = 0.035\ 75 = 3.575\%$

   美国政府支付你的这笔钱的价值为:$1\ 040/1.035\ 75 = 1\ 004(万美元)$

2. 你正在考虑为研发人员租用办公场所,租期5年。租赁合同一旦签署就不能撤销。这份合同将使你公司承诺支付6笔100 000美元的年支付额,第一笔支付发生在现在。如果你的公司的负债利率是9%,税率为35%,租金可以减税,这份租赁合同的现值是多少?

   参考答案:
   每年的税后现金流为:$0.65 \times 100\ 000 = 65\ 000(美元)$

   税后的贴现率为:$0.65 \times 0.09 = 0.058\ 5 = 5.85\%$

   租赁合同的现值等于未来每年65 000美元的5年年金的现值,加上即时支付的65 000美元:$PV = 65\ 000 \times PVIFA_{5.85\%, 5} + 65\ 000 = 339\ 925(美元)$

第六部分

期 权

第 20 章 　理解期权
第 21 章 　期权估值
第 22 章 　实物期权

第 20 章 理解期权

基础题

1. **词汇** 填空：
   _____期权给持有者以特定价格（一般称为_____价格）购买股票的机会。_____期权给持有者以特定价格出售股票的机会。只能在到期时行权的期权称为_____期权。

   参考答案：
   认购、行权、认沽、欧式。

2. **期权收益** 注意下面的图 20-13，将图 20-13a 和 20-13b 与以下头寸中的一个对应起来：
   - 认购期权买方。
   - 认购期权卖方。
   - 认沽期权买方。
   - 认沽期权卖方。

   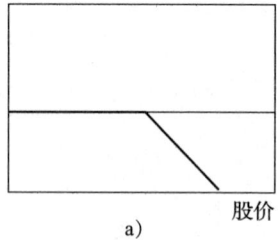 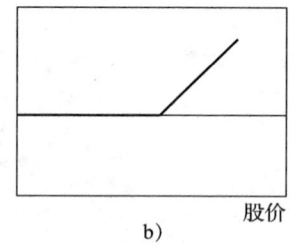

   a)　股价　　　　　　b)　股价

   图 20-13

   参考答案：
   图 20-13a 是认购期权卖方、图 20-13b 是认购期权买方。

3. **期权收益** 假设你持有 1 只股票和该股票的一份认沽期权，期权到期时，如果(a)股价低于行权价格；(b)股价高于行权价格，你的收益分别是什么？

参考答案：
（a）股价低于行权价格时，认沽期权到期时，行使期权，收益为认沽期权的行权价格。
（b）股价高于行权价格时，认沽期权到期时价值为零，收益为股价，即组合的价值就是股票的价值，可以随时按照市场价格卖掉手中的股票。

4. **认沽—认购期权平价关系** 什么是认沽—认购期权平价关系？它为什么成立？你可以将该平价关系用在行权价格不同的认沽和认购期权上吗？

   参考答案：
   认沽—认购期权平价公式为：
   认购期权的价值 + 行权价格的现值 = 认沽期权的价值 + 标的资产（如股票）的价值
   可以用下表来解释平价公式为什么成立：

到期时	股价高于行权价格时		股价低于行权价格时	
	策略	组合的价值	策略	组合的价值
组合：认购期权 + 投资债券	行使认购期权，支付行权价格，购买股票	股价	不行使认购期权，债券到期得到行权价格	行权价格
组合：认沽期权 + 标的资产	不行使认沽期权，保留标的资产	股价	行使认沽期权，以行权价格出售标的资产	行权价格

该公式只适合行权价格相同的欧式认购期权和欧式认沽期权。

5. **认沽—认购期权平价关系** 设计认购期权和借贷的另一个策略，实现跟问题 3 中策略同样的收益。这个策略是什么？

   参考答案：
   购买认购期权，行权价格与问题 3 中的认沽期权的行权价格相同，同时将行权价格的现值 $PV(K)$ 投资于无风险资产。这个策略的收益与问题 3 的收益相同。

6. **期权收益** 利文斯顿·I. 普瑞休姆博士持有 600 000 英镑东非洲黄金的股票，他很看好黄金开采，要确保 6 个月后有至少 500 000 英镑来资助一支探险队。向普瑞休姆博士描述实现这一目标的两种方法。东非黄金的股票有活跃的认沽和认购期权市场，年利率为 6%。

   参考答案：
   方法 1：
   持有东非黄金的股票，同时购买行权价格为当前股价的 83.3%（500 000/600 000）的 6 个月认沽期权。
   如果 6 个月后东非黄金的股票价格高于行权价格，则出售股票所获得的资金高于资助探险队所需要的资金。如果 6 个月后股票价格低于行权价格，则行使认沽期权，可以得到 500 000 英镑。
   方法 2：
   现在出售股票，得到现金 600 000 英镑，将其中的 485 437 英镑以 6% 的利率投资无风险债券，半年后出售无风险债券，得到 485 437 × 1.03 = 500 000（英镑），用于资助探险队。剩余的 114 563 英镑可以用来购买相同行权价格的该股票的认购期权。

7. **期权收益** 假设你购买了袋熊股票的 1 年期欧式认购期权，行权价格为 100 美元，出售了同样行权价格的 1 年期欧式认沽期权。当前股价是 100 美元，利率为 10%。
   a. 画头寸图，说明你这些投资的收益。
   b. 这个组合头寸的成本是多少？请解释。

   参考答案：
   a. 见下图。

   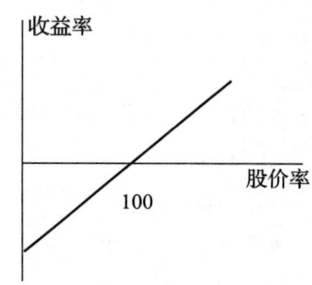

   b. 根据认沽—认购期权平价关系：
   认购期权的价值 + 行权价格的现值 = 认沽期权的价值 + 标的资产（如股票）的价值
   购买认购期权和出售认沽期权的总成本 = 标的资产价值 − 行权价格的现值
   $$= 股价 - PV(K) = 100 - 100/1.1 = 9.09(美元)$$

8. **期权收益** 再看一下图 20-13，似乎图 20-13b 的投资者不可能输，而图 20-13a 的投资者不可能赢，这正确吗？请解释。（提示：为每张图画出利润图。）

   参考答案：
   不正确。
   图 20-13b 显示购买认购期权的成本。股价小于行权价格加认购期权成本的时候，认购期权买方的利润是负的。同样，图 20-13a 没有考虑出售认购期权的收入，如果考虑出售认购期权的期权费，股票价格低于行权价格减去认购期权价格的时候，认购期权卖方的利润是正的。

9. **期权收益** 如果(a)股价等于零；(b)股价相对于行权价格非常高，认购期权的价值分别是多少？

   参考答案：
   (a) 如果股价等于零，认购期权的价值也为零。
   (b) 如果股价相对于行权价格非常高，认购期权的价值为股价和行权价格的现值的差，即 $S - PV(K)$。

10. **期权价值** 其他相同，认购期权价格对以下变化如何反应？认购期权价格上升还是下降？
    a. 股价上升
    b. 行权价格上升
    c. 无风险利率提高
    d. 期权到期日延迟

e. 股价波动性下降　　　　　　　　f. 时间流逝，期权距离到期日更近

参考答案：
（a）上升；（b）下降；（c）上升；（d）上升；（e）下降；（f）下降

11. **期权价值**　对以下论述进行评论。
    a. "我是个保守的投资者。我宁愿持有像埃克森美孚这样的安全股票的认购期权，而不是像谷歌这样的高波动性股票的认购期权。"
    b. "我购买了法瓦农场股票的认购期权，行权价格为45美元，3个月后到期。法瓦农场的股票刚从35美元飙升到55美元，而我担心它会跌到低于45美元。我想现在就行权锁定盈利。"

    参考答案：
    a. 所有的投资者，不管其风险厌恶程度有多高，都对高波动性的股票的期权给予更高的估值。期权到期时，如果股价低于行权价格，埃克森美孚和谷歌的股票期权都没有价值，但是如果股价高于行权价格，谷歌的股票期权的增值潜力更大。
    b. 美式期权可以在到期前的任何时候行权。但是，如果不考虑到期前的股票分红问题，股票认购期权价值随到期时间增加。所以，美式期权提前行权，期权价值会发生不必要的减值。美式期权不应该在到期前行权。

进阶题

12. **期权收益**　简单讨论以下头寸的风险和收益：
    a. 购买股票和该股票的认沽期权　　　b. 购买股票
    c. 购买认购期权　　　　　　　　　　d. 购买股票和卖出该股票的认购期权
    e. 购买债券　　　　　　　　　　　　f. 购买股票，购买认沽期权，出售认购期权
    g. 出售认沽期权

    参考答案：
    a. 该组合的最低收益是认沽期权的行权价格。这种组合策略为股票投资者规避了股价下跌的风险，同时保留了股价上涨的好处。拥有这个好处的代价是投资者支付的期权费。
    b. 股价上涨将受益，股价下跌将承担亏损。
    c. 裸期权比标的资产风险更高。期权到期时，只有股票价格高于行权价格和期权费之和时，投资者才有盈利，而如果股价低于行权价，投资者将损失全部投资（期权费）。
    d. 投资者将股票价格向上的不确定变动转化为一笔已知的期权费收入。
    e. 如果债券无风险，债券就是安全投资。
    f. 根据认沽—认购期权平价公式，这一组合投资相当于购买债券，因此，这是安全投资。
    g. 这也是高风险裸期权。投资者得到期权费收入，股价低于行权价格时要承担股价下跌的风险。

13. **期权收益** "认购期权的买方和认沽期权的卖方都希望股价上涨,因此这两个头寸是一致的。"这种说法正确吗?画头寸图来说明。

    参考答案:
    虽然认购期权的买方和认沽期权的卖方都希望股价上涨,但是这两个头寸是不一样的。认购期权的买方的利润,随着股价的上涨,从零开始逐步增加,如图20-1a所示。而认沽期权的卖方的损失,随着股价上涨逐步下降到零,如图20-2b所示。

14. **期权界限** 针尾鸭股票价格现在是200美元,1年期美式认购期权,行权价格为50美元,价格为75美元。你如何利用这个好机会?现在,假设期权是欧式期权,你会怎么做?

    参考答案:
    如果期权是美式期权,投资者应该立即采取行动:①买入期权,以75美元的价格购买一份认购期权;②行权,以50美元的价格从期权卖方那里购买1股股票;③出售股票,以市价200美元出售。采取这些行动后获得无风险收益:200 - (75 + 50) = 75(美元)。

    如果期权是欧式期权,投资者可以这样做:①卖空股票,得到200美元现金流;②以75美元的价格买入认购期权;③按市场无风险利率投资$50/(1+r)$美元。总的现金流为:$200 - 75 - 50/(1+r)$。期权到期时,认购期权的价值取决于股价是否高于行权价格。如果股价高于50美元,则行使期权,用投资无风险债券得到的50美元,从认股期权买方那里购买1股股票,平仓之前的股票卖空,此时净现金流为零。如果股价低于50美元,认购期权到期作废,投资者从市场上购买股票并对卖空交易平仓,此时现金流为$50 - S$。

15. **认沽—认购期权平价关系** 购买股票Q的3个月期认购期权和3个月期认沽期权是可能的。两只期权的行权价格都为60美元,价值都是10美元。如果年利率为5%,Q股价是多少?(提示:利用认沽—认购期权平价关系。)

    参考答案:
    令P_3为3个月的认沽期权价格,C_3为3个月的认购期权价格,EX为行权价格,S为股价。根据认沽—认购期权平价关系:
    $C_3 + EX/(1+r)^{0.25} = P_3 + S$
    由于$P_3 = C_3$,因此:$S = EX/(1+r)^{0.25} = 60/(1.05)^{0.25} = 59.27$(美元)
    Q股票的价格为59.27美元。

16. **认沽—认购期权平价关系** 2014年12月,亚马逊公司的股票的13个月期认购期权,行权价格为305美元,价格为42.50美元。亚马逊的股价为305美元。无风险利率为1%。对于亚马逊股票的同样到期时间和行权价格的认沽期权,你愿意花多少钱购买?假设亚马逊期权是欧式期权。(注意:亚马逊不支付股利。)

    参考答案:
    根据认沽—认购期权平价关系:
    $C + EX/(1+r)^t = P + S$

$P = -S + C + EX/(1+r)^t = -305 + 42.50 + 305/1.01^{13/12} = 39.23$(美元)

该认沽期权的价格为 39.23 美元。

17. **期权价值** FX 银行成功地聘用了一流外汇交易员露辛达·凯布尔。她的薪酬据报道包括年奖金额为公司利润超出 1 亿美元部分的 20%。凯布尔女士拥有一份期权吗？这份期权提供了合适的激励吗？

    参考答案：
    1 亿美元的阈值可以看作期权的行权价格，因为只要公司利润超过了这个阈值，她会得到超额利润的 20%，可以看作认购期权。这份期权是否对凯布尔女士提供了合适的激励，要看 1 亿美元的阈值的实现难度，以及凯布尔女士对公司利润超过 1 亿美元的可能性的判断。

18. **期权收益** 假设克莱奥尼先生借了 100 元的现值，购买了股票 Y 的 6 个月认沽期权，行权价格为 150 美元，出售了股票 Y 的 6 个月认沽期权，行权价格为 50 美元。

    a. 画出的头寸图，说明期权到期时的收益。

    b. 推荐贷款、期权和标的股票的其他两个组合，可以使克莱奥尼先生得到同样的收益。

    参考答案：

    a. 下图是两个期权到期后的收益图：

    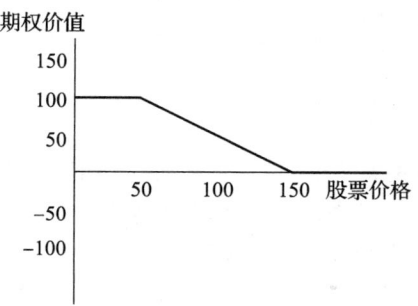

    考虑到他借了 100 美元的现值，到期必须偿还 100 美元，则净投资收益图如下：

    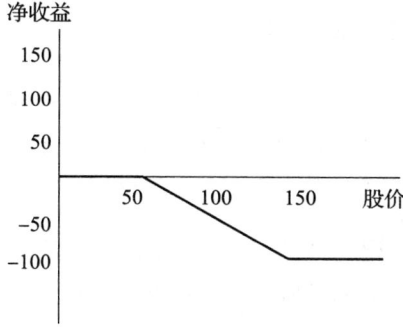

    b. 认沽—认购期权平价关系：
    认购期权的价值 + 行权价格的现值 = 认沽期权的价值 + 标的资产（如股票）的价值

克莱奥尼先生所持有的期权组合的价值 = 认沽期权价值($EX=150$) – 认沽期权价值($EX=50$) – 现值(100 美元)   (1)

根据平价关系，可以得到：

认沽期权价值($EX=150$) = 认购期权价值($EX=150$) + PV(150 美元) – 股票价值   (2)

认沽期权价值($EX=50$) = 认购期权价值($EX=50$) + PV(50 美元) – 股票价值   (3)

将(2)和(3)式代入(1)式：

克莱奥尼先生所持有的期权组合的价值 = 认购期权价值($EX=150$) – 认购期权价值($EX=50$)

将(3)式代入(1)式：

克莱奥尼先生所持有的期权组合的价值 = 认沽期权价值($EX=150$) – 认购期权价值($EX=50$) + 股票价值 – PV(150 美元)

因此，以下两个投资组合可以带来相同的收益：

组合1：

(1) 买入行权价格为 150 美元的认购期权

(2) 卖出行权价格为 50 美元的认购期权

组合2：

(1) 买入行权价格为 150 美元的认沽期权

(2) 卖出行权价格为 50 美元的认购期权

(3) 买入股票

(4) 借入 150 美元的现值

19. **认沽—认购期权平价关系** 下面哪一个说法是正确的？

    a. 认沽期权价值 + 行权价格的现值 = 认购期权的价值 + 股票价格

    b. 认沽期权价值 + 股票价格 = 认购期权价值 + 行权价格的现值

    c. 认沽期权价值 – 股票价格 = 行权价格的现值 – 认购期权的价值

    d. 认沽期权价值 + 认购期权的价值 = 股票价格 – 行权价格的现值

正确的表述使两个投资策略价值相等。画出每个投资策略的收益与股价的函数关系，说明这两个投资策略的收益是一致的。

参考答案：

b 的表述是正确的，即认沽期权价值 + 股票价格 = 认购期权价值 + 行权价格的现值。见教材图 20-6，第一行的 3 张图是买入股票和买入认沽期权，第二行的 3 张图是买入认购期权和把行权价格的现值进行无风险投资。

20. **期权收益** 欧式认购期权和认沽期权具有同样的到期时间，都处于平价状态，股票不支付股利，哪个期权的价格更高一些？请解释。

参考答案：

认购期权的价值更高。根据期权平价关系，如果行权价格和股价相等，认购期权一定高于认沽期权，高出的部分是行权价格与其现值的差。

21. **认沽—认购期权平价关系**
   a. 如果你不能卖空股票，用期权和借贷的组合你可以得到同样的最后收益。这个组合是什么？
   b. 现在给出股票和期权的组合，使之与投资无风险贷款具有同样的最后收益。

   参考答案：
   a. 利用认沽—认购期权平价关系：认购期权的价值＋行权价格的现值＝认沽期权的价值＋股票价格，我们可以得到：－股票价格＝认沽期权的价值－认购期权的价值－行权价格的现值。所以，如果不能卖空股票，可以用期权和借贷的组合来复制卖空股票的现金流。这个组合包括：买入认沽期权、卖出认购期权、以无风险利率借款，借款金额为行权价格的现值。
   b. 同样，复制与投资无风险贷款相同收益的组合：买入认沽期权、买入股票、卖出认购期权。

22. **认沽—认购期权平价关系** 三角文件公司的普通股目前价格为90美元，三角文件公司股票的26周认购期权价格为8美元，行权价格为100美元。无风险年利率为10%。
   a. 假如没有三角文件公司股票的认沽期权，但你想购买。你会如何做呢？
   b. 假如存在认沽期权，行权价格为100美元的26周认沽期权的价格应该是多少？

   参考答案：
   a. 利用认沽—认购期权平价关系：认购期权价值＋行权价格的现值＝认沽期权价值＋股票价格，我们可以得到认沽期权的价值为：
   认购期权价值＋行权价格现值－股票价格
   要复制认沽期权的收益，可以买入26周行权价格为100美元的认购期权，以无风险利率投资26周，投资金额为行权价格的现值，同时卖空股票。
   b. 认沽期权的价值为：$8 + 100/1.10^{0.5} - 90 = 13.35$

23. **期权收益** 希格登女士得到另一个激励计划(见20.2节)，如果年底股价达到或超过120美元，她将得到500 000美元的奖金，否则就什么也得不到。(不要问为什么有人想提供这样的安排。也许有些税收方面的考虑。)
   a. 画头寸图，说明这一计划的收益；
   b. 期权的何种组合可以提供这样的收益？(提示：你需要大量买入一个行权价格的期权，卖出数量相似的不同行权价格的期权。)

   参考答案：

   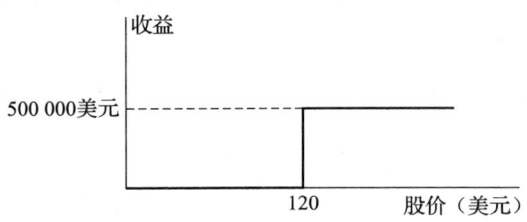

b. 该激励计划可以近似地看作以下两个期权的组合：
(1) 买入 4 000 000 份行权价格为 119.875 美元的股票认购期权。
(2) 卖出 4 000 000 份行权价格为 120 美元的股票认购期权。
所得到的组合的收益与该激励计划的收益率近似。

24. **期权收益** 期权交易者常常提到"跨式期权"（straddles）和"蝶式期权"（butterflies）。下面各有个例子。
- 跨式期权：买入 1 份行权价格 100 美元的认购期权，同时买入 1 份行权价格 100 美元的认沽期权。
- 蝴蝶期权：同时买入 1 份行权价格 100 美元的认购期权，卖出 2 份行权价格 110 美元的认购期权，买入 1 份行权价格 120 美元的认购期权。

画出跨式期权和蝴蝶期权的头寸图，说明投资者净头寸的收益。每个策略都是在赌波动性，简单解释每个赌的性质。

参考答案：
跨式期权：

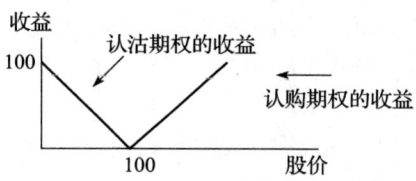

蝶式期权：

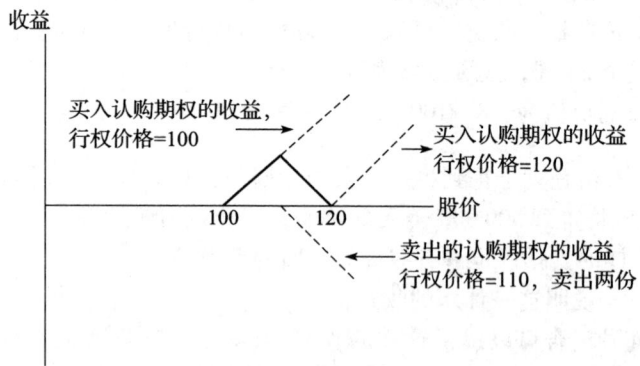

对于跨式期权的投资者来说，其利润来自股价涨跌的剧烈波动。因此，跨式期权是赌股价发生大的变动。而蝶式期权投资者的利润来自股价的轻微变动，因此，它赌的是股价的小波动。

25. **期权价值** 考察股票认购期权的实际交易价格，验证是否像本章中的理论预测的那样。例如，
a. 跟踪几只期权接近到期日的情况，你预期它们的价格会怎样变化？它们真的是这样吗？

b. 比较同一只股票、同一到期时间而行权价格不同的两只认购期权。
c. 比较同一只股票、同一行权价格而到期时间不同的两只认购期权。

参考答案：

选择的股票和股票期权不同，答案不同。所有的结果都与理论预测结果接近。

26. **期权价值** 拥有买入股票组合的期权，或者拥有买入单只股票的期权的组合，哪个更有价值？请简单解释为什么。

    参考答案：

    举例说明。假设现在有两只股票 A 和 B，市场价格都是 100 美元。还有两只股票的认购期权，行权价格都是 100 美元，也就是说，它们都是平价期权。假设到期时，股票 A 的价格跌到 50 美元，而股票 B 的价格涨到 150 美元。那么，期权组合的价值为：

	价值
股票 A 的期权	0
股票 B 的期权	50 美元
总计	50 美元

    另外，还存在相同权重的两只股票构成的股票组合的认购期权（行权价格 100 美元）。由于这个股票组合的价格变动为零，仍为 100 美元，所以该认购期权到期时价值为零。

    这个例子反映了普遍规律：股票组合的期权的价值，要小于股票期权的组合的价值，因为对于股票期权的组合，可以选择行使哪只期权。

27. **期权价值** 表 20-4 列出了一些普通股的期权价格（以最接近的美元报价）。年利率为 10%，你能发现错误定价吗？要利用错误定价你会做什么呢？

    表 20-4　普通股期权价格　　　　　　　　　　　　　　　　　　（美元）

股票	到期时间(月)	行权价格	股价	认沽期权价格	认购期权价格
燕卷尾公司	6	50	80	20	52
狗舌草公司	6	100	80	10	15
袋熊公司	3	40	50	7	18
袋熊公司	6	40	50	5	17
袋熊公司	6	50	50	8	10

    参考答案：

    利用认沽—认购期权平价关系：认购期权价值 + 行权价格的现值 = 认沽期权价值 + 股票价格，逐一分析上表中的公司。

    燕卷尾公司：公式左边的价值为：52 + 50/1.05 = 99.62，公式右边的价值为：20 + 80 = 100。平价关系不成立，因此，一定存在错误定价。可以利用这个套利机会：卖空 1 股股票、卖出 1 份认沽期权、买入 1 份认购期权，将 47.62 美元投资无风险债券，现在可以获利 0.38 美元。

狗舌草公司：公式左边的价值为：15+100/1.05=110.24，公式右边的价值为：10+80=90。因此，也存在错误定价。可以进行如下套利操作：卖出1份认购期权、以无风险利率借入资金95.24美元、买入1股股票、买入1份认沽期权，现在可以获利20.24美元。

袋熊公司：

对3个月期的期权，公式左边的价值为：18+40/1.025=57.02，右边的价值为：7+50=57，基本相等，因此，不存在错误定价。

对第一只6个月期期权，公式左边的价值为：17+40/1.05=55.10，右边的价值为：5+50=55，有轻微的错误定价。

对第二只6个月期期权，公式左边的价值为：10+50/1.05=57.62，右边的价值为：8+50=58，有轻微的错误定价。

28. **期权价值** 你刚刚完成了历时一个多月的能源市场研究，得到的结论是明年能源价格将比历史上任何时候的波动都剧烈。假设你是对的，你应该采取何种期权策略？（注意：你可以买入或卖出石油公司股票期权或者原油、天然气、燃料油等未来交割价格的期权。）

参考答案：

可以采用跨式期权交易策略：买入1份行权价格与标的资产当前价格相等的认购期权，同时再买1份相同行权价格的认沽期权。如果标的资产的价格不变，两个期权都没价值。如果标的资产价格下跌，认沽期权有价值；如果标的资产价格上涨，认购期权有价值。也就是说，不管未来石油价格向哪个方向波动，只要有大的波动，该交易策略都能给投资人带来丰厚的利润。

挑战题

29. **期权收益** 图20-14给出了一些复杂的头寸图。找到能够产生每个头寸图的股票、债券和期权的组合。

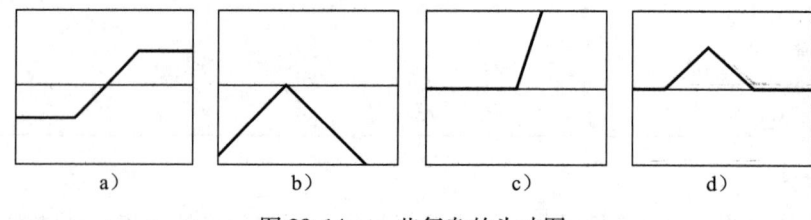

图20-14 一些复杂的头寸图

参考答案：

a. 购买一份行权价格较低的认购期权，出售一份相同到期期限的行权价格较高的认购期权，同时借入资金（还款额低于两个行权价格之差）。这又称为牛市价差期权（bull spread）。

b. 卖出一份认沽期权，同时再卖出一份相同行权价的认购期权。这又称为空头跨式期权(short straddle)。

c. 买股票，买入行权价格高于当前股价的认沽期权，同时借入资金(偿还金额等于行权价格与当前股价的差)。

d. 买入一份行权价格为 K_1 的认购期权，买入一份行权价格为 K_3 的认购期权，再卖出两份行权价格为 K_2 的认购期权，其中 $K_1 < K_2 < K_3$。这又称为蝶式价差期权(butterfly spread)。

30. **期权收益** 若干年前，澳大利亚公司邦德公司以 1.1 亿美元出售了它在罗马附近拥有的一部分土地，结果使当年的利润增加了 7 400 万美元。之后，一个电视节目披露，买家被给予了一份认沽期权，可以将这块地以 1.1 亿美元卖回给邦德公司，邦德公司支付了 2 000 万美元得到一份认购期权，可以以同样的价格买回这块地。

a. 如果期权到期时，这块地价值高于 1.1 亿美元，会发生什么？如果价值低于 1.1 亿美元呢？

b. 利用头寸图来说明出售土地和期权交易的净影响。

c. 假设期权 1 年后到期，你能推导出利率吗？

d. 这个电视节目认为，记录出售土地的利润有误导作用。你的观点是什么？

参考答案：

a. 期权到期时，如果土地价值高于 1.1 亿美元，邦德公司将行使认购期权，以 1.1 亿美元的价格买回土地，如果土地价值低于 1.1 亿美元，买家将行使认沽期权，将这块土地以 1.1 亿美元的价格再卖给邦德公司。

b. 邦德公司出售土地和期权交易，如下图 a 所示：①出售土地；②出售认沽期权；③购买认购期权。净影响相当于发行(或投资)了一只债券，如图 b 所示。如果当前土地价值高于 1.1 亿美元，对邦德公司而言就是投资了一只债券，如果低于 1.1 亿美元，就是发行了一只债券。

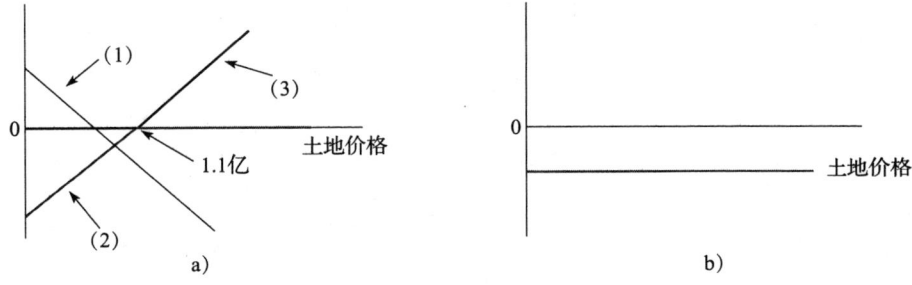

c. 根据认沽—认购期权平价关系，可以推导出利率。认购期权的行权价格为 1.1 亿美元，期权价格为 0.2 亿美元。土地和认沽期权的价值总和为 1.1 亿美元。因此有：

$0.20 + 1.1/(1 + r) = 1.1$

可以得到：$r = 22.2\%$。

d. 根据前面的分析，这块土地并没有被真实出售。邦德公司所宣称的出售土地利润的确有误导作用。

31. **期权价值**　豪格斯韦尔股票6个月期认购期权交易价格如下：

行权价格（美元）	认购期权价格（美元）
90	15
100	11
110	5

如何通过交易豪格斯韦尔股票期权来赚钱？（提示：画图，纵轴是期权价格，横轴是股价与行权价格之比。将这3只期权画在图中，这符合你所知道的期权价格与股价与行权价格之比的关系吗？）现在，查找报纸上具有同样到期时间但行权价格不同的期权，你能找到任何赚钱的机会吗？

参考答案：
以下交易策略就可以赚钱：分别购买行权价格为90美元和110美元的认购期权各一份，同时卖出两份行权价格为100美元的认购期权。现在得到2美元，期权到期时该组合的价值如下图所示。现在得到2美元，而期权到期时组合头寸的价值为正，所以这是个套利机会。这3只期权出现了错误定价。现实中应该不存在这样明显的赚钱机会。

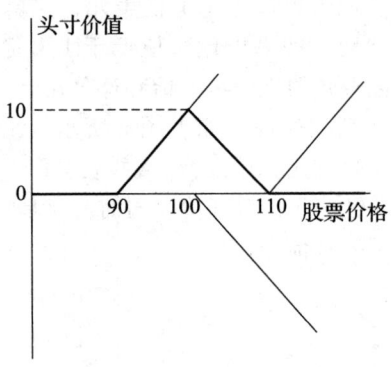

第 21 章 期权估值

基础题

1. **二项式模型** 重金属(HM)公司的股价一个月只变化一次：要么上升20%，要么下降16.7%。现在股价为40美元，月利率为1%。
   a. 1个月后到期的行权价格为40美元的认购期权的价值是多少？
   b. 期权δ是多少？
   c. 说明如何通过买入HM的股票和负债来复制这只认购期权的收益。
   d. 2个月后到期的行权价格为40美元的认购期权的价值是多少？
   e. 这只2个月的认购期权第一个月的期权δ是多少？

   参考答案：
   a. 在风险中性假设下，股价上涨的概率为p，那么：
   $p \times 20\% + (1-p) \times (-16.7\%) = 1\%$
   $p = 0.4823 = 48.23\%$
   $1 - p = 0.5177 = 51.77\%$
   也就是说，有48.23%的可能性股价会上涨20%，即上涨到48美元，51.77%的可能性股价下跌16.7%，即下跌到33.32美元。相应地，到期时认购期权有48.23%概率价值8美元，51.77%的概率价值为零。因此，认购期权当前的价值为：
   $C = (0.4823 \times 8 + 0.5177 \times 0)/1.01 = 3.82(美元)$
   b. Delta = 期权的价格变化/股价的价格变化 = $(8-0)/(48-33.32) = 0.545$
   c. 复制认购期权的策略：购买0.545股HM股票，同时借款17.98美元，如下表所示，该策略完全复制认购期权的现金流。

   | | 当前现金流(美元) | 未来现金流(美元) | |
		股价上升	股价下跌
购买认购期权	-3.82	8.00	0.00
购买0.545股股票	-21.80	26.16	18.16
借入17.98美元	17.98	-18.16	-18.16
	-3.82	8.00	0.0

d. 采用二叉树，可能的股票价格和期权价值如下：

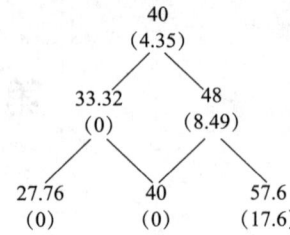

两个月后，期权价值分别是 0、0 和 17.6 美元，1 个月后，期权价值分别是：
$C = (0.482\ 3 \times 0 + 0.517\ 7 \times 0)/1.01 = 0$
或者 $C = (0.482\ 3 \times 17.6 + 0.517\ 7 \times 0)/1.01 = 8.49 (美元)$
现在的期权价值为：$C = (0.482\ 3 \times 0 + 0.517\ 7 \times 8.49)/1.01 = 4.35 (美元)$

e. 这只期权 1 个月后的 Delta ＝期权的价格变化/股价的价格变化
$= (8.49 - 0)/(48 - 33.3) = 0.578$

2. **期权 δ**

   a. 认购期权的 δ 会比 1 大吗？请解释。
   b. 会小于零吗？
   c. 如果股价升高，认购期权的 δ 如何变化？
   d. 如果股票的风险增加，认购期权的 δ 如何变化？

   参考答案：
   a. 不会。认购期权的期权价格变动幅度不会大于股价变动幅度，Delta 的最大值是 1。
   b. 不会。认购期权的期权价格与股价同方向变动。
   c. Delta 增加。随着股价升高，认购期权价值越高，同时越接近其下限，如教材图 21-5 所示。
   d. Delta 增加。股票风险越高，认购期权价值越高。

3. **二项式模型** 再考察一下谷歌的两步二叉树，如图 21-2 所示。利用复制资产组合或风险中性方法来对 6 个月的行权价格为 450 美元的认购和认沽期权进行估值。假设谷歌股价为 530 美元。

   参考答案：
   使用复制资产组合的方法进行估值
   首先，如果 3 个月后股价为 452.64 美元，则 Delta ＝ (80 − 0)/(530 − 386.57) = 0.557 8。为复制认购期权，这时买入 0.557 8 股股票，同时向银行借款，还款金额为：386.57 × 0.557 8 = 215.62 (美元)。这时的期权价值为：0.557 8 × 452.64 − 215.62/1.005 = 37.94 (美元)。
   如果 3 个月后股价为 620.59 美元，则 Delta ＝ (276.65 − 80)/(726.65 − 530) = 1。为复制该期权，需要买入 1 股股票，同时向银行借款，还款金额为 450 美元。这时的期权价值为：$C = 1 \times 620.59 - 450/1.005 = 620.59 - 447.76 = 172.83 (美元)$。
   回到现在，期权的 Delta ＝ (172.83 − 37.94)/(620.59 − 452.64) = 0.803 2。要复制

该期权，可以买入0.8032股股票，根据股价下跌后的投资价值的现值借款。还款金额为：452.64×0.8032 − 37.94 = 325.62（美元）。期权价值为：0.8032×530 − 325.62/1.005 = 101.69（美元）。

使用风险中性定价法

首先计算风险中性概率，假设股价上涨的概率为p，

$p × 0.1709 + (1−p) × (−0.146) = 0.005$

$p = 0.4765$

如果3个月后的股价为452.64美元，则期权价值为：
$(0.4765 × 80 + 0.5235 × 0)/1.005 = 37.91$（美元）

如果3个月的股价为620.59美元，则期权价值为：
$(0.4765 × 276.65 + 0.5235 × 80)/1.005 = 172.81$

回到现在，期权价值为：
$(0.4765 × 172.81 + 0.5235 × 37.91)/1.005 = 101.68$

认沽期权的价值可以由认沽—认购期权平价公式得到，认沽期权的价值：
$101.68 + 450/(1.005)^2 − 530 = 17.22$（美元）

4. **二项式模型** 想象谷歌股票在未来6个月中要么上升33.3%，要么下降25%（见21.1节）。重新计算认购期权（行权价格=530美元）的价值，利用（a）复制资产组合方法，和（b）风险中性方法。直观地解释为什么期权价值比21.1节中计算出来的上升了。

参考答案：

上涨后的股价为：$530 × (1 + 33.3\%) = 706.67$（美元），股价上涨时，认购期权的价值：$C = 706.67 − 530 = 176.67$（美元）。

下跌后的股价为：$530 × (1 − 0.25) = 397.50$（美元），股价下跌时，认购期权价值为零。

- 用复制资产组合的方法对期权估值

  期权的Delta = 期权价格的变动/股票价格的变动
  $$= (176.67 − 0)/(706.67 − 397.50) = 0.571$$

  要复制认购期权，需要买入0.571股股票，同时借款，还款金额为：
  $0.571 × 706.67 − 176.67 = 227.14$（美元）。

  认购期权的价值 C = 0.571股股票的价值 − 贷款额的现值
  $$= 0.571 × 530 − 227.14/1.01 = 77.96（美元）$$

- 用风险中性方法对期权估值

  在风险中性假设下，股价上涨的概率为p，
  $(0.333)p + (−0.25)(1−p) = 0.01$
  $p = 0.446$
  $1 − p = 0.554$
  认购期权价值 $C = (0.446 × 176.67 + 0.554 × 0)/1.01 = 77.96$（美元）

5. **二项式模型** 狗舌草公司的股价在未来一年中可能从目前的100美元下降到50美元，或者上升到200美元。1年期利率为10%。

a. 狗舌草公司股票认购期权，1年期，行权价格为100美元，该期权的δ是多少？
b. 利用复制期权组合方法对这只认购期权进行估值。
c. 在风险中性世界中，狗舌草公司股票价格上升的概率是多少？
d. 利用风险中性方法检验你对狗舌草公司股票期权的估值。
e. 如果有人告诉你，实际上狗舌草公司股票价格上涨到200美元的概率是60%，你会改变对该期权的估值吗？请解释。

参考答案：

a. Delta = 可能的期权价格变动/可能的股价变动 = (100 − 0)/(200 − 50) = 0.666 7
b. 复制期权的未来现金流如下：

（单位：美元）

	当前现金流	未来可能的现金流	
		股价下跌	股价上涨
买入0.666 7股股票	−66.67	33.33	133.33
借入30.30	30.30	−33.33	−33.33
	−36.36	0	100.00
认购期权	?	0	100

（借款的还款额：0.666 7 × 200 − 100 = 33.33美元）
买股票、借款的资产组合的未来现金流与认购期权完全相同，因此，认购期权现在的价值应该等于资产组合现在的价值，即33.36美元。

c. 在风险中性假设下，股价上涨的概率为p：

$p \times 100\% + (1 − p) \times (−50\%) = 10\%$

$p = 40\%$

d. 用风险中性方法进行定价，期权价值为：

$C = [0.40 \times 100 + 0.60 \times 0]/1.10 = 36.36$（美元）

e. 不会。真实世界中股价上涨的概率几乎一定比风险中性概率高，但是这对期权价值评估没有影响。风险中性估值方法与真实世界股价上涨的概率没有直接关系。

6. **布莱克—斯科尔斯模型** 利用布莱克—斯科尔斯公式对以下期权进行估值：
a. 某股票的认购期权，行权价格为60美元。该股票目前的市场价格为60美元，月收益率标准差为6%。期权3个月后到期，无风险的月利率为1%。
b. 同时期同一只股票的认沽期权、行权价格和到期时间都相同。
现在，对每只期权，找到复制它的股票和无风险资产的组合。

参考答案：

a. 股价$P = 60$美元，行权价格$EX = 60$美元，股价收益率的标准差$\sigma = 0.06$，时间$t = 3$个月，无风险利率$r_f = 0.01$（月利率）。

$$d_1 = \frac{\log[P/PV(EX)]}{\sigma\sqrt{t}} + \frac{\sigma\sqrt{t}}{2} = \frac{\log\left(\frac{60}{60/1.01^3}\right)}{0.06 \times \sqrt{3}} + \frac{0.06 \times \sqrt{3}}{2} = 0.339\ 2$$

$$d_2 = d_1 - \sigma\sqrt{t} = 0.339\ 2 - 0.06 \times \sqrt{t} = 0.235\ 3$$

利用 Excel 函数 NORMSDIST，得到：$N(d_1) = 0.6328$，$N(d_2) = 0.5930$
认购期权价格 $C = [N(d_1) \times P] - [N(d_2) \times PV(EX)]$
$$= 0.6328 \times 60 - 0.5930 \times \frac{60}{1.01^3} = 3.43(美元)$$

b. 根据期权平价公式：
认沽期权的价值 = 认购期权价值 + 行权价格的现值 − 股价。我们有：
$3.44 + 60/1.01^3 − 60 = 1.67$（美元）
要达到复制认购（认沽）期权，可以买入（卖出）股票，同时借入（借出）资金。

7. **期权风险** "认购期权总是比其标的股票的风险更高。"对还是错？股票价格变动时，期权的风险如何变化？

   参考答案：
   对，认购期权风险比标的股票的风险更高。随着股价上涨，认购期权的风险下降。

8. **期权行权** 以下哪只期权可能在到期前行权是理性的？简单解释为什么。
   a. 不支付股利的股票的美式认沽期权。
   b. 美式认购期权，股利为每年 5 美元，行权价格为 100 美元，利率为 10%。
   c. 美式认购期权，利率为 10%，股利为未来股价的 5%。（提示：股利由股价决定，股价可能上升也可能下降。）

   参考答案：
   a. 股价足够低时就应该提前行权，未来期权价值升高的可能性不大，而行权后得到的利息可以投资获得风险利息收入。
   b. 不要提前行权。延迟支付行权价格，节约的利息（10%）大于放弃的股利（5 美元，即 5%）。
   c. 如果股价和股利足够高，就值得提前行权来获得股利。

进阶题

9. **二叉树** 乔尼·琼斯的高中衍生工具作业要求用二项式估值方法，对越野铁路公司普通股 12 个期的认购期权进行估值。现在，股价为 45 美元，年标准差为 24%。乔尼首先像图 21-2 那样构建了一个二叉树，股价每 6 个月上升或下降。然后，他构建了一个更现实一些的二叉树，股价每 3 个月变动一次，即一年变动 4 次。
   a. 构建这两个二叉树。
   b. 如果越野铁路公司股票的标准差是 30%，这些树将如何变化？（提示：确保找出正确的上升和下降的百分比。）

   参考答案：
   a. 股价每 6 个月变动一次
   $u = e^{0.24\sqrt{0.5}} = 1.185$，$d = 1/u = 0.844$
   因此，股价上涨的幅度为 18.5%，下降的幅度为 15.6%。

股价每 6 个月变动一次的二叉树如下：

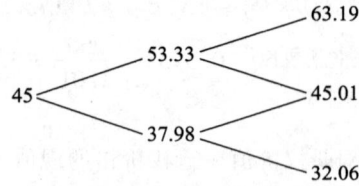

股价每 3 个月变动一次，
$u = e^{0.24\sqrt{0.25}} = 1.127$，$d = 1/u = 0.887$
股价每 6 个月变动一次的二叉树如下：

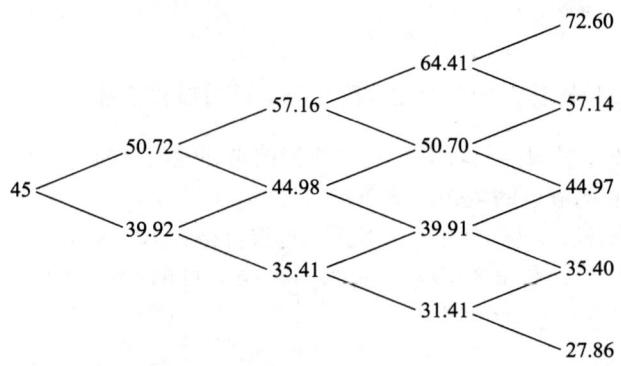

b. 标准差增加，股价变动范围增大。如下图两个二叉树所示：
$u = e^{0.3\sqrt{0.5}} = 1.236$，$d = \dfrac{1}{u} = 0.809$

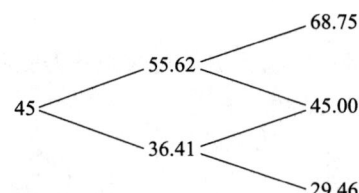

$u = e^{0.3\sqrt{0.25}} = 1.162$，$d = 1/u = 0.861$

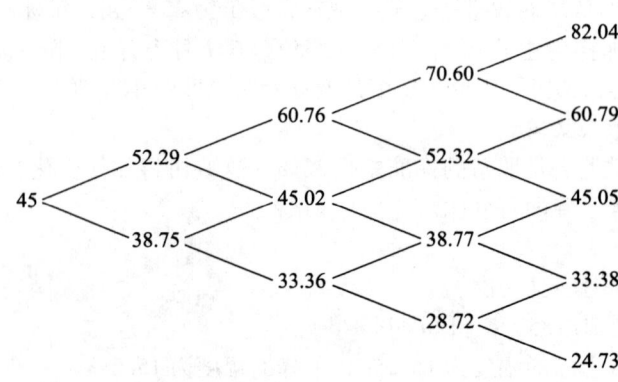

10. **二项式模型** 假设一只股票明年的价格将上升15%或下降13%。你拥有这只股票的1年期认沽期权。利率为10%，目前的股价为60美元。
   a. 行权价格是多少时，继续持有该认沽期权和现在立刻行权没有差别？
   b. 如果利率上升，这个盈亏平衡的行权价格如何变化？

   参考答案：
   a. p 为股价上涨的风险中性概率，$p \times 0.15 + (1-p) \times (-0.13) = 0.10$，$p = 0.821$。下一期可能的股价分别为：$60 \times 1.15 = 69.00$（美元），$60 \times 0.87 = 52.20$（美元）。如果立即行权，认沽期权的价值等于1年后认沽期权的价值的现值。若令 X 表示盈亏平衡时的行权价格，则有：$X - 60 = [0.821 \times 0 + (1 - 0.821) \times (X - 52.20)]/1.10$，$X = 61.51$ 美元。
   b. 如果利率上升，这个盈亏平衡的行权价格将下降。

11. **股利** 莫利亚矿业的股价为100美元，在之后两个6个月期间内，每期股价要么上升25%，要么下降20%（等价于年标准差31.5%）。在第6个月，公司将支付股利每股20美元。6个月利率为10%。行权价格为80美元的1年期美式认购期权的价值是多少？现在重新计算期权价值，假设股利等于含股利的股价的20%。

   参考答案：
   a. 莫利亚矿业的未来股价如下：

   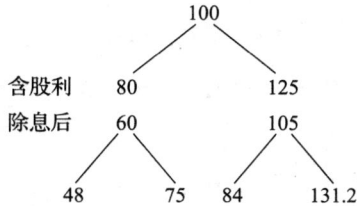

   p 表示股价上涨的风险中性概率，有：
   $p \times 0.25 + (1-p) \times (-0.20) = 0.10$
   $p = 0.67$
   6个月后认购期权的预期价值如下图：

   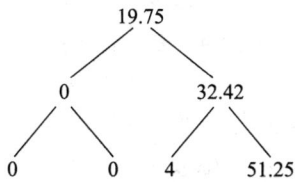

   6个月后，股价跌至80美元以下，认购期权没有价值；若股价上涨到125美元，如果这时选择行权，则期权价值为$125 - 80 = 45$；如果不行权，期权价值
   $$\frac{(0.67 \times 51.25) + (0.33 \times 4)}{1.10} = 32.42（美元）$$
   因此，6个月如果股价上涨到125美元，就应该行使期权。那么，现在的期权价

值为：

$$\frac{(0.67 \times 32.42) + (0.33 \times 0)}{1.10} = 19.75(美元)$$

如果股利为股价的 20%，莫利亚矿业的未来股价如下：

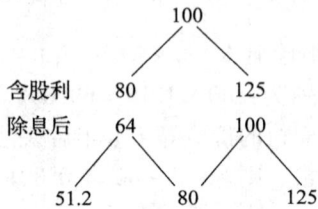

股价上涨的风险中性概率为 0.67。6 个月后认购期权的预期价值如下图：

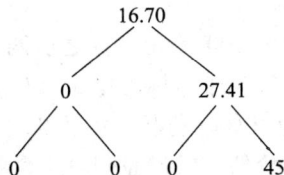

6 个月后，股价跌至 80 美元以下，认购期权没有价值；若股价上涨到 125 美元，如果这时选择行权，则期权价值为 125 - 80 = 45；如果不行权，期权价值为：

$$\frac{(0.67 \times 45) + (0.33 \times 0)}{1.10} = 27.41(美元)$$

因此，6 个月如果股价上涨到 125 美元，就应该行使期权。那么，现在的期权价值为：

$$\frac{(0.67 \times 27.41) + (0.33 \times 0)}{1.10} = 16.70(美元)$$

12. **二项式模型** 巴福尔黑德股价为 220 美元，在 6 个月期间内可能减半或加倍（等价于标准差 98%）。巴福尔黑德股票的 1 年期认购期权，行权价格为 165 美元。年利率为 21%。

a. 巴福尔黑德认购期权的价值是多少？
b. 现在，计算第二个 6 个月的期权 δ，如果：①股价上升到 440 美元；②股价下跌到 110 美元/月。
c. 认购期权 δ 随股价如何变化？直观地解释为什么。
d. 假设在第 6 个月，巴福尔黑德股价为 110 美元，在这一点上，如何用认购期权和无风险借出资金的组合来复制股票投资？说明你的策略与股票投资确实产生同样的收益。

参考答案：
年利率为 21%，则 6 个月复利的利率为 10%：$(1 + 10\%)^2 = 1 + 21\%$。
a. 巴福尔黑德未来可能的股价以及相应股价下的认购期权的价值（括号内）如下：

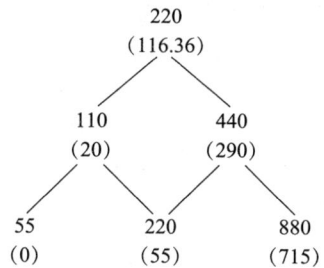

股价上涨的风险中性概率为 p，$p \times 100\% + (1-p) \times (-50\%) = 10\%$，$p = 0.4$。
如果 6 个月后股价为 110 美元，认购期权不会行权，此时的期权价值为：
$[(0.4 \times 55) + (0.6 \times 0)]/1.10 = 20$（美元）
如果 6 个月后股价为 440 美元，此时若行使期权，期权价值为 $440 - 165 = 275$（美元）。
如果不行权，期权价值为：$(0.4 \times 715 + 0.6 \times 55)/1.10 = 290$（美元）。因此，应该选择不行权。因此，现在期权价值为：
$(0.4 \times 290 + 0.6 \times 20)/1.10 = 116.36$（美元）

b. 如果股价上涨到 440 美元，
期权 Delta $= (715 - 55)/(880 - 220) = 1$
如果股价下跌到 110 美元，
期权 Delta $= (55 - 0)/(220 - 55) = 0.33$

c. 期权 Delta 随股价上升而上升，最大为 1。期权 Delta 为 1 时，确定会行权；期权 Delta 为 0 时，确定不会行权。如果期权确定行权，那就相当于购买股票，只不过要延迟支付一部分款项，此时股价上涨 1 美元，认购期权价值也上涨 1 美元。如果认购期权确定不会行权，不管股价如何变化都没有价值。

d. 如果 6 个月后股价为 110 美元，期权 Delta 为 0.33，要复制股票，需要购买 3 份认购期权，同时借出 50 美元，如下表所示：

	现在支出	未来价值	
		股价 = 55 美元	股价 = 110 美元
购买 3 份认购期权	-60 美元	0	165 美元
借出 50 美元	-50	55	55
等价于股票投资： 购买股票	-110	55	220

13. **美式认沽期权** 假设你拥有巴福尔黑德股票（见问题 12）的美式认沽期权，行权价格为 220 美元。
   a. 你想提前行使该认沽期权吗？
   b. 计算认沽期权的价值。
   c. 比较该期权的价值与同等条件的欧式认沽期权的价值。
   参考答案：
   a. 对于美式认沽期权，考虑提前行权是理性的，提前行使美式认沽期权，将得到的资金进行再投资，有时候值得这样做。

b. 未来的股价以及对应的美式认沽期权价值（括号内）

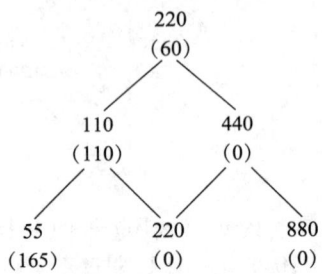

股价上涨的风险中性概率为 p，$p \times 100\% + (1-p) \times (-50\%) = 10\%$，$p = 0.4$。
如果 6 个月后股价为 110 美元，如果认沽期权行权，期权价值为 110 美元，如果不行权，期权价值为：

[$(0.4 \times 0) + (0.6 \times 165)$]/1.10 = 90（美元）

因此 6 个月后如果股价为 110 美元，就应该提前行权，期权价值为 110 美元。
如果 6 个月后股价为 440 美元，如果行权，期权价值为 -220，如果不行权，期权价值也是 0。因此，应该选择不行权。因此，现在期权价值为：

[$(0.4 \times 0) + (0.6 \times 110)$]/1.10 = 60（美元）

c. 如果是欧式认沽期权，6 个月后如果股价为 110 美元，期权也不能提前行权，这时的期权价值应该是 90 美元，因此欧式认沽期权现在价值：

[$(0.4 \times 0) + (0.6 \times 90)$]/1.10 = 49.09（美元）

14. **股利**　重新计算巴福尔黑德股票的认购期权的价值（见问题 12），假设期权是美式期权，在第一个 6 个月末公司支付了 25 美元股利。（这样，1 年后的股价要么是 6 个月后的除息价的减半，要么是加倍。）如果期权是欧式的，你的答案有何不同？

参考答案：
当期权是美式期权时，未来的股价以及对应的美式认沽期权价值（括号内）：

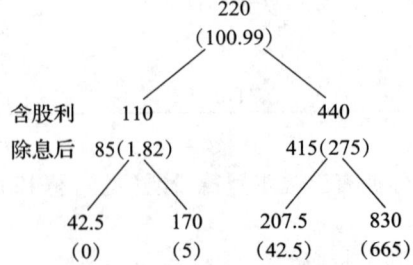

假设股价上涨的风险中性概率为 p，则：$p \times 100\% + (1-p) \times (-50\%) = 10\%$，解之得：$p = 0.4$。
如果 6 个月后股价为 110 美元，认购期权不会行权，此时的期权价值为：

[$(0.4 \times 5) + (0.6 \times 0)$]/1.10 = 1.82（美元）

如果6个月后股价为440美元,此时若行使期权,期权价值为:440-165=275(美元)。如果不行权,期权价值为:(0.4×665+0.6×42.5)/1.10=265(美元)。因此,当6个月后的股价为440美元时应该选择行权。

因此,现在期权价值为:

(0.4×275+0.6×1.82)/1.10=100.99(美元)

如果期权是欧式期权,也就不存在被提前执行的可能。因此,6个月后股价为440美元时,期权的价值是265美元。所以,该期权在今天的价值为:

(0.4×265+0.6×1.82)/1.10=97.36(美元)

结论:不出所料,欧式认购期权的价值要低于美式认购期权的价值。

15. **二项式模型** 假设你拥有一只期权(请参见问题12),使你可以在6个月后以165美元出售巴福尔黑德股票或者在12个月以后以165美元购买巴福尔黑德股票。这只不寻常的期权的价格是多少?

参考答案:

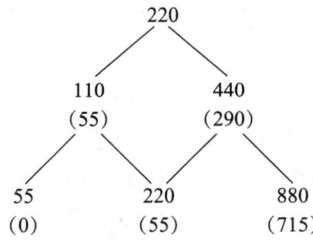

如果6个月后的股价为110美元,此时行使认沽期权,其价值为:165-110=55(美元)。如果不行权,12个月后的认购期权的价值为小于55美元,所以应该行权。如果6个月后股价为440美元,此时认沽期权没有价值,因此不行权,12个月后的认购期权的价值为:

(0.4×715+0.6×55)/1.10=290(美元)

综上分析,这只不寻常的期权现在的价值为:

(0.4×290+0.6×55)/1.10=135.45(美元)

16. **美式认沽期权** 蒙特朗布朗空气公司的当前股价是100加元,在每个6个月期间,股价要么上升11.1%,要么下降10%(等同于年标准差14.9%)。6个月期利率为5%。

a. 计算蒙特朗布朗股票的1年期欧式认沽期权,行权价格为102加元。

b. 重新计算蒙特朗布朗认沽期权价值,假设为美式期权。

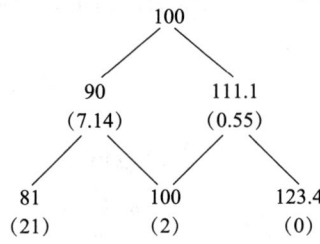

参考答案：

a. 假设股价上涨的风险中性概率为 p，$p \times 11.1\% + (1-p) \times (-10\%) = 5\%$，$p = 0.71$。
如果 6 个月后的股价下降 10%，即为 90 加元，此时认沽期权的价值为：
$(0.71 \times 2 + 0.29 \times 21)/1.05 = 7.14$（加元）
如果 6 个月后股价上涨 11.1%，即为 111.1 加元时，此时认沽期权的价值为：
$(0.71 \times 0 + 0.29 \times 2)/1.05 = 0.55$（加元）
欧式期权不能提前行权，现在的期权价值为：
$(0.71 \times 0.55 + 0.29 \times 7.14)/1.05 = 2.34$（加元）

b. 美式期权可以在 6 个月后提前行权。如果股价是 90 加元，此时行权的话，期权的价值为：$102 - 90 = 12$（加元），不行权时的价值为 7.14 加元。因此，该美式认沽期权现在的价值为：
$(0.71 \times 0.55 + 0.29 \times 12)/1.05 = 3.69$（加元）
美式认沽期权可以在到期前行权，因此价值要高于欧式认沽期权。

17. **二项式和布莱克—斯科尔斯模型** 联合碳素（UC）当前股价为 200 美元，年标准差为 22.3%，年利率为 21%，UC 的 1 年期认购期权，行权价格为 180 美元。
    a. 利用布莱克—斯科尔斯模型对 UC 认购期权进行估值。
    b. 如果采用一期二项式方法来对 UC 期权进行估值，利用 21.2 节中的公式，计算估值需要用到的上升和下降的幅度。利用二项式方法进行估值。
    c. 采用两期二项式方法，重新计算上升和下降幅度，重新对期权进行估值。
    d. 利用问题 c 的答案，计算期权 δ：①现在；②下一期，如果股价上升；③下一期，如果股价下跌。说明在每一时点如何用公司股票的杠杆化投资来复制认购期权。

参考答案：

a. 根据已知条件，股价 $P = 200$ 美元，行权价 $EX = 180$ 美元，股票的标准差：$\sigma = 0.223$，期限 $t = 1.0$ 年，市场无风险利率 $r_f = 0.21$。
我们把相关数据带入布莱克－斯科尔斯模型。计算过程如下：
行权价的现值 $PV(EX) = 180/(1 + 21\%) = 148.76$（美元）
$$d_1 = \log[P/PV(EX)]/\sigma\sqrt{t} + \sigma\sqrt{t}/2$$
$$= \log[200/148.76]/0.223\sqrt{1.0} + 0.223\sqrt{1.0}/2 = 1.4388$$
$$d_2 = d_1 - \sigma\sqrt{t} = 1.4388 - 0.223\sqrt{1.0} = 1.2158$$
查表得：$N(d_1) = N(1.4388) = 0.9249$；$N(d_2) = N(1.2158) = 0.8880$
根据布莱克－斯科尔斯模型，认购期权的价值为：
$$c = [N(d_1) \times P] - [N(d_2) \times PV(EX)]$$
$$= 0.9249 \times 200 - 0.8880 \times 148.76 = 52.88 （美元）$$

b. 根据公式计算股票上升和下降的幅度：
$1 +$ 上升的幅度 $= u = e^{\sigma\sqrt{h}} = e^{0.223\sqrt{1.0}} = 1.2498$
$1 +$ 下降的幅度 $= d = \dfrac{1}{u} = \dfrac{1}{1.2498} = 0.8001$

令 p 代表股价上涨的风险中性概率：

$(p \times 0.25) + (1-p) \times (-0.20) = 0.21$

$p = 0.91$

1年后，股票如果上涨25%，股价就是 $200 \times (1+25\%) = 250$（美元）；此时认购期权的价值为 $250 - 180 = 70$（美元）。

1年后，股票如果下降20%，股价是 $200 \times (1-20\%) = 160$（美元），此时认购期权价值0美元。因此，期权价值为：

$$\frac{(0.91 \times 70) + (0.09 \times 0)}{(1+21\%)} = 52.64（美元）$$

c. 在两期模型中，股票上升和下降的幅度：

$1 + 上升的幅度 = u = e^{\sigma\sqrt{h}} = e^{0.223\sqrt{0.5}} = 1.1708$

$1 + 下降的幅度 = d = \frac{1}{u} = \frac{1}{1.1708} = 0.8541$

年利率为21%，则6个月复利的利率为10%。

假设风险中性世界里股价上涨的概率为 p，则有：

$(p \times 0.1708) + (1-p) \times (-0.146) = 0.1$

$p = 0.776$

未来的股价以及对应的美式认沽期权价值（括号内）：

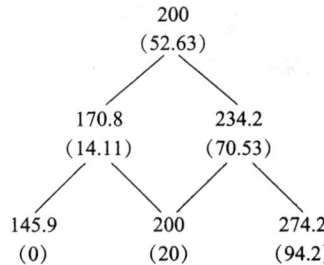

第一期期末，股价下跌到170.8美元，此时期权价值为：

$$\frac{(0.776 \times 20) + (0.224 \times 0)}{(1+10\%)} = 14.11（美元）$$

股价上涨到234.2美元，此时期权价值为：

$$\frac{(0.776 \times 94.2) + (0.224 \times 20)}{(1+10\%)} = 70.53（美元）$$

所以，当前的期权价值为：

$$\frac{(0.776 \times 70.53) + (0.224 \times 14.11)}{(1+10\%)} = 52.63（美元）$$

d. (1) 期权现在的 Delta 为：

$$\delta = \frac{可能的期权价格的价差}{可能的股价的价差} = \frac{70.53 - 14.11}{234.2 - 170.8} = 0.89$$

复制认购期权的策略：买入0.89股股票，同时借款：

$$\frac{0.89 \times 170.8 - 14.11}{(1+10\%)} = 125.37(美元)$$

(2)如果下一期股价上升，期权的 Delta 为：

$$\delta = \frac{94.2 - 20}{274.2 - 200} = 1.00$$

复制认购期权的策略：买入 1 股股票，同时借款：

$$\frac{1.0 \times 274.2 - 94.2}{(1+10\%)} = 163.64(美元)$$

(3)如果下一期股价下跌，期权的 Delta 为：

$$\delta = \frac{20 - 0}{200 - 145.9} = 0.37$$

复制认购期权的策略：买入 0.37 股股票，同时借款：

$$\frac{0.37 \times 145.9 - 0}{(1+10\%)} = 49.08(美元)$$

18. **期权 δ** 假设你买入 δ 股股票、卖出 1 份认购期权，构造一个期权对冲策略。随着股价的变化，期权 δ 在变化，你需要调整对冲。如果股价的变化对期权 δ 的影响很小，你可以最小化调整成本。构造一个例子，说明如果你用价内期权、平价期权和价外期权进行对冲，期权 δ 是否会变化。

参考答案：

假设期权的期限是常数。现在我们用两个不同初始价格的股票来研究简单的一阶段二项式问题。假设两个股票的初始价格分别为 100 美元和 110 美元。它们未来可能的股价见下图。

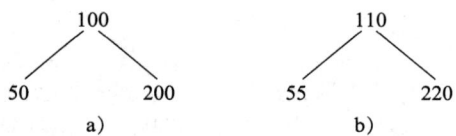

现在我们来分析股价变动对期权 Delta 的影响：

期权的 Delta	行权价格	(a)100	(b)110
价内期权	($EX = 60$)	140/150 = 0.93	160/165 = 0.97
平价期权	($EX = 100$)	100/150 = 0.67	120/165 = 0.73
价外期权	($EX = 140$)	60/150 = 0.40	80/165 = 0.48

根据这个具体例子我们发现，给定不同的股价，价外期权的 Delta 变动最大。所以，要想最小化调整对冲策略的乘数效应，一定要使用价内期权。

19. **期权风险**

a. 在 21.3 节中，我们计算了谷歌股票行权价格为 530 美元的 6 个月期认购期权的风险（贝塔）。对行权价格为 450 美元的类似期权，重复该练习。行权价格降低，期权的风险上升还是下降？

b. 计算谷歌股票行权价格为 530 美元的 1 年期认购期权的风险。随着期权到期时间的延长，风险上升还是下降？

参考答案：

a.（1）行权价格为 530 美元时，根据 21.3 节，已知条件如下：

股价 $P=530$ 美元，行权价格 $EX=530$ 美元，波动率 $\sigma=0.3156$，期限 $t=0.5$（年），无风险利率 $r_f=0.01$（6 个月期），谷歌股票的 $\beta=1.15$，无风险贷款的 $\beta=0$。

首先，我们根据行权价格和无风险利率计算出行权价格的现值为：$PV(EX)=\dfrac{530}{(1+1\%)}=524.75$（美元）

然后计算 d_1 和 d_2：

$d_1=\log[P/PV(EX)]/\sigma\sqrt{t}+\sigma\sqrt{t}/2$

$\quad=\log[530/524.75]/0.3156\sqrt{0.5}+0.3156\sqrt{0.5}/2=0.1562$

$d_2=d_1-\sigma\sqrt{t}=0.1562-0.3156\sqrt{0.5}=-0.0670$

查表得：$N(d_1)=N(0.1562)=0.5621$；$N(d_2)=N(-0.0670)=0.4733$

根据布莱克—斯科尔斯模型，计算得到认购期权的价值为：

$c=[N(d_1)\times P]-[N(d_2)\times PV(EX)]$

$\quad=0.5621\times530-0.4733\times524.75=297.91-248.36=49.55$（美元）

为了复制该认购期权，我们需要借款 248.36 美元，并投资 297.91 美元购买 0.5621 份股票。根据组合的贝塔就是组合中各种资产的贝塔的加权和，所以期权的贝塔为：

$\beta=\dfrac{(297.89\times1.15-248.36\times0)}{(297.89-248.36)}=6.91$

（2）行权价格为 450 美元时期权的贝塔的计算过程和思路同上。

首先，根据 21.3 节，已知条件为：股价 $P=530$ 美元，行权价格 $EX=450$ 美元，波动率 $\sigma=0.3156$，期限 $t=0.5$（年），无风险利率 $r_f=0.01$（6 个月期）。

首先，我们根据行权价格和无风险利率计算出行权价格的现值为：

$PV(EX)=\dfrac{450}{(1+1\%)}=445.54$（美元）

其次，我们计算 d_1 和 d_2：

$d_1=\log[P/PV(EX)]/\sigma\sqrt{t}+\sigma\sqrt{t}/2$

$\quad=\log[530/445.54]/0.3156\sqrt{0.5}+0.3156\sqrt{0.5}/2=0.8894$

$d_2=d_1-\sigma\sqrt{t}=0.8894-0.3156\sqrt{0.5}=0.6662$

查表得：$N(d_1)=N(0.8894)=0.8131$；$N(d_2)=N(0.6662)=0.7474$

根据布莱克—斯科尔斯模型，计算得到认购期权的价值为：

$c=[N(d_1)\times P]-[N(d_2)\times PV(EX)]$

$\quad=0.8131\times530-0.7474\times445.54=430.95-332.99=97.95$（美元）

为了复制该认购期权，我们需要借款 332.99 美元，并投资 430.95 美元购买 0.813 1 份股票。根据组合的贝塔就是组合中各种资产的贝塔的加权和，所以期权的贝塔为：

$$\beta = \frac{[430.95 \times 1.15 - 332.99 \times 0]}{(430.95 - 332.99)} = 5.06$$

综合以上结果，期权的贝塔随着行权价格的降低而减小（由 6.91 下降为 5.06），所以，认购期权的风险随着行权价格的降低而下降。

b. 我们再来计算谷歌股票行权价格为 530 美元但是期限为 1 年的认购期权的情况：
根据 21.3 节，已知条件如下：
股价 $P = 530$ 美元，行权价格 $EX = 530$ 美元，波动率 $\sigma = 0.3156$，期限 $t = 1$（年），无风险利率 $r_f = 0.01$（6 个月期），谷歌股票的 $\beta = 1.15$，无风险贷款的 $\beta = 0$。
首先，6 个月期的无风险利率为 0.01，则 1 年期的无风险利率为 0.020 1：$1 + 0.020\ 1 = (1 + 0.01)^2$。我们根据行权价格和无风险利率计算出行权价格的现值为：$PV(EX) = \dfrac{530}{(1 + 2.01\%)} = 519.56$ 美元。

其次，我们计算 d_1 和 d_2：

$d_1 = \log[P/PV(EX)]/\sigma\sqrt{t} + \sigma\sqrt{t}/2$

$\quad = \log[530/519.56]/0.3156\sqrt{1} + 0.3156\sqrt{1}/2 = 0.2209$

$d_2 = d_1 - \sigma\sqrt{t} = 0.2209 - 0.3156\sqrt{1} = -0.0947$

查表得：$N(d_1) = N(0.2209) = 0.5874$；$N(d_2) = N(-0.0947) = 0.4623$
根据布莱克—斯科尔斯模型，计算认购期权的价值为：

$c = [N(d_1) \times P] - [N(d_2) \times PV(EX)]$

$\quad = 0.5874 \times 530 - 0.4623 \times 519.56 = 311.32 - 240.19 = 71.13$（美元）

为了复制该认购期权，我们需要借款 240.19 美元，并投资 311.32 美元购买 0.587 4 份股票。根据组合的贝塔就是组合中各种资产的贝塔的加权和，所以，期权的贝塔为：

$$\beta = \frac{311.32 \times 1.15 - 240.19 \times 0}{(311.32 - 240.19)} = 5.03$$

根据计算结果，随着期权到期时间的延长，认购期权的风险下降。

20. **期权行权** 其他条件相同，在下面的美式期权中，你最有可能提前行权哪一个？
    a. 高股利的股票的认沽期权，或者同一股票的认购期权。
    b. 股价低于行权价格的认沽期权，或者同一股票的认购期权。
    c. 利率比较高时的认沽期权，或者利率比较低时的同样的认沽期权。

    参考答案：
    a. 最可能提前行使高股利的认购期权。对高股利的认沽期权，等股利发放后股价下跌后再行权更好。
    b. 最可能提前行使股价低于行权价格的认沽期权，永远不会对股价低于行权价的认购期权行权。

21. **期权行权** 带息日还是除息日行使认购期权更好？认沽期权呢？请解释。
    参考答案：
    对认购期权行权，意味着可以用行权价格来购买股票，投资者很自然地会希望这个价格能买到的价值最大。因此，投资者会在带息日行权，这样将来就能得到股票的红利。对认沽期权行权，投资者的收益是行权价和股价的差。因此，为了使利润最大化，投资者希望在股价最低的时候行权。因此，认沽期权在除息日行权更好。

22. **认股权证** 利用"beyond the page"中的布莱克—斯科尔斯程序，计算21.4节中康宁公司的认股权证。康宁公司股票的年标准差为41%，认股权证发行时的利率为5%。康宁公司不支付股利。忽略稀释问题。
    参考答案：
    根据21.4节，已知条件如下：股价 $P=30$ 美元，行权价格 $EX=45.25$ 美元，标准差 $\sigma=0.41$，期限 $t=7$ 年，无风险利率 $r_f=0.05$（年）。
    首先根据行权价格和无风险利率计算出行权价格的现值为：
    $$PV(EX)=\frac{45.25}{(1+5\%)^7}=32.16(\text{美元})$$
    计算 d_1 和 d_2：
    $d_1=\log[P/PV(EX)]/\sigma\sqrt{t}+\sigma\sqrt{t}/2=\log[30/43.10]/0.41\sqrt{7}+0.41\sqrt{7}/2=0.4783$
    $d_2=d_1-\sigma\sqrt{t}=0.4783-0.41\sqrt{7}=-0.6065$
    查表得：$N(d_1)=N(0.4783)=0.6838$；$N(d_2)=N(-0.6065)=0.2721$
    根据布莱克—斯科尔斯模型，认购期权的价值为：
    $c=[N(d_1)\times P]-[N(d_2)\times PV(EX)]$
    $=0.6838\times30-0.2721\times32.16=20.51-8.7507=11.76(\text{美元})$

23. **养老金保险** 利用布莱克—斯科尔斯程序，估计你应该准备支付多少，来对你明年的养老金资产组合进行保险。对市场的波动率进行合理的假设，利用目前的利率。记住，要从目前的市场指数中减掉可能的股利支付的现值。
    参考答案：
    没有标准答案。

挑战题

24. **期权 δ** 利用认沽—认购期权平价关系（见20.2节）和单期二项式模型，说明认沽期权的期权 δ 等于认购期权的期权 δ 减1。
    参考答案：
    利用单期二项式模型，如果我们假设期权的行权价（EX）介于 u 和 d 之间，那么认购

期权的可能价差为：$[(u-EX)-0]$

认沽期权的可能的期权价差为$[(EX-d)-0]$

认购期权的期权$\delta = \dfrac{[(u-EX)-0]}{u-d} = \dfrac{(u-EX)}{u-d}$

认沽期权的期权$\delta = \dfrac{[(EX-d)-0]}{d-u} = \dfrac{(d-EX)}{u-d}$

认购期权的$\delta - 1 = \dfrac{(u-EX)}{u-d} - 1 = \dfrac{(u-EX)}{u-d} - \dfrac{(u-d)}{u-d} = \dfrac{(d-EX)}{u-d} =$ 认沽期权的δ

25. **期权δ** 说明期权δ如何随股票价格相对于行权价格的上升而变化。直观地解释为什么是这样。（如果期权的行权价格等于零，期权δ会如何？如果行权价格无穷大呢？）

    参考答案：
    如果认购期权的行权价格为零，那么对投资者来说拥有期权就等同于拥有了股票。为了复制股票，需要购买认购期权。因此，如果行权价格为零，期权的δ就是1。如果认购期权的行权价格无穷大，那么，即使股价发生了大幅度的变动，认购期权的价值仍旧很低。这时用美元表示的期权价值变化相对于以美元表示的股价变化来说就非常小，也就是说，期权的δ接近于零。除了这两种极端情况，认购期权的δ随着股价的变化在0和1之间变化。

26. **股利** 你公司刚奖励了你一份慷慨的股票期权计划。你怀疑董事会将决定提高股利，或者宣布股票回购。你会暗自希望董事会做哪个决策？请解释。（参考一下第16章会有帮助。）

    参考答案：
    不管是提高股利，还是进行股票回购，这两种公告都传递有关公司前景的信息，从而影响股票价格。如果公司决定提高股利支付，那么股票价格下降的幅度大约等于股利的数额，股价下降降低期权的价值。但是，以市场价格回购股票并不影响股票价格。因此，你应该希望董事会宣布股票回购计划。

27. **期权风险** 计算和比较以下投资的风险(贝塔)：(a)一股谷歌股票；(b)谷歌股票的1年期认购期权；(c)1年期认沽期权；(d)资产组合，包含1股谷歌股票和1份1年期认沽期权；(e)资产组合，包含1股谷歌股票、1份1年期认沽期权和卖出1份1年期认购期权。在每种情形下，都假设期权的行权价格为530美元，即谷歌股票目前的市场价格。

    参考答案：
    a. 使用21.3节的数据，谷歌股票的贝塔为1.15。
    b. 要计算谷歌股票1年期认购期权的贝塔，需要计算期权价值。根据21.3节，计算期权价值需要的已知条件如下：股价$P = 530$美元，$EX = 530$美元，$\sigma = 0.3156$，$t = 1$年，$r_f = 2.01\%$。
    我们根据行权价格和无风险利率计算出行权价格的现值为：$PV(EX) =$

$$\frac{530}{(1+2.01\%)} = 519.56(美元)。$$

其次，我们计算 d_1 和 d_2：

$$d_1 = \log[P/PV(EX)]/\sigma\sqrt{t} + \sigma\sqrt{t}/2$$
$$= \log[530/519.56]/0.3156\sqrt{1} + 0.3156\sqrt{1}/2 = 0.2208$$
$$d_2 = d_1 - \sigma\sqrt{t} = 0.2208 - 0.3156\sqrt{1} = -0.0948$$

查表得：$N(d_1) = N(0.2208) = 0.5871$，$N(d_2) = N(-0.0948) = 0.4444$

根据布莱克—斯科尔斯模型，计算认购期权的价值为：

$$c = [N(d_1) \times P] - [N(d_2) \times PV(EX)]$$
$$= 0.5871 \times 530 - 0.4444 \times 519.56 = 311.16 - 230.89 = 80.27（美元）$$

为复制认购期权，我们需要借款 230.89 美元，并投资 311.16 美元购买 0.5871 份股票（股票的贝塔为 1.15）。既然该杠杆组合能够复制这个认购期权，所以，认购期权的风险就等于投资组合的风险。根据组合的贝塔就是组合中各种资产的贝塔的加权和，所以，期权的贝塔计算如下：

$$\beta = \frac{311.16 \times 1.15 - 230.89 \times 0}{311.16 - 230.89} = 4.46$$

c. 根据认沽—认购期权平价关系：认沽期权的价值 = 认购期权的价值 + 行权价的现值 − 股价，可以进行以下操作：购买 1 份行权价格为 530 美元的认购期权、投资行权价格的现值、卖空 1 股股票，所构造的资产组合的收益就完全复制了该认沽期权的收益。因此，认沽期权的风险就是该资产组合的风险，认沽期权的贝塔就等于该资产组合的贝塔：

$$\beta = \frac{80.27 \times 4.46 + 530/(1+2.01\%) \times 0 - 530 \times 1.15}{80.27 + 530/(1+2.01\%) - 530} = -3.60$$

d. 根据期权平价关系，1 股谷歌股票和 1 份 1 年期认沽期权组成的资产组合，等于 1 份认购期权和 1 份债券，因此该组合的贝塔：

$$\beta = \frac{80.27 \times 4.46 + 530/(1+2.01\%) \times 0}{80.27 + 530/(1+2.01\%)} = 0.60$$

相比于 c，该组合的风险得到了部分对冲。

e. 根据期权平价关系，1 股谷歌股票、1 份 1 年期认沽期权和卖出 1 份 1 年期认购期权所组成的资产组合，等同于将行权价的现值进行投资。该资产组合的贝塔：

$$\beta = \frac{530/(1+2.01\%) \times 0}{530/(1+2.01\%)} = 0$$

该资产组合等同于无风险投资。

28. **期权风险** 在 21.1 节中，我们利用简单的一步模型来评估了两只行权价格为 530 美元的期权的价值。我们说明，可以通过借款 233.22 美元和投资 294.44 美元买入 0.556 股谷歌股票来复制认购期权。通过卖空 235.56 美元谷歌股票和借出 291.52 美元来复制认沽期权。

a. 如果谷歌股票的贝塔为 1.15，根据一步模型，认购期权的贝塔是多少？

b. 认沽期权的贝塔是多少?
c. 假设你要买入 1 份认购期权,将行权价格的现值投资于银行贷款,你的资产组合的贝塔是多少?
d. 假设你要买入 1 股谷歌股票和 1 份认沽期权,你的资产组合的贝塔是多少?
e. 你对问题(c)和(d)的回答应该相同,请解释。

参考答案:

a. 为复制谷歌股票的认购期权,可以借款 233.22 美元,并投资 294.44 美元购买 0.556 股谷歌的股票。因此,认购期权的贝塔与资产组合的贝塔相同。故该认购期权的贝塔为:

$$\beta = \frac{294.44 \times 1.15 - 233.22 \times 0}{294.44 - 233.22} = 5.53$$

b. 为复制认沽期权,可以卖空价值 235.56 美元的谷歌股票,并贷出 291.52 美元。因此,该认沽期权的贝塔与资产组合的贝塔相同。故该认沽期权的贝塔为:

$$\beta = \frac{(-235.56) \times 1.15}{291.52 + (-235.56)} = -4.84$$

c. 组合中认购期权的价值为 61.22 美元,银行贷款的现值是 524.75 美元。所以,组合的贝塔就是期权贝塔($\beta=5.53$)和贷款贝塔($\beta=0$)的加权平均,因此组合的贝塔为:

$$\beta = \frac{61.22 \times 5.53}{61.22 + 524.75} = 0.58$$

d. 组合中认沽期权的价值是 55.96 美元,股票的价值是 530 美元。组合的贝塔是认沽期权的贝塔($\beta=-4.84$)和股票的贝塔($\beta=1.15$)的加权平均。因此组合的贝塔为:

$$\beta = \frac{530 \times 1.15 + 55.96 \times (-4.84)}{55.96 + 530} = 0.58$$

e. 因为(c)问题和(d)问题分别代表期权平价公式中等式两边的价值,既然期权平价公式是正确的,那么,(c)和(d)两个问题的答案一定相等。

29. **期权到期时间** 有的公司发行永续认股权证。认股权证是公司发行的认购期权,允许认股权证的持有者购买公司的股票。

a. 布莱克—斯科尔斯公式预测,不支付股利的股票的永远有效的认购期权的价值是多少?解释你得到的价值。(提示:到期时间很长的期权的行权价格的现值是多少?)
b. 你认为这个预测符合实际吗?如果不符合实际,请认真解释为什么。(提示:如果公司支付股利会怎样?如果公司破产呢?)

参考答案:

a. 根据布莱克—斯科尔斯公式,如果认购期权永远有效,t 趋于无穷,那么 d_1 趋于无穷,$N(d_1)$ 趋于 1,$N(d_2)$ 趋于零,行权价格的现值也趋于零,因此认购期权价值就差不多等于股票价值。
b. 这个预测符合实际。如果认购期权永远有效,持有期权相当于持有股票,股票价格升高,期权价格也随着升高。如果公司支付股利,这样的认购期权则几乎不会有价值,因为期权持有者得不到任何股利。如果公司破产,期权价值为零。

第22章 实物期权

基础题

1. **扩张期权** 再看一下表 22-2 中的投资马克 II 项目的期权,考虑以下每个输入的变化。输入的变化增加还是减少扩张期权的价值?
   a. 不确定性增加(更高的标准差)。
   b. 1985 年对马克 II 的预测更乐观(更高的预期值)。
   c. 1985 年所要求的投资额增加。

   参考答案:
   假设其他条件不变。
   a. 不确定性增加,扩张期权的价值增加。
   b. 预期现金流增加,预测更乐观,扩张期权的价值增加。
   c. 要求投资额增加,扩张期权的价值下降。

2. **放弃期权** 一家初创企业正搬入第一个办公室,需要桌子、椅子、文件柜和其他办公用品。公司可以花 25 000 美元购买或每月 1 500 美元租用。公司创始人当然对他们的新公司很自信,但他们仍选择租用。为什么?期权是什么?

   参考答案:
   期权是旧家具的放弃价值。公司可以购买家具,创业失败可以再卖掉(放弃),但是旧家具的放弃价值不大。公司最好采用更灵活的租赁。

3. **放弃期权** 回到表 6-2 和表 6-6,我们假设 IM&C 鸟肥工厂的经济寿命为 7 年。这个假设有什么问题?你如何进行更彻底的分析?

   参考答案:
   项目的寿命事先并不确定。IM&C 公司拥有期权,如果鸟肥项目业绩不好,运营两三年后可以放弃,如果业绩好,放弃期权可以延期到预期的 7 年生命期之后。

4. **时间选择期权** 你拥有一小块空地,你可以现在开发,或者等待。

a. 等待的好处是什么？　　　　　　　b. 你为什么决定立即进行开发？

参考答案：

a. 等待可以让你了解更多的价格信息，并且能更好地利用这块土地。

b. 立即开发这块土地，马上就可以获得租金收入。

5. **经营期权**　燃气轮机是效率最低的发电方式，热效率大大低于煤电和核电。为什么燃气轮机电站存在？期权是什么？

   参考答案：

   当点火差价很高的时候，燃气轮机可以在很短的时间内开启。汽轮机的价值来自生产的灵活性。期权是运行或不运行汽轮机的能力。

6. **实物期权**　为什么在实践中实物期权的定量估值常常很困难？简要列出原因。

   参考答案：

   实物期权比较复杂，很多实物期权问题不太好建模，同时，很难对未来的事件和决策设计出路线图，竞争的相互影响会使问题更复杂。

7. **实物期权**　判断正误：

   a. 实物期权分析有时告诉公司，为了确保未来的投资机会要进行 NPV 为负的投资。

   b. 投资项目立即产生大额现金流时，利用期权定价公式来评估投资期权的价值很危险。

   c. 二叉树可以用来评估获得或放弃一项资产的期权的价值。二叉树中使用风险中性概率是可以的，甚至在资产贝塔大于等于 1.0 的时候。

   d. 即使期权不能交易，使用布莱克—斯科尔斯公式或二叉树来评估期权价值也是可以的。

   e. 实物期权估值有时说明，投资一个大工厂比投资一系列小工厂更好。

   参考答案：

   a. 正确。NPV 为负的项目可能含有后续项目的认购期权。

   b. 正确。当不确定性很高并且项目立即产生的现金流很少（目前有损失，也可能要等待一段时间才能产生现金流）时，期权会更有吸引力。

   c. 正确。股东接受任何市场价值（如果可以交易）大于成本的资本投资，只要他们能够买到风险与项目相同的可交易证券。

   d. 正确。用风险中性方法评估期权时，假设期权是可以交易的。

   e. 正确。一系列小工厂产生实物期权，不过，大工厂效率更高。

8. **实物期权**　机警的财务经理会创造实物期权。给出 3~4 个可能的例子。

   参考答案：

   设计新投资项目，为后续扩张创造便宜的期权；投资多个生产标准化产品的设备，而不是投资大规模的单个工厂；使用残值更高的标准化设备；投资前等待并收集信息（时间选择期权）。

进阶题

9. **实物期权** 用期权语言描述下面每种情况：
   a. 位于北阿尔伯达的尚未开采的重油矿。石油的开发和生产的 *NPV* 为负。(假设盈亏平衡的油价为每桶 90 加元，而现在现货价格为 80 加元。)但是，开发可以延迟 5 年再做决定。开发成本预期每年增加 5%。
   b. 一家餐馆，每年扣除成本后的净现金流为 700 000 美元。现金流没有上升或下降的趋势，只是像随机漫步一样波动，标准差为 15%。餐馆所用的地产是它的资产，而不是租用的，如果出售价格为 500 万美元。忽略税收。
   c. 问题(b)的变化：假设餐馆的固定成本为每年 300 000 美元，只要餐馆经营就会发生。这样，
      净现金流 = 扣除可变成本后的营业收入 – 固定成本
      700 000 = 1 000 000 – 300 000
      扣除可变成本后的营业收入的预测误差的年标准差为 10.5%。利率为 10%。忽略税收。
   d. 造纸厂可以在需求低迷的时候关闭，在需求回升到足够的程度时重新开工。关闭和重新开张的成本是固定的。
   e. 房地产开发商利用一小块郊区的土地作为停车场，即使在这块地上建酒店或公寓楼是 *NPV* 为正的投资。
   f. 法航协商购买 10 架波音 787 飞机。法航必须在 2018 年确认订单，否则波音公司可以把飞机出售给其他航空公司。

   参考答案：
   a. 这可以看作 5 年期美式石油认购期权。初始行权价格是每桶 90 加元，每年提高 5%。
   b. 这可以看作餐馆的美式认沽期权，行权价格为 500 万美元。餐馆当前的价值为 700 000美元/*r*。持续经营期间，餐馆价值变动的标准差为 15%。
   c. 这可以看作认沽期权，除行权价格外，其他同问题 b。这里的行权价格除了地产价值的 500 万美元外，还要加上餐馆关停后不再支付的每年固定成本的现值，即 5 000 000 + 300 000/0.10 = 8 000 000(美元)。注意：此时标的资产的价值是收入减去可变成本的现值，即 *PV*(收入 – 可变成本)，年标准差为 10.5%。
   d. 这是一份复期权：允许公司暂时关闭(美式认沽期权)，随后(在认沽期权行权情况下)重新开张(美式认购期权)。
   e. 这是在两项资产之间进行选择的价内美式期权。开发商可以延期行权，考虑是建酒店还是公寓楼更有利可图再来做决策。但是等待会使开发商损失立即开发带来的现金流。
   f. 这时允许法航确定交割日期和交割价格的认沽期权。

10. **扩张期权** 再看一下表 22-2，如果：
   a. 马克 II 所需要的投资额为 800 百万美元（相对于 900 百万美元）。
   b. 1982 年马克 II 的现值为 500 百万美元（相对于 467 百万美元）。
   c. 马克 II 现值的标准差只有 20%（相对于 35%）。
   1982 年投资马克 II 的期权的价值如何变化？

   参考答案：
   a. 投资马克 II 的机会是价值 467 百万美元的资产的 3 年期认购期权，行权价格为 800 百万美元。马克 II 价值的标准差为 35%，无风险利率为 10%。

   $$PV(行权价格) = \frac{800}{(1.1)^3} = 601$$

   认购期权 $= [N(d_1) \times P] - [N(d_2) \times PV(EX)]$

   $d_1 = \log[P/PV(EX)]/\sigma\sqrt{t} + \sigma\sqrt{t}/2 = \log[467/601]/0.35\sqrt{3.0} + 0.35\sqrt{3.0}/2$
   $\quad = \log[0.777]/0.6062 + 0.6062/2 = -0.1131$

   $d_2 = d_1 - \sigma\sqrt{t} = -0.1131 - 0.6062 = -0.7193$

   $N(d_1) = N(-0.1131) = 0.4550, \quad N(d_2) = N(-0.7193) = 0.2360$

   认购期权 $= [0.4550 \times 467] - [0.2360 \times 601] = 70.649$（美元）

   b. 投资马克 II 的机会是价值 500 百万美元的资产的 3 年期认购期权，行权价格为 900 百万美元。马克 II 价值的标准差为 35%，无风险利率为 10%。

   $$PV(行权价格) = \frac{900}{(1.1)^3} = 676$$

   认购期权 $= [N(d_1) \times P] - [N(d_2) \times PV(EX)]$

   $d_1 = \log[P/PV(EX)]/\sigma\sqrt{t} + \sigma\sqrt{t}/2 = \log[500/676]/0.35\sqrt{3.0} + 0.35\sqrt{3.0}/2$
   $\quad = \log[0.7396]/0.6062 + 0.6062/2 = -0.1944$

   $d_2 = d_1 - \sigma\sqrt{t} = -0.1944 - 0.6062 = -0.8006$

   $N(d_1) = N(-0.1944) = 0.4229, \quad N(d_2) = N(-0.8006) = 0.2117$

   认购期权 $= (0.4229 \times 500) - (0.2117 \times 676) = 68.34$（美元）

   c. 投资马克 II 的机会是价值 467 百万美元的资产的 3 年期认购期权，行权价格为 900 百万美元。马克 II 价值的标准差为 20%，无风险利率为 10%。

   $$PV(行权价格) = \frac{900}{(1.1)^3} = 676$$

   认购期权 $= [N(d_1) \times P] - [N(d_2) \times PV(EX)] \quad d_1 = \log[P/PV(EX)]/\sigma\sqrt{t} + \sigma\sqrt{t}/2$
   $\quad = \log(467/676)/0.20\sqrt{3.0} + 0.20\sqrt{3.0}/2$
   $\quad = \log(0.6908)/0.3464 + 0.3464/2 = -0.8945$

   $d_2 = d_1 - \sigma\sqrt{t} = -0.8945 - 0.3464 = -1.2409$

   $N(d_1) = N(-0.8945) = 0.1855, \quad N(d_2) = N(-1.2409) = 0.1073$

   认购期权 $= (0.1855 \times 467) - (0.1073 \times 676) = 14.09$（美元）

11. **延迟期权** 再看一下 22.2 节中的麦芽味鲱鱼期权。公司的分析师如何估计项目的现值？他们假设需求低的概率大约为 45%，然后估计出预期收益为 0.45×176+0.55×275=230。用 15% 的公司资本成本贴现得到项目的现值 230/1.15=200。

   a. 如果需求低的概率是 55%，现值如何变化？如果项目的资本成本高于公司资本成本，比如是 20%，现值如何变化？

   b. 现在，估计假设的这些变化对延迟期权价值的影响。

   参考答案：

   a. 假设需求低的概率为 55%，项目的现值 $PV=[(250+25)\times0.45+(160+16)\times0.55]/1.15=192$（百万美元）。

   假设资本成本为 20%，项目的 $PV=[(250+25)\times0.55+(160+16)\times0.45]/1.20=192$（百万美元）。

   在两种假设情况下，项目的现值都是 192 百万美元。

   b. 新假设对延迟期权价值的影响分析：

   （1）需求低的概率为 55%：

   根据问题 a，此时项目的现值 $PV=192$ 百万美元。

   如果第 1 年需求高，现金流为 25 百万美元，年末的价值为 250 百万美元，总收益率为 $(250+25)/192-1=43.2\%$；如果第 1 年需求低，现金流为 16 百万美元，年末价值为 160 百万美元，总收益率为：$(160+16)/192-1=-8.3\%$。

   在风险中性世界中，预期收益率等于无风险利率。在无风险利率为 5% 的假设下，需求高的概率根据下式计算：

   预期收益率 =（需求高的概率）×43.2%+(1−需求高的概率)×(−8.3%)=5%

   需求高的风险中性概率是 25.9%。

   因此，需求低的风险中性概率为：1−25.9%=74.1%。

   最初资本投资为 180 百万美元，认购期权的价值为：$[0.259\times(250-180)+0.741\times0]/1.05=17.2$（百万美元）。

   立即行权的价值为：192−180=12（百万美元）。所以，延迟期权的价值为：17.2−12=5.2（百万美元）。

   （2）在资本成本为 20% 的假设下，项目的现值 PV 也是 192 百万美元。所以，这个假设对延迟期权的影响，与需求低的概率为 55% 时对延迟期权价值的影响完全相同。

12. **期权估值** 你拥有 1 年期购买 1 英亩[⊖]洛杉矶的土地的认购期权，行权价格为 2 百万美元。这块土地当前的市场评估价值为 1.7 百万美元，现在用作停车场，产生的现金足以支付地税。年标准差为 15%，利率为 12%。这份认购期权的价值是多少？利用布莱克—斯科尔斯公式。你发现第 21 章中用来计算布莱克—斯科尔斯期权价值的电子表格很有帮助。

⊖ 1 英亩 = 4 046.8 平方米。

参考答案：

已知：$P=1.7\text{m}$，$EX=2\text{m}$，期限 $t=1$（年），年标准差为 15%，无风险利率为 12%。

$$PV(\text{行权价格}) = \frac{2}{1.12} = 1.7857$$

$$\text{认购期权} = [N(d_1) \times P] - [N(d_2) \times PV(EX)] \quad d_1 = \log[P/PV(EX)]/\sigma\sqrt{t} + \sigma\sqrt{t}/2$$

$$= \log[1.7/1.7857]/0.15\sqrt{1.0} + 0.15\sqrt{1.0}/2$$

$$= \log[0.9520]/0.15 + 0.15/2 = -0.2529$$

$$d_2 = d_1 - \sigma\sqrt{t} = -0.2529 - 0.15 = -0.4029$$

$$N(d_1) = N(-0.2529) = 0.4001, \quad N(d_2) = N(-0.4029) = 0.3435$$

$$\text{认购期权} = [0.4001 \times 1.7] - [0.3435 \times 1.7857]$$

$$= 0.0668(\text{百万美元}) = 66800(\text{美元})$$

13. **期权估值** 问题 12 的变形：假设土地用作仓库，扣除房地产税和其他成本之后，产生 0.15 百万美元的租金。土地和仓库的现值仍为 1.7 百万美元。其他情况与问题 12 相同。现在你拥有一个欧式认购期权，其价值是多少？

参考答案：

租金收入 0.15 百万美元的现金流的现值：$PV = \dfrac{0.15}{1.12} = 0.1339$（百万美元）。这个价值要在土地和仓库的现值中扣减。

土地和仓库的现值 $= 1.7 - 0.1339 = 1.5661$（百万美元）

已知：$P = 1.5661$ 百万美元，$EX = 2$ 百万美元，期限 $t=1$（年），年标准差为 15%，无风险利率为 12%。

$$PV(\text{行权价格}) = \frac{2}{(1.12)^1} = 1.7857$$

$$\text{认购期权} = [N(d_1) \times P] - [N(d_2) \times PV(EX)]$$

$$d_1 = \log[P/PV(EX)]/\sigma\sqrt{t} + \sigma\sqrt{t}/2 = \log[1.5661/1.7857]/0.15\sqrt{1.0} + 0.15\sqrt{1.0}/2$$

$$= \log[0.8770]/0.15 + 0.15/2 = -0.7998$$

$$d_2 = d_1 - \sigma\sqrt{t} = -0.7998 - 0.15 = -0.9498$$

$$N(d_1) = N(-0.7998) = 0.2119, \quad N(d_2) = N(-0.9498) = 0.1711$$

$$\text{认购期权} = (0.2119 \times 1.5661) - (0.1711 \times 1.7857)$$

$$= 0.0263(\text{百万美元}) = 26300(\text{美元})$$

14. **放弃期权** 再次考察 22.3 节中的永续榨汁机的例子。构建一个敏感性分析，说明放弃认沽期权的价值如何随项目的标准差和行权价格而变化。

参考答案：

选择的参数不同，答案不同。

假设其他变量都不变（见 22.3 节），只是榨汁机项目的标准差由 30% 上涨到 40%，

已知：$P = 5.0$ 百万美元，$EX = 5.5$ 百万美元，期限 $t=1$（年），年标准差为 40%，无

风险利率为4%。

根据布莱克—斯科尔斯期权定价公式：

$PV(行权价格) = \dfrac{5.5}{(1.04)^1} = 5.2885$

认购期权 $= [N(d_1) \times P] - [N(d_2) \times PV(EX)]$

$d_1 = \log[P/PV(EX)]/\sigma\sqrt{t} + \sigma\sqrt{t}/2 = \log[5/5.2885]/0.4\sqrt{1.0} + 0.4\sqrt{1.0}/2$
$= \log[0.9454]/0.4 + 0.4/2 = 0.0598$

$d_2 = d_1 - \sigma\sqrt{t} = 0.0598 - 0.4 = -0.3402$

$N(d_1) = N(0.0598) = 0.5238$，$N(d_2) = N(-0.3402) = 0.3668$

认购期权 $= (0.5238 \times 5.0) - (0.3668 \times 5.2885) = 0.6792$（百万美元）

认沽期权价值 = 认购期权价值 + PV(行权价格) − 资产价值（认沽 − 认购期权平价关系）
$= 0.6792 + 5.2885 - 5 = 0.9677$（百万美元），即 967 700 美元

假设其他变量都不变（见第22.3节），只是行权价格由5.5百万美元变动为6百万美元，已知：$P = 5.0$ 百万美元，$EX = 6$ 百万美元，期限 $t = 1$（年），年标准差为30%，无风险利率为4%。

$PV(行权价格) = \dfrac{6}{(1.04)^1} = 5.7692$

认购期权 $= [N(d_1) \times P] - [N(d_2) \times PV(EX)] \ d_1 = \log[P/PV(EX)]/\sigma\sqrt{t} + \sigma\sqrt{t}/2$
$= \log(5/5.7692)/0.3\sqrt{1.0} + 0.3\sqrt{1.0}/2$
$= \log(0.8667)/0.3 + 0.3/2 = -0.3270$

$d_2 = d_1 - \sigma\sqrt{t} = -0.3270 - 0.3 = -0.6270$

$N(d_1) = N(-0.3270) = 0.3718$，$N(d_2) = N(-0.6270) = 0.2653$

认购期权 $= (0.3718 \times 5.0) - (0.2653 \times 5.7692) = 0.3284$（百万美元）

认沽期权价值 = 认购期权价值 + PV(行权价格) − 资产价值（认沽 − 认购期权平价关系）
$= 0.3284 + 5.7692 - 5 = 1.0976$（百万美元）

15. **研发** 对图22-8描述的药品研发项目的价值，构造敏感性分析。对项目的 NPV 最关键的输入假设是什么？检查一下评估第2年投资的实物期权的价值时的输入。

    参考答案：
    答案根据学生输入变量的不同而不同。对项目 NPV 最关键的输入变量是药品上市后的经营现金流。评估实物期权价值的关键输入变量是行权价格的估计值。第2年必要投资的估计值。

16. **二项式估值** 你有一个以25亿美元购买陆路铁路公司所有资产的期权。期权在9个月后到期。你估计陆路铁路公司目前（第0个月）的现值为27亿美元。公司每个季度末（即每3个月的最后）的税后自由现金流（FCF）为50百万美元。如果你在季度初行权，该季度的现金流就属于你。如果你不行权，现金流将属于公司现在的股东。
    在每个季度，陆路铁路公司的现值要么升高10%，要么下降9.09%。这里的现值包

括每季度的税后自由现金流50百万美元。支付了50百万美元后，现值下降50百万美元。因此，第1季度的二叉树如下：

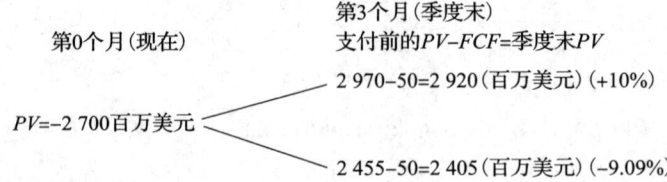

每个季度的无风险利率为2%。

a. 构造陆路铁路公司的二叉树，每3个月发生一次上升或下降的变化（有效期9个月的期权有三步）；
b. 假设你只能现在或9个月后行权（不能在第3个月或第6个月行权）。你会现在行权吗？
c. 假设你可以现在、第3、6或9个月行权，期权现在价值多少？你应该现在行权吗？或者现在应该等待？

参考答案：

a. 二叉树中显示的是除息后的价值，括号里是期权的价值：

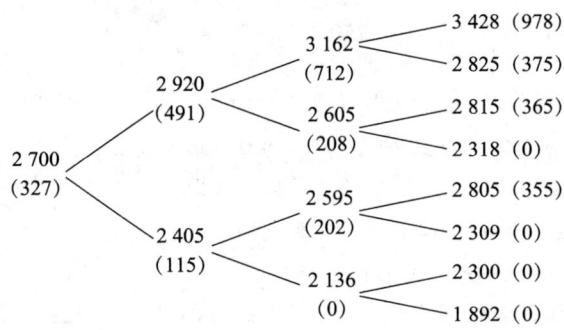

b. 上面二叉树中的期权价值是基于风险中性方法计算出来的。令p代表资产价值上涨的概率。对风险中性的投资者来说下式成立：

$p \times 0.1 + (1-p) \times (-0.0909) = 2\%$

$p = 0.581$

6个月后资产价值为3 212百万美元（50百万美元现金流支付给现在股东后的价值）时，期权价值：$(0.419 \times 375 + 0.581 \times 978)/1.02 = 711$（百万美元）。

6个月后资产价值为3 212百万美元并且行权时，期权价值为：$3\,212 - 2\,500 = 712$（百万美元）。

3个月后和6个月后资产价值在各种情况下，不行权的期权价值都大于或等于行权的期权价值（唯一的小例外是上面计算结果中行权时期权的价值为712百万美元，而不行权时期权的价值是711百万美元。这是计算过程四舍五入造成的。不影响我们的结果和结论）。

因此在问题b设定的条件下，现在你不会对期权行权。因为该期权不行权的价值（327百万美元）大于行权后的价值（200百万美元）。

c. 如果提前行权，期权价值是含息价格和 2 500 百万美元的差。例如，如果 3 个月后资产价值为 2 970 百万美元时行权，期权价值为 470（= 2 970 - 2 500）百万美元。如果不行权，期权价值就是 491 百万美元，所以最好继续持有期权。在 9 个月之前的任何时间，期权不行权的价值都高于行权价值（该结论只有一个小例外，在 b 问题的解答中已有阐述）。因此，期权现在应该持有而不是行权。就像在上面二叉树里所显示的，该期权的价值为 327 百万美元。

17. **放弃期权** 在 10.4 节中，我们考虑新型汪克尔引擎舷外发动机的两种生产技术。A 技术效率最高，但如果项目失败没有残值。B 技术效率差一些，但可以有 17 百万美元的残值。图 10-6 显示，如果采用 A 技术，项目第 1 年的现值为 24 百万美元或 16 百万美元。假设这些收益在第 0 年的现值为 18 百万美元。
    a. 采用 B 技术，第 1 年的收益为 22.5 百万美元或 15 百万美元，这些收益在第 0 年的现值是多少？（提示：采用 B 技术的收益是采用 A 技术的收益的 93.75%。）
    b. 第 1 年放弃 B 技术，得到残值 17 百万美元，还得到 1.5 百万美元的现金流，总计为 18.5 百万美元。假设无风险利率为 7%，计算放弃期权的价值。

    参考答案：
    a. 技术 B 的收益是技术 A 的收益的 93.75%，B 技术收益的现值为 A 技术收益现值的 93.75%：
    $$PV(B) = 18 \times 0.9375 = 16.875 (百万美元)$$
    b. 采用 B 技术，如果需求高涨，收益率为：$22.5/16.875 - 1 = 0.333$，如果需求低迷，收益率为 $15/16.875 - 1 = -0.111$
    用风险中性方法对期权估值。令 p 代表资产价值上涨的风险中性概率，则下式成立：
    $$p(0.333) + (1-p)(-0.111) = 0.07, \quad p = 0.408$$
    假如放弃 B 技术，会收到残值 17 百万美元，加上 1.5 百万美元的现金流，总计为 18.5 百万美元。那么，需求低迷时，应该行使该认沽期权，收到 18.5 百万美元。需求高涨时，应该继续持有该项目并得到 22.5 百万美元现金流。因此，1 年后需求低迷时认沽期权的价值为 3.5 百万美元（18.5 - 15 = 3.5），需求高涨时为 0 美元。
    因此，放弃期权现在价值为：$(0.408 \times 0 + 0.593 \times 3.5)/1.07 = 1.94$（百万美元）。

18. **实物期权** 对以下评论发表观点。
    a. "评估灵活性的价值，你不需要期权理论，只要利用决策树就可以。用公司资本成本来贴现决策树中的现金流。"
    b. "这些期权定价方法太疯狂了。它们说风险资产的实物期权比安全资产的期权更有价值。"
    c. "有了实物期权估值方法，就不再需要投资项目的 DCF 估值。"

    参考答案：
    a. 期权的风险随着资产价格的变化和时间的变化而变动，所以不能用一个贴现率对期权进行估值。用风险中性方法对期权进行估值时，贴现率是无风险收益率，不是公司资本成本。

b. 风险资产会因为它的风险性价值下跌，但是风险资产的期权价值更高。因为期权持有人在资产价格发生有利变动时能获利，在资产价格发生不利变动时没有损失。

c. 期权价值取决于标的资产的价值。为了确定标的资产价值，投资项目的 DCF 估值必不可少。

19. **期权估值** 乔希·垦丁只读了本书第 10 章的一部分，决定这样来对实物期权进行估值：①构造决策树，预测未来的现金流和概率；②决定在决策树上的每个点如何做；③用公司资本成本来贴现所得到的预期现金流。这个过程能够给出正确的答案吗？为什么？

    参考答案：
    乔希·垦丁提议的估值方法不会给出正确的答案。因为该方法忽略了一个事实：二叉树中的贴现率随着时间和项目价值的变化而变化。

20. **期权估值** 在二叉树中，每条树枝上所产生的预期收益率等于无风险利率，从而得到风险中性概率。对于以下论述："获得资产的期权的价值随着无风险利率与该资产的加权平均资本成本的利差的增加而增加"，你的看法是什么？

    参考答案：
    获得资产的期权的价值（如认购期权）随着无风险利率与该资产的加权平均资本成本的利差的增加而下降。也就是说，随着（$WACC - r_f$）增加，认购期权的价值下降。（$WACC - r_f$）的增加可能是 $WACC$ 上升，也可能是 r_f 下降，或者是 $WACC$ 上升、r_f 下降同时发生。每种情况都会降低认购期权的价值。$WACC$ 上升，标的资产的现值下降，认购期权的价值下降。同样地，无风险利率 r_f 下降，认购期权的价值下跌。（$WACC - r_f$）增加也可能是因为 $WACC$ 和 r_f 变动的方向相同但是幅度不同（比如，二者都上升，但是 $WACC$ 上升的百分比要高于无风险利率上升的百分比）。然而，无风险利率上升所带来的认购期权价值的增加，在典型情况下，都远远低于 $WACC$ 发生大幅度上升所带来的认购期权的价值下跌。r_f 上升对期权的影响是因为有效期内的贴现效应，典型情况下期权的期限都是短期。如果发生的现金流未来会持续多年的话，$WACC$ 的增加对标的资产现值的影响更显著（由于现金流贴现要经过较长时期）。

21. **认沽—认购期权平价关系和实物期权** 重做图 22-8 的例子，假设实物期权是认沽期权，如果第 2 年商业前景不好，公司就可以放弃该药品的研发。利用认沽—认购期权平价关系，第 0 年药品的 NPV 应该还是 +7.7 百万美元。

    参考答案：
    根据认沽—认购期权平价关系：认沽期权的价值 = 认购期权的价值 + 行权价格的现值 – 标的资产价值。该认沽期权的价值为：$p = 58.4 + 120.19 - 177 = 1.59$（百万美元）。

挑战题

22. **复杂实物期权** 假设你想在 36 个月后生产涡轮增压的 encubulator，因此需要一个新工厂。如果选择 A 设计，必须立即开始建设新工厂。B 设计的成本更高，在开工建设前还要等 12 个月。图 22-9 显示了这两个设计 36 个月累计的建设成本的现值。假设这两种设计的工厂，一旦建成，有同样的效率和产能。

标准的 DCF 分析将 A 设计排在 B 设计前面。但是，假设对涡轮增压的 encubulator 的需求下降，不再需要新工厂，如图 22-9 所示，项目在第 24 个月之前放弃，B 设计对公司更好。

将这个状况描述成两个（复杂）认股期权的选择。然后，再用（复杂）放弃期权描述这个状况。给定最优行权策略，这两种描述应该隐含一致的收益。

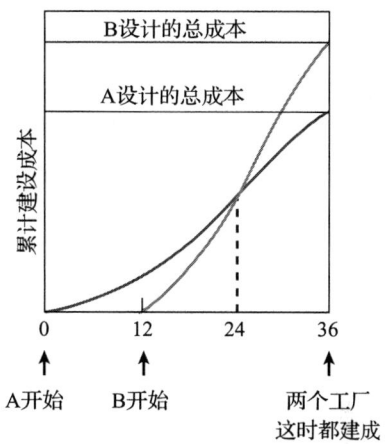

图 22-9　两种工厂设计的累计建设成本。A 工厂需要 36 个月建设。B 工厂只需要 24 个月，但成本更高

参考答案：
你不需要在 36 个月后接受新工厂。考虑项目完工前一个月的情况：此时你有一个购买新工厂的认购期权，代价是支付承包商最后一个月的建筑成本。再往前推一个月，你有一个购买工厂的期权的期权，第二个认购期权的行权价是最后一个月之前那个月的建筑成本。然后依次类推。

另外，你设想公司承诺建厂，并且把建筑费用的现值放在一个第三方账户中。每个月，公司都拥有放弃项目的期权，收回第三方账户中的未用余额。这样，第一个月你有一份项目的认沽期权，行权价格等于第三方账户中的额度。如果你在第一个月没有行使认沽期权，你就得到了另一份在第二个月放弃的期权。这个期权的行权价格是第二个月中第三方账户中的余额。依次类推。

23. **期权和成长性**　在第 4 章中，我们将股票价值表示为：

$$P_0 = \frac{EPS_1}{r} + PVGO$$

其中，EPS_1 是已有资产产生的每股收益，r 是投资者要求的预期收益率，$PVGO$ 是增长机会的现值，$PVGO$ 实际是扩张期权的资产组合。

a. $PVGO$ 增加对股票收益率标准差或贝塔有何影响？

b. 假设利用 CAPM 来计算成长型（高 $PVGO$）的资本成本，公司全股权融资，这个资本成本是公司扩张工厂和设备或引入新产品的投资的正确门槛利率吗？

参考答案：
a. 随着 $PVGO$ 的增加，股票的风险增加。因为 $PVGO$ 是扩张期权的组合，它的风险比当前资产的风险高。

b. 根据 CAPM 推导出来的资本成本不是公司扩张工厂和设备或引入新产品的投资的正确的门槛利率。与资产的预期收益率情况一样，这个预期回报率应该反映实物期权的预期收益。因此，这个资本成本会非常高。

第七部分

债务融资

第 23 章　信用风险和公司负债的价值
第 24 章　多种不同类型的负债
第 25 章　租赁

第 23 章 信用风险和公司负债的价值

基础题

1. **预期收益率** 你拥有两年后到期的息票利率为 5% 的债券，价格为 87%。假设有 10% 的可能性到期时债券违约，而你将只得到承诺还款额的 40%。债券承诺的到期收益率是多少？预期收益率（即根据概率加权的可能收益率）是多少？

   参考答案：
   债券承诺的到期收益率为：
   $$870 = \frac{50}{1+IRR} + \frac{1\,050}{(1+IRR)^2}$$
   $IRR = 12.77\%$
   要得到预期收益率，需要计算投资者预期在债券到期时得到的还款额，根据假设条件，投资者预期得到的还款额为 $0.90 \times 1\,050 + 0.10 \times (0.40 \times 1\,050) = 987$ 美元。那么，
   $$870 = \frac{50}{1+IRR} + \frac{987}{(1+IRR)^2}$$
   $IRR = 9.42\%$
   因此，债券承诺的到期收益率为 12.77%，投资者的预期收益率为 9.42%。

2. **收益率利差** 其他相同，预期随着以下因素的变化，国债与公司债券的价格差异是增加还是减少：
   a. 公司的商业风险　　　　　　　　b. 杠杆程度

   参考答案：
   a. 增加　　　　　　　　　　　　　b. 增加

   公司的商业风险增加和杠杆程度增大，都增加了风险，投资者的风险补偿上升，公司债券价格下降，公司债券的价格和国债价格的差异加大。

3. **违约期权** 国债与简单公司债券的价值之差等于一只期权的价值。这只期权是什么？其行权价格是什么？

参考答案：
发行债券的公司同时也获得了一份公司资产的认沽期权，如果公司资产价值低于债券的面值，到期时公司可以违约。这份认购期权的行权价格是债券面值。

4. **违约概率** 下表是两家公司的财务数据：

	A	B
总资产	1 552.1 美元	1 565.7 美元
EBITDA	− 60	70
净利润 + 利息	− 80	24
总负债	814.0	1 537.1

利用 23.4 节中的公式计算哪家公司的违约概率更高。

参考答案：
A 公司：

$$\text{Log}(\text{破产的相对概率}) = -6.445 - 1.192 \times ROA + 2.307 \times \frac{\text{负债}}{\text{资产}} - 0.346 \times \frac{EBITDA}{\text{负债}}$$

$$= -6.445 - 1.192 \times \frac{-80}{1\,552.1} + 2.307 \times \frac{814.0}{1\,552.1} - 0.346 \times \frac{-60}{1\,552.1}$$

$$= -5.148\,1$$

破产的相对概率 $= e^{-5.148\,1} = 0.58\%$

B 公司：

$$\text{Log}(\text{破产的相对概率}) = -6.445 - 1.192 \times ROA + 2.307 \times \frac{\text{负债}}{\text{资产}} - 0.346 \times \frac{EBITDA}{\text{负债}}$$

$$= -6.445 - 1.192 \times \frac{24}{1\,565.7} + 2.307 \times \frac{1\,537.1}{1\,565.7} - 0.346 \times \frac{70}{1\,565.7}$$

$$= -4.213\,9$$

破产的相对概率 $= e^{-4.213\,9} = 1.48\%$

5. **违约概率** 利用基于市场的方法计算公司债务违约概率时，需要哪些变量？
参考答案：
要求的输入变量包括资产市场价值的预期增长、债务的面值和到期期限、未来资产价值的波动率。实践中，需要有所妥协，比如公司会发行不同期限的债券。

6. **评级转换** 你有一只 B 级债券。根据过去的证据，明年该债券继续评为 B 级的概率是多少？它被降级的概率是多少？
参考答案：
根据表 23-3，年初的 B 级债券年末仍留在 B 级的概率为 73.11%。被降级的概率是降为 Caa、Ca − C 以及违约的概率之和：6.19% + 0.62% + 3.94% = 10.75%。

7. **评级转换** 你有一只 A 级债券。评级上升比下降的可能性大吗？如果债券是 B 级，你的答案相同吗？

参考答案：
两只债券都是评级下降的可能性更大。

进阶题

8. **风险价值** 估计贷款组合的风险价值比估计单笔贷款要更困难，为什么？在金融危机之前，这给需要评价住房抵押贷款组合的风险的评级机构带来了一个问题，为什么？
   参考答案：
   贷款组合的风险价值与组合中任意两笔贷款之间的相关性有关，因此需要了解任意两笔贷款之间的相互影响，这就增加了工作的难度。这对评级机构来说是个挑战。

9. **违约期权** A 公司发行了一笔 10 年后到期的零息债券。B 公司发行了 10 年后到期的附息债券。为什么 B 公司负债的估值比 A 公司复杂？请解释。
   参考答案：
   A 公司的 10 年期零息债券的估值仅依赖一个变量：10 年期即期利率。对 B 公司发行的 10 年期付息债券估值时，贴现每期息票都需要相应期限的即期利率。如果利率期限结构是平坦的，即所有即期利率都相等，那么估值也不复杂。但是，如果长期利率明显不同于短期利率，B 公司的 10 年期付息债券的估值就很复杂。

10. **违约概率** X 公司有今年到期的负债 150 美元和 10 年后到期的负债 50 美元。Y 公司的 200 美元负债 5 年后到期。在两种情况下，资产价值都是 140 美元。大概描述一个情境，在这一情境下，X 公司不违约而 Y 公司违约。
    参考答案：
    如果 X 公司能够很好地匹配资产和负债的期限，可以保证按期偿还 150 美元的负债，而 50 美元的负债很久后才到期，不用太多考虑。Y 公司的大笔负债在不久的未来就会到期。因此，Y 公司对未来事件的风险暴露程度大于 X 公司。

11. **信用评分** 讨论开发数字信用评分模型来评价个人贷款的问题。你只能用过去得到贷款的申请数据来测试这一信用评分系统。这是潜在的问题吗？
    参考答案：
    存在如下一般性问题：
    a. 申请人没有如实反馈信息（通常不是大问题）。
    b. 公司不知道申请人被拒绝后会做什么，也不会修订信用评分模型的系数，使得顾客行为发生改变。
    c. 信用评分模型只用来区分信用风险的高低。
    d. 机械照搬信用评分模型会带来社会问题和法律问题。
    e. 用来估计模型系数的数据必然是真实贷款数据，也就是说，估计过程忽略了被拒绝的贷款申请，这会导致信用评分系统的偏差。
    f. 如果公司高估了信用评分系统的准确性，它就会拒绝很多申请人。也许彻底放弃信用评分，向每位申请人提供信贷，是更好的做法。

12. **违约概率** 利用基于市场的方法来估计公司的违约概率时，可能遇到的问题是什么？
    参考答案：
    基于市场的风险模型通过比较公司的债务水平和资产的市场价值，来评估公司债务违约的可能性。违约概率是公司负债规模和资产价值的关系的函数。这类模型需要估计公司资产价值的增长率、资产价值的波动率、债务的面值和期限。其中资产价值及其波动率很难估计。另外，如果公司的资本结构比较复杂，包含了不同类型的债务，就很难得到总的负债价值，也就难以与公司的资产价值比较。

13. **违约期权** 对巴克伍兹化学公司的债券的违约进行保险的成本是多少？（见23.1节。）
    参考答案：
    承诺收益率和无风险利率之间的利差就是保险费。对巴克伍兹化学公司来说，承诺收益率 = 1 050/895 − 1 = 0.173 2。承诺收益率和无风险利率之间的利差 = 0.173 2 − 0.05 = 0.123 2。
    保险费（1年后支付）= 0.123 2 × 895 = 110.25（美元）。因此，由于到期支付得到保障，1年后回报为：1 050 − 110.25 = 939.75（美元）。
    有保证的回报率 = 939.75/895 − 1 = 5.00%，等于1年期无风险利率。

14. **违约期权** DO公司发行在外的普通股有1 000万股，每股价格为25美元。公司还有大量负债，都在1年后到期，负债的利率为8%，面值为3.5亿美元，但市场价格只有2.8亿美元。1年期无风险利率为6%。
    a. 写出DO公司的股票、负债和资产的认沽—认购期权平价关系。
    b. 公司债务违约的期权的价值是多少？
    参考答案：
    a. 认沽—认购期权平价关系：
    认购期权价值 + 行权价格的现值 = 认沽期权的价值 + 股票价值
    对于DO公司的股票来说，
    公式中"认购期权价值" = 股票价值 = 25 × 1 = 25（千万美元），即2.5亿美元
    "行权价格的现值" = 负债承诺到期还款额的现值 = 1.08 × 3.5/1.06 = 3.566（亿美元）
    "股票价值" = 资产价值 = 负债的市场价值 + 权益的市场价值 = 2.8 + 2.5 = 5.3（亿美元）
    因此，"认沽期权的价值" = 股票价值 + 负债承诺到期还款额的价值 − 资产价值 = 2.5 + 3.566 − 5.3 = 0.766（亿美元）= 7 660（万美元）
    b. 公司债务违约的期权，就是a中的认沽期权，其价值为7 660万美元。

挑战题

15. **违约期权估值** 回顾23.1节中巴克伍兹化学公司的第一个例子。假设公司的账面资产负债表如下：

巴克伍兹化学公司资产负债表（账面价值）			（单位：美元）
净营运资本	400	负债	1 000
净固定资产	1 600	股权（净值）	1 000
总资产	2 000	总价值	2 000

负债 1 年后到期，承诺利率为 9%。因此，承诺给公司债权人 1 090 美元。资产的市场价值为 1 200 美元，资产价值的年标准差为 45%。无风险利率为 9%。计算巴克伍兹化学公司负债和股权的价值。

参考答案：

可以把公司的股权看作一个以公司资产为标的、以 1 年后承诺给债权人的价值为行权价格的认购期权。根据布莱克—斯科尔斯来计算其价值。

已知：$P = 1\,200$ 美元，$EX = 1\,090$ 美元，期限 $t = 1$ 年，年标准差为 45%，无风险利率为 9%。

$$PV(行权价格) = \frac{1\,090}{(1.09)^1} = 1\,000$$

认购期权 $= [N(d_1) \times P] - [N(d_2) \times PV(EX)]$

$d_1 = \log[P/PV(EX)]/\sigma\sqrt{t} + \sigma\sqrt{t}/2 = \log(1\,200/1\,000)/0.45\sqrt{1.0} + 0.45\sqrt{1.0}/2$
$\quad = \log(1.2)/0.45 + 0.45/2 = 0.630\,2$

$d_2 = d_1 - \sigma\sqrt{t} = 0.630\,2 - 0.45 = 0.180\,2$

$N(d_1) = N(0.630\,2) = 0.735\,7$，$N(d_2) = N(0.180\,2) = 0.571\,5$

认购期权 $= (0.735\,7 \times 1\,200) - (0.571\,5 \times 1\,000) = 311.34$

股权的价值 $= 311.34$ 美元

公司负债的价值 $=$ 资产的市场价值 $-$ 股权的价值 $= 1\,200 - 311.34 = 888.66$（美元）

16. **违约期权估值** 利用布莱克—斯科尔斯模型，重新画出图 23-5 和图 23-6，假设公司资产收益率的标准差为每年 40%。只计算杠杆为 60% 的情况。（提示：最简单的是假设无风险利率为零。）这告诉你，风险的变化对高信用等级债券和低信用等级公司债券的利差的影响是什么？（利用布莱克—斯科尔斯程序来计算会很有帮助。）

参考答案：

假设：

$V =$ 资产的市场价值 $= 100$ 美元

无风险利率为 0

$D =$ 债务的面值 $=$ 无风险利率贴现的面值 $= 60$ 美元

在布莱克—斯科尔斯模型中的股票价格 $=$ 资产价值 $= 100$ 美元

模型中的行权价格 $=$ 债务的面值 $= 60$ 美元

资产的标准差 $= 40\%$

在上面的假设下，我们来计算 60% 杠杆下的贝塔。

到期时间	d_1	d_2	$N(d_1)$	$N(d_2)$	股权价值（认购期权价值）	负债价值	股权贝塔	负债贝塔
1	1.477	1.077	0.930	0.859	0.415	0.585	2.244	0.119
2	1.186	0.620	0.882	0.732	0.443	0.557	1.993	0.211
3	1.084	0.391	0.861	0.652	0.470	0.530	1.833	0.262
4	1.039	0.239	0.850	0.594	0.494	0.506	1.722	0.295
5	1.018	0.124	0.846	0.549	0.516	0.484	1.639	0.319
6	1.011	0.031	0.844	0.513	0.537	0.463	1.573	0.336
7	1.012	(0.046)	0.844	0.481	0.555	0.445	1.520	0.350
8	1.017	(0.114)	0.845	0.455	0.573	0.427	1.476	0.362
9	1.026	(0.174)	0.847	0.431	0.589	0.411	1.439	0.371
10	1.036	(0.229)	0.850	0.410	0.604	0.396	1.407	0.379
11	1.048	(0.278)	0.853	0.390	0.619	0.381	1.379	0.386
12	1.061	(0.324)	0.856	0.373	0.632	0.368	1.354	0.392
13	1.075	(0.367)	0.859	0.357	0.645	0.355	1.332	0.397
14	1.090	(0.407)	0.862	0.342	0.657	0.343	1.312	0.402
15	1.104	(0.445)	0.865	0.328	0.668	0.332	1.295	0.406
16	1.119	(0.481)	0.868	0.315	0.679	0.321	1.279	0.410
17	1.134	(0.515)	0.872	0.303	0.690	0.310	1.264	0.414
18	1.150	(0.548)	0.875	0.292	0.700	0.300	1.250	0.417
19	1.165	(0.579)	0.878	0.281	0.709	0.291	1.238	0.420
20	1.180	(0.609)	0.881	0.271	0.718	0.282	1.227	0.422
21	1.195	(0.638)	0.884	0.262	0.727	0.273	1.216	0.425
22	1.210	(0.666)	0.887	0.253	0.735	0.265	1.206	0.427
23	1.225	(0.693)	0.890	0.244	0.743	0.257	1.197	0.429
24	1.240	(0.719)	0.893	0.236	0.751	0.249	1.189	0.431
25	1.255	(0.745)	0.895	0.228	0.758	0.242	1.181	0.433

在60%负债率下，教材中的图23-5如下：

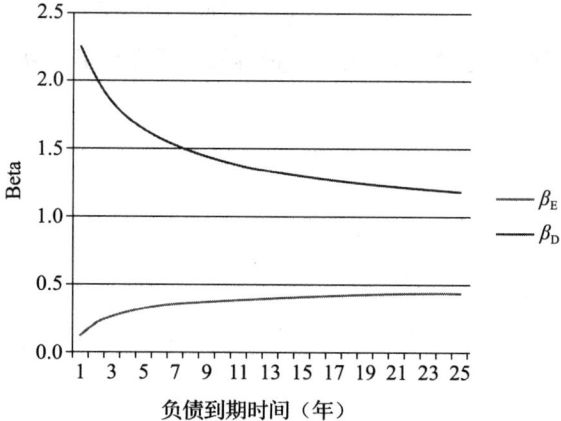

新债券的收益率如下：

到期时间	债券价值	债券收益率	到期时间	债券价值	债券收益率
1	0.585	2.50%	14	0.343	4.07%
2	0.557	3.76%	15	0.332	4.03%
3	0.530	4.19%	16	0.321	3.99%
4	0.506	4.35%	17	0.310	3.95%
5	0.484	4.40%	18	0.300	3.92%
6	0.463	4.40%	19	0.291	3.88%
7	0.445	4.37%	20	0.282	3.85%
8	0.427	4.34%	21	0.273	3.82%
9	0.411	4.29%	22	0.265	3.79%
10	0.396	4.25%	23	0.257	3.76%
11	0.381	4.20%	24	0.249	3.73%
12	0.368	4.16%	25	0.242	3.71%
13	0.355	4.11%			

在60%负债率下，教材中的图23-6如下：

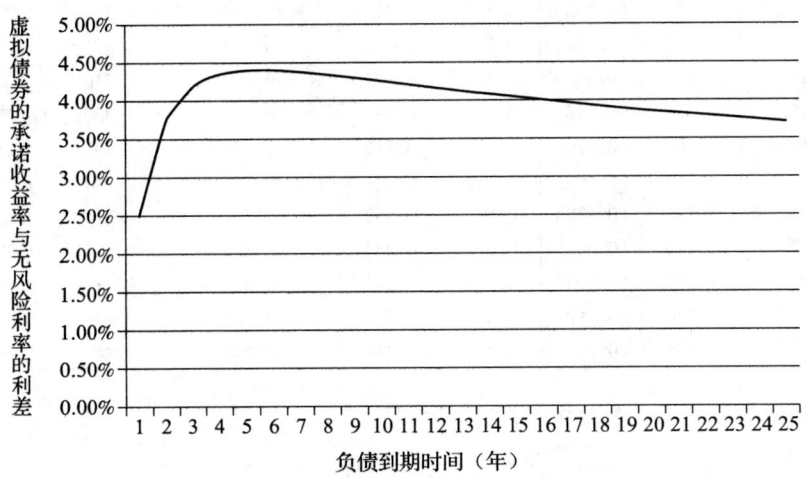

图23-6说明，随着风险增加，高等级债券和低等级债券之间的价差也增大。

第 24 章　多种不同类型的负债

基础题

1. **债务类型**　从括号中选择最合适的术语:
   a. (高等级公用事业债券/低等级工业债券)一般只有宽松的偿债基金要求。
   b. 抵押信托债券通常是由(公用事业/工业持股公司)发行的。
   c. (公用事业债券/工业债券)通常是无担保的。
   d. 设备信托凭证通常是由(铁路公司/金融公司)发行的。
   e. 抵押贷款过手证券是(资产支持证券/项目融资)的一个例子。
   参考答案:
   a. 高等级公用事业债券　b. 工业持股公司　c. 工业债券　d. 铁路公司
   e. 资产支持证券

2. **偿债基金**　对以下每个偿债基金,发行时偿债基金是增加还是降低了债券的价值(或者不可能说清楚)?
   a. 选择性偿债基金,以面值回收债券。
   b. 强制性偿债基金,以面值回收债券或在市场上购买。
   c. 强制性偿债基金,以面值回收债券。
   参考答案:
   a. 降低。
   b. 不可能说清楚。
   c. 不可能说清楚。例如,息票利率较高、以溢价发行的债券,以面值回收,其价值会下降;开始就折价发行的债券,则相反。

3. **优先级**
   a. 作为高级债券持有者,你希望公司发行更多低级债务来为投资项目融资,还是希望公司不要这么做,或者你不关心?

b. 你拥有的债务由公司现有资产提供担保。你希望公司发行更多的无担保债务来为投资融资，还是希望公司不要这么做，或者你不关心？

参考答案：
a. 高级债券持有者希望公司发行更多低级债务，这样高级债券受到更多的保护。
b. 现有担保债券投资者希望公司不这样做，除非他们确定公司现有资产足以清偿当前的债务，并且新债务的优先级别更低。如果公司的现有资产不足以清偿债务，剩余的担保债务在清偿时就与其他无担保债务不再有差异。

4. **债券合约** 利用表24-1（不是教材内容）回答以下问题：
   a. 谁是彭尼百货债券发行的主承销商？
   b. 谁是发行的托管人？
   c. 扣除承销商价差后，公司每份债券收到多少美元？
   d. 债券是不记名债券还是记名债券？
   e. 2005年债券的赎回价格是多少？

   参考答案：
   a. 第一波士顿公司　　b. 美国国民信托和储蓄协会银行　　c. 986.14美元
   d. 记名债券　　e. 赎回价格是面值的103%

5. **债券合约** 看表24-1：
   a. 假设债券1992年9月1日以99.489%发行。9月15日收到的债券，你要付多少钱来购买？不要忘记包括应计利息。
   b. 该债券何时第一次支付利息？第一次支付的总额是多少？
   c. 债券最后到期日是哪一天？在这一天债券支付的本金总额是多少？
   d. 假设债券的市场价格上升到102，之后不再变化。公司应该何时赎回债券？

   参考答案：
   a. 按照365天/年计算，应支付额为：
   $1\,000 \times 99.489\% + 1\,000 \times 8.25\% \times (14/365) = 998.04$（美元）
   b. 该债券第一次利息支付是1993年2月15日。第一次支付的利息为：
   $2.5 \times (8.25\%/2) = 0.103\,125$（亿美元）$= 1\,031.25$（万美元）
   c. 从2003年8月15日开始，每年支付1250万美元偿债基金。债券的最后到期日是2022年8月15日，这一天支付最后一笔本金1250万美元。
   d. 如果债券的市场价格上升到102，之后不再变化，说明市场利率下降，公司应该在赎回价格低于102时立即赎回，以更低的市场利率进行再融资，因此公司应该在2008年赎回。

6. **私募** 解释债券私募与公开发行的3个主要一般区别。

   参考答案：
   私募通常是更简单的贷款协议，可能含有"私人定制"特征，比如条款更严格、更容易重新谈判，通常利率也更高。

7. **债务特征** 判断正误，简要解释。
   a. 违约时持有无担保债券比担保债券好。
   b. 很多新型奇异债券的出现是由于政府政策或监管的原因。
   c. 赎回条款给了债券投资者有价值的期权。
   d. 公司用大量负债为并购融资时，限制性条款用于保护债券投资者。
   e. 私募债务发行比公开发行常常包括更严格的条款。但是，公开负债条款协商起来更困难，成本也更高。

   参考答案：
   a. 错误。如果发生违约，担保债券优先获得相关资产的受偿权。
   b. 正确。但也有一些新证券(如欧洲债券)会一直存在，尽管最初发行时的原因已经不存在了。
   c. 错误。债券发行者拥有期权。
   d. 正确。在这样的并购中，限制性不强的债务的投资者会遭受损失。
   e. 正确。私募重新协商的成本更低。

8. **可转换债券** 梅普尔飞机制造公司发行了2020年到期的 $4\frac{3}{4}$% 次级无担保可转换债券。
   转股价格为47.00美元，赎回价格为面值的102.75%。现在可转换债券的市场价格为面值的91%，普通股价格为41.50美元。假设没有转股特点的债券的价值为面值的65%。
   a. 债券的转换比率是多少？
   b. 如果转换比率为50，转股价格是多少？
   c. 转股价值是多少？
   d. 股价是多少时，转股价值等于股票价值？
   e. 市场价格会比转股价值低吗？
   f. 可转换债券的持有者为购买1股普通股的期权所支付的价值是多少？
   g. 到2020年普通股价格要上升多少转股才是合理的？
   h. 梅普尔何时应该赎回债券？

   参考答案：
   a. 债券的转换比率为：1 000/47 = 21.28
   b. 如果转换比率为50，转股价格：1 000/50 = 20(美元)
   c. 转股价值：1 000/47 × 41.50 = 882.98(美元)，即债券面值的88.298%。
   d. 均衡时的股票价格 = 不能转股的债券价值/转换比率
   $$= (0.65 \times 1\,000)/(1\,000/47) = 30.55(美元)$$
   e. 债券的市场价格不会比转股价值低，因为市场价值一旦低于转股价值，投资者就可以立即转换。
   f. 期权价值 = (可转债的价格 − 不可转债券的价格)/转换比率
   $$= (0.91 − 0.65) \times 1\,000/(1\,000/47) = 12.218(美元)$$
   g. 股价上涨：47/41.5 − 1 = 13.25%

h. 当市场价格等于赎回价格，即面值的102.75%时，公司可以赎回债券。

9. **可转换债券** 判断正误：
   a. 可转换债券通常是对公司的高级索取权。
   b. 转换比率越高，可转换债券价值越大。
   c. 转股价格越高，可转换债券价值越大。
   d. 可转换债券不完全分担普通股的价格风险，但对价格下降提供了某些保护。

   参考答案：
   a. 错误。可转换债券等价于普通债券加可获得普通股的期权，是次级索取权。
   b. 正确。
   c. 错误。转股价格上升，转换比率下降，可转债的价值更低。
   d. 正确。

进阶题

10. **债券定价** 假设彭尼百货债券以面值发行，投资者一直要求8.25%的收益率。大致描述一下你认为随着接近第一次利息支付日以及之后经过该日期时债券价格发生怎样的变化。债券价格加上应计利息呢？

    参考答案：
    如果债券按面值发行，投资者要求的收益率是8.25%，发行后价格为1 000美元。随着时间的推移，债券的全价将逐渐上升，因为应计利息增加。例如，在第一次（半年后）息票支付前，全价将达到1 041.25美元。息票（41.25美元）支付后，全价将降至1 000美元。在债券的整个生命期中就反复出现这样的模式。债券的净价是全价扣除应计利息，只要投资者继续要求8.25%的收益率，债券的净价在债券的整个生命期内保持不变。

11. **债券条款** 找到一只最近发行的债券的发行条款，与彭尼百货债券进行比较。

    参考答案：
    选择的公司不同，答案不同。要注意几个关键点：息票利率、到期时间、担保、偿债基金和赎回条款。

12. **债券定价** 债券价格下降，要么是因为整体利率水平的变化，要么是因为违约风险的增加。浮动利率债券和可回售债券保护投资者免于这些风险的程度如何？

    参考答案：
    浮动利率债券保护持有者不受通货膨胀和利率上升的影响，但并不是完全的保护。在实践中，保护的程度取决于利率调整的频率和基准利率，因为收益率曲线会发生变化，利差也会发生变化。
    同样地，可回售债券保护持有者不受违约风险提高的影响，当然保护也不是绝对的。如果公司突然出了问题而受到公众的关注，公司价值可能会迅速下跌，债券投资者即使立即将债券售回给公司，仍可能遭受损失。

13. **索取权优先级** 普罗克特能源公司的固定资产价值 2 亿美元，净营运资本价值 1 亿美元。公司部分由股权融资，部分由 3 只债券融资。债券包括 2.5 亿美元只由公司固定资产担保的第一抵押债券、1 亿美元的高级信用债券和 1.2 亿的次级信用债券。如果负债现在到期，每只债券的持有者将有权利收到多少还款？

    参考答案：
    第一抵押债券的投资者从出售固定资产所得的全部收益中获得清偿，直到所有第一抵押债券被还清。如果固定资产不足以偿还抵押债券，则到期未清偿余额将被视同高级信用债。因此，资产的分配为：

	欠款	固定资产	净营运资本	总支付
抵押债券	2.5 亿美元	2 亿美元	0.5 亿美元	2.5 亿美元
高级信用债	1 亿美元	0	0.5 亿美元	0.5 亿美元
次级信用债	1.2 亿美元	0	0	0
合计	4.7 亿美元	2 亿美元	1 亿美元	3 亿美元

14. **索取权优先级** 南亚易胜公司刚刚申请破产，公司是持股公司，其资产包括价值 8 000 万美元的地产和两家独立子公司的 100% 的股权。公司部分由股权融资，部分由发行的 4 亿美元的高级抵押信托债券融资，债券即将到期。子公司 A 直接发行了 3.2 亿美元的信用债券和 1 500 万美元优先股。子公司 B 发行了 1.8 亿美元高级信用债券和 6 000 万美元的次级信用债券。A 的资产市场价值为 5 亿美元，B 的价值为 2.2 亿美元。如果资产被出售，并严格按照破产程序来分配，每只证券的持有者将收到多少？

    参考答案：
    如果按照严格的优先顺序出售和分配资产，分配结果如下：

    （单位：百万美元）

	子公司 A				子公司 B				母公司		
	资产	负债	优先股	对母公司	资产	高级债务	次级债务	对母公司	来自子公司	资产	高级抵押债券
	500	320	15		220	180	60		165	80	400
偿还		320	15	165		180	40				245
未偿还							20				155

    子公司 A 总资产 5 亿美元，偿还 3.2 亿美元的债券和 1 500 万美元的优先股之后，剩余的 1.65 亿美元属于母公司。子公司 B 总资产 2.2 亿美元，偿还 1.8 亿美元高级债券和 4 000 万美元次级债券。母公司有 8 000 万美元的地产和从子公司 A 收回的 1.65 亿美元，将部分支付 4 亿美元的高级担保债券。

15. **抵押贷款**
    a. 住房抵押贷款可以是固定利率或浮动利率。作为借款人，出于什么考虑你会喜欢一种胜过另一种？
    b. 为什么抵押贷款过手证券的持有者会希望抵押贷款是浮动利率的？

参考答案：

a. 一般来说，浮动利率抵押贷款的利率开始时低一些。因此，如果使用浮动利率抵押贷款，同样的还款额可以买更大的房子。第二个因素是风险。在浮动利率抵押贷款中，借款人要承担利率风险（实践中可以采用利率上限，一定程度上降低了风险）。而在固定利率抵押贷款中，贷款机构承担利率风险。浮动利率抵押贷款的关键问题是：在可能的最高利率下，你能还得起吗？

b. 如果借款人可以选择提前偿还固定利率抵押贷款，那么当利率下降时，他们很可能会提前偿还。当然，贷款人不希望这个时候提前偿还，因为再投资利率更低。另外，如果利率是浮动的，提前偿还的选择权就没有什么价值了，所以浮动利率抵押贷款降低了抵押贷款过手证券持有者的再投资风险。

16. **赎回条款** 利率急剧变化之后，新发行的债券的收益率一般与同样到期期限的已发行债券不同。建议的解释之一是赎回条款的价值不同。解释为什么。

    参考答案：
    相对于新发行债券，急剧上升的利率降低了老债券的价格。对于给定的赎回价格，这意味着对新债券而言，赎回条款对公司的价值更大。在其他条件相同的情况下，越新发行的债券，收益率应该越高，反映了更高的赎回可能性。但是请注意，老债券的赎回价格可能较低，赎回保护期限可能较短，这使得老债券的价值并不会下降那么多。

17. **赎回条款** 假设公司同时发行了一只零息债券和一只附息债券，到期期限相同。两只债券都在任何时候可以按照面值被赎回。其他条件都相同，哪只债券的收益率更高？为什么？

    参考答案：
    如果公司行为理性，债券价格一旦达到赎回价格，它就会赎回债券。
    对于零息债券来说，这种情况永远不会发生，因为价格总是低于面值。对于附息债券，有一定的概率债券会被赎回。也就是说，零息债券的赎回权对公司没有任何意义，而附息债券的赎回权对公司有价值。因此，附息债券的价格（其他条件相同）将小于零息债券的价格，附息债券的收益率将会更高。

18. **赎回条款**

    a. 如果利率上升，可赎回债券还是不可赎回债券价格下降得更多？

    b. 有时候你遇到一种债券，经过固定的一段时间之后，发行人或债券持有者可行权要求偿还。如果每只期权的行权价格相同，发行人和债券持有者都是理性的，期权被行权时会发生什么？（忽略交易成本或发行成本这些细节。）

    参考答案：

    a. 参考教材图24-3。假设普通债券溢价出售，如果利率上升，普通债券（不可赎回）价格下跌幅度将大于可赎回债券。

    b. 届时，总有一方会行权，债券被清偿。

19. **回售条款** 可回售债券是到期前投资者拥有要求偿还的期权的债券，画出与图 24-3 类似的图，说明普通债券与可回售债券的价格之间的关系。

   参考答案：

   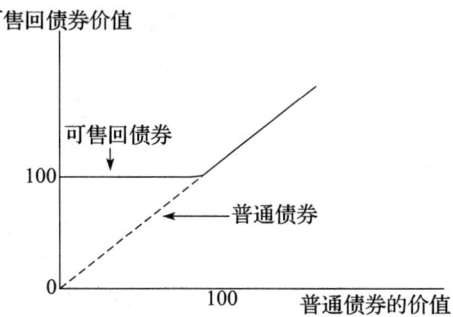

20. **合约** 阿尔法公司被禁止发行更多的高级负债，除非净有形资产超过高级负债的 200%。目前公司已发行有 1 亿美元高级负债，净有形资产为 2.5 亿美元。阿尔法公司能够再发行多少高级负债？

    参考答案：
    允许增加的负债为：（净有形资产/2）− 现有负债 = 2.50/2 − 1 = 0.25（亿美元）。

21. **合约** 小心解释为什么债券合约对以下行为设置限制：
    a. 出售公司资产。　　　　　　b. 给股东支付股利。
    c. 发行更多的高级负债。

    参考答案：
    a. 限制出售公司资产有两个主要原因。首先，支付息票和偿债基金是在定期检查公司的偿付能力。如果公司没有现金，债券投资者预期股东再次出资或违约。但如果公司能够通过出售资产来支付息票和偿债基金的话，这种定期检查机制就没有任何价值了。其次，为投资高风险项目而出售资产，会损害债权人的利益。
    b. 向股东支付股利，可用于偿还债务的资产会减少。在极端情况下，与资产价值相等的红利将使债权人一无所有。
    c. 如果老债务是次级债务，那么老债权人就会因为新债务的优先级别更高而蒙受损失。如果老债务是优先级的，那么发行额外的优先级债务意味着同样的股本支持了更多债务，即公司的杠杆增加，公司违约的可能性更大，这也会损害老债权人的利益。

22. **可转换债券** 2015 年，盈余价值公司有 1 000 万美元（面值）的可转换债券。债券具有以下特征：

面值	1 000 美元	到期时间	2022 年
转股价值	25 美元	当前股票价格	30 美元（每股）
当前赎回价格	105（面值的百分比）	利率	10%（息票与面值之比）
当前交易价格	130（面值的百分比）		

a. 债券的转股价值是多少？

b. 请你解释一下，为什么债券的价格高于转股价值？
c. 公司应该赎回债券吗？如果这样做会怎样？

参考答案：

a. 债券的转股价值为：(1 000/25)×30 = 1 200(美元)
b. 可转换债券只有确定被行权时，才会以转股价值出售。持有可转换债券等同于持有债券再加上购买股票的期权。可转换债券的价格超过转换价值的部分就是期权的价值。另外，可转换债券的利息如果超过40股普通股的股利，可转换债券的价值也能反映这部分额外收入。
c. 是的。公司赎回债券时，可转换债券的价格下降为转股价值。也就是说，债券投资者将被迫转换债券以逃避赎回。不赎回的话，公司就向债券投资者提供了相当于债券面值25%的"免费赠品"[(130 − 105)/100 = 25%]，而由股东承担代价。

23. **可转换债券** 小猪馅饼公司刚发行了一只10年期的零息债券，该债券可以转换为10股股票。可比普通债券的收益率为8%。小猪馅饼公司的股价为每股50美元。
    a. 假设你必须做一个决策"要么现在，要么永不"，决定是转换还是继续持有债券。你会如何决定？
    b. 如果可转换债券的价格为550美元/股，投资者获得购买股票的期权需要支付多少？
    c. 如果一年以后，转换期权的价值不变。可转换债券的价格是多少？

参考答案：

a. 普通债券的价值为：$1\,000/(1+0.08/2)^{20} = 456.39$(美元/股)

 转股价值为 $10 × 50 = 500$(美元/股)

 会选择转股。通过转换，你可以以500美元/股的价格卖出股票，然后以456.39美元的价格买到一份债券。

b. 期权价值 = 债券价格 − 普通债券价值 = 550 − 456.39 = 93.61(美元/股)

c. 一年以后，普通债券的价值为：$1\,000/(1+0.08/2)^{18} = 493.63$(美元/股)

 债券价值 = 普通债券价值 + 期权价值 = 493.63 + 93.61 = 587.24(美元/股)

24. **可转换债券** 洛塔微系统公司的10%的可转换债券即将到期。转换比率是27。
    a. 转股价格是多少？
    b. 股价为47美元/股，转股价值是多少？
    c. 你应该转股吗？

参考答案：

a. 转股价格为：1 000/27 = 37.04(美元/股)
b. 股价为47美元/股，转股价值为：47 × 27 = 1 269(美元/股)
c. 债券快到期了，应该转股，因为转股价值超过了债券的到期价值。

25. **可转换债券** 1996年，万豪国际发行了一种不寻常的债券，称为流动性收益期权票据，即LYONS。债券2011年到期，为零息债券，发行价格为532.15美元/股。它可以转换为8.76股股票。从1999年开始，该债券可以被万豪国际赎回。赎回价格为603.71美元/股，之后每年增加4.3%。持有者有权利将债券卖回给万豪国际，在

1999 年价格为 603.71 美元/股，在 2006 年为 810.36 美元/股。发行时，普通股的价格大约为 50.50 美元/股。
a. 该债券的到期收益率是多少？
b. 假设可比不可转换债券的收益率为 10%，投资者为获得转股期权支付了多少？
c. 发行时该债券的转股价值是多少？
d. 该债券最初的转股价格是多少？
e. 2005 年的转股价格是多少？为什么会变化？
f. 如果该债券在 2006 年的价格低于 810.36 美元，你会将该债券回售给万豪吗？
g. 2006 年万豪会以多高的价格赎回可转换债券？如果 2006 年债券的价格高于这个价格，万豪应该赎回吗？

参考答案：
a. 假设债券年复利，则有：$1\,000 = 532.15 \times (1+r)^{15}$，解得：$r = 4.30\%$
b. 普通债券的价值 $= 1\,000/1.10^{15} = 239.39$（美元/股）
   期权价值 = 可转债价值 − 普通债券值 $= 532.15 − 239.39 = 292.76$（美元/股）
c. 发行时该债券的转股价值 $= 8.76 \times 50.50 = 442.38$（美元/股）
d. 该债券最初的转股价格 $= 532.15/8.76 = 60.75$（美元/股）
e. 2005 年的赎回价值 $= 603.71 \times 1.043^6 = 777.20$（美元/股）
   2005 年的转换价格 = 2005 年赎回价值/转换比率 $= 777.20/8.76 = 88.72$（美元/股）
   因为它是零息债券，转换价格的上升反映了债券的增值。
f. 是的。只要投资者是理性的，那么一旦市场价格跌至看跌期权的行权价，他们就应该把债券回售给万豪酒店。
g. 2006 年，赎回价值 $= 603.71 \times 1.043^7 = 810.62$（美元/股）。如果市场价格大于 810.62 美元/股，万豪就应该赎回债券。

26. **可转换债券** Zenco 公司由 300 万股普通股和面值 500 万美元 2026 年到期的 8% 的可转换债券提供融资。每份债券的面值为 1 000 美元，转换比率为 200。如果 Zenco 公司的净资产分别为以下数值，每份可转换债券到期时的价值分别是多少？
a. 3 000 万美元   b. 400 万美元   c. 2 000 万美元   d. 500 万美元
画出与图 24-4c 类似的图，说明到期时每份可转换债券的价值与公司净资产的关系。

参考答案：
债券份数 $= 5\,000\,000/1\,000 = 5\,000$（份）
稀释后的股份数 $= 3\,000\,000 + 5\,000 \times 200 = 4\,000\,000$（股）
a. 公司的净资产高于可转换债券面值，如果转股，转股后的股价 $= 30\,000\,000/4\,000\,000 = 7.5$（美元/股），每份债券可以转为 200 股，因此一份债券的价值为 $7.5 \times 200 = 1\,500$（美元）；如果不转股，债券到期价值为面值 1 000 美元。因此每份可转换债券到期时的价值为 1 500 美元。
b. 公司净资产价值低于债券价值，股权价值为零，因此可转换债券到期时不会转股，其价值 $= 4\,000\,000/5\,000 = 800$（美元）。

c. 同 a。这时，是否转股不影响可转债价值。

到期时可转债价值 = 20 000 000/4 000 000 × 200 = 1 000（美元/股）。

d. 公司净资产价值正好等于债券面值，债券价值 = 5 000 000/5 000 = 1 000（美元/股）。

挑战题

27. **税收好处** 铎尔蔻特（Dorlcote）磨坊发行有 100 万美元 3% 的抵押债券，10 年后到期。无论公司发行任何新债，息票利率都是 10%。公司财务总监塔利弗先生无法决定，在市场中回购现有债券，用新的 10% 债券来代替，是否存在税收好处。你怎么看？债券投资者是否要纳税重要吗？

参考答案：

现有债券每年支付利息 3 万美元，期限为 10 年，10 年后支付本金 100 万美元。假设所有债券持有人都不缴纳所得税，债券的市场价值为：

$$PV = \frac{30\,000}{1.10} + \frac{30\,000}{1.10^2} + \cdots + \frac{30\,000}{1.10^{10}} + \frac{1\,000\,000}{1.10^{10}} = 569\,880（美元）$$

因此，可以现在以 569 880 美元的价格回购该债券。

从公司的角度来看，假设税率为 35%，每年的 30 000 美元利息支出减少纳税 10 500 美元（0.35 × 30 000），因此，每年净现金流出为 19 500 美元（30 000 − 10 500）。用税后利率（6.5%）来贴现税后现金流，现有债券的价值为：

$$PV = \frac{19\,500}{1.065} + \frac{19\,500}{1.065^2} + \cdots + \frac{19\,500}{1.065^{10}} + \frac{1\,000\,000}{1.065^{10}} = 672\,908（美元）$$

对公司来说，现有债券的价值为 672 908 美元，低于市场价值 569 880 美元，公司可以以 569 880 美元的价格回购这些债券，然后发行 672 908 美元的息票利率 10% 的新债券。新债券所支付的现金流的现值等于现有债券所支付的现金流的现值。发行新债券得到 672 908 美元，回购现有债券支付 569 880 美元，差额 103 028 美元是公司的收入。假设债券持有人需要缴纳个人所得税。高收入投资者（即收入纳税等级高的投资者）将青睐低息债券，因此会推高这些债券的价格。如果低息债券对高收入投资者的价值高于对铎尔蔻特磨坊的价值，那么铎尔蔻特磨坊就不应该再购买这些债券。

请注意，如果铎尔蔻特磨坊当初以面值来发行息票利率为 3% 的债券，现在以 569 880 美元的价格回购，公司要对所得收益纳税。

28. **可转换债券** 这个问题说明，当公司的风险可以在一个范围内变化时，如果公司发行可转换债券，使贷款人也可以参与进来的话，他们会更愿意借钱给公司。勃拉瓦茨基女士正计划成立一家新公司，初始资产 1 000 万美元。她可以将这些资金投入两个项目之一。每个项目的预期收益都相同，但一个风险更高。相对安全的项目有 40% 的可能性产生 1 250 万美元的收益，60% 的可能性产生 800 万美元的收益。风险较大的项目有 40% 的可能性产生 2 000 万美元的收益，60% 的可能性产生 500 万美元的收益。

勃拉瓦茨基女士开始计划发行普通债券来融资，承诺还款 700 万美元。勃拉瓦茨基女士将得到剩下的收益。说明贷款人和勃拉瓦茨基女士各自的可能收益，如果（a）她选择安全项目；（b）她选择有风险项目。勃拉瓦茨基女士可能选择哪个项目？贷款人希望她选择哪个？

假设现在勃拉瓦茨基女士发行的负债可以转换为50%的公司价值，说明在这种情况下，贷款人从两个项目中得到的预期收益相同。

参考答案：

a. 选择安全项目：

贷款人的收益 $= 0.4 \times 700 + 0.6 \times 700 = 700$（万美元）

勃拉瓦茨基女士的收益 $= 0.4 \times 550 + 0.6 \times 100 = 280$（万美元）

b. 选择有风险项目

贷款人的收益 $= 0.4 \times 700 + 0.6 \times 500 = 580$（万美元）

勃拉瓦茨基女士的收益 $= 0.4 \times 1\,300 + 0.6 \times 0 = 520$（万美元）

因此，贷款人会希望勃拉瓦茨基女士选择安全的项目，而勃拉瓦茨基女士则会选择风险较大的项目。

假设负债可以转换为50%的公司价值，选择安全项目：

$$\begin{aligned}\text{贷款人的收益} &= 0.40 \times \text{Max}(700,\ 0.50 \times 1\,250) + 0.60 \times \text{Max}(700,\ 0.50 \times 800)\\ &= 0.40 \times 700 + 0.60 \times 700 = 700（万美元）\end{aligned}$$

选择有风险项目：

$$\begin{aligned}\text{贷款人的收益} &= 0.40 \times \text{Max}(700,\ 0.50 \times 2\,000) + 0.60 \times \text{Max}(500,\ 0.50 \times 500)\\ &= 0.40 \times 1\,000 + 0.60 \times 500 = 700（万美元）\end{aligned}$$

在这种安排下，贷款人将获得相同的预期收益。

29. **可转换债券** 偶尔有人会说，公司股价被低估的时候，发行可转换债券比发行股票要好。假设白胡桃家具公司的财务经理确实有内部信息，公司股价太低了。事实上，白胡桃家具公司的未来盈利比投资者预期的高。进一步假设，内部信息不能公开，否则会泄露有价值的竞争机密。显然，以目前的低价格出售新股会损害老股东的利益。如果发行可转换债券，老股东也会损失吗？如果这种情况下他们也有损失，损失比发行普通股时多还是少呢？

现在，假设投资者准确地预测盈利，但仍低估股票，因为他们高估了公司的实际商业风险。这会改变上一段中的问题的答案吗？请解释。

参考答案：

可转换债券的发行将损害现有股东的利益，因为转换条款的价值将超过可转换债券持有人为此支付的金额。然而，新的可转债持有人的收益将低于新股东的收益。这可以通过考虑把可转债看作股票加上看跌期权来体现。一般来说，如果股票真的被低估了，现有股东最好是发行最安全的资产。因为，增长的新信息公开时股票价值会增长，这样就能避免资产的新持有者分享增长的好处。

例外的结果可能发生在普通股被低估的时候，因为投资者可能高估公司的风险。请注意，风险资产的期权比安全资产的期权更有价值。因此，在这种情况下，投资者可能会高估转换期权的价值，这可能使可转换债券比股票发行更具吸引力。

第25章 租 赁

基础题

1. **租赁类型** 以下术语常用于描述租赁：
   a. 直接　　　　b. 全面服务　　　c. 经营性　　　d. 融资
   e. 租金　　　　f. 净　　　　　　g. 杠杆　　　　h. 售后回租
   i. 全额支付

   将一个或多个这些术语与以下陈述相匹配：
   A. 最初的租期比资产的经济寿命短
   B. 最初的租期足够长，足以让出租人弥补资产的成本
   C. 出租人提供维护和保险
   D. 承租人提供维护和保险
   E. 出租人从制造商处购买设备
   F. 出租人从未来的承租人处购买设备
   G. 出租人通过发行针对租赁合同的负债和股权索偿权来融资

   参考答案：

A. 最初的租期比资产的经济寿命短	经营性租赁
B. 最初的租期足够长，足以让出租人弥补资产的成本	融资租赁
C. 出租人提供维护和保险	全面服务租赁
D. 承租人提供维护和保险	净租赁
E. 承租人提供维护和保险	直接租赁
F. 出租人从未来的承租人处购买设备	售后回租
G. 出租人通过发行针对租赁合同的负债和股权索偿权来融资	杠杆租赁

2. **租赁的理由** 以下的租赁理由中有些是理性的，其他的不理性或者假设资本市场不完美有效。哪些是租赁的理性理由？
   a. 承租人对租赁资产的需要只是暂时的。

b. 专门的出租人能更好地承担报废风险。
c. 租赁提供100%的融资，因此节省资本。
d. 租赁使边际税率比较低的公司"出售"折旧税盾。
e. 租赁增加每股收益。
f. 租赁降低获得外部融资的交易成本。
g. 租赁避免对资本支出的限制。
h. 租赁能够减少替代性最低税。

参考答案：
租赁的理性理由有 a、b、d、f 和 h。

3. **经营性租赁** 解释为什么以下陈述是正确的：
   a. 在竞争性租赁市场中，经营性租赁的年租金等于出租人的等价年度成本。
   b. 如果租金低于用户的等价年度成本，经营性租赁对设备用户具有吸引力。

   参考答案：
   a. 出租人收取的租金，必须能够弥补购买资产和在预期经济寿命中运营该资产的成本。在竞争性租赁市场中，租金的现值不能超过成本的现值。因此，竞争性租金最终等于承租人的等价年度成本。
   b. 用户的等价年度成本等于其拥有和运营该资产的年度成本，如果经营性租赁租金低于该成本，租赁是值得的。

4. **租赁的特征** 判断正误：
   a. 租金通常在每期开始时支付，因此一般一签订租赁合同就要支付第一次租金。
   b. 有些融资租赁能够提供表外融资。
   c. 融资租赁的资本成本是公司银行贷款所支付的利率。
   d. 等价贷款的本金和税后利息刚好与租赁的税后现金流匹配。
   e. 如果融资租赁提供的融资高于等价贷款，就不应该接受融资租赁。
   f. 不纳税的公司从纳税的公司租赁是合理的。
   g. 其他条件相同，随着名义利率上升，租赁的净税收好处增加。

   参考答案：
   a. 正确。   b. 正确。   c. 正确，但是要用税后利率。
   d. 正确。   e. 正确。   f. 正确。   g. 正确。

5. **破产中的租赁处理** 如果破产承租人认可租赁合同会怎样？如果租赁合同被拒绝呢？
   参考答案：
   如果租赁是得到认可的，承租人继续使用所租用的资产，而且必须支付租金。如果租赁合同被拒绝，所租用的资产要还给出租人。如果所归还的资产的价值不足以弥补剩余的未付租金，出租人的损失就成为破产公司的未担保债权。

6. **租赁的特征** 杠杆租赁与普通的长期融资租赁有何不同？列出关键不同。

参考答案：

杠杆租赁涉及出租人、承租人和贷款人三方，所租赁资产的成本的80%由贷款人提供，贷款人得到无追索权的债权。贷款人对租金和租赁资产拥有第一索取权。出租人得到利息和折旧税盾，如果承租人最后不行使购买选择权，出租人可以在最后得到该资产。

7. **无追索权负债**　杠杆租赁的贷款人拥有无追索权负债。"无追索权"的意思是什么？对租赁中的股权投资者而言，无追索权负债的好处和代价分别是什么？

   参考答案：

   "无追索权"的意思是，如果承租人违约，贷款人对出租人没有索取权。在这种情况下，出租人没有债务。但是，贷款人会要求更好的条件来补偿追索权的缺失，如更高的利率。

进阶题

8. **经营性租赁**　阿克姆公司拓展业务，向创业公司出租办公家具。考虑一张价值3 000美元的桌子，桌子可以使用6年，按照5年期MACRS折旧（见表6-4）。一张新桌子盈亏平衡的经营性租赁的租金是多少？假设旧桌子和新桌子的租金相同，阿克姆为每张桌子每年所花费的税前管理成本为400美元。资本成本为9%，税率为35%。租金提前支付，即在每年年初支付。通胀率为零。

   参考答案：

   成本和租金的现金流如下表所示（单位：美元）：

年份	0	1	2	3	4	5	6
折旧		600.00	960.00	576.00	345.60	345.60	172.80
初始成本	-3 000.00						
折旧税盾		210.00	336.00	201.60	120.96	120.96	60.48
税后管理成本	-260.00	-260.00	-260.00	-260.00	-260.00	-260.00	0.00
合计	-3 260.00	-50.00	76.00	-58.40	-139.04	-139.04	60.48
$PV(9\%) = -3\,439.80$ 美元							
盈亏平衡的租金	1 082.29	1 082.29	1 082.29	1 082.29	1 082.29	1 082.29	0.00
税	-378.80	-378.80	-378.80	-378.80	-378.80	-378.80	0.00
税后盈亏平衡租金	703.49	703.49	703.49	703.49	703.49	703.49	0.00
$PV(9\%) = -3\,439.80$ 美元							
现金流	-2 556.51	653.49	779.49	645.09	564.45	564.45	60.48

   购买和管理新桌子的成本的现值为3 439.80美元（税后），应该等于出租桌子的税后租金收入的现值：

   $$PV = C \times \frac{1}{r} \left[1 - \frac{1}{(1+r)^t} \right] \times (1+r)$$

   $$3\,439.80 = C \times \frac{1}{0.09} \times \left[1 - \frac{1}{(1+0.09)^6} \right] \times 1.09$$

$C = 703.49$(美元)

新桌子盈亏平衡的税前经营性租金为：$703.49/(1-0.35) = 1\,082.29$(美元)

9. **融资租赁** 仍回到问题8。假设一家蓝筹公司要求融资租赁一张3 000美元的桌子。公司刚发行了年利率6%的5年期债券。在这种情况下，盈亏平衡的租金是多少？假设管理成本下降为每年200美元。解释为什么问题8的答案与本问题的答案不同。

   参考答案：

   税前管理成本为每年200美元，因此税后成本为$200 \times (1-0.35) = 130$(美元)，发生在每年的年初。管理成本、折旧税盾和租金都是确定的，按照税后利率来贴现。

   税后利率 $= 0.06 \times (1-0.35) = 0.039$

   现金流如下表所示：

年份	0	1	2	3	4	5	6
初始成本	-3 000						
折旧税盾		210	336.00	201.60	120.96	120.96	60.48
税后管理成本	-130	-130	-130	-130	-130	-130	-130
合计	-3 130	80	206	71.60	-9.04	-9.04	60.48

   $PV(@3.9\%) = -2\,765.49$ 美元

   租金计算如下：

   $$PV = C \times \frac{1}{r}\left[1 - \frac{1}{(1+r)t}\right] \times (1+r)$$

   $$2\,765.49 = C \times \frac{1}{0.039} \times \left[1 - \frac{1}{(1+0.039)6}\right] \times 1.039$$

   $C = 506.10$(美元)

   这是税后租金，税前租金 $= 506.10/(1-0.35) = 778.61$(美元)

   问题8中的租赁为经营性租赁，由出租人承担风险，因此贴现率用出租人的资本成本。问题9中的租赁是融资租赁，需要决策的是"租"还是"借款"，资本成本采用负债的税后成本。

10. **通胀和租赁** 在问题8中，我们假设新旧桌子的租金一致。

    a. 如果预期年通胀率为5%，开始的盈亏平衡租金如何变化？假设实际资本成本不变。(提示：参考第6章中对等价年度成本的讨论。)

    b. 如果由于磨损桌子每使用1年，阿克姆将实际租金下降10%，问题(a)的答案如何变化？

    参考答案：

    a. 如果预期年通胀率为5%，那么管理成本每年提高5%，假设租金也以通胀率增长。而折旧税盾根据桌子的初始成本计算，并不发生变化。实际资本成本为9%，考虑了通货膨胀后的名义资本成本，即名义贴现率为：

    名义贴现率 $= 1.05 \times 1.09 - 1 = 14.45\%$

    现金流和计算过程如下：

年份	0	1	2	3	4	5	6
折旧		600.00	960.00	576.00	345.60	345.60	172.80
初始成本	-3 000.00						
折旧税盾		210.00	336.00	201.60	120.96	120.96	60.48
税后管理成本	-260.00	-273.00	-286.65	-300.98	-316.03	-331.83	0.00
合计	-3 260.00	-63.00	49.35	-99.38	-195.07	-210.87	60.48
$PV(@14.45\%) = -3\,537.83$ 美元							
盈亏平衡的租金	1 113.13	1 168.79	1 227.23	1 288.59	1 353.02	1 420.67	0.00
税	-389.60	-409.08	-429.53	-451.01	-473.56	-497.23	0.00
税后盈亏平衡租金	723.53	759.71	797.70	837.58	879.46	923.43	0.00
$PV(@14.45\%) = -3\,537.83$ 美元							
现金流	-2 536.47	696.71	847.05	738.20	684.39	712.56	60.48

新桌子所有的成本的现值为 3 537.83 美元,我们采用实际资本成本 9% 来计算实际租金:

$$PV = C \times \frac{1}{r} \left[1 - \frac{1}{(1+r)t} \right] \times (1+r)$$

$$3\,537.83 = C \times \frac{1}{0.09} \times \left[1 - \frac{1}{(1+0.09)^6} \right] \times 1.09$$

$C = 723.53$(美元)

实际税前租金为 $723.53/(1-0.35) = 1\,113.13$(美元)。这也是第 0 年的租金,以后的名义租金按照 5% 的通胀率增长。

b. 实际租金每年下降 10%,名义租金的增长率为:$(1+5\%) \times (1-10\%) - 1 = -5.5\%$。

现金流和计算过程如下:

年份	0	1	2	3	4	5	6
折旧		600.00	960.00	576.00	345.60	345.60	172.80
初始成本	-3 000.00						
折旧税盾		210.00	336.00	201.60	120.96	120.96	60.48
税后管理成本	-260.00	-273.00	-286.65	-300.98	-316.03	-331.83	0.00
合计	-3 260.00	-63.00	49.35	-99.38	-195.07	-210.87	60.48
$PV(@14.45\%) = -3\,537.83$ 美元							
盈亏平衡的租金	1 388.82	1 312.44	1 240.25	1 172.04	1 107.58	1 046.66	0.00
税	-486.09	-459.35	-434.09	-410.21	-387.65	-366.33	0.00
税后盈亏平衡租金	902.73	853.08	806.16	761.83	719.92	680.33	0.00
$PV(@14.45\%) = -3\,537.83$ 美元							
现金流	-2 357.27	790.08	855.51	662.44	524.85	469.46	60.48

在这里,由于租金下降,资本的机会成本 9% 可以看作名义贴现率,与问题 a 类似,计算实际租金时,应采用实际贴现率。

实际贴现率 = $1.09/(1-10\%) - 1 = 21.11\%$

$$PV = C \times \frac{1}{r} \times \left[1 - \frac{1}{(1+r)t}\right] \times (1+r)$$

$$3\,537.83 = C \times \frac{1}{0.211\,1} \times \left[1 - \frac{1}{(1+0.211\,1)^6}\right] \times 1.211\,1$$

$C = 902.73(美元)$

实际税前租金为 $902.73/(1-0.35) = 1\,388.82$（美元）。这也是第 0 年的租金，以后的名义租金以每年 10% 的速度下降。

11. **技术变化和租赁** 如表 25-1 所示。如果豪华车制造中的快速技术变化使新豪华车的成本每年下降 5%，初始盈亏平衡的经营性租赁的租金将如何变化？（提示：我们在第 6 章中讨论过技术进步和等价年度成本。）

    参考答案：

    如果新豪华车的成本每年下降 5%，那么租金也每年下降 5%，盈亏平衡的租金的变化如下：

年份	0	1	2	3	4	5	6
现金流总计	-82.80	-2.55	0.60	-2.76	-4.78	-4.78	-6.29
$PV(@7\%) = -98.15$							
盈亏平衡的租金	29.97	28.47	27.04	25.69	24.41	23.19	22.03
税	-10.49	-9.96	-9.47	-8.99	-8.54	-8.12	-7.71
盈亏平衡的税后租金	19.48	18.51	17.58	16.70	15.87	15.07	14.32
现金流	-63.32	15.96	18.18	13.94	11.09	10.29	8.03

计算第 1 笔税后租金金额所用的贴现率为：

$(1.07/0.95) - 1 = 12.63\%$

12. **融资租赁** 假设国家圆晶电子公司面对一个 4 年期融资租赁的建议，公司构造了与表 25-2 类似的表格，该表的最后一行显示租赁现金流如下：

	第 0 年	第 1 年	第 2 年	第 3 年
租赁现金流	+62 000	-26 800	-22 200	-17 600

这些现金流反映了机器的成本、折旧税盾和税后租金。忽略残值。假设公司负债成本 10%，边际税率 35%。

   a. 等价贷款的价值是多少？
   b. 租赁的价值是多少？
   c. 假设正常融资下机器的 NPV 为 -5 000 美元，国家圆晶电子公司应该投资吗？应该租赁吗？

   以下问题都适用于融资租赁。

   参考答案：

   a. 税后贴现率 = $10\% \times (1 - 35\%) = 6.5\%$

$$等价贷款的价值\ PV = \frac{-26\,800}{1+6.5\%} + \frac{-22\,200}{(1+6.5\%)^2} + \frac{-17\,600}{(1+6.5\%)^3}$$
$$= -59\,307.30(美元)$$

b. 租赁的价值 = 62 000 − 59 307.30 = 2 692.70(美元)

c. 国家圆晶电子公司不应该投资。租赁的价值 2 692.70 美元不能抵消机器的负 NPV,另外,公司应该为采用同样的租赁合同购置更多资产。

要回答第 13~17 题,你可以借助于 Excel 电子表格。

13. **税收和租赁** 再次考察表 25-2 描述的巴士租赁。

    a. 如果格雷美的边际税率 $T_c = 0.20$,租赁的价值是多少?

    b. 如果出于税收目的,初始投资要在第 1~5 年等额摊销,租赁的价值是多少?

    参考答案:

    a. 贴现率 = 债务成本 × (1 − 税率) = 10% × (1 − 0.20) = 8%

    租赁的现金流如下(单位:千美元):

年份	0	1	2	3	4	5	6	7
节约的巴士成本	100.00							
损失的折旧税盾		−4.00	−6.40	−3.84	−2.30	−2.30	−1.15	0.00
租金		−16.90	−16.90	−16.90	−16.90	−16.90	−16.90	−16.90
租金的税盾		3.38	3.38	3.38	3.38	3.38	3.38	3.38
租赁现金流	86.48	−17.52	−19.92	−17.32	−15.82	−15.82	−14.67	−13.52

    $NPV(@8\%) = -136.64$ 千美元

    b. 贴现率 = 债务成本 × (1 − 税率) = 10% × (1 − 0.35) = 6.5%

    假设直线折旧期为 5 年,第 1 年按半年计,租赁的现金流如下(单位:千美元):

年份	0	1	2	3	4	5	6	7
节约的巴士成本	100.00							
损失的折旧税盾		−3.50	−7.00	−7.00	−7.00	−7.00	−3.50	0.00
租金		−16.90	−16.90	−16.90	−16.90	−16.90	−16.90	−16.90
租金的税盾		5.92	5.92	5.92	5.92	5.92	5.92	5.92
租赁现金流	89.02	−14.49	−17.99	−17.99	−17.99	−17.99	−14.49	−10.99

    $NPV(@6.5\%) = 565.51$ 千美元

14. **税收和租赁** 在 25.4 节中,我们说明,如果格雷美巴士公司不纳税,它得到的租赁的 NPV 为 820 美元,税率为 35% 的出租人得到的 NPV 为 700 美元。在这些假设下,出租人能够接受的最低租金是多少?格雷美公司能够支付的最高租金是多少?

    参考答案:

    对出租人来说,采用 5 年期 MACRS 和 35% 的税率,折旧税盾的现值为:

年份	0	1	2	3	4	5	6	7
折旧税盾(千美元)	0.00	7.00	11.2	6.72	4.032	4.032	2.016	0.00

    $PV(@6.5\%) = 29\,469.18$ 美元

要得到出租人能够接受的最低租金 P，令出租人租赁的 $NPV=0$：

$NPV_{出租人}$ = 巴士的成本 + 折旧税盾的现值 + 税后租金的现值

$0 = -100\,000 + 29\,469.18 + P(1-0.35)(1 + 1/1.065 + 1/1.065^2 + \cdots + 1/1.065^7)$

$P = 16\,734$ 美元

出租人能够接受的最低租金为 16 734 美元。

对格雷美巴士公司来说，只要租赁的净现值大于或等于零，就一定会接受租赁。因为格雷美巴士公司不用纳税，其合适的贴现率为 10%。令格雷美巴士公司的租赁的 $NPV=0$：

$NPV_{承租人}$ = 节约的巴士成本 − 租赁的现值

$0 = 100\,000 - P(1 + 1/1.1 + 1/1.1^2 + \cdots + 1/1.1^7)$

$P = 17\,040$ 美元

这是格雷美公司愿意接受的最高租金。

因此，租金将在 16 734 ~ 17 040 美元。

15. **租赁估值** 在 25.5 节中，我们列出了租赁存在潜在收益的 4 种情况。对格雷美公司的租赁进行敏感性分析，假设公司不纳税，考察这 4 种情况。按以下顺序考察：(a) 出租人税率为 50%(不是 35%)；(b)第 0 年立刻 100% 折旧(而不是 5 年期 MACRS)；(c)3 年期租赁，4 次支付年度租金(而不是 8 年期租赁)；(d)利率 20% (而不是 10%)。在每种情况下，找到让出租人满意的租金，并计算租赁的 NPV。

参考答案：

最初的现金流情况见教材。一般来说，出租人的现金流的净现值包括巴士成本、折旧税盾的现值和税后租金的现值。要得到最低租金 P，令净现值为零解出 P。然后用该租金来计算承租人的租赁价值。

a. 出租人税率为 50%，租赁的 NPV：

$-100 + (0.50 \times 100) \times (0.200\,0/1.05 + 0.320\,0/1.05^2 + 0.192\,0/1.05^3 + 0.115\,2/1.05^4 + 0.115\,2/1.05^5 + 0.057\,6/1.05^6) + (1-0.50) \times P \times (1 + 1/1.05 + 1/1.05^2 + 1/1.05^3 + 1/1.05^4 + 1/1.05^5 + 1/1.05^6 + 1/1.05^7) = -100 + 43.73 + 3.393\,2P = 0$

$P = 16.58$，即 16 580 美元。

对格雷美公司来说，现金流的净现值就是节约的巴士成本减掉租赁的现值：

$100 - P(1 + 1/1.10 + 1/1.10^2 + 1/1.10^3 + 1/1.10^4 + 1/1.10^5 + 1/1.10^6 + 1/1.10^7)$
$= 100 - (16.58 \times 5.868\,4) = 2.70$，即 2 700 美元。

b. 立即进行 100% 的折旧，对出租人来说，租赁的 NPV：

$-100 + (0.35 \times 100) + (1-0.35) \times P \times (1 + 1/1.065 + 1/1.065^2 + 1/1.065^3 + 1/1.065^4 + 1/1.065^5 + 1/1.065^6 + 1/1.065^7) = -100 + 35 + 4.214\,9P = 0$

$P = 15.42$，即 15 420 美元。

对格雷美公司来说，现金流的净现值就是节约的巴士成本减掉租赁的现值：

$100 - P(1 + 1/1.10 + 1/1.10^2 + 1/1.10^3 + 1/1.10^4 + 1/1.10^5 + 1/1.10^6 + 1/1.10^7) = 100 - (15.42 \times 5.868\,4) = 9.51$，即 9 510 美元。

c. 3 年期租赁，4 次支付年度租金，对出租人来说，租赁的 NPV：

$-100 + (0.35 \times 100) \times (0.200\,0/1.065 + 0.320\,0/1.065^2 + 0.192\,0/1.065^3 + 0.115\,2/1.005^4 + 0.115\,2/1.005^5 + 0.057\,6/1.005^6) + (1 - 0.35) \times P \times (1 + 1/1.05 + 1/1.05^2 + 1/1.05^3 +) = -100 + 29.469 + 2.371\,5P = 0$

$P = 29.74$，即 29 740 美元。

对格雷美公司来说，现金流的净现值就是节约的巴士成本减掉租赁的现值：

$100 - P(1 + 1/1.10 + 1/1.10^2 + 1/1.10^3) = 100 - (29.74 \times 3.486\,9) = -3.70$，即 $-3\,700$ 美元。

d. 利率为 20%，对出租人来说，租赁的 NPV：

$-100 + (0.35 \times 100) \times (0.200\,0/1.13 + 0.320\,0/1.13^2 + 0.192\,0/1.13^3 + 0.115\,2/1.13^4 + 0.115\,2/1.13^5 + 0.057\,6/1.13^6) + (1 - 0.35) \times P \times (1 + 1/1.13 + 1/1.13^2 + 1/1.13^3 + 1/1.13^4 + 1/1.13^5 + 1/1.13^6 + 1/1.13^7) = -100 + 25.253 + 3.524\,7P = 0$

$P = 21.21$，即 21 210 美元。

对格雷美公司来说，现金流的净现值就是节约的巴士成本减掉租赁的现值：

$100 - P(1 + 1/1.20 + 1/1.20^2 + 1/1.20^3 + 1/1.20^4 + 1/1.20^5 + 1/1.20^6 + 1/1.20^7) = 100 - (21.21 \times 4.604\,6) = 2.34$，即 2 340 美元。

16. **租赁的估值** 在 25.5 节中，我们认为，如果利率等于零，延迟纳税没有好处，因此租赁没有好处。评估利率等于零时格雷美租赁的价值。假设格雷美不纳税，你能设计任何租赁条款，使承租人和出租人都高兴吗？（如果你能，我们希望收到你的来信。）

参考答案：

如果格雷美公司不用纳税，租赁现金流包括 $t=0$ 时节约的巴士成本 100 000 美元，以及 $t=0$ 到 $t=7$ 每年的现金流出 16 900 美元。如果利率为零，租赁的 NPV 就是所有现金流之和，即 $-35\,200$ 美元。

如果利率为零，对格雷美公司来说，能够接受的最高租金为 $100\,000/8 = 12\,500$ 美元，低于出租人愿意接受的最低租金（问题 14）。所以不存在让承租人和出租人都高兴的租金条款。

17. **租赁的估值** 租金安排变化的租赁称为结构化租赁（structured lease）。尝试将格雷美租赁结构化，使租赁的价值增加，而保留对出租人的价值。假设格雷美不纳税。（注意：在实践中，税务部门将允许租金一定程度的结构化，但可能不高兴看到你的某些设计。）

参考答案：

在教材给出的条件下，租赁对出租人的价值为 700 美元，对承租人的价值为 820 美元。将租赁结构化的关键是认识到出租人和承租人所用的贴现率不同，出租人用 6.5%，承租人用 10%。这样，如果我们降低早期的租金而提高晚期的租金，使得出租人的 NPV 不变，但承租人由于采用比较高的贴现率，将会获益。这样，租金如下表所示：

年份	0	1	2	3	4	5	6	7
新巴士的成本	-100.00							
折旧税盾		7.00	11.20	6.72	4.03	4.03	2.02	0.00
租金	13.00	14.00	17.00	17.00	17.00	20.00	20.00	20.00
租金的税	-4.55	-4.90	-5.95	-5.95	-5.95	-7.00	-7.00	-7.00
租赁现金流	-91.55	16.10	22.25	17.77	15.08	17.03	15.02	13.00

对出租人来说,租赁的 NPV(@6.5%)=0.707,即707美元。

对承租人来说,租赁的 NPV=节约的巴士成本-租赁的现值(贴现率为10%)=1898美元。这样,对出租人来说,租赁的价值基本不变,为707美元,而对承租人来说,租赁的价值提高到1898美元(假设不纳税)。

18. **租赁的估值** 诺德海德学院需要一台新计算机,它可以花250 000美元购买,或者从康皮租赁公司租用。租赁条件要求诺德海德进行6次年付,每年62 000美元。诺德海德不用纳税。康皮租赁税率为35%,出于税收目的可以将计算机5年折旧。计算机5年后无残值。利率为8%。

    a. 对诺德海德学院而言,租赁的 NPV 是多少?
    b. 对康皮租赁而言,租赁的 NPV 是多少?
    c. 租赁的总收益是多少?

    参考答案:
    a. 诺德海德不纳税,租赁的价值为:
    $NPV = 250\,000 - 62\,000 \times [1/0.08 - 1/(0.08 \times 1.08^6)] \times 1.08 = -59\,548(美元)$
    b. 对康皮租赁来说,贴现率 $= 0.08 \times (1-0.35) = 5.2\%$
    现金流如下表(单位:千美元):

年份	0	1	2	3	4	5	6
折旧		50.00	80.00	48.00	28.80	28.80	14.40
计算机成本	-250.00						
折旧税盾		17.50	28.00	16.80	10.08	10.08	5.04
租金	62.00	62.00	62.00	62.00	62.00	62.00	0.00
租金的税	-21.70	-21.70	-21.70	-21.70	-21.70	-21.70	0.00
净现金流	-209.70	57.80	68.30	57.10	50.38	50.38	5.04

    $NPV(@5.2\%) = 39\,954$ 美元
    c. 租赁的总收益 $= 39\,954 - 59\,548 = -19\,594$(美元)

19. **租赁的估值** 安全剃刀公司有大量税收损失向前结转,预期今后10年都不会纳税。公司因此建议租赁价值100 000美元的新机器。租赁条款包括8次等额租金,按年预付。出租人可以按照表6-4给出的折旧安排7年计提折旧。机器经济寿命结束无残值。税率为35%,利率为10%。安全剃刀公司的总裁威尔伯·奥卡姆想

知道自己公司愿意支付的最高租金，以及出租人愿意接受的最低租金。你能帮他吗？

参考答案：

对安全剃刀公司来说，这是融资租赁，只要融资的 NPV 大于或等于零，就可以接受该租赁。假设年租金为 P，

$NPV = 100 - P \times (1 + 1/1.1 + \cdots + 1/1.1^7)$

令 $NPV = 0$，得到最高租金 $P = 17.04$，即 17 040 美元。

对出租人来说，NPV 由以下 3 部分组成：

（1）机器成本：−100

（2）税后租金的现值，用税后利率来贴现：

$P \times (1 - 0.35) \times (1 + 1/1.065 + \cdots + 1/1.065^7) = 4.2149P$

（3）折旧税盾的现值，用税后利率来贴现，假设从第 1 年开始计提折旧：

$0.35 \times 100 \times \left(\dfrac{0.1429}{1.065} + \dfrac{0.2449}{1.065^2} + \dfrac{0.1749}{1.065^3} + \dfrac{0.1249}{1.065^4} + \dfrac{0.0893}{1.065^5} + \dfrac{0.0892}{1.065^6} + \dfrac{0.0893}{1.065^7} + \dfrac{0.0445}{1.065^8} \right) = 28.092$

将这 3 部分加总起来，令总的 $NPV = 0$，解出 P，就可以得到出租人可以接受的最低租金：

$-100 + 4.2149P + 28.092 = 0$

$P = 17.06$，即 17 060 美元。

20. **破产时的租赁处理** 公司破产时，设备出租人和担保贷款人的处境有何不同？假设担保贷款有租赁设备做抵押品。哪个受到的保护更好，租赁还是贷款？如果租赁设备可以出售或再次租赁，你的答案取决于租赁设备的价值吗？

参考答案：

公司破产时，在确定条件下，与担保贷款人相比，设备出租人受到的保护比较好。如果破产法庭裁定，所租用的资产是公司经营的基础，法庭就是在支持租赁，也就是说公司可以继续使用该资产，公司要继续向出租人支付租金。而担保贷款人一般在破产程序结束前不会得到支付。但是，如果法庭不支持租赁，也就是说所租用的资产不是公司经营所必需的，出租人就有权利收回该资产。这样，出租人也有权力得到剩余租金的现值与该资产市场价值的差额，在这种情况下，出租人就被法庭当作非担保债权人。

21. **租赁的估值** 图 25-1 中的承租人如何评估租赁的 NPV？概述正确的估值过程。然后假设股权出租人想评估租赁的价值。再次概括正确的过程。（提示：APV。如何计算租赁对承租人和出租人的总价值？）

参考答案：

对承租人来说，租赁价值计算见教材 25.4 节。承租人要先计算租赁期内每年的现金流，现金流包括考虑所损失的折旧税盾、租金和租金的税盾。然后，用等价贷款的

税后利率作为贴现率来对现金流进行贴现。

对出租人来说,租赁的 APV 等于租赁现金流的 NPV 加上租赁期满后飞机的售价的现值。租赁现金流等于出租人得到的租金减去无追索权负债的利息和本金,用税后借款利率来贴现,就得到租赁现金流的现值。

挑战题

22. **租赁的估值** 一家矿业公司要求马格纳包机公司为其提供海狸式丛林飞机,用于利亚德堡西部和北部的探矿。马格纳公司与矿业公司将签署严格的 1 年期合同,并预计合同将续签 5 年,进行一个探矿计划。如果矿业公司在 1 年后续签租赁合同,它将承诺再租用飞机 4 年。

    马格纳包机公司面临以下选择:
    - 花费 500 000 美元购置飞机。
    - 对飞机进行 1 年期经营性租赁,租金 118 000 美元,预付。
    - 签署 5 年期不可撤销融资租赁,每年租金 75 000 美元,预付。

    所有这些均为净租赁,所有营运成本均由马格纳包机公司承担。

    你对公司的 CEO 阿格尼丝·马格纳有什么建议?为简单起见,假设出于纳税目的,采取 5 年直线折旧。假设公司税率为 35%,丛林飞机业务的加权平均资本成本为 14%,而马格纳公司能以 9% 的利率借款,预期通膨率为 4%。马格纳女士认为 5 年后飞机价值为 300 000 美元。但是如果与矿业公司的合约不续签(第 1 年年末这一结果发生的概率为 20%),公司得到临时通知后会以 400 000 美元的价格卖出飞机。

    如果马格纳包机公司采取 5 年期的融资租赁方式,而矿业公司在第 1 年年末撤销合同,马格纳公司可将飞机转租,也就是租给另一位用户。

    必要时增加假设。

    参考答案:
    首先考虑购买飞机还是进行 5 年的融资租赁,忽略残值,相对于购买飞机,租赁的增量现金流如下表(单位:千美元):

年份	0	1	2	3	4	5
假设 80% 的概率签 5 年租赁合同						
飞机的初始成本	500.00					
折旧税盾		−35.00	−35.00	−35.00	−35.00	−35.00
租金	−75.00	−75.00	−75.00	−75.00	−75.00	
租金的税盾	26.25	26.25	26.25	26.25	26.25	
总现金流	451.25	−83.75	−83.75	−83.75	−83.75	−35.00
假设 20% 的概率租赁合同不续签						
飞机的初始成本	500.00					
折旧税盾		−35.00				

(续)

年份	0	1	2	3	4	5
租金	-75.00					
租金的税盾	26.25					
总现金流	451.25	-35.0				
预期现金流	451.25	-74.00	-67.00	-67.00	-67.00	-28.00
PV(@5.85%)	451.25	-69.91	-59.80	-56.49	-53.37	-21.07
PV 合计	190.60					

贴现率用税后借款利率：$0.65 \times 0.09 = 5.85\%$

上表显示，租赁的净现值为 190 600 美元。

但是，如果马格纳公司购买飞机，还会得到残值。80%的概率飞机使用5年后以300 000美元出售，20%的概率1年后以400 000美元出售，考虑这些现金流的风险，用公司资本成本贴现：

$$0.80 \times \frac{300 \times (1-0.35)}{1.14^5} + 0.20 \times \frac{400}{1.14} = 151.20$$

即 151 200 美元。

因此，相对于购买飞机，5年租赁的净价值为 190 600 - 151 200 = 39 400（美元）。马格纳公司应该采用融资租赁的方式购入飞机。

马格纳公司对飞机进行经营性租赁，第1年的税后租金成本为：$0.65 \times 118 = 76.70$，即 76 700 美元。假设5年的老飞机与新飞机性能一样，飞机的价格以通胀率（假设4%）增长，那么经营性租赁的税后租金也以4%增长。因为80%的概率飞机可以租赁5年，20%的概率可以租用1年，因此作为承租方的矿业公司的预期现金流如下表（单位：千美元）：

年份	0	1	2	3	4	5
假设80%的概率签5年租赁合同						
税后租金	-76.70	-79.77	-82.96	-86.28	-89.73	0.00
假设20%的概率租赁合同不续签						
税后租金	-76.70					
预期现金流	-76.70	-63.82	-66.37	-69.02	-71.78	0.00
PV(@14%)	-76.70	-55.97	-51.07	-46.59	-42.50	0.00
PV 合计	-272.84					

这些现金流是有风险的，取决于市场对丛林飞机的需求。因此，贴现率采用公司资本成本。

23. **租赁和 IRR** 作为杠杆租赁重新构建表 25-2，假设出租人负债 80 000 美元，即巴士成本的 80%，如追索权，利率为 11%。所有的租金都用来偿还负债（利息和本金），直到贷款还清。假设租期结束巴士价值 10 000 美元。计算出租人 20 000 美元股权投资的税后现金流。股权现金流的 IRR 是多少？存在不止一个 IRR 吗？如何评估出租人股权投资的价值？

参考答案：
下表是杠杆租赁的股权投资者得到的现金流。在贷款还完之前，所有的租金都付给债权人。股权投资者的初始投资之后，会得到折旧和利息的税盾的现金流入，随着折旧和利息支出减少，现金流变负。第7年和第8年的现金流为正，这时债务还清，得到残值10 000美元。尽管现金流变了3次符号，只有一个 IRR：156.5%。贴现率在0和156.5%之间时，股权投资者的 NPV 为正。

年份	0	1	2	3	4	5	6	7	8
现金流									
巴士成本	-100.00								10.00
租金		16.90	16.90	16.90	16.90	16.90	16.90	16.90	
偿还负债		16.90	16.90	16.90	16.90	16.90	16.90	16.90	0.84
利息		8.80	7.91	6.92	5.82	4.60	3.25	1.75	0.08
折旧		0.00	20.00	32.00	19.20	11.50	11.50	5.80	0.00
应税收入		8.10	-11.01	-22.02	-8.12	0.80	2.15	9.35	16.82
所得税(@35%)	2.84	-3.85	-7.71	-2.84	0.28	0.75	3.27	5.89	3.50
股权现金流	-2.84	3.85	7.71	2.84	-0.28	-0.75	-3.27	10.18	6.50
债务偿还									
租金		16.90	16.90	16.90	16.90	16.90	16.90	16.90	
负债余额（开始是巴士成本的80%）	80.00	71.90	62.91	52.93	41.85	29.55	15.91	0.76	
利率		11%	11%	11%	11%	11%	11%	11%	
利息		8.80	7.91	6.92	5.82	4.60	3.25	1.75	0.08
偿还本金		8.10	8.99	9.98	11.08	12.30	13.65	15.15	0.76
剩余负债		71.90	62.91	52.93	41.85	29.55	15.91	0.76	0.00

很难决定股权成本是多少。出租人评估投资的价值时采用 APV 方法会更好。对出租人来说，租赁的 NPV 等于 +700 美元，见教材 25.4.4（P122）的计算。我们还要加上税后残值的现值，税后残值的现值用风险调整利率贴现，如果采用教材 25.4.5（P124）中的 12%，第 8 年的税后残值为 6 500 美元，现值为 2 625 美元。因此，APV 为 3 325 美元。接下来，再加上无追索权贷款的 NPV，如果贷款条件是公平的，APV 仍为 3 325 美元。如果贷款有某些净经济收益，APV 就大于 3 325 美元。

24. **租赁的估值** 假设格雷美租赁使公司在租期结束时又以 1 美元购买巴士的期权。这对租赁的税收有何影响？重新计算租赁对格雷美和对制造商的价值。可以调整租金使对双方的 NPV 都为正吗？

参考答案：
如果格雷美有在租期结束时以 1 美元购买巴士的期权，这就是融资租赁。这样租赁可以看作出于税收目的的分期付款销售。格雷美可以出于税收目的，减掉折旧和租赁中的利息部分，而不是全部租金。利用第 1~7 年的利息税盾，重新计算提供给格雷美的租赁的净现金流：

年份	0	1	2	3	4	5	6	7
新巴士的成本	100							
折旧税盾		7.00	11.20	6.72	4.03	4.03	2.02	0.00
利息税盾		3.14	2.71	2.11	1.63	1.21	0.77	0.36
租金	−16.9	−16.9	−16.9	−16.9	−16.9	−16.9	−16.9	−16.9
租赁现金流	83.1	−6.76	−2.99	−8.07	−11.24	−11.66	−14.11	−16.54
PV（用税后利率6.5%贴现）	83.1	−6.35	−2.64	−6.68	−8.73	−8.51	−9.67	−10.64
格雷美的 NPV	29.87							

只要出租人和承租人的税率相同，对承租人的现金流出就等于对出租人的现金流入，因此租赁对制造商的价值与对格雷美的价值是相反的。租金不可能调整到对双方来说租赁的 NPV 都为正。

第八部分

风险管理

第 26 章　管理风险
第 27 章　国际风险管理

第 26 章 管理风险

基础题

1. **词汇检查** 定义以下术语：
   a. 现货价格
   b. 远期 VS. 期货合约
   c. 多头 VS. 空头
   d. 基差风险
   e. 盯市
   f. 净便利收益

   参考答案：
   a. 现货价格是马上交割的价格。
   b. 远期合约是在未来特定日期以特定价格买入或卖出标的资产的合约；期货合约也是在特定日期以特定价格买入或卖出的合约，但与远期合约不同，期货合约在交易所交易并且采取盯市策略。
   c. 多头是指投资者同意买入资产，空头是指投资者根据约定要卖出资产。
   d. 作为对冲工具的资产的价格变动和被对冲资产的价格变动不完全相关时会产生基差风险。
   e. 盯市是对头寸产生的收益或损失进行定期清算（如每天清算）。
   f. 净便利收益是拥有商品所带来的收益（而非未来交割的承诺）与商品储存成本的差额。

2. **期货合约** 判断正误：
   a. 活跃的期货市场中的套期保值交易 NPV 为零或稍负。
   b. 你购买期货合约时，现在付款，而在未来日期交割。
   c. 金融期货合约的持有者得不到标的证券的股利或利息。
   d. 商品期货合约的持有者不必支付仓储成本，但要放弃便利收益。

   参考答案：
   a. 正确。
   b. 错误，交割时付款，现在支付的是保证金。
   c. 正确。
   d. 正确。

3. **盯市** 昨天，你出售了德国 DAX 股票市场指数的 6 个月期期货，价格为 9 120。今天，DAX 收盘价为 9 100，DAX 期货价格收盘于 9 140。你收到经纪人的电话，提醒你期货合约是每日盯市的。她是在要求你付钱，还是要付给你钱？

   参考答案：
   经纪人要求付钱，因为投资者的期货空头合约有损失。

4. **期货价格** 计算 6 个月国债期货合约的价值。你有以下信息：
   - 6 个月期利率：年利率 10%，或 6 个月期 4.9%；
   - 债券现货价格：95；
   - 债券支付 8% 的息票利率，每 6 个月 4%。

   参考答案：
   $F_t = S_0(1 + r_f - y)^t = 95 \times [1 + 0.10 - (8/95)]^{0.5} = 95.747$

5. **套期保值** "北方炼油公司出售石油期货并不规避风险，如果价格高于每加仑⊖2.40 美元，它以这个价格出售石油期货实际上亏损了。"这个说法公平吗？

   参考答案：
   北方炼油公司已经锁定了未来的石油销售价格（忽略可能存在的基差风险）。因为现在已经锁定了未来的收入，所以公司不关注未来石油销售价格的涨跌。

6. **便利收益** 利用以下信息，计算镁废料的便利收益：
   - 现货价格：每吨 2 550 美元。
   - 期货价格：1 年期合约每吨 2 408 美元。
   - 利率：12%。
   - 仓储成本：每年 100 美元。

   参考答案：
   $F_t = S_0(1 + r_f + sc - cy)^t$
   $2\,408 = 2\,550 \times (1 + 0.12 + 100/2\,550 - cy)$
   $cy = 0.215 = 21.5\%$

7. **便利收益** 2024 年 11~12 月，美国东北部的居民遭遇了创纪录的低温天气。加热油现货价格上涨了 25%，超过了每加仑 7 美元。
   a. 这对净便利收益和期货与现货的价格之间的关系有怎样的影响？
   b. 2025 年晚些时期，炼油公司和销售公司意外地遇到创纪录的高温天气，这对加热油的净便利收益和现货与期货价格的关系有怎样的影响？

   参考答案：
   a. 加热油短缺增加了净便利收益，相对于现货价格来说，期货价格下降。
   b. 现货和期货价格下降。相对于现货价格，期货价格上涨。这是因为便利收益下降，

⊖ 1 加仑 = 3.785 4 升。

8. **便利收益** 破纪录的大丰收之后，谷仓堆得满满的，仓储成本可能高还是低？这对净便利收益意味着什么？

   参考答案：
   仓储成本可能上升。在其他条件下相同的情况下，厂商更愿意拥有期货而不是现货商品。此时净便利收益下降。

9. **利率互换** 一年前，银行签署了一笔5 000万美元5年期的利率互换，承诺支付给A公司每年固定利率6%，收取LIBOR。银行签署互换协议时，LIBOR为5%，而现在利率上升了，对4年期利率互换，银行预期支付6.5%，收取LIBOR。
   a. 对银行来说，利率互换盈利还是亏损？
   b. 假设现在A公司找到银行，要求终止互换。如果还剩下4笔年度支付，银行应该向A公司收取多少资金？

   参考答案：
   a. 利率上升，银行盈利。
   b. 假如银行开始一个新的4年期互换合约，要支付更高的利息成本：
   额外的利息 = 5 000 000 × (0.065 − 0.06) = 250 000（美元）
   如果现在A公司要终止互换合约，银行应该向A公司收取每期额外利息的现值，即
   250 000 × [(1/0.065) − 1/(0.065 × 1.065^4)] = 856 449.65（美元）

10. **基差风险** 什么是基差风险？以下哪种情况，你预期基差风险比较严重？
    a. 拥有大宗迪士尼普通股的经纪人，出售指数期货来套期保值。
    b. 一位艾奥瓦的种植玉米的农场主，卖出芝加哥玉米期货来对她的玉米收成的售价进行套期保值。
    c. 进口商必须在6个月内支付9亿欧元，他买入欧元远期来套期保值。

    参考答案：
    基差风险是指对冲工具和需要被对冲的风险不完全相关。问题a中的基差风险最严重，因为迪士尼股票有很大的非市场风险。相对来说，问题b中的基差风险比较小。问题c中的汇率风险完全对冲，没有基差风险。

11. **套期保值** 你拥有100万美元的航天股票的资产组合，贝塔为1.2。你非常热衷于航天业，但对整体股票市场的前景不太确定。请解释你如何通过卖空市场从而对你的市场风险进行套期保值。你要卖出多少？实际上，你如何进行"卖空市场"？

    参考答案：
    卖空120万美元的市场组合。"卖出市场"的意思是卖出120万美元的市场指数期货合约。

12. **期货套期保值**
    a. 马歇尔艺术公司刚投资了100万美元长期国债。马歇尔正在考虑不断提高的利率波

动性,他决定利用债券期货合约来套期保值。他应该买入还是卖出债券期货合约?
b. 泽塔公司的财务总监计划在 3 个月内发行债券,她也担心利率的波动,想锁定未来公司发行 5% 附息债券的价格。她应该如何利用债券期货来进行套期保值?

参考答案:
a. 应该卖出债券期货合约。如果利率上涨,长期国债价值将下跌,卖出国债期货合约可以抵消这一风险。
b. 财务总监面临的是利率上升的风险,她可以通过卖出 3 个月期的国债期货合约来抵消风险。

进阶题

13. **保险** 大公司每年花费数百万美元购买保险,为什么?它们应该对所有风险都保险吗?或者保险对某些风险比对其他风险更有意义?

    参考答案:
    保险公司有经验评估常规风险,建议公司如何降低损失频率。保险公司的经验和保险行业的竞争性本质使得常规风险得以正确定价。
    但是,如果公司认为:保险行业对潜在的大额损失的定价是无效的,因为保险行业缺乏这类损失的经验。结果公司对这些巨额潜在损失进行自保。实际上,这意味着公司利用股票市场而不是保险公司来防范巨额损失。
    也就是说,巨额损失会降低公司的股票价值。对这些可以被分散的大风险来说,股票市场就是一个"风险吸收器"。
    保险公司的专业技能对大公司有益处,因为保险公司有经验使常规风险被正确定价,也会给出损失风险最小的建议。
    另外,保险公司能集中风险,因此可以令保险成本最小。公司不可能对所有风险进行保险。一般情况下,大公司对潜在损失进行自保。

14. **巨灾债券** 有些巨灾债券,如果对发行人的索取权超过了指定金额,支付就会减少。在其他情况下,只有对这个行业的索取权超过一定金额,支付才会减少。这两种结构各有何优势和劣势?哪种涉及更多基差风险?哪种会产生道德风险问题?

    参考答案:
    巨灾发生时,如果索取权超过特定金额时支付被减少,在某个水平之上发行人是共同保险人,保障了某种程度的生存性。了解这一点,就知道了这种保险的劣势,为获得额外保费,保险公司过度承诺,因此产生道德风险问题。
    如果根据整个行业的情况减少索取权,保险市场的可持续性得到保障,但某些公司承诺不足,仍然想从低支付中获益,这些公司也产生道德风险问题。
    在第一种情况下,公司特定风险更高,所以基差风险更高。

15. **期货合约** 列出交易所交易的一些商品期货合约。你认为谁会买入每种合约来减少风险?你认为谁可能希望卖出每种合约?

参考答案：
下表是一些商品期货合约以及买卖双方的情况。

黄金	买方有珠宝商；卖方有金矿开采公司
白糖	买方有面包师；卖方有种植甘蔗的农户
铝	买方有飞机制造商；卖方有铝矾土采掘者

16. **期货套期保值** 菲尼克斯汽车公司想锁定用于下个季度生产催化转化器的 10 000 盎司铂金的成本，它买入 10 000 盎司 3 个月铂金期货合约，价格为每盎司 1 300 美元。
    a. 假设 3 个月内铂金的现货价格下降到每盎司 1 200 美元。菲尼克斯汽车公司在期货合约上盈利还是亏损？它锁定了购买所需的铂金的成本了吗？
    b. 如果 3 个月后铂金现货价格上涨到 1 400 美元，你对以上问题的回答如何变化？

    参考答案：
    a. 利润（损失）= 10 000 × (1 200 − 1 300) = −1 000 000（美元）
       菲尼克斯汽车公司在期货合约上亏损 1 000 000（美元）
       总成本 = 市场价格 − 合约的利润（损失）
             = (10 000 × 1 200) − (−1 000 000) = 13 000 000（美元）
       因此，成本锁定在未来价格为 1 300 美元/盎司。
    b. 利润（损失）= 10 000 × (1 400 − 1 300) = 1 000 000（美元）
       总成本 = 市场价格 − 合约的利润（损失）
             = (10 000 × 1 400) − 1 000 000 = 13 000 000（美元）
       因此，成本锁定在未来价格为 1 300 美元/盎司。

17. **期货价格** 2014 年 12 月，6 个月期澳大利亚 S&P/ASX 200 指数期货价格为 5 376，现货价格为 5 442，利率为 2.5%，股利率为 4.7%。期货定价合理吗？

    参考答案：
    $F_t = S_0(1 + r_f − y)^t = 5\,442 × (1 + 0.025 − 0.047)^{0.5} = 5\,381.81$
    期货价格被低估了。

18. **期货价格** 如果你买入 9 个月期短期国债期货，你在 9 个月后要买入 100 万美元 3 个月期国债。假设短期国债现在的收益率如下：

到期月数	年收益率（%）
3	6
6	6.5
9	7
12	8

9 个月期短期国债期货的美元价值是多少？

参考答案：
如果你今天买了一份 9 个月期的短期国债期货合约，你允诺 9 个月后花费某一数额购买 3 个月期的短期国债。该期货合约的估值就包括如下三步：
(1) 首先，找出 9 个月后的 3 个月期短期国债的期望收益率(y_f)。
(2) 其次，找出 9 个月后的 3 个月期国债的相应价格。
(3) 最后，得到今天的现货价格。

9 个月后的 3 个月期国债的收益率计算如下(r 代表即期利率，下标表示到期时间，单位为月)：

$$(1 + r_9)^{0.75} \times (1 + y_f)^{0.25} = (1 + r_{12})^1$$

$$(1 + 0.07)^{0.75} \times (1 + y_f)^{0.25} = (1 + 0.08)^1$$

$$y_f = 0.1106 = 11.06\%$$

9 个月后的 3 个月期国债的价格(面值百分比)为

$$P_f = 1/(1.1106)^{0.25} = 97.41\%$$

相应地，今天的现货价格为

$$P_0 = 0.9741/1.07^{0.75} = 92.59\%$$

19. **期货价格** 表 26-4 包含了几种商品和金融工具的现货价格与 6 个月期货价格。可能存在一些赚钱的机会。看看你能否找到它们，并解释要如何利用这些赚钱的机会进行交易。利率为 14.5%，或者 6 个月合约期为 7%。

表 26-4 某些商品和证券的现货价格与 6 个月期货价格

商品	现货价格	期货价格	说明
镁	每吨 2 550 美元	每吨 2 728.50 美元	月仓储成本 = 月便利收益
冷冻乳蛋饼	每磅 0.50 美元	每磅 0.514 美元	6 个月仓储成本 = 每磅 0.10 美元 6 个月便利收益 = 每磅 0.05 美元
内华达水利 8s 2002	77	78.39	半年息票 4%，在期货合约到期前支付
Costaguanan Pulgas(货币)	9 300 pulgas = 1 美元	6 900 pulgas = 1 美元	Costaguana 年利率为 95%
EI 公司的普通股	95 美元	97.54 美元	EI 每季度支付 2 美元股利，下次股利两个月后支付
廉价白酒	每 10 000 加仑一罐 12 500 美元	每 10 000 加仑一罐 14 200 美元	6 个月便利收益 = 每罐 250 美元 你公司存储富余，能够无成本地存储 50 000 加仑

参考答案：
我们用下面的等式关系来逐个检验商品和证券的期货价格是否合理：

$$F_t = S_0(1 + r_f + 存储成本 - 便利收益)^t$$

$$F_t = S_0(1 + r_f - y)^t$$

		计算过程	计算期货价格	实际期货价格
a.	镁	$2\,550 \times 1.07$	2 728.50	2 728.50
b.	冷冻乳蛋饼	$0.50 \times [1.07 + (0.10 - 0.05)/0.50]$	0.585	0.514
c.	内华达水利 8s 2002	$77 \times (1.07 - 4/77)$	78.39	78.39

		计算过程	计算期货价格	实际期货价格
d.	Costaguanan Pulgas（货币）	$9\,300 \times 1.07/1.95^{0.5}$①	7 126.06	6 900
e.	EI 公司的普通股	$95 \times (1.07 - 0.043\,3)$②	97.54	97.54
f.	廉价白酒	$12\,500 \times (1.07 - 250/12\,500)$③	13 125	14 200

① 该问题中的期货和现货价格采用的是间接报价法（pulgas/美元）不是直接报价法（美元/pulga）。如果今天在现货市场上购买 pulgas，需要按汇率 1/9 300 美元/pulga 支付，并且赚取 $(1.95^{0.5} - 1) = 0.396\,4 = 39.64\%$ 的 6 个月 pulgas 利息收入。如果在期货市场上买 pulgas，需要按 1/6 900 美元/pulga 支付，并且赚 7% 的美元利息。

因此，1 单位的 pulga 的期货价格应该是：

$1.396\,4/9\,300 \times 1.07 = 0.000\,140\,33 = 1/7\,126.06$

期货买方应该要求的汇率是 7 126.06 pulgas/美元。

② 对 EI 公司股票，需要计算从现在开始 6 个月之间的两次股利的总价值。上表中的 y 是股利总价值与当前股价的比值：

$y = (2 \times 1.07^{4/6} + 2 \times 1.07^{1/6})/95 = 0.043\,3$

③ 假设冗余存储能力不出租，只要存储的机会成本小于 1 075 美元（14 200 - 13 125），期货价格都被高估了。

这里的期货价格被高估了（见上表的（f）），在现货市场上，借钱买商品，同时卖出该商品的期货合约，这么做是值得的。上表中被低估的定价为（b）和（d），相应的套利策略是：买入商品期货，同时在现货市场上卖出商品，把收到的款项放到 6 个月存款账户里。

20. **期货价格** 下表显示了 2014 年不同合约期限的黄金期货价格。黄金是一种主要的投资品，不是工业商品。投资者持有黄金，因为黄金使他们的资产组合多元化，还因为他们希望黄金价格上涨。他们持有黄金不是为了便利收益。

	合约期限（月数）		
	3	6	12
期货价格	1 188.5 美元	1 189.5 美元	1 190.0 美元

计算黄金期货交易者面临的利率，假设对上表所示的每种合约，便利收益都等于零。现货价格为每盎司 1 188.2 美元。

参考答案：

在净便利收益为零的假设下，

$F_t = S_0(1 + r_f)^t$

$r_f = (F_t/S_0)^{1/t} - 1$

3 个月利率：$r_f = (1\,188.5/1\,188.2)^{1/0.25} - 1 = 0.101\,0\%$

6 个月利率：$r_f = (1\,189.5/1\,188.2)^{1/0.5} - 1 = 0.218\,9\%$

9 个月利率：$r_f = (1\,190.5/1\,188.2)^{1/0.75} - 1 = 0.202\,0\%$

21. **互换价值** 2020 年 9 月，互换交易商报出的 5 年期欧元利率互换的利率为 4.5% 对 Euribor（欧元贷款的短期利率）。当时 Euribor 为 4.1%。假设 A 公司与交易商安排了一笔互换，1 000 万欧元 5 年期固定利率互换为等额欧元浮动利率贷款。

a. 互换合约签署时的价值是多少？

b. 假设 A 公司签署互换合约后，长期利率立即上涨了 1%，谁有盈利？谁有亏损？

c. 现在互换的价值是多少?

参考答案:

a. 假设互换合约是公平定价,那么签署时合约价值(NPV)为零。

b. 和 c. 如果利率上涨到 5.5%,票面利率为 4.5% 的 5 年期国债的价值 = $45 \times [1/0.055 - 1/0.055 \times 1.055^5] + 1\,000/1.055^5 = 957.30$ 万欧元,事后来看,显然 A 公司持有固定债务才是明智的做法。随着利率上涨,A 公司亏损,交易商盈利。

对 A 公司来说,互换的价值 = $957.30 - 1\,000 = -42.70$(万欧元)

对交易商来说,互换的价值 = $+42.70$ 万欧元

22. **久期套期保值** 证券 A、B 和 C 的现金流如下:

	时期 1	时期 2	时期 3
A	40 美元	40 美元	40 美元
B	120	—	—
C	10	10	110

a. 如果利率为 8%,计算它们的久期。

b. 假设投资了 A 证券 1 000 万美元。B 和 C 的何种组合可以对这一投资的利率变化进行套期保值?

c. 现在假设你投资了 1 000 万美元证券 B,你如何套期保值?

参考答案:

a. 久期 = $(1/V)\{[PV(C_1)](1) + [PV(C_2)](2) + [PV(C_3)](3)\}$

对 A 证券 $V_A = 40 \times [1/0.08 - 1/(0.08 \times 1.08^3)] = 103.08$(美元)

$D_A = 1/103.08 \times [(40/1.08) \times 1 + (40/1.08^2) \times 2 + (40/1.08^3) \times 3]$
$= 1.95$(年)

对 B 证券 $V_B = 120/1.08 = 111.11$

$D_B = 1/111.11 \times [(120/1.08) \times 1] = 1.00$(年)

对 C 证券 $V_C = 10 \times [1/0.08 - 1/(0.08 \times 1.08^3)] + 100/1.08^3 = 105.15$

$D_C = 1/105.15 \times [(10/1.08) \times 1 + (10/1.08^2) \times 2 + (110/1.08^3) \times 3]$
$= 2.74$(年)

b. 如果 B 和 C 证券组成的资产组合的久期与 A 证券相等,可以卖空该资产组合来对冲 A 证券的风险。因此,

$D_A = xD_B + (1-x)D_C$

$1.95 = 1.0x + (1-x) \times 2.74$

$x = 0.455\,5$

$1 - x = 0.544\,5$

因此,下列头寸组合能对利率免疫:

卖空 B 证券 = $0.455\,5 \times 1\,000 = 455.5$(万美元)

卖空 C 证券 = $0.544\,5 \times 1\,000 = 544.5$(万美元)

c. $D_B = xD_A + (1-x)D_C$
1.00 = 1.95x + (1-x) × 2.74
x = 2.195 5
(1-x) = -1.195 5
因此，下列头寸组合能对利率免疫：
卖空 A 证券的价值 = 2.195 5 × 1 000 = 2 195.5（万美元）
投资 C 证券的价值 = 1.195 5 × 1 000 = 1 195.5（万美元）

23. **套期保值比**　在套期保值的背景下，"δ"的含义是什么？给出一些例子，说明如何估计或计算 δ。
参考答案：
假设你拥有 A 资产，你希望通过卖出 B 资产来对冲 A 资产的价值波动。为使风险最小，你应该卖出 Delta 份 B 资产。这里 Delta 测度了 A 资产价值相对于 B 资产价值变动的敏感性。在实践中，Delta 可以通过回归分析得到。这里，A 资产的价值是被解释变量，B 资产的价值是解释变量。Delta 是 B 的回归系数。有时候必须做出判断，比如没有历史数据可供回归分析使用的时候。

24. **风险管理**　一家金矿担心收入的短期波动，黄金现在的价格为每盎司 1 300 美元，而价格波动异常剧烈，下个月可能低至 1 220 美元，或者高到 1 380 美元。公司下个月将销售 1 000 盎司。
    a. 如果公司不进行套期保值，对于黄金价格每盎司 1 220 美元、1 300 美元和 1 380 美元，总销售收入分别是多少？
    b. 1 个月后交割的黄金期货价格为 1 310 美元，如果公司卖出 1 个月后到期的期货合约，交割 1 000 盎司黄金，在每个价格下，公司的总收入分别是多少？
    c. 如果公司买入 1 个月后到期的认沽期权，以每盎司 1 300 美元出售黄金，总收入分别是多少？认沽期权成本为每盎司 110 美元。
参考答案：
销售收入：
不做套期保值的收入 = 每盎司金价 × 销量
期货对冲后的收入 = 每盎司期货价格 × 销量
认沽期权对冲后的销售收入 = Max[（市场价，行权价格）- 期权费] × 销量

每盎司黄金价格 （美元）	(a) 不套期保值的收入 （百万美元）	(b) 期货对冲后的收入 （百万美元）	(c) 认沽期权对冲后的收入 （百万美元）
1 220	1.22	1.31	1.19
1 300	1.30	1.31	1.19
1 380	1.38	1.31	1.27

25. **期货套期保值**　7 月 15 日，莱格斯·戴蒙德拥有价值 100 万美元的先锋指数 500 基金（跟踪标普 500 指数的指数基金）。他现在想变现，但他的会计师建议他等

6个月，这样延迟大额资本利得税。请向莱格斯解释，他可以利用股票指数期货来对冲掉未来6个月的市场波动的风险。莱格斯能够不出售基金份额而"变现"吗？

参考答案：
标普500指数期货合约是买入或卖出1股价值等于指数价值500倍的虚拟股份。比如，如果当前指数是400点，每股价值是500×400=200 000（美元）。莱格斯的资产组合等价于拥有5股这样的股份。

如果莱格斯卖出5份指数期货合约，6个月后他将收到：5×500×期货价格。如果期货价格和现货价格之间的关系成立，那么，

$5 \times 500 \times$ 期货价格 $= 5 \times 500 \times$ 现货价格 $\times (1+r_f)^{1/2} = 1\,000\,000$ 美元 $\times (1+r_f)^{1/2}$

如果莱格斯现在把资产组合卖出，并把所得资金放到6个月存款账户里，6个月后他收到的资金恰好就是上式的数值。当然，当卖出期货时，莱格斯也同意交割5股指数"股票"组合的价值。因此，在6个月结束后，他出售资产组合，然后用所得资金清算期货头寸的义务。这样一来，通过套期保值，莱格斯今天不出售资产也可以"变现"。

26. **套期保值比** 两只金矿股的价格变化显示出很强的正相关性，它们的历史关系如下：
    A股票的平均百分比变化 $= 0.001 + 0.75$（B股票的百分比变化）
    B股票的变化可以解释A的变化的60%（$R^2 = 0.6$）。
    a. 假设你拥有100 000美元A股票，你应该卖出多少B股票，使你的净头寸风险最小？
    b. 套期保值比是多少？
    c. 股票A与黄金价格的历史关系如下：
    A股票的平均百分比变化 $= -0.002 + 1.2$（黄金价格的百分比变化）
    如果$R^2 = 0.5$，用黄金（或黄金期货）套期保值比用股票B套期保值，能使你的净头寸风险更低吗？请解释。

    参考答案：
    a. 卖出B股票的数量 $= 0.75 \times 100\,000 = 75\,000$（美元）
    b. 套期保值比 $\delta = 0.75$
    c. 你也可以卖出120 000美元（$= 1.2 \times 100\,000$美元）黄金对你的头寸套期保值。但是，由于此时的$R^2 = 0.5$较小（低于B股票的$R^2 = 0.6$），相比之下，用黄金对冲效果不太好。

27. **风险管理** 石化香精（PP）公司担心重油价格可能会上升，这是它的主要原料。说明PP应该如何利用期权或期货保护自己不受原油价格上升的影响。如果油价分别为每桶70美元、80美元和90美元，说明每种情况下的收益有何不同。PP利用期货降低风险比利用期权有何优势和劣势？

    参考答案：
    假设当前的油价每桶70美元，期货价格是80美元，期权的行权价格是80美元。如

果期货价格锁定在 80 美元，那么 80 美元就是每种可能价格下的成本。如果期权对冲价格是 80 美元，那么它只有在油价为 80 美元或 90 美元时才会行权。

油价（美元）	期货对冲费用（美元）	期权对冲费用（美元）
70	80	70
80	80	80
90	80	80

利用期货对冲的优势是一旦实施对冲，风险就被消除，完全锁定价格，而期权对冲有盈利的可能，当然期权对冲有成本（期权费）。

28. **期货价格** 考虑表 26-5 中所列的商品和金融资产。年无风险利率为 6%，利率期限结构平坦。

    a. 计算每种情况下的 6 个月期货价格。
    b. 镁生产商如何利用期货市场锁定 6 个月后计划出售的 1 000 吨镁的售价，请解释。
    c. 假设生产商采纳了你在（b）中的建议，而在 1 个月以后，镁的价格下降为每吨 2 200 美元，这会怎样？生产商会进行更多的期货市场交易来保持套期保值头寸吗？
    d. 生物技术股票指数期货价格提供关于生物技术股票预期未来表现的有用信息吗？
    e. 假设艾伦伦奇股票突然下降为每股 10 美元，投资者认为现金股利不会减少。期货价格会怎样？
    f. 假设利率突然下降到 4%。利率期限结构保持平坦。5 年期国债 6 个月期货价格会怎样？以（a）中计算的期货价格卖出 100 份国债期货的交易者会怎样？
    g. 一位进口商必须在 3 个月后支付 1 百万 ruple，进口商可以采用两种策略来对冲 ruple - 美元汇率的不利变化，请解释。

表 26-5　某些商品和金融资产的现货价格

资产	现货价格	说明
镁	每吨 2 800 美元	净便利收益 = 每年 4%
燕麦麸	每蒲式耳⊖ 0.44 美元	净便利收益 = 每月 0.5%
生物技术股票指数	140.2 美元	股利 = 0
艾伦伦奇公司普通股	58.00 美元	现金股利 = 每年 2.40 美元
5 年期国债	108.93 美元	息票 8%
Westonian ruple	3.1 ruple = 1 美元	ruple 利率为 12%

参考答案：

a. 使用如下关系式逐个计算商品和金融资产的 6 个月期货价格：

$$F_t = S_0(1 + r_f + \text{存储成本} - \text{便利收益})^t = S_0(1 + r_f - y)^t$$

6 个月期货价格计算如下：

⊖ 1 浦式耳 = 32.238 千克。

	计算公式：	期货价格
镁	$2\,800 \times (1.06 - 0.04)^{0.5}$	2 827.86
燕麦麸	$0.44 \times [1.06 - (1.005^{12} - 1)]^{0.5}$	0.44
生物技术股票指数	$140.2 \times (1.06)^{0.5}$	144.34
艾伦伦奇公司普通股	$58.00 \times [1.06 - (2.40/58.00)]^{0.5}$	58.54
5 年期国债	$108.93 \times [1.06 - (8.00/108.93)]^{0.5}$	108.20
Westonian ruple	$(3.1 \times 1.06^{0.5})/1.12^{0.5}$ ①	3.016 ruples/\$

① 对货币期货(Westonian ruple)，现货报价是间接报价法(ruples/美元)，而不是直接报价法(美元/ruple)。如果今天在现货市场上购买 ruples，要按汇率(1/3.1)美元/ruple 支付，然后再把买到的 ruples 按照年利率 12% 投资半年，收益率 = $1.12^{0.5} - 1 = 0.0583$。如果在期货市场上买 ruples，按照汇率(1/x)美元/ruple 支付(这里 x 是间接法下的期货报价)，赚取 6% 的美元利率。因此，ruple 的期货价格应为：

期货价格 = $1.0583/(3.1 \times 1.06^{0.5}) = 0.33158$，即 1 美元/3.016 ruples

所以，期货的买方应该要求 1 美元兑换 3.016 ruples 的期货价格。

b. 镁生产商卖出 1 000 吨 6 个月期货合约，锁定 6 个月后的售价。

c. 虽然镁的市场价格回落，但是镁生产商不受影响，因为它是从交易所收到的支付锁定为 2 800 美元/吨。生产商没有必要进行更多的期货市场交易来保持套期保值头寸。

d. 不能提供未来信息，因为期货价格取决于现货价格、无风险利率和便利收益率。

e. 期货价格会跌至 48.24 美元：

期货价格 = $48.00 \times [1.06 - (2.40/48.00)]^{0.5} = 48.24$(美元)

f. 首先，我们计算目前的 5 年期国债的现货价格。给定的现货价格 108.93 美元是根据每半年付息一次 40.47 美元(每年的票面利率为 8.094%)、年利率为 6% 且利率期限结构平坦，和面值假设为 1 000 美元而计算出来的。

$PV = 40.47\{1 - 1/[1 + (0.06/2)]^{10}\}/(0.06/2) + 1\,000/[1 + (0.06/2)]^{10}$
$\quad = 1\,089.31$(美元)

结合同样的假设，在新的利率期限结构下，5 年期国债的新的价格为：

$PV = 40.47\{1 - 1/[1 + (0.04/2)]^{10}\}/(0.04/2) + 1\,000/[1 + (0.04/2)]^{10}$
$\quad = 1\,183.87$(美元)

5 年期国债的期货价格 = $118.39 \times [1.04 - (8.00/118.39)]^{0.5} = 116.75$(美元)

按照(以前的)期货价格卖出 100 份国债期货的交易商已经发生了损失。

g. 进口商可以买入一份 3 个月的以美元交换 ruples 的期权，或者买入一份期货合约，承诺 3 个月后用美元买 ruples。

29. **互换** 债券的总收益率互换与信用违约互换(见 23.1 节)相同吗？为什么相同？为什么不相同？

参考答案：

债券的总收益率互换与信用违约互换都能对债权人提供风险保护。但是，这两种互换合约针对不同的事件为债券投资者提供保护。总收益互换使债权人避免了债券市场价值下跌的风险，而信用违约互换对债券发行人的违约提供保险。

在信用违约互换中，债券持有者支付一笔费用（价差），得到债券发行人违约的保险。一旦违约发生，债券持有者会从互换的卖方（即保险的卖方）获得支付，价值等于债券的面值和市场价值的差额。因此，在信用违约互换中，债券投资者确保能收到债券的面值。

在总收益互换中，债券持有者（即总收益的支付方）将总收益支付给总收益率的接收方。总收益接收方将协商好的支付（一般基于 LIBOR）支付给总收益的支付方。如果债券的市场价值下降，债券持有者支付的价值等于债券利息与资本损失的差额。但是如果总收益是负的，总收益的接收方需要给债权持有者额外的支付。这就给债券持有者提供了债券市场价值下跌的保护。

30. **套期保值** "投机者希望期货合约错误定价，套期保值者希望期货合约正确定价。"为什么？

    参考答案：
    回顾莱格斯的问题（见第 25 题）。如果期货价格被低估，他仍是通过卖出期货和借入资金来对冲，他会有确定的损失（被低估的金额）。例如，如果他通过卖出 7 个月的期货来对冲，他不但得知道现在的期货定价是否合理，而且还得知道 6 个月后当他平仓时的期货定价是否合理。只要回购价格有任何不确定性，他都不会实现完全对冲。

    投机者喜欢错误定价。例如，如果 6 个月的期货价格被高估了，通过卖出期货合约，借钱买入现货资产，投机者就会实现套利。这种套利被称为"买入－持有"策略。

31. **套期保值比** 你所在的投资银行投资了 10 000 万美元瑞士卷公司的股票，而在法兰克福肠公司的股票上是空头。这两只股票近期历史价格如下：

月份	价格百分比变化	
	法兰克福肠	瑞士卷
1 月	−10	−10
2 月	−10	−5
3 月	−10	0
4 月	+10	0
5 月	+10	+5
6 月	+10	+10

    根据过去 6 个月的证据，你应该在法兰克福肠上持有多少空头，才能尽可能地对瑞士卷的价格变化进行套期保值？

    参考答案：
    把瑞士卷公司股票的价值变动作为解释变量、法兰克福肠公司股票的价格变动作为被解释变量进行回归分析，来寻找合适的 Delta。回归系数（也就是 Delta）是 0.5。也就是说，法兰克福肠的空头头寸应该是瑞士卷的一半，即 5 000 万美元。

挑战题

32. **利率互换** 菲利普螺丝刀公司从银行贷款 2 000 万美元，贷款为浮动利率，3 个月期国库券利率再加 2 个百分点。现在 3 个月期国库券利率为 5%。假设利息每季度支付一次，贷款的全部本金在 5 年后偿还。

    菲利普想将银行贷款转换为固定利率债务，它可以发行 5 年期固定利率的债券，到期收益率为 9%，债券现在按面值交易。5 年期国债的到期收益率为 7%。

    a. 菲利普愚蠢到想以 9% 的利率借长期负债吗？它从银行贷款的利率为 7%。

    b. 解释如何通过利率互换来进行转换。互换的初始条件是什么？（忽略交易成本和互换交易商的利润。）

    1 年以后，短期和中期国债收益率下降为 6%，因此利率期限结构是平坦的。（利率变化实际发生在第 5 个月。）菲利普公司的信用状况没有变化，仍能够以高于国债收益率 2 个百分点贷款。

    c. 菲利普将支付或收取多少净互换支付？互换的价值是多少？互换对菲利普是正价值还是负价值？

    d. 假设菲利普现在想取消互换，它要支付给互换交易商多少资金？或者交易商支付给菲利普多少资金？请解释。

    参考答案：

    a. 菲利普并不愚蠢，公司只是想消除利率风险。

    b. 互换的初始条件（忽略交易成本和互换交易商的利润）是交易的净现值为 0。菲利普按 9% 的固定利率借入 2 000 万美元，期限 5 年。同时，借出 2 000 万美元，浮动利率为 3 个月国债利率上浮 2 个百分点，目前为 7%。

    c. 在互换协议条款下，菲利普每季度要支付 45 万美元（2 000 万美元乘以每季度利率 2.25%），同时收入 40 万美元（2 000 万美元乘以每季度利率 2%）。菲利普的互换每个季度都有净支付 5 万美元。

    长期利率下降，菲利普借入的长期资金的价值上升。要想取消该互换，菲利普得向交易商付费。支付的金额是下面两个头寸现值差。

    (1) 借入资金的现值是每个季度的利息 45 万美元加上第 16 个季度末的本金 2 000 万美元的现值，这些现金流按照季度贴现率 2%（年利率 8%，长期国债利率 (6%) 上浮 2 个百分点）贴现，现值为 2 068 万美元；

    (2) 借出资金的现值：每季度 40 万美元现金流，第 16 个季度末 2 000 万美元现金流，这些现金流按照 2% 的贴现率贴现，现值就是 2 000 万美元。浮动利率的债券，现值不变，总是等于面值。

    d. 对菲利普来说，互换的价值是 −2 068 + 2 000 = −68（万美元），他如果想取消互换合约，需要支付给交易商 68 万美元。

第 27 章 国际风险管理

基础题

1. **汇率** 见表 27-1。
   a. 1 美元可以购买多少日元?
   b. 日元的 1 个月期远期汇率是多少?
   c. 日元对美元远期升水还是贴水?
   d. 利用 1 年期远期汇率计算日元的年百分比升水或贴水。
   e. 如果 1 年期美元的年复利利率为 1.5%,你认为 1 年期日元的利率是多少?
   f. 根据预期理论,预期 3 个月后日元即期利率是多少?
   g. 根据购买力平价理论,美国和日本 3 个月内的通胀率差异是多少?

   参考答案:
   a. 1 美元可以购买 117.565 日元。
   b. 日元的 1 个月期远期汇率是 117.541。
   c. 升水(美元贴水)。
   d. 升水的年百分比为:117.565/116.903 − 1 = 0.566%。
   e. 根据利率平价理论:
      $116.903/117.565 = (1 + r_{日元})/1.015$
      $r_{日元} = 0.00928 = 0.928\%$
   f. 117.429 日元 = 1 美元
   g. 假设实际汇率是常数,预期的通货膨胀差异为:117.429/117.565 − 1 = −0.116%。日本 3 个月内的通货膨胀率预计比美国低 0.116%。

2. **术语** 用一句话或一个简单公式定义以下各个理论:
   a. 利率平价
   b. 远期汇率的预期理论
   c. 购买力平价
   d. 国际资本市场均衡(不同国家的实际利率和名义利率的关系)

参考答案：

a. 利率平价是指两国利率的差异等于远期汇率升水或贴水，即

$$\frac{1+r_x}{1+r_\$} = \frac{f_{x/\$}}{S_{x/\$}}$$

b. 远期汇率的预期理论是指远期汇率和即期汇率的差异等于预期的即期汇率的变化，即

$$\frac{f_{x/\$}}{S_{x/\$}} = \frac{E(S_{x/\$})}{S_{x/\$}}$$

c. 购买力平价是指用同一种货币衡量时，不同国家的商品的价格相等。例如，某种美国产品的美元价格 = 该产品在墨西哥的比索价格/比索对美元汇率。因此，即期汇率的预期变化等于预期的通胀差异，即

$$\frac{E(1+i_x)}{E(1+i_\$)} = \frac{E(S_{x/\$})}{S_{x/\$}}$$

d. 国际资本市场均衡是指不同国家的预期实际利率相等，即

$$\frac{1+r_x}{1+r_\$} = \frac{E(1+i_x)}{E(1+i_\$)}$$

3. **购买力平价** 1997年3月，印尼盾的汇率为2 419印尼盾/美元，到1998年3月1年中，印尼的通胀率为30%，美国为2%。

   a. 如果购买力平价成立，1998年3月名义汇率是多少？

   b. 1998年3月（亚洲货币危机期间），实际汇率为8 325印尼盾/美元，实际汇率的变化是多少？

   参考答案：

   a. 根据购买力平价：

   $$\frac{E(1+i_x)}{E(1+i_\$)} = \frac{E(S_{x/\$})}{S_{x/\$}} = \frac{f_{x/\$}}{S_{x/\$}}$$

   $$f_{x/\$} = S_{x/\$} \times \frac{E(1+i_x)}{E(1+i_\$)} = 2\,419 \times \frac{1+30\%}{1+2\%} = 3\,083（印尼盾/美元）$$

   b. 印尼盾实际价值下跌为：$3\,083/8\,325 - 1 = 0.63 = 63\%$

4. **利率平价** 下表给出了美元和小人国纳诺的利率和汇率。即期汇率为15纳诺 = 1美元。

   填入缺失的数字。

	1个月期	3个月期	1年期
美元利率（年复利）	4.0	4.5	?
纳诺利率（年复利）	8.2	?	9.8
每美元的远期纳诺	?	?	15.6
纳诺远期贴水（% 每年）	?	4.8	?

   参考答案：

   根据利率平价，

$$\frac{1+r_x}{1+r_\$} = \frac{f_{x/\$}}{S_{x/\$}}$$

美元对纳诺的 1 个月远期汇率为：$[(1+0.082)/(1+0.04)]^{(1/12)} \times 15 = 15.05$

纳诺 1 个月远期贴水为：$12 \times (15/15.05) - 1 = -3.95\%$

美元对纳诺 3 个月远期汇率用 $f_{x/\$3月}$ 表示，则 $4 \times [(15/f_{x/\$3月}) - 1] = -4.8\%$，$f_{x/\$3月} = 15.18$

纳诺 3 个月期利率(年复利)：

$[(15.1822/15) \times (1+0.045)^{(1/4)}]^4 - 1 = 9.67\%$

美元 1 年期利率(年复利)为：$(15/15.6) \times (1+9.8\%) - 1 = 5.58\%$

纳诺 1 年期远期贴水为：$15/15.6 - 1 = -3.85\%$

把上面的计算结果填入表格。

	1 个月期	3 个月期	1 年期
美元利率(年复利)	4.0	4.5	5.58
纳诺利率(年复利)	8.2	9.67	9.8
每美元的远期纳诺	15.05	15.18	15.6
纳诺远期贴水(% 每年)	3.95	4.8	3.85

5. **货币套期保值** 美国的一家进口商将在 3 个月后从墨西哥进口布匹，价格固定，以墨西哥比索支付。以下哪个交易可以消除该进口商的汇率风险？

   a. 出售比索的 6 个月认购期权。　　b. 买入远期比索。
   c. 卖出远期比索。　　d. 借入比索，以即期汇率买入美元。
   e. 以即期汇率卖出比索，贷出美元。

   参考答案：
   b. 买入远期比索。

   进口商通过买入远期比索，现在锁定了 3 个月所要支付的比索的价格，从而消除了比索汇率波动的汇率风险。

6. **货币套期保值** 一家美国公司承诺 1 年后支付给一家瑞典公司 1 000 万克朗。买入远期克朗偿还这一负债的成本(现值)是多少？瑞典利率为 0.6%，汇率如表 27-1 所示。简要解释。

   参考答案：
   买入远期克朗偿还这一负债的成本(现值)为零。在远期市场上购买瑞典克朗，是美国公司的承诺，不需要预先支出。

7. **货币套期保值** 一家美国公司将在 8 年后收到 100 万欧元，想保护自己免于欧元价值下降的损失，但发现很难买到这样长期的远期。该公司有其他方法保护自己吗？

   参考答案：
   从银行借欧元，借款金额为 8 年后 100 万欧元的现值，然后在外汇市场上卖出欧元收到美元，把收到的美元投资期限为 8 年的美元贷款。

8. **货币风险** 假设在2023年美国的1年期和2年期利率都是5.2%，日本都是1%。即期汇率为120.22日元/美元。假设1年后两个国家的利率都是3%，而日元升值为115.00日元/美元。

   a. 期初，来自纽约的本杰明·平克顿投资了2年期的美国零息债券，1年后售出，他的收益率是多少？
   b. 来自大阪的蝴蝶夫人买了一些美元，她还投资了2年期美国零息债券，1年后卖出，她的日元收益率是多少？
   c. 假设蝴蝶夫人正确地预测了她售出债券的价格，并且对冲了投资的货币风险，她是如何对冲的？她的日元收益率是多少？

   参考答案：
   a. 收益率为：$(100/1.03)/(100/1.052^2) - 1 = 0.0745 = 7.45\%$
   b. 收益率为：$(1.0745 \times 115/120.22) - 1 = 0.0278 = 2.78\%$
   c. 她可以从银行借美元，然后把美元兑换成日元后贷出1年，则收益率为：$(1.0745 \times 1.01/1.052) - 1 = 0.0316 = 3.16\%$。

9. **投资决策** 现在是2021年，猪肉桶公司正在考虑在西班牙建设一家新工厂。预测欧元现金流如下：

   （单位：百万欧元）

C_0	C_1	C_2	C_3	C_4	C_5
-80	+10	+20	+23	+27	+25

   即期汇率为1.2美元=1欧元。美国的利率为8%，欧元利率为6%，假设猪肉桶的生产实际上是无风险的。

   a. 计算项目欧元现金流的 *NPV*，美元 *NPV* 是多少？
   b. 如果公司对冲了汇率风险，项目的美元现金流是多少？
   c. 假设公司预期欧元1年内贬值5%，这对项目的价值有何影响？

   参考答案：
   a. 首先，用6%的欧元利率计算项目的 *NPV*：
   $NPV = -80 + 10/1.06 + 20/1.06^2 + 23/1.06^3 + 27/1.06^4 + 25/1.06^5 = 6.61$（百万欧元）
   把这个计算结果乘以即期汇率，转换成美元：$NPV = 6.61 \times 1.2 = 7.94$（百万美元）
   b. 远期汇率每年以利差的形式增长。下表显示了未来5年每年的远期汇率，并根据汇率调整了每年的现金流：

年份	0	1	2	3	4	5
远期汇率（美元/欧元）	1.200	1.223	1.246	1.269	1.293	1.318
现金流（百万美元）	-96	12.23	24.91	29.19	34.92	32.94

   例如，第2年的远期汇率为：$1.2 \times (1.08/1.06)^2 = 1.246$
   c. 不会有任何影响。这家公司总是能对冲欧元下跌的风险。

进阶题

10. **汇率** 表 27-1 给出了南非兰特的 90 天远期汇率。
    a. 美元对兰特是远期贴水还是升水？
    b. 年百分比贴水率或升水率是多少？
    c. 关于这两种货币，如果你没有其他信息，对 3 个月后的兰特即期汇率，你的最佳猜测是多少？
    d. 假设你预期 3 个月后收到 100 000 兰特，可能价值多少美元？

    参考答案：
    a. 美元对兰特是远期升水。
    b. 年百分比贴水率为：$4 \times (10.9308/11.0976 - 1) = -0.06012 = -6.012\%$
    c. 根据汇率的预期理论，3 个月后 11.0976 兰特 = 1 美元。
    d. 100 000 兰特 / (11.0976 兰特/美元) = 9 010.96 美元

11. **利率平价** 看表 27-1。如果 3 个月期美元利率为 0.2%，你认为 3 个月期巴西雷亚尔的利率是多少？如果利率大大高于你给出的数字会怎样？请解释。

    参考答案：
    根据利率平价理论：$(1 + r_{real})/(1 + r_\$) = f_{real/\$}/s_{real/\$}$
    3 个月期巴西雷亚尔的利率为：$r_{real} = (2.5874/2.5218 \times 1.002) - 1 = 0.0281 = 2.81\%$
    如果 3 个月期巴西雷亚尔的利率显著高于 2.81%，那么你可以通过如下操作马上得到套利利润：购买雷亚尔并存入银行 3 个月期，同时卖出 3 个月的雷亚尔远期。

12. **利率和汇率** 国际自行车公司的财务总监潘妮·法辛注意到，日本的利率低于其他大多数国家的利率，因此她建议公司应该发行日元债券。这有道理吗？

    参考答案：
    如果国际资本市场是竞争性市场，那么日本的实际资金成本一定和其他国家的实际资金成本相同。也就是说，低日元利率可能反映了日本相对较低的预期通胀率和较低的升值预期。注意，平价关系意味着利率的差异等于即期汇率的预期变化。如果资金在日本以外的地区使用，法辛女士就应该考虑是否要对冲汇率风险以及对冲成本。

13. **货币套期保值** 假设你是德国汉莎航空公司的财务总监，汇率变化可能对公司的价值有何影响？为了降低汇率风险，你会采取什么措施？

    参考答案：
    假设欧元相对于美元贬值。竞争因素可能不允许汉莎航空提高跨大西洋航班的美元票价。因此，如果以美元计的收入固定，以欧元计的收入将更少。汉莎航空的部分成本是以美元计的，比如燃料和新飞机的成本，这部分抵消了收入的下降。而工资是以欧元计的。因此欧元贬值的净效应是汉莎从其跨大西洋业务中获得的利润减少。但这不是全部。例如，收入可能并非完全以美元计算。此外，如果以美元计算的跨大西洋机票价格不变，德国乘客可能会增加客流量，因为他们发现以欧元计的旅行成本下降。此外，汉莎航空可能会受到名义汇率变化的影响，比如可能有等待付款的燃料账单，在这种情况下，美元升值将会给德国汉莎航空公司带来损失。

注意，汉莎航空公司一方面可能会面临着大宗商品价格风险（以美元计价的燃料价格可能上涨），另一方面也面临着汇率风险（燃料价格的上涨可能不会被美元贬值所抵消）。在某些情况下，该公司可以在很大程度上锁定美元现金流，比如购买石油期货。但仍需要粗略估计对冲比率，即汇率每变动1%公司价值的百分比变化。汉莎既可以在交易所市场上利用期货或期权进行对冲，也可以在贷款市场上进行对冲。

14. **货币风险** 公司会受到名义汇率或实际汇率的变动的影响。解释为什么会这样。哪个变动最容易对冲？

    参考答案：

    假设公司有一笔已知的外汇收入（例如以外币计价的应收账款），如果国外的通货膨胀率意外上涨，外币相应贬值。这时，即使一价定律成立，公司也面临风险。公司可以卖出外汇远期，也可以借入外币并在现货市场上卖出，从而对冲风险。但请注意，这是相对通胀风险，而不是货币风险。也就是说，如果对国内的通货膨胀率不太确定的话，你可能更愿意持有外币资金。

    如果公司在国外拥有实物资产，你担心的是汇率的变化可能不会影响相对价格的变化，也就是说你面临实际汇率风险。你可能不太容易对冲，除非能卖出商品期货来锁定外币收入，然后卖出远期货币。

15. **经济风险** 美国的福特汽车经销商会承担日元贬值的风险，如果日元贬值导致日本车价格下降，假设经销商估计，日元价值下跌1%，会导致经销商的利润永久性地下降5%。她应该如何对冲这一风险？她应该如何计算对冲头寸的规模？（提示：参考26.6节。）

    参考答案：

    为了计算对冲比率（Delta），交易商估计如下关系：

    公司价值的预期变化 = $a + \delta \times$ 日元汇率的变化

    对福特汽车经销商来说，公司价值的预期变化 = $a + 5 \times$ 日元汇率的变化。因此，为了充分对冲汇率风险，交易商应卖出日元远期合约，金额为当前公司价值的5倍。

16. **货币风险** 你参与了一项可能的出口订单的竞标，该订单将在6个月后产生100万欧元的现金流入。即期汇率为1.3549美元=1欧元，6个月远期汇率为1.3620美元=1欧元。不确定性有两个来源：①欧元会升值或贬值；②你可能会也可能不会得到出口订单。如果（a）你卖出100万欧元远期；（b）你买入行权价格为1.3620美元/欧元的卖出欧元的6个月期的期权，说明每种情况下你的最后收益。

    参考答案：

    假设条件不同，答案可能会有所不同。

    现在假设欧元要么升值到1.40美元/欧元，要么贬值到1.30美元/欧元，这两种策略的未来现金流如下：

卖出欧元远期	欧元升值到 1.40 美元/欧元	欧元贬值到 1.30 美元/欧元
i. 没有得到订单（到期时必须以即期汇率买入欧元）	100 万欧元×1.362 0 美元/欧元 −100 万欧元×1.40 美元/欧元 = −38 000 美元	100 万欧元×1.362 0 美元/欧元 −100 万欧元×1.30 美元/欧元 = 62 000 美元
ii. 收到订单（到期交割，收到 100 万欧元）	100 万欧元×1.362 0 美元/欧元 = 1 362 000 美元	100 万欧元×1.362 0 美元/欧元 = 1 362 000 美元
买入 6 个月行权价为 1.362 0 美元/欧元的认沽期权	欧元升值到 1.40 美元/欧元	欧元贬值到 1.30 美元/欧元
i. 没有得到订单（如果欧元贬值，以未来的即期汇率购买欧元并执行期权）	0	100 万欧元×1.362 0 美元/欧元 −100 万欧元×1.30 美元/欧元 = 62 000 美元
iii. 得到订单（以较高的现货价格或执行价格卖出欧元）	100 万欧元×1.40 美元/欧元 = 140 美元	100 万欧元×1.362 0 美元/欧元 = 136.20 万美元

注意，如果公司不确定能否收到订单，就不能完全消除汇率的不确定性。但是，认沽期权确实提供了现金流的下限保护，当然为了得到保护，公司必须支付期权费。

17. **货币风险** 2014 年 11 月，一位美国投资者购买了一家墨西哥公司的 1 000 股股票，价格为每股 500 比索。股票不支付股利。1 年后，她以每股 550 比索卖出股票。她买股票时的汇率如表 27-1 所示。假设出售股票时的汇率为 16.5 比索 = 1 美元。

a. 她投资了多少美元？
b. 她的比索收益率是多少？美元呢？
c. 你认为她在汇率上赚了还是亏了？请解释。

参考答案：
a. 比索投资为：1 000 × 500 = 500 000（比索）
   美元投资为：500 000 比索/(13.608 3 比索/美元) = 36 742.28（美元）
b. 以比索衡量的收益率 = (550 − 500)/500 = 10%
   收到的美元 = (550 × 1 000)/(16.5 比索/美元) = 33 333.33（美元）
   以美元衡量的收益率 = (33 333.33 − 36 742.28)/36 742.28 = −9.28%
c. 她在比索投资上有 10% 的回报，但在汇率上有损失。

18. **利率平价** 表 27-5 给出了不同货币的年复利利率，以及对美元的汇率。存在任何套利机会吗？如果存在套利机会，如何保证现在有正的现金流，而所有的未来现金流为零？

表 27-5 利率和汇率

	利率(%)	即期汇率①	1 年远期汇率①
美国（美元）	3	—	—
Costaguana（pulga）	23	10 000	11 942
Westonia（ruple）	5	2.6	2.65
Gloccanorra（pint）	8	17.1	18.2
Anglosaxophonia（wasp）	4.1	2.3	2.28

①每 1 美元对应的外币数。

参考答案：

为了确定套利机会是否存在，利用利率理论。例如，看美国和 Costaguana 之间的以下关系式是否成立：

$$\frac{1+r_{pulga}}{1+r_\$} = \frac{f_{pulga/\$}}{S_{pulga/\$}}$$

对不同货币，我们的计算结果如下：

	利率比	远期汇率和即期汇率之比
Costaguana	1.194 175	1.194 200
Westonia	1.019 417	1.019 231
Gloccamorra	1.048 544	1.064 327
Anglosaxophonia	1.010 680	0.991 304

因为利率平价理论不成立，所以 Anglosaxophonia 和 Gloccamorra 两个国家存在套利机会。例如，你可以以 3% 的利率借入 1 019.42 美元，然后将其中的 1 000 美元兑换成 2 300 wasps，之后按 4.1% 的利率投资 wasps 1 年。1 年后收到 2 300 × (1 + 4.1%) = 2 394.3 wasps。然后根据远期合约卖出这些 wasps 并收到美元。得到的美元为：2 394.3/2.28 = 1 050 美元。这些足以偿还 1 019.42 美元贷款的本息和：1 019.42 × 1.03 = 1 050 美元。借款金额 (1 019.42 美元) 与转换成 wasps 的金额 (1 000 美元) 之间的 19.42 美元差额，就是今天实现的无风险利润。

19. **货币套期保值** "去年，我们有大量英镑收入，于是通过卖出远期英镑来对冲，结果英镑升值了。因此我们卖出远期的决定花费了我们很多钱。我认为，未来我们要么应该停止对冲货币风险，要么应该在认为英镑被高估时再对冲。"作为财务经理，你对公司 CEO 的这个观点如何评价？

    参考答案：

    金融有个基本观点：风险是不受欢迎的，尤其是风险可以被降低或消除的时候。这就是对冲的目的。对冲开始时，对冲者的想法是：英镑定价是正确的（否则就不会进行对冲了），任何偏离期望值的行为都是不可接受的。

20. **投资决策** 地毯装袋机公司正在考虑在欧洲某个国家设立一家新的装袋机工厂。两个合适的候选地点是德国和瑞士。预期拟设立工厂的现金流如下：

	C_0	C_1	C_2	C_3	C_4	C_5	C_6	IRR(%)
德国（百万欧元）	−60	+10	+15	+15	+20	+20	+20	15.0
瑞士（百万瑞士法郎）	−120	+20	+30	+30	+35	+35	+35	10.7

    欧元即期汇率为 1.3 美元/欧元，而瑞士法郎汇率为 1.5 瑞士法郎/美元。美国利率为 5%，瑞士为 4%，欧洲国家为 6%。财务经理建议，如果现金流以美元计价，高于 10% 的收益率是可以接受的。

    公司应该继续其中的一个项目吗？如果必须从中选择一个项目，该接受哪个项目呢？

参考答案：

将现金流都转化为美元，德国和瑞士第1年现金流的样本计算：

德国：$10 \times 1.3 \times 1.05/1.06 = 12.877$（百万美元）

瑞士：$20 \times 1.5 \times 1.05/1.04 = 13.462$（百万美元）

将全部现金流转换为美元的结果如下表所示：

	C_0	C_1	C_2	C_3	C_4	C_5	C_6	IRR
德国（百万欧元）	-60	+10	+15	+15	+20	+20	+20	15.0%
汇率（美元/欧元）	1.3	1.2877	1.2756	1.2636	1.2516	1.2398	1.2281	
美元现金流	-78	12.877	19.134	18.953	25.033	24.797	24.563	
瑞士（百万瑞士法郎）	-120	+20	+30	+30	+35	+35	+35	10.7%
汇率（瑞士法郎/美元）	1.5	1.4857	1.4716	1.4575	1.4437	1.4299	1.41643	
美元现金流	-80	13.4615	20.3865	20.5825	24.2438	24.4769	24.7123	

NPV 的计算为：

$NPV_G = -78 + 12.877/1.1 + 19.134/1.1^2 + 18.953/1.1^3 + 25.033/1.1^4$
$\qquad + 24.797/1.1^5 + 24.563/1.1^6$
$\qquad = 10.12$（百万美元）

$NPV_S = -80 + 13.462/1.1 + 20.386/1.1^2 + 20.582/1.1^3 + 24.244/1.1^4$
$\qquad + 24.477/1.1^5 + 24.712/1.1^6$
$\qquad = 10.26$（百万美元）

由于这两个项目的 NPV 都为正，所以都应该被接受。如果公司必须二选一，那么瑞士工厂是更好的选择。注意，NPV 的计算是以美元为单位的，并且隐含地假设了货币套期保值。

挑战题

21. **货币套期保值** 阿尔法和欧米茄是美国公司。阿尔法在汉堡有一家工厂，从美国进口零部件，装配后产成品在德国销售。欧米茄则完全相反，也在汉堡有工厂，但从德国购买原材料，将产品出口到美国。欧元价值下降对每家公司可能有怎样的影响？每家公司应该如何对冲汇率风险？

    参考答案：

    阿尔法的收入是欧元，费用是美元。如果欧元贬值，它的利润就会减少。在短期内，阿尔法可以通过签订远期合约，卖出欧元兑换美元来对冲这种交易风险。

    欧米茄的收入是美元，费用是欧元。如果欧元贬值，它的利润就会增加。在短期内，欧米茄可以通过签订远期合约，卖出美元兑换欧元来对冲这种交易风险。

第九部分
PART9

财务计划和营运资本管理

第28章　财务分析
第29章　财务计划
第30章　营运资本管理

第 28 章 财务分析

基础题

1. **资产负债表** 根据银河企业的以下数据，构造该公司的资产负债表（单位：美元）：

现金余额	25 000	应收账款	35 000
存货	30 000	应付账款	24 000
工厂和设备净值	140 000	长期负债	130 000

   股东权益是多少？

   参考答案：

现金	25 000	应付账款	24 000
应收账款	35 000		
存货	30 000	长期负债	130 000
总流动资产	90 000	权益	76 000
工厂和设备净值	140 000		
总资产	230 000	负债和所有者权益	230 000

2. **财务比率** 表 28-10 给出了星巴克简化的资产负债表和利润表。利用年初的资产负债表数据，计算以下财务比率：
   a. 资产收益率   b. 经营利润率   c. 资产周转率   d. 存货周转率
   e. 负债—权益比   f. 流动比率   g. 速动比率

   参考答案：
   假设税率是 35%
   a. 资产收益率 $ROA = [(1-0.35) \times 64 + 2\,068]/11\,517 = 18.32\%$
   b. 经营利润率 $= [(1-0.35) \times 64 + 2\,068]/16\,448 = 12.83\%$
   c. 资产周转率 $= 16\,448/11\,517 = 1.43$
   d. 存货周转率 $= 6\,859/1\,111 = 6.17$
   e. 负债—权益比 $= 7\,037/4\,480 = 1.57$

f. 流动比率 = 5 471/5 378 = 1.017
g. 速动比率 = (3 234 + 839)/5 378 = 0.757 3

3. **同比财务报表** 再次利用表 28-10。计算星巴克的同比资产负债表和同比利润表。
参考答案：

2014 年同比资产负债表

资产	年末(%)	年初(%)	负债和股东权益	年末(%)	年初(%)
流动资产：			流动负债：		
现金和可交易证券	17.2	28.1	应付账款	20.9	16.8
应收账款	8.8	7.3	其他流动负债	7.4	29.9
存货	10.1	9.6	流动负债总计	28.3	46.7
其他流动资产	2.7	2.5	长期负债	19.0	11.3
流动资产总计	38.8	47.5	其他长期负债	3.7	3.1
固定资产：			总负债	51.0	61.1
净固定资产	32.7	27.8	总股东权益	49.0	38.9
其他长期资产	28.5	24.7	**总负债和股东权益**	**100.0**	**100.0**
总资产	**100.0**	**100.0**			

2014 年同比利润表

	(%)		(%)
净销售收入	100.0	应税收入	19.2
销货成本	41.7	税	6.6
销售、一般和管理费用	34.4	净利润	12.6
折旧	4.3	股利	4.8
息税前收入（EBIT）	19.6	留存收益增加	7.8
利息支出	0.4		

4. **业绩度量** 再次利用表 28-10。在 2014 财年末，星巴克发行在外的股票数量为 748 百万股，股价为 81.25 美元。公司加权平均资本成本大约为 9%。计算：
   a. 市场增加值　　　　　　　　b. 市场价值—账面价值比
   c. 经济增加值　　　　　　　　d. 年初资本收益率

表 28-10　2014 财年星巴克的资产负债表和利润表（单位：百万美元）

	年末	年初		年末	年初
		资产负债表			
资产			负债和股东权益		
流动资产：			流动负债：		
现金和可交易证券	1 844	3 234	应付账款	2 244	1 940
应收账款	948	839	其他流动负债	795	3 438
存货	1 091	1 111	流动负债总计	3 039	5 378
其他流动资产	285	288	长期负债	2 048	1 299
流动资产总计	4 169	5 471	其他长期负债	394	360
固定资产：			总负债	5 481	7 037
净固定资产	3 519	3 201	总股东权益	5 272	4 480
其他长期资产	3 064	2 845	总负债和股东权益	10 752	11 517
总资产	10 752	11 517			

	年末	年初		年末	年初
	利润表				
净销售收入	16 448		应税收入	3 160	
销货成本	6 859		税	1 092	
销售、一般和管理费用	5 655		净利润	2 068	
折旧	710		股利	783	
利税前收入（EBIT）	3 224		留存收益增加	1 285	
利息支出	64				

参考答案：
a. 市场增加值 = 748 × 81.25 − 5 272 = 55 503（百万美元）
b. 市场价值—账面价值比 = 748 × 81.25/5 272 = 11.53
c. 经济增加值 $EVA = [(1 - 0.35) \times 64 + 2068] - [0.09 \times (1299 + 4480)]$
   = 1 589.49（百万美元）
d. 年初资本收益率 $ROC = [(1 - 0.35) \times 64 + 2068]/(1299 + 4480) = 36.50\%$

5. **财务比率** 不存在普遍接受的财务比率，而下面比率中有 5 个显然是不正确的，改为正确的定义。
   a. 负债—权益比 =（长期负债 + 租赁的价值）/（长期负债 + 租赁的价值 + 权益）
   b. 股权收益率 =（$EBIT$ − 税）/平均股权
   c. 销售利润率 = 净利润/销售收入
   d. 存货周转天数 = 销售收入/（存货/365）
   e. 流动比率 = 流动负债/流动资产
   f. 净营运资本周转率 = 平均销售收入/平均净营运资本
   g. 速动比率 =（流动资产 − 存货）/流动负债
   h. 收入利息倍数 = 利率 × 长期负债

   参考答案：
   不正确的比率是 a、b、d、e 和 h，正确定义如下：
   a. 负债—权益比 =（长期负债 + 租赁的价值）/权益
   b. ROE = 净利润/年初的股东权益
   d. 库存周转天数 = 年初库存/（销货成本/365）
   e. 流动比率 = 流动资产/流动负债
   h. 收入利息倍数 = $EBIT$/利息支出

6. **财务比率** 判断正误：
   a. 公司的负债权益比总是小于 1。
   b. 速动比率总是小于流动比率。
   c. 股权收益率总是小于资产收益率。

   参考答案：
   a. 错误。公司可以有更高的负债—权益比，尤其是按照账面价值计算。
   b. 正确。公司有存货或其他流动资产时，速动比率总是小于流动比率。
   c. 错误。公司有财务杠杆，股权收益率高于资产收益率。

7. **账面收益率** 凯勒化妆品公司的经营利润率为8%,资产周转率为3。其总资产为500 000美元,股权为300 000美元。利息支出为30 000美元,税率为35%。
   a. 资产收益率是多少?　　　　　b. 股权收益率是多少?
   参考答案:
   a. 销售收入 = 资产周转率 × 总资产 = 3 × 500 000 = 1 500 000(美元)
   　经营利润率 = (税后利息 + 净利润)/销售收入
   　0.08 = (税后利息 + 净利润)/1 500 000 (税后利息 + 净利润) = 120 000(美元)
   　资产收益率(ROA) = (税后利息 + 净利润)/总资产 = 120 000/500 000 = 24%
   b. 净利润 = (税后利息 + 净利润) – 税后利息
   　　　　 = 120 000 – [(1 – 0.35) × 30 000] = 100 500(美元)
   　股权收益率(ROE) = 净利润/股权 = 100 500/300 000 = 33.50%

8. **负债率** 公司的长期负债—权益比为0.4,股东权益为100万美元,流动资产为200 000美元,总资产为150万美元。如果流动比率为2.0,负债与长期资本的比率是多少?
   参考答案:
   长期负债—权益比 = 长期负债/权益
   0.4 = 长期负债/1 000 000
   长期负债 = 400 000 美元
   长期资本 = 长期负债 + 权益 = 400 000 + 1 000 000 = 1 400 000(美元)
   债务 = 总资产 – 权益 = 1 500 000 – 1 000 000 = 500 000(美元)
   负债与长期资本比 = 负债/长期资本 = 500 000/1 400 000 = 35.71%

9. **财务比率** 魔笛公司的总应收账款为3 000美元,代表20天的销售收入,总资产为75 000美元,公司经营利润率为5%。找出公司的资产周转率和资产收益率。
   参考答案:
   a. 资产周转率 = 销售收入/总资产 = [(3 000/20) × 365]/75 000
   　　　　　　　　　　　　　 = 0.73
   b. 经营利润率 = (税后利息 + 净利润)/销售收入
   　0.05 = (税后利息 + 净利润)/[(3 000/20) × 365] (税后利息 + 净利润)
   　　　 = 2 737.50(美元)
   　资产收益率(ROA) = (税后利息 + 净利润)/总资产 = 2 737.50/75 000 = 3.65%

10. **财务比率** G贸易公司的简化资产负债表如下(单位:美元):

流动资产	100	60	流动负债
长期资产	500	280	长期负债
		70	其他负债
		190	股权
	600	600	

   a. 计算负债—权益比;
   b. 公司的净营运资本和总长期资本分别是多少? 计算负债长期资本比。

参考答案：

a. 负债权益比 = 总负债/权益 = (60 + 280 + 70)/190 = 2.16

b. 净营运资本 = 流动资产 − 流动负债 = 100 − 60 = 40

长期资本 = 长期负债 + 股权 = 280 + 190 = 470

负债长期资本比 = 长期负债/长期资本 = 280/470 = 0.60

11. **杠杆和流动性** 再次利用问题 10 中 G 贸易公司的资产负债表。假设年末公司有 30 美元现金和可交易证券。年末之后公司立即利用信用额度借款 20 美元，为期 1 年，投资于更多的可交易证券。公司看起来：

    a. 流动性更高还是更低？

    b. 杠杆变高还是变低？必要时进行更多的假设。

参考答案：

假设新债务是流动负债：

a. 流动比率从 100/60 = 1.67 变为 120/80 = 1.50，现金比率从 30/60 = 0.5 变为 50/80 = 0.63。根据现金比率，公司的流动性更高了。

b. 长期债务比没有变化，资产负债比从 410/600 = 68.33% 变为 430/620 = 69.35%，公司的杠杆提高了。

12. **流动资产** AA 公司有流动资产 3 亿美元、流动负债 2 亿美元，现金比率为 0.05，公司持有多少现金和可交易证券？

参考答案：

现金比率 = 现金和可交易证券/流动负债

0.05 = 现金和可交易证券/2

现金和可交易证券 = 0.1 亿美元

13. **应收账款** M 公司的客户平均付款期为 60 天，如果 M 公司年销售收入为 500 百万美元，应收账款平均是多少？

参考答案：

应收账款 = 日销售收入 × 应收账款周转天数 = (500/365) × 60 = 82.192（百万美元）

进阶题

14. **比率的解释** 本问题回顾解释会计数字时遇到的一些困难。

    a. 有些重要的资产、负债或交易可能没有显示在公司的账簿中，请给出 4 个例子。

    b. 无形资产的投资，如研发，如何扭曲会计比率？请给出至少两个例子。

参考答案：

a. 没有显示在资产负债表中的项目可能有市场价值、商誉、管理能力、工人的技能、无形资产、表外债务、养老金的资产和负债（如果养老金计划有结余的话）、衍生工具头寸。

b. 无形资产的价值一般不会显示在公司的资产负债表中，这样，公司资产的账面价值就低，这会影响会计收益率。因为资产被低估，负债比率显得较高。研发费用一般作为费用而不是资产入账，因此，利润和资产科目都保守。专利和商标有时候是非常有价值的资产，不被计入资产，除非它们是从另一个公司获得的。

15. **业绩度量** 给出一些度量公司整体业绩的替代性指标，它们的优缺点各是什么？在每种情况下，讨论你用什么基准来判断业绩是否令人满意。

    参考答案：

    公司整体业绩度量有很多种方式。比如，
    - 市场增加值：公司权益的市场价值与股东投入公司的资金的差额。
    - 市场价值账面价值比：权益的市场价值除以账面价值。这个指标为分析规模不同的公司提供了比较的标准。
    - 经济增加值（EVA）：公司利润减去公司的资本成本。
    - 资本收益率：投资者（债权人和股东）得到的总利润除以投入公司的货币资金。
    - 股权收益率：净利润除以股权。
    - 资产收益率：（税后利息＋净利润）除以总资产。

    每种度量方式都有优点，要看分析的目的是什么。EVA和收益率度量现在业绩，不受对未来事件预期的影响，而市场价值度量要考虑未来事件。这些度量方式以账面价值和资产负债表数据为基础，数据可能不会准确反映经济现实。

    为了准确判断公司业绩是否令人满意，不仅要将当前业绩指标与公司历史进行比较，还要与可比公司进行比较。

16. **杠杆比率** 讨论财务杠杆的替代性度量指标。应该用股权的市场价值还是账面价值？用负债的市场价值还是账面价值更好？应该如何处理表外负债，如养老金负债？如何处理优先股？

    参考答案：

    与财务比率相关的所有问题，答案都与使用目的有关。在大多数情况下，财务经理关心的是支持负债的资产的市场价值，而企业面临财务危机时，无形资产可能没有任何价值，因此，可以接受用账面价值作为代理变量。例如，计算加权平均资本成本时，可以用负债的市场价值。但是，如果关注的是公司的违约概率，我们感兴趣的是公司承诺的支付，而不是那个承诺现在的价值。

    比较不同期限的债务时，债务的账面价值可能会有误导。10年后要支付的1 000美元，其价值一定小于明年要支付的1 000美元。因此，如果有足够的信息，将负债的面值按无风险利率贴现是很有帮助的，例如计算违约期权的行权价格的现值。

    不要仅仅因为是表外项目而将其排除在外，要知道存在具有抵消作用的其他表外项目，如养老金。

    如何处理优先股，要看打算度量的是什么。优先股基本上体现普通股风险的固定费用。另外，就债权人而言，优先股是公司资产的次级索取权。

17. **杠杆比率** 假设公司有固定利率和浮动利率债务。利率下降对公司的收入利息倍数有何影响？对负债的市场价值与股权的市场价值之比有何影响？你判断杠杆提高了还是降低了？

    参考答案：
    收入利息倍数等于 $EBIT/$利息支付。随着利率的下降，浮动利率债务的利息支付下降，收入利息倍数增加。固定利率债务的市场价值随利率下降而上升，债务与股权的市场价值比上升，表面上看起来公司的杠杆提高。当然，公司的资本结构并没有变化，这说明使用账面价值计算负债率也是有好处的。

18. **流动比率** 以下行为如何影响公司的流动比率？
    a. 库存售出。
    b. 公司用银行贷款偿还拖欠供应商的货款。
    c. 公司与银行安排信用额度，使得可以在任何时候贷款来偿还供应商。
    d. 客户支付拖欠的货款。
    e. 公司用现金购买更多的库存。

    参考答案：
    a. 库存若按账面价值出售，对流动比率没有影响；库存出售产生利润，会增加流动比率。
    b. 公司用短期贷款偿还供应商的货款，对流动比率没有影响；公司用长期贷款偿还货款，流动比率下降。
    c. 公司用信用额度，对流动比率没有影响。
    d. 客户支付拖欠的货款，流动比率不变。
    e. 公司用现金购买更多的库存，流动比率不变。

19. **资产收益率** 萨拉制服公司将其所有产品都卖给联邦商店，下表是两家公司的部分财务数据（单位：百万美元）：

	销售收入	利息	净利润	年初资产
联邦商店	100	4	10	50
萨拉制服	20	1	4	20

    计算两家公司的资产周转率、经营利润率和资产收益率。现在假设两家公司合并了。如果联邦商店的销售收入仍为 100 百万美元，这 3 个比率将如何变化？

    参考答案：
    两家公司合并后，销售收入仍是 100 百万美元，资产变成 70 百万美元，利润是 14 百万美元。

	销售收入	利息	净利润	年初资产
联邦商店	100	4	10	50
萨拉制服	20	1	4	20
合并公司	100	5	14	70

公司的财务比率如下：

	联邦商店	萨拉制服	合并公司
资产周转率	2	1	1.43
经营利润率	14%	25%	19%
资产收益率	28%	25%	27.14%

20. **财务比率**　你看到，有人用墨水涂掉了特兰西瓦尼亚铁路公司资产负债表和利润表中的部分条目(见表28-11)。你能利用以下信息将丢失的条目补全吗？(注意：对这个问题，用以下定义：库存周转率=销货成本/平均库存；应收账款周转天数=平均应收账款/(销售收入/365)。)
    - 长期负债率：0.4
    - 收入利息倍数：8.0
    - 流动比率：1.4
    - 速动比率：1.0
    - 现金比率：0.2
    - 存货周转率：5.0
    - 应收账款周转天数：73天
    - 税率=0.4

表28-11　特兰西瓦尼亚铁路公司资产负债表和利润表

（单位：百万美元）

	2015年12月	2014年12月		2015年12月	2014年12月
资产负债表					
现金	***	20	应付票据	25	20
应收账款	***	34	应付账款	30	35
存货	***	26	总流动负债	55	55
总流动资产	***	80	长期负债	***	20
固定资产(净值)	***	25	股权	***	30
总计	***	105	总计	115	105
利润表					
销售收入	***		利息	***	
销货成本	***		税前利润	***	
销售、一般和管理费用	10		税	***	
折旧	20		属于普通股的利润	***	
EBIT	***				

参考答案：

资产负债表：

总资产=总负债+所有者权益=115

总流动负债 = 应付账款 + 应付票据 = 25 + 30 = 55
总流动资产 = 流动比率 × 总流动负债 = 1.4 × 55 = 77
现金 = 现金比率 × 总流动负债 = 0.2 × 55 = 11
应收账款 = (速动比率 × 总流动负债) − 现金 = 1 × 55 − 11 = 44
存货 = 总流动负债 − 现金 − 应收账款 = 77 − 11 − 44 = 22
固定资产 = 总资产 − 总流动资产 = 115 − 77 = 38
长期债务 + 所有者权益 = 总资产 − 总流动负债 = 115 − 55 = 60
长期债券 = (长期债务 + 所有者权益) × 长期债务比 = 60 × 0.4 = 24
所有者权益 = (长期债务 + 所有者权益) − 长期债务 = 60 − 24 = 36

利润表:

平均存货 = (期初存货 + 期末存货)/2 = (22 + 26)/2 = 24
存货周转率 = 销售成本/平均存货,所以,销售成本 = 5.0 × 24 = 120
平均应收账款 = (期初应收账款 + 期末应收账款)/2 = (34 + 44)/2 = 39
应收账款周转天数 = 平均应收账款/(销售收入/365),销售收入 = (平均应收账款/应收账款周转天数) × 365 = (39/73) × 365 = 195
$EBIT$ = 销售收入 − 销售成本 − 销售、一般和管理费用 − 折旧
     = 195 − 120 − 10 − 20 = 45
利息 = $EBIT$/收入利息倍数 = 45/8 = 5.625
税前利润 = $EBIT$ − 利息 = 45 − 5.625 = 39.375
税收 = EBT × 税率 = 39.375 × 0.4 = 15.75
净利润 = 税后利润 − 税收 = 39.375 − 15.75 = 23.625

完善后的表格如下:

	2015年12月	2014年12月		2015年12月	2014年12月
资产负债表					
现金	11	20	应付票据	25	20
应收账款	44	34	应付账款	30	35
存货	22	26	总流动负债	55	55
总流动资产	77	80	长期负债	24	20
固定资产(净值)	38	25	股权	36	30
总计	115	105	总计	115	105
利润表					
销售收入	195		利息	5.63	
销货成本	120		税前利润	39.38	
销售、一般和管理费用	10		税	15.75	
折旧	20		普通股可得利润	23.63	
$EBIT$	45				

21. **行业比率** 下表是同一行业 5 家公司的部分数据。

项目	公司代号				
	A	B	C	D	E
EBIT	10	30	100	-3	80
利息支出	5	15	50	2	1

要求你计算行业的收入利息倍数，讨论计算这一指标的可能方法。计算方法的变化会对最后的结果有重大影响吗？

参考答案：
两个显而易见的选择。

a. 行业的总 EBIT 除以行业总利息支出：

	A	B	C	D	E	总计
EBIT	10	30	100	-3	80	217
利息支出	5	15	50	2	1	73

行业的收入利息倍数 = EBIT/利息 = 217/73 = 2.97

b. 公司收入利息倍数的平均值：

	A	B	C	D	E
EBIT	10	30	100	-3	80
利息支出	5	15	50	2	1
收入利息倍数	2	2	2	-1.5	80

平均的收入利息倍数 = (2 + 2 + 2 - 1.5 + 80)/5 = 16.9

很明显，计算方法对结果影响很大。通常采用第一种方法。具体到这个例子，第二种方法给公司 E 的权重太高了，E 公司是债务很少的大公司。

22. **通胀** 快速的通胀如何影响制造业公司资产负债表和利润表的精确性与相关性？对这个问题的回答与公司发行了多少债务有关吗？

参考答案：
实际上，快速的通胀会扭曲公司资产负债表和利润表的数字，例如，通胀影响存货价值（包括销售成本）、工厂和设备的价值、债务价值（包括长期和短期债务）等。由于扭曲，数字的相关性就会大大减弱。负债的扭曲更严重。就像上面提到的，不仅债务价值会受影响，债权人要求的收益率也会受影响，因为债权人借款决策时会考虑通胀。

23. **风险的账面度量** 假设你想用财务比率来估计公司股票的风险，本章中描述的哪个比率可能有帮助？你能想出风险的其他会计度量指标吗？

参考答案：
所有财务比率都有帮助，尽管程度不同。与市场风险联系最紧密的财务比率是将收入变动和股价表现联系在一起的那些比率，包括债务权益比和市盈率。其他衡量风险的会计指标通常取 5 年平均值。

24. **度量财务困境** 查阅陷入困境的一些公司，画出过去几年主要财务比率的变化。存在什么模式吗？

    参考答案：
    公司和行业不同，答案不同。

挑战题

25. **计算 EVA** 我们注意到，计算 EVA 时，应该将收入计算为税后利息和净利润之和。为什么需要扣除税盾？资本成本有不同的替代指标吗？如果只从净利润中扣除股权成本（正如经常做的那样），会得到同样的答案吗？

    参考答案：
    计算 EVA 时，公司债务融资的真实成本，应该是扣除税盾的。另一种方法是调整资本成本来反映负债的节税作用。如果税后债务成本和股权成本差别很大，并且公司已经发行了相当规模的债务，则只从净利润中扣除股权成本，不会给出正确的答案。

26. **资本收益率** 分析师有时候利用年初和年末资本的平均值来计算资本收益率。给出一些例子，说明何时这样做合理，何时不合理。（提示：假设资本增加仅仅是留存收益增加的结果。）

    参考答案：
    回顾一下，资本收益率等于债务和权益投资者的总利润除以他们所投入的资金。计算公式为：
    $ROC = $（税后利息 + 净利润）/总资本
    如果公司本年度和过去一样，都在积极增加或减少资本，那么使用年初和年末的资本的平均值作为分母，结果是合理的。
    如果当年的资本增加了，而没有额外负债或发行股票，仅仅是留存收益增加，那么当年投资者投资公司的资本额度不会改变。使用年初和年末数据的平均值会高估资本额，可能低估 ROC。

27. **杠杆比率** 再次利用问题 10 中 G 贸易公司的资产负债表，考虑以下的额外信息：

（单位：美元）

流动资产		流动负债		其他负债	
现金	15	应付账款	35	递延税款	32
存货	35	应付所得税	10	退休金缺口	22
应收账款	50	银行贷款	15	R&R 储备	16
	100		60		70

"R&R 储备"用于弥补将来移走一条输油管道以及管道路线的环境恢复所需的成本。有很多方法计算 G 公司的负债率。假设你在评估 G 公司负债的安全性,想要一个可以与同行业其他公司进行比较的负债率。计算这个比率时用总负债还是总资本?你将在负债中包括哪些科目——银行贷款、递延税款、R&R 储备和退休金缺口?请解释这些选择的支持和反对意见。

参考答案:
评估长期负债的安全性时,用净营运资本(流动资产和流动负债的差额)与总资本的比率更好,这样的话,银行贷款不包括在负债中。至于其他科目(如递延税款、R&R 储备、退休金缺口)在计算时是否要被包含在内,取决于利息的计算期间。所有这些科目都是公司的长期债务。如果目标是评估 G 公司负债的安全性,要问的关键问题是:与这些债务相比,该负债的到期时间有多长?如果该负债的到期时间更短,这些科目所代表的负债实际上是次级债务。如果该负债的到期时间更长,那么这些科目就应该被包括在内。

第29章 财务计划

基础题

1. **现金周期** 2012 和 2013 财年，卡特彼勒的财务报表包括以下科目：

（单位：百万美元）

	2012 财年	2013 财年		2012 财年	2013 财年
存货	15 547	12 625	销售收入	65 875	55 656
应收账款	20 113	18 729	销货成本	47 852	41 454
应付账款	14 969	14 417			

卡特皮勒的现金周期是多少？

参考答案：
存货周转期 = 15 547/(41 454/365) = 136.89（天）
应收账款收款期 = 20 113/(55 656/365) = 131.90（天）
应付账款付款期 = 14 969/(41 454/365) = 131.80（天）
现金周期 = 136.89 + 131.90 – 131.80 = 136.99（天）

2. **现金周期** 以下各个事件对现金周期有什么影响？
   a. 存货周转期从 80 天下降到 60 天。
   b. 客户现金交易的折扣增大。
   c. 公司采取措施减少应付账款。
   d. 公司根据客户的订单开始生产，而不是在需求到来之前开始生产。
   e. 商品市场上暂时的供过于求，使公司在价格低的时候储存原材料。

   参考答案：
   a. 存货周转期从 80 天下降到 60 天，现金周期缩短。
   b. 客户现金交易的折扣增大，现金周期缩短。

c. 公司采取措施减少应付账款，现金周期延长。
d. 公司根据客户的订单开始生产，而不是在需求到来之前开始生产，现金周期缩短。
e. 商品市场上暂时的供过于求，使公司在价格低的时候储存原材料，现金周期延长。

3. **现金和营运资本** 下面列出了动力学床垫公司进行的6笔交易，说明每笔交易对(1)现金和(2)营运资本的影响：
   a. 多支付1 000万美元现金股利。
   b. 收到之前销售的客户的付款2 500美元。
   c. 支付了对一家供应商所欠的50 000美元。
   d. 长期借款1 000万美元，所得收入投资于存货。
   e. 短期借款1 000万美元，所得收入投资于存货。
   f. 出售500万美元可交易证券，得到现金。
   参考答案：
   a. 多支付1 000万美元现金股利：(1)现金减少，(2)营运资本下降。
   b. 收到之前销售的客户的付款2 500美元：(1)现金增加，(2)营运资本不变。
   c. 支付了对一家供应商所欠的50 000美元：(1)现金减少，(2)营运资本不变。
   d. 长期借款1 000万美元，所得收入投资于存货：(1)现金不变，(2)营运资本增加。
   e. 短期借款1 000万美元，所得收入投资于存货：(1)现金不变，(2)营运资本不变。
   f. 出售500万美元可交易证券，得到现金：(1)现金增加，(2)营运资本不变。

4. **现金的来源和使用** 说明以下每个事件如何影响公司资产负债表，说明是现金的来源还是使用。
   a. 汽车制造公司预测需求会增加，因此增加了产量。遗憾的是，需求没有增加。
   b. 竞争使公司给客户更多的付款时间。
   c. 商品价格升高使原材料存货价值增加了20%。
   d. 公司以100 000美元出售了一块地。这块地是5年前以200 000美元买的。
   e. 公司回购自己的普通股。
   f. 公司季度股利加倍。
   g. 公司发行长期负债100万美元，利用发行收入偿还短期银行贷款。
   参考答案：
   a. 现金使用；存货增加，现金减少（对供应商支付后）。
   b. 现金使用；应收账款增加，现金减少。
   c. 没有变化；存货按成本入账，不是市场价值。
   d. 现金来源；长期资产下降，现金增加，权益下降（下降价值部分等于税后资本损失）。
   e. 现金使用；库存股增加，现金下降。
   f. 现金使用；留存收益减少，现金减少。
   g. 现金不变；短期借款下降，长期借款增加。

5. **应收账款收款** 以下是国家溴化物公司2016年前4个月的预测销售收入（单位：千美元）：

	第1个月	第2个月	第3个月	第4个月
现金销售	15	24	18	14
信用销售	100	120	90	70

平均来看，信用销售的50%是当月付款的，30%下个月付款，其余的再下个月付款。第3个月和第4个月的预期经营现金流入是多少？

参考答案：
现金流入 = 当月现金销售收入 + 0.5 × 当月信用销售收入 + 0.3 × 前一个月信用销售收入 + (1 − 0.5 − 0.3) × 2个月前的信用销售收入

第3个月的现金流入 = 18 + 0.5 × 90 + 0.3 × 120 + 0.2 × 100 = 119（千美元）

第4个月的现金流入 = 14 + 0.5 × 70 + 0.3 × 90 + 0.2 × 120 = 100（千美元）

6. **应付账款的预测** 动力学榻榻米公司预测从供应商处进行的采购如下：

	1月	2月	3月	4月	5月	6月
货物价值（百万美元）	32	28	25	22	20	20

a. 40%的货物是货到付款，其余的平均延迟1个月付款。如果动力学榻榻米公司年初应付账款为22百万美元，每个月份预测应付账款是多少？

b. 假设从年初开始公司将40%的应付账款延期到1个月后付款，20%延长到两个月后付款。（其余的继续货到付款。）假设对延期付款没有现金罚款，重新计算每个月的应付账款。

参考答案：
a. 每月末应付账款余额等于当月采购额的60%：

1月末应付账款 = 0.60 × 32 = 19.2
2月末应付账款 = 0.60 × 28 = 16.8
3月末应付账款 = 0.60 × 25 = 15.0
4月末应付账款 = 0.60 × 22 = 13.2
5月末应付账款 = 0.60 × 20 = 12.0
6月末应付账款 = 0.60 × 20 = 12.0

b. 在新的应付账款政策下，1月末的应付账款 = (0.40 + 0.20) × 1月份销售额 = (0.40 + 0.20) × 32 = 19.2

之后几个月月末的应付账款 = (0.40 + 0.20) × 当月采购额 + 0.20 × 前一个月采购额

2月：(0.40 + 0.20) × 28 + 0.20 × 32 = 23.2
3月：(0.40 + 0.20) × 25 + 0.20 × 28 = 20.6
4月：(0.40 + 0.20) × 22 + 0.20 × 25 = 18.2
5月：(0.40 + 0.20) × 20 + 0.20 × 22 = 16.4
6月：(0.40 + 0.20) × 20 + 0.20 × 20 = 16.0

7. **动力学床垫公司的短期计划** 以下每个事件影响29.2节和29.3节中的一个或多个表格。调整括号中的表格,说明每个事件的影响。
   a. 动力学床垫公司2015年仅偿还了10百万美元的短期负债(见表29-2和表29-3)。
   b. 动力学床垫公司2015年增加了40百万美元的长期负债,在一座新仓库上投资25百万美元(见表29-1和表29-3)。
   c. 动力学床垫公司2015年减少了每个床垫的填充物。顾客没有注意到,而经营成本减少了10%(见表29-1和表29-3)。
   d. 从2016年第3季度开始,动力学床垫公司聘用的新员工非常高效地说服顾客更多地采用立刻付款方式。结果是90%的销售是立即付款的,而10%在下个季度进行了付款(见表29-5和表29-6)。
   e. 从2016年第1季度开始,动力学床垫公司每个季度减少薪酬20百万美元(见表29-6)。
   f. 2016年第2季度,一座废弃不用的仓库失火,动力学床垫公司从保险公司收到50百万美元赔偿(见表29-6)。
   g. 动力学床垫公司的财务主管决定,他能够勉强用10百万美元作为经营现金余额(见表29-6)。

   参考答案:
   a. 在表29-2中,现金=40;总流动资产=340;银行贷款=15;流动负债=150;总资产=总负债和净值=590。在表29-3中,短期负债增加(减少)=-10;融资活动产生的净现金流=-35;现金余额增加=20。
   b. 忽略折旧的变化。在表29-2中,现金=40;流动资产=340;总投资=375;固定资产净值=275;长期负债=130;总资产=总负债和净值=615。在表29-3中,固定资产投资=-55;长期负债增加(减少)=70;经营活动净现金流=-10;现金余额增加=20。当年新仓库的任何折旧都会使现金增加,增量为新增折旧税盾金额;累计折旧增加;资产负债表上的固定资产净值、总资产、总负债和所有者权益等都下降。
   在现金流量表中,折旧的任何增量都会使净利润减少减少的量等于新增折旧额的税后数量;折旧增加,现金增加额为新增折旧税盾金额。
   c. 在表29-1中,销售成本=1 480;其他费用=370;EBIT=330;税前收入=325;税=163;净利润=163;公司留存收益=133。在表29-2中,假设存货没有变化,现金=128;流动资产=428;净值=453;总资产=总负债和净值=678。在表29-3中,净利润=163;经营活动净现金流=188;现金余额增加(减少)=108。
   d. 表29-5的变化如下:

	Q3	Q4
期初应收账款	181.6	105.2
销售收入	742.0	836.0
收款:		
当期销售收入(90%)	667.8	752.4
上期销售收入(10%)	150.6	74.2
总收款额	818.4	826.6
期末应收账款	105.2	114.6

表 29-6 的变化如下：

	Q3	Q4
应收账款的收款	818.4	826.6
来源总计	895.4	826.6
来源减使用	268.4	189.1
期初现金	−188.6	79.8
现金余额的变化	268.4	189.1
期末现金	79.8	268.9
累积融资需求	−54.8	−243.9

e. 表 29-6 的变化如下：

	Q1	Q2	Q3	Q4
劳动力和其他成本	116.0	116.0	116.0	116.0
使用总计	632.0	572.0	607.0	617.5
来源减使用	−121.0	−52.6	140.0	190.3
期初现金	25.0	−96.0	−148.6	−8.6
现金余额的变化	−121.0	−52.6	140.0	190.3
期末现金	−96.0	−148.6	−8.6	181.7
累积融资需求	121.0	173.6	33.6	−156.7

f. 表 29-6 的变化如下：

	Q2	Q3	Q4
其他	50.0	77.0	0.0
来源总计	569.4	747.0	807.8
来源减使用	−22.6	120.0	170.3
期初现金	−116.0	−138.6	−18.6
现金余额的变化	−22.6	120	170.3
期末现金	−138.6	−18.6	151.7
累积融资需求	163.6	43.6	−126.7

g. 表 29-6 的变化如下：

	Q1	Q2	Q3	Q4
最低经营余额	10.0	10.0	10.0	10.0
累积融资需求	126.0	198.6	78.6	−91.7

8. **财务计划** 判断正误：
   a. 财务计划应该尽力使风险最小化。
   b. 财务计划的基本目的是更好地预测未来现金流和利润。
   c. 财务计划是必要的，因为融资和投资决策互相影响，不应单独决策。
   d. 公司的计划期很少超过 3 年。
   e. 财务计划需要精确的预测。
   f. 财务计划模型应该包括尽可能多的具体细节。

参考答案：
a. 错误。财务计划就是决定承担何种风险的过程。
b. 错误。财务计划不仅关注预期结果，也关注可能的意外。
c. 正确。财务计划既考虑投资决策也考虑融资决策。
d. 错误。长期计划一般是 5 年。
e. 正确。不可能做到完全精确，而公司需要的是尽可能一致的预测。
f. 错误。过度关注细节会转移对重要决策的注意力。

9. **长期计划** 表 29-12 总结了德拉克保龄球道公司 2017 年的利润表和年末资产负债表。德拉克的财务经理预测，2018 年销售和成本增长 10%。销售收入与平均资本的比率预期保持在 0.40，年初负债利率预测为 5%。

a. 2018 年年末，资产预期是多少？
b. 如果公司支付 50% 的净利润作为股利，2018 年德拉克在资本市场上需要筹集多少现金？
c. 如果德拉克不愿意发行股权，2018 年年末的负债率是多少？

表 29-12 德拉克保龄球道公司 2017 年财务报表（单位：千美元）

利润表			
销售收入	1 000	（平均资产的 40%）①	
销售成本	750	（销售收入的 75%）	
利息	25	（年初负债的 5%）②	
税前利润	225		
税	90	（税前利率的 40%）	
净利润	135		
资产负债表			
净资产	2 600	负债	500
		股权	2 100
总计	2 600	总计	2 600

①2016 年年末的资产为 2 400 000 美元。
②2016 年年末的负债为 500 000 美元。

参考答案：
a. 销售增长 10%，那么：

2018 年销售收入 = 1.1 × 1 000 000 = 1 100 000（美元）

销售收入等于平均资产的 40%，平均资产 = 1 100 000/0.40 = 2 750 000（美元）

给定期初和平均资产，期末资产必定为：

期末资产 = 平均资产 × 2 − 期初资产 = 2 750 000 × 2 − 2 600 000 = 2 900 000（美元）

b. 2018 年利润表如下：

（单位：千美元）

销售收入	1 100	税	100
销售成本	825	净利润	150
利息①	25	股利	75
税前利润	250	留存收益增加额	75

①假设负债金额不变。

如果负债不变，那么资产负债表不满足会计恒等式：

（千美元）

资产负债表			
净资产	2 900	负债	500
权益	2 175		
总计	2 900	总计	2 675

因此，外部融资需求 = 2 900 000 − 2 675 000 = 225 000（美元）

c. 负债率 = (500 000 + 225 000)/2 900 000 = 25%

10. **长期计划** 阿基米德杠杆公司的简化财务报表如表29-13所示。如果2017年销售收入增加10%，包括负债在内的所有其他科目都相应增加，用来进行平衡的项目是什么？其价值是多少？

表29-13 2016年阿基米德杠杆公司的财务报表 （单位：美元）

利润表				
销售收入	4 000			
成本(包括利息)	3 500			
净利润	500			
年末资产负债表				
	2016	2015		2016	2015
净资产	3 200	2 700	负债	1 200	1 033
			股权	2 000	1 667
总计	3 200	2 700	总计	3 200	2 700

参考答案：

2017年净利润 = 500 × (1 + 10%) = 550（美元）

资产和负债都增加10%，那么要求权益也要增加10%，因此，新增留存收益 = 0.10 × (3 200 − 1 200) = 200（美元）

用来平衡的项目是股利，公司从2017年净利润中支付股利：550 − 200 = 350（美元）。

11. **预测增长率** 如果股利支付率为50%，在以下两种情况下：(a)不发行外部负债或股权；(b)公司保持固定负债率，但不发行股权，阿基米德杠杆公司(见问题10)所能实现的最高增长率是多少？

参考答案：

a. 内部增长率 = [(1 − 股利支付率) × 净利润]/期初净资产
   = [(1 − 0.50) × (1 + 0.10) × 500]/3 200 = 8.59%

b. 可持续增长率 = [(1 − 股利支付率) × 净利润]/期初净权益
   = [(1 − 0.50) × (1 + 0.10) × 500]/2 000 = 13.75%

12. **现金周期** 公司正在考虑做一些改变来增加销售。公司计划增加库存商品的种类，但这会增加 100 000 美元存货。公司将提供更宽松的销售条件，但这将使应收账款增加 650 000 美元。预测这些措施使销售收入一年增加 800 万美元。销货成本为销售收入的 80%。因为公司增加了自身生产所需的采购量，应付账款将增加 350 000 美元。这些变化对公司的现金周期有何影响？

参考答案：

现金周期 = 存货周转期 + 应收账款收款期 – 应付账款付款期

存货周转期 = 年初存货/每日销货成本，采取措施后销售收入增加，每日销货成本增加，因此存货周期下降。

应收账款收款期 = 年初应收账款/每日销售收入，采取措施后每日销售收入增加，因此应收账款收款期下降。

应付账款付款期 = 年初应付账款/每日销货成本，每日销货成本减少，因此应付账款付款期增加。

综合以上，采取措施后现金周期下降。

进阶题

13. **现金预算** 表 29-14 列出了里特威尔出版公司的预算数据，公司一半的销售收入是现金销售，另一半一个月后付款。公司的所有信用采购都是一个月后付款。1 月的信用采购为 30 百万美元，1 月的总销售额为 180 百万美元。完成表 29-15 所示的现金预算。

表 29-14　里特威尔出版公司的部分预算信息（单位：百万美元）

	2月	3月	4月		2月	3月	4月
总销售收入	200	220	180	其他支出	30	30	30
原材料采购				税、利息和股利	10	10	10
现金	70	80	60	资本投资	100	0	0
信用	40	30	40				

表 29-15　里特威尔出版公司的现金预算　（单位：百万美元）

	2月	3月	4月		2月	3月	4月
现金来源：				税、利息和股利			
现金销售收款				现金使用总计			
应收账款收款				净现金流入			
现金来源总计				期初现金	100		
现金使用：				+净现金流入			
支付应付账款				=期末现金			
原材料现金采购				+经营所需最低现金余额	100	100	100
其他支出				=累积短期融资需求			
资本支出							

参考答案：

	2月	3月	4月		2月	3月	4月
现金来源：				资本支出	100	0	0
现金销售收款	100	110	90	现金使用总计	240	160	130
应收账款收款	90	100	110	净现金流入	−50	50	70
现金来源总计	190	210	200	期初现金	100	50	100
现金使用：				＋净现金流入	−50	50	70
支付应付账款	30	40	30	＝期末现金	50	100	170
原材料现金采购	70	80	60	＋经营所需最低现金余额	100	100	100
其他支出	30	30	30	＝累积短期融资需求	50	0	−70
税、利息和股利	10	10	10				

14. **应收账款的收款**　如果公司账单有30天的延迟期，采购额中有多大比例本季度要付款？下个季度付款？如果延迟期为60天呢？

    参考答案：
    账单延迟期为30天时，本季度采购额的2/3将在本季度支付，剩余1/3在下季度支付。
    账单延迟期为60天时，本季度采购额的1/3在本季度支付，剩余2/3在下季度支付。

15. **动力学床垫公司的短期计划**　以下事件影响表29-7中的哪些项目？
    a. 利率上升。
    b. 供应商要求延期付款支付利息。
    c. 动力学床垫公司在第3季度意外地收到了国内收入署的账单，要求支付去年少纳的税。

    参考答案：
    a. 利率上升影响银行贷款的利息和可售证券的利息。
    b. 供应商要求延期付款支付利息，应付账款展期，负债增加。
    c. 动力学床垫公司在第3季度意外地收到了国内收入署的账单，要求支付去年少纳的税，经营所需现金增加。需要注意，如果没有提前预测到这些事件，它们就不会出现在财务计划中，第1季度开始前计划就被制订好了。

16. **现金的来源和使用**　表29-16是动力学床垫公司2013年年末的资产负债表，表29-17是2014年的利润表。请拟出2014年的现金流量表，将所有项目按照现金的来源和使用分组。

表29-16　动力学床垫公司2013年年末的资产负债表

（单位：百万美元）

流动资产：		流动负债：	
现金	20	银行贷款	20
可交易证券	10	应收账款	75
应收账款	110	流动负债合计	95
存货	100		
流动资产总计	240	长期负债	25
固定资产：		净值（股权和留存收益）	300
总投资	250		
减：折旧	70		
固定资产净值	180		
总资产	420	总负债和净值	420

表29-17 动力学床垫公司2014年利润表 （单位：百万美元）

销售收入	1 500	利息	5
经营成本	1 405	税前收入	80
	95	税(50%)	40
折旧	10	净利润	40
	85		

注：股利=30百万美元，留存收益=10百万美元。

参考答案：

按照现金的来源和使用分组，编制2014年的现金流量表：

现金来源 （单位：百万美元）

出售可交易证券	10	现金使用：	
银行贷款增加	5	存货增加	30
应付账款增加	35	应收账款增加	15
长期负债增加	35	固定资产投资	70
经营活动现金流：		股利	20
净利润	40	使用总计	135
折旧	10	现金余额增量	0
来源总计	135		

17. **动力学床垫公司的短期计划** 假设信用额度从100百万美元增加到120百万美元，其他假设与表29-7相同，请拟出动力学床垫公司的短期融资计划。

参考答案：

新计划如下：

（单位：百万美元）

		第1季度	第2季度	第3季度	第4季度
	新增负债：				
1	银行贷款	116.0	4.0	0.0	0.0
2	应付账款展期	0	72.0	0.0	0.0
3	总计	116.0	76.0	0.0	0.0
	偿还：				
4	银行贷款	0.0	0.0	40.9	79.1
5	应付账款展期	0.0	0.0	72.0	0.0
6	总计	0.0	0.0	-112.9	79.1
7	净新增负债	116.0	76.0	-112.9	-79.1
8	加：出售证券	25.0	0.0	0.0	0.0
9	减：购买证券	0.0	0.0	0.0	88.7
10	筹集现金合计	141.0	76.0	-112.9	-167.8
	支付利息：				
11	银行贷款	0.0	2.9	3.0	2.0
12	应付账款展期	0.0	0.0	3.6	0.0
13	所出售证券的利息	0.0	0.5	0.5	0.5
14	净支付的利息	0.0	3.4	7.1	2.5
15	经营所需现金	141.0	72.6	-120.0	-170.3
16	总现金需求	141.0	76.0	-112.9	-167.8

18. 动力学床垫公司的短期计划 动力学床垫公司决定租用新的床垫填充机，而不是购买。结果第 1 季度的资本支出减少了 50 百万美元，而公司必须 4 个季度每个季度支付租金 2.5 百万美元。假设租金直到第 4 季度以后才会对税收有影响。构造表 29-6 和表 29-7 那样的表格，说明动力学床垫公司的累积融资需求和新融资计划。利用动力学床垫公司的电子表格检查你的答案。

参考答案：

表 29-6 动力学床垫公司 2016 年现金预算 （单位：百万美元）

	第 1 季度	第 2 季度	第 3 季度	第 4 季度
现金来源：				
应收账款的收款	511	519.4	670	807.8
其他	0	0	77	0
来源总计	511	519.4	747	807.8
现金使用：				
应付账款还款	250	250	267	161
增加存货	150	150	170	180
劳动力和其他成本	136	136	136	136
资本支出	20	10	8	14.5
租金	2.5	2.5	2.5	2.5
税、利息和股利	46	46	46	46
使用总计	604.5	594.5	629.5	640.0
来源减使用	−93.5	−75.1	117.5	167.8
短期借款需求的计算：				
期初现金	25	−68.5	−143.6	−26.1
现金余额的变化	−93.5	−75.1	117.5	167.8
期末现金	−68.5	−143.6	−26.1	141.7
经营性现金最低余额	25	25	25	25
累积融资需求	93.5	168.6	51.1	−116.7

表 29-7 动力学床垫公司的融资计划 （单位：百万美元）

		第 1 季度	第 2 季度	第 3 季度	第 4 季度
	新增负债：				
1	银行贷款	68.5	31.5	0.0	0.0
2	应付账款展期	0.0	45.8	0.0	0.0
3	总计	68.5	77.3	0.0	0.0
	偿还：				
4	银行贷款	0.0	0.0	66.4	33.6
5	应付账款展期	0.0	0.0	45.8	0.0
6	总计	0.0	0.0	112.2	33.6
7	净新增负债	68.5	77.3	−112.2	−33.6
8	加：出售证券	25.0	0.0	0.0	0.0
9	减：购买证券	0.0	0.0	0.0	132.9
10	筹集现金合计	93.5	77.3	−112.2	−166.5
	支付利息：				
11	银行贷款	0.0	1.7	2.5	0.8
12	应付账款展期	0.0	0.0	2.3	0.0

（续）

		第1季度	第2季度	第3季度	第4季度
13	所出售证券的利息	0.0	0.5	0.5	0.5
14	净支付的利息	0.0	2.2	5.3	1.3
15	经营所需现金	93.5	75.1	-117.5	-167.8
16	总现金需求	93.5	77.3	-112.2	-166.5

19. **动力学床垫公司的长期计划** 动力学床垫公司的长期计划模型是一个自上而下计划的例子。有些公司采用自下而上的财务计划模型，包含了特定产品的销售收入和成本、广告计划、重大投资项目等的预测。哪种类型的公司会使用每种财务计划？它们的使用目的是什么？

    参考答案：
    自下而上的模型过于详细，使管理者容易"一叶障目，不见森林"。但是，如果公司业务很多元化，或者进行分散的大规模投资，对每个部门或项目进行独立预测就很重要。因此，我们认为，有很多独立大项目的企业集团或公司会采用自下而上的模型，如波音公司。自上而下的模型更容易表达和实施公司战略，在业务单一的公司中更常见，特别是快速成长、市场不断变化和无形资产很重要的公司。当然，这类模型会失去与工厂和产品本身的发展的联系，它们才是实际产生利润和增长的重要活动。自下而上的模型如果很详细的话，评估业绩一般会容易一些。

20. **业绩度量** 公司财务计划常用作判断之后业绩的基础。你认为从这样的对比中能够学到什么？可能会产生什么问题？你如何应对这些问题？

    参考答案：
    实现或超额完成财务计划具体目标的能力，很明显，是管理能力和激励的保障信号。此外，财务计划会聚焦在高管认为的最重要的特定目标上。但是，有一些如下危险：
    a. 财务计划通常基于会计基础，在账面盈利能力度量方面容易产生内在偏差。
    b. 管理者为了实现计划中的中短期目标，可能会牺牲对公司更有利的长期利益。
    c. 管理者 A 所有的决策都正确，但是由于一些不可控的因素而没有完成计划；管理者 B 的决策可能是错误的，但是他运气好。换句话说，很难从结果中分辨出业绩和能力。

21. **长期计划模型** 动力学床垫公司长期计划模型的平衡项目是借款。平衡项目的意思是什么？如果股利作为平衡项目，模型会如何变化？在这种情况下，你认为计划负债是如何决定的？

    参考答案：
    财务模型描述了财务变量之间的一系列关系。给定所要求的关系，除非一个变量没有约束，否则不可能找到解。设定不受约束的变量的值，才能满足要求的所有关系，这个变量称为"平衡项目"，这样资产负债表才能平衡，资金的来源和使用才能一致。如果股利作为平衡项目，那么只有在有剩余现金的情况下才能支付股利，这样股利支付的波动就相当大。一般来说，不把股利作为平衡项目，因为管理者不愿意降低股利水平。如果股利作为平衡项目，就会要求借款和其他变量的比值（如负债权益率）固定。

22. **动力学床垫公司的长期计划** 根据你对问题 21 的回答为动力学床垫公司构建一个新模型。你的这个模型能够产生一份 2016 年的可行计划吗？（提示：如果不能，你可能需要允许公司发行股票。）

参考答案：
从教材表 29-10 可以发现，2016 年公司需要 144.5 百万美元的外部融资（假设股利为 53.9 百万美元）。如果不支付股利，公司的外部融资需求为：

外部融资需求 = 144.5 - 53.9 = 90.6（百万美元）

必须从其他渠道获得这部分资金，例如负债或者发行股票。

23. **动力学床垫公司的长期计划**
   a. 利用动力学床垫公司的模型（表 29-9 和表 29-10）和电子表格产生 2016 年和 2017 年的预计利润表、资产负债表和现金流量表。假设业务照常进行，除了现在销售和成本按计划每年增长 30%，固定资产和净营运资本也是如此。预测利率保持为 10%，不发行股票。动力学床垫公司仍保持 60% 的股利支付率。
   b. 在这个计划下，公司的负债率和利息保障比率是多少？
   c. 公司能够继续通过负债为扩张融资吗？

参考答案：
a. 动力学床垫公司最近和预测的利润表如下：

	2015 年	2016 年	2017 年
销售收入（增长率 30%）	2 200.0	2 860.0	3 718.0
销货成本（销售收入的 92%）	2 055.0	2 631.2	3 420.6
折旧（年初固定资产净值的 9%）	20.0	22.5	32.2
EBIT	125.0	206.3	265.3
利息（年初长期负债的 10%）	5.0	9.0	28.3
所得税（税率 50%）	60.0	98.7	118.5
净利润	60.0	97.7	118.5
经营现金流	80.0	121.2	150.7

最近和预测的外部融资需求如下：

	2015 年	2016 年	2017 年
资本来源：			
净利润 + 折旧	80.0	121.2	150.7
资本使用：			
净营运资本（销售收入的 11%）的增量	50.0	124.6	94.4
固定资产投资（固定资产净值的变化 + 折旧）	30.0	130.0	139.4
股利（净利润的 60%）	30.0	59.2	71.1
资本使用合计	110.0	313.8	304.9
外部融资需求	30.0	192.6	154.2

最近和预测的资产负债表如下:

	2015 年	2016 年	2017 年
净营运资本(销售收入的 11%)	190.0	314.6	409.0
固定资产净值(销售收入的 12.5%)	250.0	357.5	464.8
总资产	440.0	672.1	873.7
长期负债(之前的余额 + 外部融资需求)	90.0	282.6	436.9
所有者权益(之前的余额 + 留存收益增加额)	350.0	389.5	436.9
长期负债和所有者权益合计	440.0	672.1	873.8

b. 在这个计划下,公司的负债率和利息保障比率如下:

	2015 年	2016 年	2017 年
负债率	20.5%	42.0%	50.0%
利息保障比率	29.0	25.4	10.5

c. 公司继续负债的空间很小,仅靠负债支持当前的持续增长速度会很困难。负债率会急剧增加,并继续升高。

24. **长期计划** 雄鹰运动用品公司的财务报表如表 29-18 所示,为简化,"成本"包括利息。假设公司资产与销售收入成正比。
   a. 如果公司保持股利支付率为 60%,计划 2018 年的增长率为 15%,公司需要多少外部融资?
   b. 如果公司不发行新股,哪个变量必须作为平衡项目?其金额是多少?
   c. 现在,假设公司计划长期负债只增加到 1 100 美元,并且不发行新股。为什么现在股利必须作为平衡项目?其金额是多少?

表 29-18　雄鹰体育用品公司 2017 年财务报表　　(单位:美元)

利润表					
销售收入	950				
成本	250				
税前利润	700				
税(28.6%)	200				
净利润	500				
年末资产负债表					
	2017	2016		2017	2016
净资产	3 000	2 700	负债	1 000	900
			股权	2 000	1 800
总计	3 000	2 700	总计	3 000	2 700

参考答案:

a. 所需融资总额 = 总资产增加额 = 15% × 3 000 = 450(美元)

2018 年公司净利润增长 15%，为 500×(1+15%)=575(美元)

支付股利：575×0.60=345(美元)

留存收益增加额为：575−345=230(美元)

外部融资需求 = 所需融资总额 − 留存收益增加额 = 450−230=220(美元)

b. 如果不发行新股，负债是平衡项目，负债应该增加 220 美元，变为 1 000+220=1 220(美元)

c. 如果负债增加为 1 100 美元，那么股利为：575−[450−(1 100−1 000)]=225(美元)

25. **预测增长率**
   a. 如果股利支付率固定为 60%，股权资产比固定为 2/3，雄鹰运动用品公司(见问题 24)的内部增长率是多少？
   b. 可持续增长率是多少？

   参考答案：
   a. 参考第 24 题，内部增长率 = 留存收益增加额/净资产 = 230/3 000 = 7.67%
   b. 可持续增长率 = 再投资比率 × ROE = (1−0.6)×575/2 000 = 11.5%

26. **预测增长率**   生物原生质公司的年增长率为 30%，公司为全股权融资，总资产为 100 万美元，股权收益率为 20%，再投资比率为 40%。
   a. 内部增长率是多少？
   b. 公司今年的外部融资需求是多少？
   c. 如果股利支付率减少到零，公司的内部增长率将增加多少？
   d. 这个变化将使外部融资需求减少多少？对于股利政策与外部融资需求的关系，你的结论是什么？

   参考答案：
   a. 内部增长率 = 留存收益增加额/净资产 = 利润再投资比率 × ROE × (权益/净资产)
   $\quad\quad = 0.40 \times 0.20 \times 1$
   $\quad\quad = 8\%$

   b. 外部融资需求 = 资产变化额 − 留存收益增加额
   $\quad\quad = 0.30 \times 100 - 0.20 \times 100 \times 0.40$
   $\quad\quad = 22(万美元)$

   c. 如果股利为零，再投资比率为 1
   内部增长率 = 再投资比率 × ROE × (权益/净资产)
   $\quad\quad = 1 \times 0.2 \times 1$
   $\quad\quad = 20\%$

   d. 外部融资需求 = 资产变化额 − 留存收益增加额
   $\quad\quad = 0.30 \times 100 - 0.20 \times 100 \times 1$
   $\quad\quad = 10(万美元)$

   显然，股利支付率越高，外部融资需求越大。

挑战题

27. **长期计划** 表 29-19 显示了高管奶酪公司 2016 年的财务报表。年折旧额为年初固定资产的 10%，加上新增投资的 10%。公司计划在以后的 5 年中每年再投资 200 000 美元固定资产，净营运资本与固定资产的比值保持为常数。公司预测，销售收入与年初总资产的比值保持为 1.75。固定成本保持为 53 千美元，可变成本为销售收入的 80%。公司的政策是支付 2/3 的净利润作为股利，保持 20% 的账面负债率。

    a. 为高管奶酪公司构建表 29-9 ~ 表 29-11 那样的模型。
    b. 利用你的模型得到 2017 年的财务报表。

表 29-19 高管奶酪公司 2016 年的财务报表（单位：千美元）

利润表			
销售收入	1 785	利息(11.8%)	24
固定成本	53	税(40%)	80
可变成本(销售收入的 80%)	1 428	净利润	120
折旧	80		

资产负债表					
	2016	2017		2016	2017
资产：			债务：		
净营运资本	400	340	负债	240	204
固定资产	800	680	账面股权	960	816
总资产	1 200	1 020	总债务	1 200	1 020

资金的来源和使用			
来源：		使用：	
净利润	120	净营运资本的增加	60
折旧	80	投资	200
借款	36	股利	80
股票发行	104	总使用	340
总来源	340		

参考答案：

a. 使用题目中的假设，首先构建和表 29-9 ~ 表 29-11 类似的表格。

	2016 年	2017 年	2018 年	2019 年	2020 年
销售收入(年初资产的 1.75 倍)	1 785	2 100	2 363	2 599	2 811
固定成本	53	53	53	53	53
可变成本(销售收入的 80%)	1 428	1 680	1 890	2 079	2 249
折旧(年初固定资产的 10% + 新增投资的 10%)	80	100	110	119	127
息税前收入(EBIT)	224	267	310	348	382
利息(年初长期负债的 11.8%)	24	28	32	35	38
所得税(税率 40%)	80	95	111	125	138
净利润	120	143	167	188	207
经营现金流	200	243	277	307	334

实际和预测的外部融资需求：

	2016 年	2017 年	2018 年	2019 年	2020 年
资本来源：					
净利润加折旧	200	243	277	307	334
资本使用					
净营运资本增加	60	50	45	41	36
固定资产投资	200	200	200	200	200
股利（净利润的 2/3）	80	95	111	125	138
资金使用总计	340	345	356	365	374
外部融资需求	140	102	79	59	40

资产负债表：

	2015 年	2016 年	2017 年	2018 年	2019 年	2020 年
净营运资本（固定资产的 50%）	340	400	450	495	536	572
固定资产净值	680	800	900	990	1 071	1 144
净资产总计	1 020	1 200	1 350	1 485	1 607	1 716
长期债务（资产的 20%）	204	240	270	297	321	343
权益	816	960	1 080	1 188	1 285	1 373
长期负债和权益总计	1 020	1 200	1 350	1 485	1 607	1 716
留存收益		40	48	56	63	69
新股发行		104	72	52	34	19
权益变动		144	120	108	97	88

b. 资产负债表之前已经得到了，资金的来源和使用表如下：

	2016 年	2017 年		2016 年	2017 年
来源：			使用：		
净利润	120	143	净营运资本增加	60	50
折旧	80	100	固定资产投资	200	200
借款	36	30	股利	80	95
股票发行	104	72	使用总计	340	345
来源总计	340	345			

第30章 营运资本管理

基础题

1. **存货** 关于公司应该保留多少存货，决策要权衡什么？

   参考答案：
   一方面，公司持有大量存货，可以避免原材料耗尽或者产品脱销的风险。大量订购原材料，可以安排更长的生产周期。另一方面，存货会占压资金，有储存和保险的问题，还可能腐坏或失窃。

   同样，一方面，大量现金库存减少资金耗尽的风险，不会因为临时急需现金而被迫出售证券。另一方面，现金库存占压资金，降低了资产的回报率。

2. **信用政策** X 公司的销售条件是 "1/30，净 60"。Y 公司从 X 公司采购，发票价格为 1 000 美元。

   a. 如果 Y 公司在第 30 天付款，可以少付多少？
   b. 如果 Y 公司在最后到期日付款而不是在第 30 天付款，有效年利率是多少？
   c. 在以下条件下，你认为付款条件会如何变化？
   　ⅰ. 商品易腐烂时。
   　ⅱ. 商品无法快速再销售出去时。
   　ⅲ. 商品销售给高风险公司。

   参考答案：
   a. 折扣额 = 折扣率 × 发票额 = 0.01 × 1 000（美元）= 10（美元）
   b. $R =$（全价 − 折扣价）/折扣价 =（100 − 99）/99 = 1.01%
   　$EAR = (1 + R)^{365/贷款期} - 1 = (1 + 0.010\ 1)^{365/30} - 1 = 13.01\%$
   c. （ⅰ）更短；（ⅱ）更长；（ⅲ）更短。

3. **信用政策** 付款到期日距离采购日的间隔时间称为条件延期（terms lag），买方实际付款日距离到期日的间隔时间称为到期延期（due lag），实际付款日距离采购日的间隔称

为付款延期(pay lag),因此

付款延期 = 条件延期 + 到期延期

说明以下事件如何影响各个延期:

a. 公司对付款迟的客户收取服务费。　　b. 经济衰退使客户现金不足。

c. 公司将付款条件从"净 10"改为"净 20"。

参考答案:

a. 到期延期缩短,因此付款延期缩短。　　b. 到期延期增加,因此付款延期增加。

c. 条件延期增加,因此付款延期增加。

4. **信用政策**　烙铁公司批发出售烙铁,每个 50 美元,生产成本为每个 40 美元。批发商 Q 明年破产的概率为 25%。Q 订购了 1 000 个烙铁,要求 6 个月的信用。你应该接受这个订单吗?假设年贴现率为 10%,没有重复订购的可能,Q 要么全额付款,要么什么也不付。

    参考答案:

    $NPV = $ 销量 $\times$ (付款概率 $\times$ 付款的 $PV - $ 成本) $= 1\,000 \times (0.75 \times 50/1.10^{6/12} - 40)$
    $= -4\,245.15$

    因为 NPV 为负,所以放弃这个订单。

5. **信用政策**　再回过去看 30.2 节,铸铁公司的成本从 1 000 美元提高到 1 050 美元,没有重复订购的可能性,回答以下问题:

    a. 铸铁公司何时应该提供或拒绝向客户提供信用?

    b. 如果确定客户过去是及时付款还是延迟付款的成本为 12 美元,铸铁公司应该何时进行这样的验证?

    参考答案:

    a. 预期利润 $= p(1\,200 - 1\,050) - 1\,050(1 - p) = 0$

    $p = 87.5\%$

    因此,如果客户付款的概率超过 87.5%,可以向客户提供信用。

    b. 第二个订单的预期利润 $= 0.95 \times (1\,200 - 1\,050) - 0.05 \times (1\,050) = 90$(美元)

    信用验证的盈亏平衡点:

    $(0.05 \times 90 \times $ 销量$) - 12 = 0$

    盈亏平衡的销量 $= 2.67$

6. **信用政策**　再看一下 30.2 节中关于重复订货的信用决策的讨论。如果 $p_1 = 0.8$,且铸铁公司有理由提供信用,那么 p_2 最小是多少?

    参考答案:

    初始订单的预期利润 $= 0.8 \times (1\,200 - 1\,000) - 0.20 \times 1\,000 = -40$(美元)

    现在寻找 p_2:

    $-40 + 0.80 \times [p_2 \times (1\,200 - 1\,000) - (1 - p_2) \times 1\,000]/1.20 = 0$

    解方程得到: $p_2 = 88.33\%$

7. **信用管理** 判断正误：
   a. 出口商要求更高的付款确定性，安排客户签署海运提单，来换取即期汇票。
   b. 根据坏账比例监督信用经理的业绩是合理的。
   c. 如果多次提醒客户仍拒绝付款，公司通常将这笔债务移交给保理商或律师。
   参考答案：
   a. 错误，出口商使用银行承兑汇票。
   b. 错误，信贷经理不应该把精力集中在减少坏账上。
   c. 错误，债务被移交给托收机构或律师。

8. **信用政策** （a）净利润率、（b）利率和（c）重复订货的可能性的差异对你的授信意愿有何影响？在每种情况下，用一个简单的例子对你的答案进行说明。
   参考答案：
   （a）如果净利润率增加，会更愿意授信。
   （b）如果利率增加，授信意愿降低。
   （c）如果重复订货的可能性增加，授信意愿增加。
   每个人的例子都不同。

9. **现金管理** 选择合适的术语，填入下面这段文字中：加锁信箱银行业务、联邦资金转账系统、CHIPS、集中银行
   公司通过加快收款来增加现金资源。一种方法是安排向区域办公室付款，然后再将支票交到本地银行，这称为_____。然后多余的资金从当地银行转移到公司的一家主要开户行。资金转移可以采用电子化的_____或_____系统。另一项技术是安排当地银行直接从邮局信箱中收取支票，这称为_____。
   参考答案：
   集中银行；CHIPS；联邦资金转账系统；加锁信箱银行业务。

10. **计算收益率** 2008年10月，6个月期（182天）国库券发行价格为贴现率1.4%，该国库券投资的年收益率是多少？
    参考答案：
    6个月期国库券发行价格 = 100 - (6/12) × 1.4 = 99.30（美元）
    年收益率 = $(100/99.30)^2 - 1 = 1.415\%$

11. **短期证券** 对下面每个项目，选择最适合该描述的投资：
    a. 到期时间一般是隔夜（回购协议/银行承兑汇票）。
    b. 到期时间不超过270天（免税债券/商业票据）。
    c. 美国财政部发行（免税债券/3个月期国库券）。
    d. 以贴现率报价（存单/国库券）。
    e. 通过拍卖出售（免税债券/国库券）。

参考答案：
a. 回购协议。 b. 商业票据。 c. 3个月期国库券。
d. 国库券。 e. 国库券。

12. **短期证券** 考虑以下3只证券：
    a. 浮动利率债券。 b. 支付固定股利的优先股。
    c. 浮动利率优先股。

    如果你负责对公司多余的现金进行短期投资，你可能喜欢持有哪种证券？公司的税率对你的回答有影响吗？请简单解释一下。

    参考答案：
    浮动利率优先股30%的股利被征税，而债券利息100%被征税。固定股息优先股有这种税收优势，但其价格波动幅度大于浮动利率优先股。最优选择具有时间依赖性，与市场利率和公司税率有关。公司更喜欢持有税后预期收益率最高的证券。

进阶题

13. **信用条件** 下面列出了一些常用的销售条件，请解释每一项的含义。
    a. 2/30，净60 b. 2/5，EOM，净30 c. COD

    参考答案：
    a. 30天内付款可享受2%的折扣，60天内付款要支付全部金额。
    b. 月底之后5天内付款，可以得到2%的折扣。在发票日期30天内要全额支付。
    c. 货到付款。全部款项交货时付清。

14. **现金折扣** 上一个问题中有些销售条件涉及现金折扣，对每个项目，计算客户到期才付款而没有得到现金折扣的利率。

    参考答案：
    a. $[1+(2/98)]^{365/(60-30)} - 1 = 27.86\%$
    b. $[1+(2/98)]^{365/(30-5)} - 1 = 34.31\%$

15. **信用条件** 菲尼克斯兰伯特公司现在采用货到付款方式销售，而公司财务经理认为，采用"2/10，净30"的信用条件会使销售额增加4%，不会带来成本的显著增加。如果利率为6%，利润率为5%，你建议信用销售吗？首先假设所有的客户都获得现金折扣，然后假设都在第30天付款。

    参考答案：
    公司销售商品，每100美元销售收入，成本是95美元，利润是5美元。假设客户接受新条款下的现金折扣，销售将增加到104美元，扣除现金折扣，公司将收到客户付款：
    $0.98 \times 104 = 101.92$（美元）
    客户可以延迟10天支付，这笔销售收入的现值为：
    $PV = 101.92/1.06^{10/365} = 101.76$（美元）

因为成本为 95 美元不变，所以利润为：101.76 − 95 = 6.76(美元)
如果客户在第 30 天付款，销售额增加到 104 美元，那么这些销售收入的现值就是：
$PV = 104/1.06^{30/365} = 103.50$(美元)
利润为：103.503 − 95 = 8.50(美元)
无论哪种情况，授信都会增加利润。

16. **信用政策** 亚里士多德·普洛克路斯忒斯是环球床具公司的财务总监，很担心坏账率的问题，公司目前的坏账率为 6%。他认为采取更严格的信用政策会使销售额下降 5%，而坏账率会减少到 4%。如果销货成本是销售价格的 80%，普洛克路斯忒斯先生应该采取更严格的政策吗？

    参考答案：
    在目前政策和更严格的政策下，100 美元的销售额如下：

	目前政策	更严格的政策
销售额	100.00	95.00
坏账	6.00	3.80
销货成本	80.00	76.00
利润	14.00	15.20

    应该采取更严格的政策，因为利润提高了。

17. **信用政策** 吉姆·卡纳是维可牢车座公司的信用经理，他正在重新评估公司的信用政策。维可牢公司的销售条件为"净 30"，销售成本是销售收入的 80%，固定成本又占了销售收入的 5%。维可牢公司将客户划分为 1~4 级。过去 5 年，收款情况如下：

分类	违约占销售收入的比例	非违约账户的平均账期天数
1	0	45
2	2.0	42
3	10.0	40
4	20.0	80

    平均利率为 15%。
    对于维可牢公司的信用政策，你的结论(如果有的话)是什么？在改变这一政策之前，还应该考虑哪些其他因素？

    参考答案：
    假设销售收入为 100 美元，分别计算给 4 类客户的 NPV：

分类	NPV
1	$-85 + [100 \times (1-0)]/1.15^{45/365} = 13.29$(美元)
2	$-85 + [100 \times (1-0.02)]/1.15^{42/365} = 11.44$(美元)
3	$-85 + [100 \times (1-0.1)]/1.15^{40/365} = 3.63$(美元)
4	$-85 + [100 \times (1-0.2)]/1.15^{80/365} = -7.41$(美元)

如果对客户分类不需要花费成本，那么维可牢应该只卖给第1、2和3类客户。

例外情况是，如果第4类客户不违约，以后会成为可靠的、经常性的客户（即第1、2和3类客户）。在这种情况下，向第4类新客户提供信用可能有利可图，这取决于重复销售的可能性。

18. **信用政策** 再看上个问题。假设(a)对每个新的信用申请人进行分类的成本为95美元和(b)新申请人为四类之一的概率大体相等。在什么情况下，卡纳先生应该不必麻烦进行信用审核？

    参考答案：
    通过信用审核，每100美元的销售收入，维可牢车座公司在25%的时间里避免了7.41美元的损失。因此，在每100美元销售收入中，信用审核的预期收益（规避的损失）为：$0.25 \times 7.41 = 1.85$（美元），即1.85%。

    定义一个变量x，计算盈亏平衡点的销量。如果销售额小于x，则不需要进行信用审核。

    $0.0185x = 95$ 美元

    $x = 5135$ 美元

19. **信用条件** 直到最近，奥革阿斯清洁产品公司销售产品的条件都是"净60"，平均账期为75天。为了使客户更及时地付款，公司将销售条件改变为"2/10，EOM，净60"。改变销售条件后最初的影响如下：

	平均账期	
现金折扣的销售百分比	现金折扣	净额付款
60	30①	80

    ①有些客户在规定的日期后付款也得到了现金折扣。

    计算改变销售条件的影响。假设：
    - 销售额不变
    - 利率为12%
    - 无违约
    - 销货成本为销售额的80%

    参考答案：
    (1) 在原销售条件下，每100美元销售收入的 *NPV* 为：

    $-80 + 100/1.12^{75/360} = 17.67$（美元）

    (2) 销售条件改变后，每100美元销售收入的 *NPV* 为：

    $-80 + [0.60 \times (1-0.02) \times 100]/1.12^{30/360} + (0.40 \times 100)/1.12^{80/360} = 17.25$（美元）

20. **信用条件** 见前一个问题。假设信用条件的变化导致销售额增加了2%。重新计算信用条件变化的影响。

    参考答案：
    在之前每100美元销售情况下，信用条件的变化导致现在公司的销售额为102美元，则：
每 100 美元初始销售的 $NPV = 1.02 \times 17.25 = 17.60$（美元）

21. **现金管理** 旋钮股份有限公司是一家全国性的家具五金销售商，公司现在采用一套中央账单系统进行信用销售，年销售额 180 百万美元。第一国民银行是旋钮公司的开户银行，提议为公司建立集中银行系统，每年收费 100 000 美元。银行估计，邮寄和收账的时间将减少 3 天。在新系统下，旋钮公司的现金余额将增加多少？如果多余的资金用于减少公司在第一国民银行的借款，新系统将带来多少额外的利息收入？假设借款利率为 12%。最后，如果在老系统下的收款成本为每年 40 000 美元，旋钮公司应该接受第一国民银行的建议吗？

    参考答案：
    a. 现金增加额 = 日销售额 × 减少的浮动天数 = 180/360 × 3 = 1.5（百万美元）
    b. 新系统下额外的利息收入 = 借款利率 × 现金增加额
    $$= 0.12 \times 1\,500\,000 = 180\,000（美元）$$
    c. 在老系统下每年的成本 = 收款成本 + 额外利息收入的机会成本
    $$= 40\,000 + 180\,000 = 220\,000（美元）$$
    d. 每年节约的成本 = 老系统下的成本 − 新系统下的成本
    $$= 220\,000 − 100\,000 = 120\,000（美元）$$

    旋钮公司应该接受第一国民银行的提议。

22. **加锁信箱** 安妮·提克是一家家具制造商的财务经理，她正在考虑运营一个加锁信箱系统。预测每天信箱将收到 300 笔付款，平均付款额为 1 500 美元。银行运营加锁信箱系统的收费为每张支票 0.40 美元，或者要求 800 000 美元的补偿性存款余额。
    a. 如果利率为 9%，哪种付款方式更便宜？
    b. 收款和处理每张支票的时间减少多少，才会支持使用这个加锁信箱系统？

    参考答案：
    a. 按每张支票计费的日总成本：
    日成本 = 每天收到的支票数量 × 每张支票收费 = 300 × 0.40 = 120（美元）
    基于补偿性存款余额的日总成本：
    日成本 = 日利率 × 补偿性存款余额 = (0.09/365) × 800 000 = 197（美元）
    按每张支票计费的日总成本小于按补偿性余额计费的总成本。
    b. 要求的每日现金 = 日成本/日利率 = 120/(0.09/365) = 486 667（美元）
    需要减少的浮动时间 = 要求的每日现金/日现金流
    $$= 486\,667/(300 \times 1\,500) = 1.08（天）$$

23. **支付体系** 母公司每周对子公司的收款账户进行一次清算。（也就是说，母公司每周将账户余额转移到中央账户。）电汇成本为每次 10 美元，支票为 0.80 美元，现金通过电汇当天就可以得到，而母公司必须等 3 天才能完成支票清算。现金投资收益率为每年 12%。收款账户至少有多少资金，采用电汇才值得？

参考答案：

电汇成本是 10 美元，现金当天到账。支票的成本是 0.8 美元，加上汇款额在途 3 天的利息损失。因此，下式成立：

10 美元 = 0.80 + [0.12 × (3/365) × 汇款额]

汇款额 = 9 327.78 美元

因此，账户里至少得有 9 327.78 美元的资金，采用电汇才值得。

24. **加锁信箱** JAC 化妆品公司的财务经理正在考虑在匹兹堡开一个加锁信箱。通过加锁信箱的支票清算额将达到每天 10 000 美元。加锁信箱将使公司获得现金的时间比现在提前 3 天。

 a. 假设银行提出，运营加锁信箱需要 20 000 美元的补偿性存款余额，使用加锁信箱值得吗？

 b. 假设银行提出，运营加锁信箱的费用不是补偿性存款余额，而是清算每张支票 0.10 美元，如果这个费用方案成本更低，平均的支票额度是多少？假设年利率为 6%。

 参考答案：

 a. 额外的可用现金 = 每日现金 × 减少的浮动天数 = 10 000 × 3 = 30 000（美元）

 加锁信箱的收益 = 额外的可用现金 − 成本 = 30 000 − 20 000 = 10 000（美元）

 值得使用加锁信箱。

 b. 令 x 为支票的平均额度，盈亏平衡时，两种方案的每日成本必须相等。因此，补偿性存款余额方案的日成本 = 基于支票收费的日成本。

 $(0.06/365) \times 20\,000 = (10\,000/x) \times 0.10$

 $x = 304$ 美元

 因此，如果支票的平均额度大于 304 美元，那么基于支票收费方案的成本更低。如果支票的平均额度小于 304 美元，则补偿性存款余额的成本较低。

25. **货币市场收益率** 3 个月期国库券和 6 个月期国库券的价格都是贴现率为 10%，哪个年收益率更高？

 参考答案：

 3 个月期国库券的价格 = 100 − [(3/12) × 10] = 97.50

 3 个月期国库券的年收益率 = $(100/97.50)^4 - 1 = 10.66\%$

 6 个月期国库券的价格 = 100 − [(6/12) × 10] = 95.00

 6 个月期国库券的年利率 = $(100/95.00)^2 - 1 = 10.80\%$

 因此，6 个月期国库券的年利率更高。

26. **货币市场收益率** 在 30.4 节中，我们描述了一只 3 个月期国库券发行时的年复利收益率为 5.16%。假设 1 个月过去了，该债券的复利收益率不变，百分比贴现率是多少？过去 1 个月的收益率是多少？

 参考答案：

 a. 年复利收益率 5.16% 的等价 2 个月期收益率为：

2 个月期收益率 = $1.0516^{2/12} - 1 = 0.84\%$

价格(P)必须满足等式：$(100/P) - 1 = 0.0084$

$P = 99.16$ 美元

b. 月收益率 = $99.16/98.75 - 1 = 0.42\%$

c. 年收益率 = $1.0042^{12} - 1 = 5.16\%$

27. **货币市场收益率** 再看前面的问题。如果又 1 个月过去了，现在国库券还剩 1 个月到期。现在的价格为贴现率 3%，国库券的收益率是多少？过去两个月实现的收益率是多少？

    参考答案：

    价格 = $100 - [(1/12) \times 3] = 99.75$

    收益率 = $(100/99.75) - 1 = 0.2506\%$

    国库券的收益率 = $0.2506\% \times 12 = 3.01\%$

    过去两个月实现的收益率为：$(99.75/98.75) - 1 = 1.01\%$

28. **短期证券** 查阅现在各种短期投资所提供的利率。假设你的公司有 1 百万美元多余的现金，可以在以后两个月投资，你如何投资呢？如果多余的现金为 5 000 美元、20 000 美元、100 000 美元或 100 百万美元呢？

    参考答案：

    查到的利率不同，答案不同。

29. **免税** 2006 年机构债券的收益率为 5.32%，而到期时间可比的高等级免税债券的年收益率为 3.7%。如果投资者投资公司债券的税后收益率与免税债券相同，投资者的边际税率是多少？其他哪些因素可能影响投资者在这两种证券之间的选择？

    参考答案：

    令 x 为投资者的边际税率，如果投资者应税债券的税后回报和免税债券相同，那么

    $0.0532 \times (1 - x) = 0.037$

    $x = 0.3045$

    许多其他因素可能会影响投资者在两种证券之间的选择，包括每只证券的剩余期限、违约风险、票面利率和期权（如认购期权、认沽期权和可转债等）。

30. **免税** IRS 禁止公司借款购买免税债券和从应税收入中扣除借款的利息费用。IRS 应该禁止这一行为吗？如果没有禁止，你建议公司借款购买免税债券吗？

    参考答案：

    如果 IRS 没有禁止此类活动，那么，当税后借款利率小于免税债券的收益率时，公司借款人将以等于 (1 - 税率) × 公司的负债成本的税后有效利率借款，然后投资免税债券。这将提供无风险利润的机会。

31. **税后收益率** 假设你是富人，税率 35%，以下投资的预期税后收益率分别是多少？

    a. 市政债券，税前收益率 7.0%。

    b. 国库券，税前收益率 10%。

c. 浮动利率优先股，税前收益率 7.5%。

如果投资者是税率 35% 的公司，你的答案如何变化？决定如何投资公司的多余现金时，还要考虑其他哪些因素？

参考答案：
a. 个人投资者的税后收益率为 7%，公司的税后收益率为 7%。
b. 个人投资者的税后收益率为：$10\% \times (1-0.35) = 6.5\%$
   公司的税后收益率为：$10\% \times (1-0.35) = 6.5\%$
c. 个人投资者的税后收益率为：$7.5\% \times (1-0.35) = 4.875\%$
   公司的税后收益率为：$7.5\% - [7.5\% \times (1-0.70) \times 0.35] = 6.7125\%$

在投资之前，还需要考虑优先股的浮动利率股息的变动、股票和市政债券的信用价值、到期日和其他相关的期权。

挑战题

32. **信用政策** 瑞莱恩特伞业公司找到内华达普兰普顿杂货店。普兰普顿表示有兴趣第一次购买 5 000 把伞，单价 10 美元，按照瑞莱恩特的标准销售条件 "2/30，净 60" 购买。普兰普顿打算，如果伞受到顾客的欢迎，将每年采购 30 000 把。扣除可变成本之后，这一订单将为瑞莱恩特每年增加 47 000 美元的利润。

瑞莱恩特一直以来很想打入有利可图的内华达市场，而信用经理对普兰普顿有些疑虑。在过去 5 年中，普兰普顿曾开始一个激进的开设新店的计划，而在 2013 年，情况急转直下。经济衰退，加上激烈的价格竞争，导致现金不足。普兰普顿辞退员工，关掉了一家店，延迟了新店的开设。公司的邓白氏评级仅为一般。通过与普兰普顿的其他供应商核实，发现尽管普兰普顿过去得到过现金折扣，但最近付款慢了 30 天。向普兰普顿的银行了解情况后，发现普兰普顿有未用信用额度 350 000 美元，但已经与银行讨论将年底到期的 1 500 000 美元定期贷款进行展期。表 30-5 总结了普兰普顿的最新财务报表。

作为瑞莱恩特的信用经理，你认为应该如何向普兰普顿提供信用？

表 30-5　普兰普顿杂货店：财务报表总结　（单位：百万美元）

	2016 年	2015 年		2016 年	2015 年
现金	1.0	1.2	应付账款	2.3	2.5
应收账款	1.5	1.6	短期贷款	3.9	1.9
存货	10.9	11.6	长期负债	1.8	2.6
固定资产	5.1	4.3	股权	10.5	11.7
总资产	18.5	18.7	总负债和权益	18.5	18.7
销售收入				55.0	59.0
销货成本				32.6	35.9
销售、一般和管理费用				20.8	20.2
利息				0.5	0.3
所得税				0.5	1.3
净利润				0.6	1.3

参考答案：
假设利率为 10%。

采购价为 10 美元 1 把，3 万把雨伞的销售收入为 30 万美元，利润为 4.7 万美元。因此，所售商品的成本为：

COGS = (300 000 − 47 000)/30 000 = 8.43（美元/把）

假设如果普兰普顿支付货款，它就能在要求日期内付款。假设利率为 10%，则每把伞的净现值为：

每把伞的 $NPV = PV$（销售价格）− 销售成本 = $10/1.10^{60/365}$ − 8.43 = 1.41（美元）

如果普兰普顿延迟 30 天支付货款，即在 90 天内付款，每把伞的 NPV 将降为 1.34 美元。

因此，如果收账的概率超过 86%，则销售的净现值为正。然而，如果瑞莱恩特认为这次销售可能会在内华达州带来更大的利润，那么即使收账的概率小于 86%，它也可能会继续下去。

相关普兰普顿公司的信用信息包括公正的邓白氏评级、公司目前问题的迹象（如：其他供应商报告普兰普顿的付款慢了 30 天），以及未来可能出现的问题（一项即将到期的期限贷款的展期谈判）。

计算公司的财务比率，并与行业的指标进行比较。

总负债/总资产	8/18.5 = 0.432
净营运资本/总资产	7.2/18.5 = 0.389
流动比率	13.4/6.2 = 2.16
速动比率	2.5/6.2 = 0.40
销售收入/期初总资产	55/18.7 = 2.94
净利润/销售收入	0.6/55 = 0.01
销售成本/期初库存	32.6/11.6 = 2.81
（税后利息 + 净利润）/期初总资产	[(0.6/1.1)(0.5) + 0.6]/18.7 = 0.047
（税后利息 + 净利润）/期初的权益	[(0.6/1.1)(0.5) + 0.6]/11.7 = 0.075

信用经理应该考虑的问题有：
ⅰ. 股票市场对普兰普顿有什么看法？
ⅱ. 贷款展期很关键吗？我们是否可以从银行获得更多关于这方面的信息，或者将信用决策推迟到贷款展期之后？
ⅲ. 有没有什么办法可以使债务更安全，比如：使用本票、远期汇票或有条件买卖？
ⅳ. 瑞莱恩特应该寻求通过降低初始订单或信用保险来降低风险吗？违约对瑞莱恩特带来多大损失？
ⅴ. 有更好的进入内华达州市场的途径吗？竞争是什么？

33. **信用政策** 婕若琳股份有限公司是一家药品批发商。扣除坏账损失之前，公司的利润率为 5%。很长时间以来，公司采用基于少量关键比率的数字化信用评分系统，结果使坏账率在 1% 左右。

婕若琳公司委托专业机构对过去 8 年客户的付款情况进行了统计研究，经过相当多的实验后，确定了 5 个变量，可以作为新的信用评分系统的基础。根据过去的经验，婕若琳公司计算出，每 10 000 个账户的违约率如下：

建议的信用评分系统	账户数		
	违约	支付	总计
大于 80 分	60	9 100	9 160
小于 80 分	40	800	840
合计	100	9 900	10 000

婕若琳公司计算出，拒绝向低信用评分（低于 80 分）的公司提供信用，坏账率将减少到 60/9 160，即低于 0.7%。尽管这看起来没什么大不了，但公司的信用经理辩解说，这等于减少了 1/3 的坏账率，会大大提升利润率。

a. 公司目前扣除了坏账后的利润率是多少？
b. 假设公司对违约率的估计是正确的，新的信用评分系统对利润有何影响？
c. 你怀疑婕若琳公司的坏账率估计实际是不现实的，为什么？高估这样一个信用评分模型的精确度，可能带来哪些后果？
d. 假设建议的信用评分模型的变量之一，是客户是否已经在婕若琳公司拥有账户（新客户违约的可能性更大），这如何影响你对这个建议的评价？

参考答案：

a. 在当前的每 100 美元的销售中，婕若琳公司的商品售价为 95 美元，如果忽略坏账，利润为 5 美元。如果坏账率是 1%，那么每 100 美元的销售中坏账是 1 美元，实际利润是 4 美元，这就等于 4% 的净利润率。

b. 销售额将降至先前水平的 91.6%（9 160/10 000），或先前每 100 美元销售额现在降为 91.60 美元。销货成本率为 95%，所以，销货成本（COGS）为 87.02 美元。坏账为：（60/9 160）×91.60 = 0.60（美元）。因此，在新的信用评分系统下，每 100 美元的原始销售，利润将是 3.98 美元。

c. 预测的违约率和实际违约率不同的原因有很多。例如，信用评分系统基于历史数据，不会顾及经济变动或客户行为的改变。此外，评估过程忽略了来自被拒绝的贷款申请的数据，这可能导致信用评分系统的偏差。如果公司高估了信用评分系统的准确性，它可能会拒绝很多贷款申请。

d. 如果信用评分系统包含一个变量，该变量基于客户是否在婕若琳公司已经拥有账户，那么结果很可能是有偏差的，除非系统考虑到那些可能带来重复订单的新客户的潜在利润。

第十部分

并购、公司控制和治理

第31章 并购

第32章 公司重组

第33章 世界范围的公司治理和控制

第31章 并 购

基础题

1. **并购类型** 以下虚构的并购,是横向并购、纵向并购还是混合并购?
   a. IBM 收购戴尔计算机公司。
   b. 戴尔计算机公司收购沃尔玛。
   c. 沃尔玛收购泰森食品公司。
   d. 泰森食品公司收购 IBM。

   参考答案:
   a. 横向并购。两家公司在同一业务领域。
   b. 混合并购。两家公司在完全不同的行业。
   c. 纵向并购。两家公司分处产业链的不同阶段,沃尔玛出售泰森食品公司生产的产品。
   d. 混合并购。两家公司在完全不同的行业。

2. **并购动机** 以下哪些并购动机有经济意义?
   a. 并购获得规模经济。
   b. 并购通过分散化降低风险。
   c. 并购重新利用有大量利润而增长机会有限的公司所生产的现金。
   d. 并购利用互补资源。
   e. 并购只是为了增加每股收益。

   参考答案:
   动机 a 和 d 最具经济意义,动机 c 也有意义,尽管并购并不是利用多余现金的唯一方式。动机 b 没有任何经济意义,因为投资者自己可以进行分散化投资。在被并购公司的 EPS 更高的情况下,动机 e 导致的靴带效应可能会存在,但如果并购没有产生实际价值的话,两家公司合并并不会增加价值。

3. **并购的收益和成本** Velcro Saddles 公司正在考虑收购 Pogo Ski Sticks 有限公司,两家公司各自独立的价值分别为 2 000 万美元和 1 000 万美元。Velcro Saddles 估计,两家公司合并后,每年可以减少市场营销和管理成本 500 000 美元,并且是永久性的。Velcro Saddles 可以用 1 400 万美元现金收购 Pogo,或者支付 Pogo 股东 50% 的 Velcro Saddles 股票。资本机会成本为 10%。

a. 并购的收益是多少?
b. 现金收购的成本是多少?
c. 股票收购的成本是多少?
d. 在现金收购下,并购的 NPV 是多少?
e. 在股票收购下,并购的 NPV 是多少?

参考答案:

a. 并购收益 = 节约成本的现值 = 500 000/10% = 5 000 000(美元) = 500(万美元)

b. 现金收购的成本 = 支付的现金 $- PV_B$ = 1 400 - 1 000 = 400(万美元)

c. 股票收购的成本 = 股权比例 $\times PV_{AB} - PV_B$
   = 50% × (2 000 + 1 000 + 500) - 1 000 = 750(万美元)

d. 现金收购的 NPV = 并购收益 - 现金收购的成本 = 500 - 400 = 100(万美元)

e. 股票收购的 NPV = 并购收益 - 股票收购的成本 = 500 - 750 = -250(万美元)

4. **税收** 以下哪个交易不可能归类为免税交易?

   a. 现金收购资产。
   b. 全部用有投票权股票支付的并购。

   参考答案:
   现金收购资产一般要纳税,用股票支付的并购通常是免税的。

5. **并购** 判断正误:

   a. 在并购中,卖方几乎总是盈利的。
   b. 在并购中,买方的收益一般高于卖方。
   c. 经营得特别好的公司容易成为并购对象。
   d. 美国的并购活动每年变化都很大。
   e. 平均来看,并购产生很大的经济收益。
   f. 要约收购需要得到卖方公司管理层的批准。
   g. 并购对买方的成本等于买方实现的收益。

   参考答案:

   a. 正确。
   b. 错误;卖方一般比买方的收益更高,有两个原因。第一,因为买方的规模一般比卖方大,因此收购的好处不会对买方股价有太大影响;第二,潜在收购者之间的竞争的影响。
   c. 错误;经营得特别好的公司成为收购目标时,会要求非常高的收益溢价,因此不容易被收购。
   d. 正确。
   e. 错误;收购会产生收益,但是并不会很大。
   f. 错误;要约收购不需要得到管理层的批准。
   g. 正确。

6. **术语** 简要定义以下术语：
   a. 购买会计   b. 要约收购   c. 毒丸   d. 金降落伞
   e. 协同效应

   参考答案：
   a. 收购方支付的超过目标资产账面价值的溢价，作为"商誉"反映在其资产负债表中。
   b. 收购方提出直接从目标公司的股东手中购买股票。
   c. 目标公司的股东可以廉价购买更多的股票。目标公司用"毒丸"来抵御不想要的收购者。
   d. 对由于并购而被解雇的管理者支付慷慨的报酬。
   e. 两家公司合并的收益。

进阶题

7. **并购动机** 考察几起最近发生的并购案例，解释每起案例中的主要并购动机。

   参考答案：
   选择的案例不同，答案不同。

8. **并购的收益和成本** 考察最近的至少部分采用股票支付的一起并购案例。利用股票的市场价格，估计并购的收益和成本。

   参考答案：
   选择的案例不同，答案不同。

9. **并购动机** 对以下说法进行评论。
   a. "我们负债成本太高了，只要我们还在波动性很大的小机械贸易市场中，我们的银行就不会降低利率。我们要收购一家收入更稳定一些的其他行业的公司。"
   b. "与雄鹰电子公司合并？不可能！它们的市盈率太高，这笔交易将使我们的每股盈利下降20%。"
   c. "我们的股票现在是历史最高点。是时候收购DO公司了。我们可能要支付给DO的股东很高的溢价，但我们不用付现金，我们给他们公司股票。"

   参考答案：
   a. 这是分散化的另一种说法。利率高反映了公司处在波动性行业的固有风险，而如果并购提高负债能力，通过税盾增加价值的话，就会有净收益。需要确认这些收益存在，并且投资者自己在股票市场上进行分散化投资不会更好。
   b. 市盈率不决定盈利。有效市场假说认为，投资者能够通过这一比率看到并购的经济本质。
   c. 财富将从收购方股东转移给目标公司股东。

10. **并购收益和成本** 有时候，因为预测到并购，可能的目标公司的股价上升。请解释这是如何使得收购方评估目标公司的价值变得复杂的。

参考答案：
假设目标公司单独的市场价值为 1.5 亿美元，对收购方的价值为 2 亿美元，也就是说协同效应的价值为 0.5 亿美元。如果并购的概率为 70%，那么预期目标公司收购前的市场价值为：

$1.5 \times 0.3 + 2 \times 0.7 = 1.85$（亿美元）

如果收购方管理者将这 0.5 亿美元的协同效应价值加到 1.85 亿美元的市场价值中，就高估了被收购方的价值，竞标底价就定得太高了。

11. **并购动机** 假设你得到特别信息——投资者无法得到的信息，了解到黑森林公司的股价被低估了 40%，这是对该公司发起并购的一个原因吗？请认真解释。

    参考答案：
    这个问题很有意思，核心是信息来源。如果你认识的黑森林公司的一位员工，了解这个有价值的信息，违反了受托义务而告诉了你，那么如果你根据这一信息采取行动，你就犯了内幕交易罪。但是，如果你是根据自己所做的研究分析而发现了这一信息，你可以采取任何行动。

12. **并购收益和成本** 作为休闲用品公司的财务总监，你正在研究是否有可能收购塑料玩具公司。你有以下这些基本信息（单位：美元）：

	休闲用品公司	塑料玩具公司
每股盈利	5.00	1.50
每股股利	3.00	0.80
股票股数	1 000 000	600 000
股票价格	90	20

    你估计，投资者目前预测塑料玩具公司的每股盈利和每股股利以大约 6% 的速度稳定增长。在新的管理层管理下，不用增加任何额外的资本投资，这一增长速度将提高到每年 8%。

    a. 并购的收益是多少？
    b. 如果休闲用品公司支付每股 25 美元收购塑料玩具公司，并购的成本是多少？
    c. 如果休闲用品公司用一股自己的股票收购塑料玩具公司 3 股股票，并购的成本是多少？
    d. 如果塑料玩具公司的预期增长率不受并购的影响，现金收购和股票收购的成本将如何变化？

    参考答案：
    并购前：
    休闲用品公司的价值：$PV_A = 1\ 000\ 000 \times 90 = 90\ 000\ 000$（美元），即 9 000 万美元
    塑料玩具公司的价值：$PV_B = 600\ 000 \times 20 = 12\ 000\ 000$（美元），即 1 200 万美元
    要得到并购后的价值，需要找到塑料玩具公司的资本成本，然后来计算合并后该

公司的价值。根据目前的每股股利、增长率和股价，根据固定增长的股利贴现模型：

$0.8/(r-0.06)=20$

$r=10\%$

在新的管理层管理下，增长率提高到8%，并购后塑料玩具公司的股价为：

$0.8/(10\%-8\%)=40$（美元）

市场价值为：$600\,000\times40=24\,000\,000$（美元），即2400万美元

并购后两家公司的市场价值总和：

PV_{AB} = 休闲用品并购前的价值 + 塑料玩具公司并购后的价值
   $= 9\,000 + 2\,400$
   $= 11\,400$（万美元）

a. 并购收益 $= 11\,400 - (9\,000 + 1\,200) = 1\,200$（万美元）

b. 现金收购成本 $= 25 \times 600\,000 - 12\,000\,000 = 3\,000\,000$（美元），即300万美元。

c. 如果休闲用品公司通过换股的方式收购塑料玩具公司，那么收购后的总股数为：
   $1\,000\,000 + 600\,000/3 = 1\,200\,000$（股）
   并购后的总价值为11400万美元，因此每股价值为：$11\,400\,000/1\,200\,000 = 95$（美元）
   股票收购的成本 $= 600\,000/3 \times 95 - 1\,200\,000 = 7\,000\,000$（美元），即700万美元

d. 现金收购成本仍为300万美元。
   并购后的总市场价值 $= 9\,000 + 1\,200 = 10\,200$（万美元）
   并购后的股价 $= 102\,000\,000/1\,200\,000 = 85$（美元）
   股票收购的成本 $=(600\,000/3) \times 85 - 12\,000\,000 = 5\,000\,000$（美元），即500万美元。

13. **靴带游戏** 对莫克—思拉瑞的并购失败（见31.2节）。而世界企业决心一定要将每股盈利提高到2.67美元，因此它收购了Wheelrim and Alex公司。以下是一些事实（单位：美元）：

	世界企业	Wheelrim and Alex 公司	合并后的公司
每股盈利	2.00	2.50	2.67
每股价格	40	25	?
市盈率	20	10	?
股票数量	100 000	200 000	?
总盈利	200 000	500 000	?
总市场价值	4 000 000	5 000 000	?

并购不存在收益。为了交换Wheelrim and Alex公司的股票，世界企业发行了刚刚好的股票，确保每股盈利2.67美元的目标。

a. 完成上表中合并公司的数据。
b. 世界企业的多少股股票交换1股Wheelrim and Alex公司的股票？
c. 对世界企业来说，并购成本是多少？

d. 并购前世界企业发行在外的股票的总市值有什么变化？

参考答案：

a. 合并后公司的总市值 = 4 000 000 + 5 000 000 = 9 000 000（美元）
   总盈利 = 200 000 + 500 000 = 700 000（美元）
   股票数量 = 总盈利/每股盈利 = 700 000/2.67 = 262 172（股）
   每股价格 = 总市值/股票数量 = 9 000 000/262 172 = 34.33（美元）
   市盈率 = 每股价格/每股盈利 = 34.33/2.67 = 12.9

b. 新发行的股数 = 总股数 - 原来的股数 = 262 172 - 100 000 = 162 172（股）
   换股比率 = 162 172/200 000 = 0.81
   即 0.81 股世界企业的股票交换 1 股 Wheelrim and Alex 公司的股票。

c. 并购成本 = 162 172 × 34.33 - 5 000 000 = 567 143（美元）

d. 并购前世界企业发行在外的股票的总市值的变化：
   100 000 × (34.33 - 40) = -567 143（美元）

14. **税收** 解释免税并购和纳税并购的不同。在什么情况下，你期望买方和卖方同意进行纳税并购？

    参考答案：

    在免税并购中，卖方股东将手中的股票换为新公司的股票。在纳税并购中，卖方股东出售股票。并购是否免税还影响合并公司的纳税。如果并购是免税的，两个公司就像一个公司一样纳税，如果并购要纳税，被并购公司的资产要重新估值，可以产生税收损益，也会影响未来的折旧，因此影响折旧税盾。

    当一方的税收好处超过另一方的税收损失并且双方达成某种妥协时，买方和卖方才会同意纳税并购。

15. **并购会计** 再看表 31-3。假设 B 公司的固定资产经过重新评估，发现价值 12 百万美元，而不是 9 百万美元。在购买会计方法下，这对 AB 公司的资产负债表有怎样的影响？AB 公司的价值如何变化？你的答案与并购是否纳税有关系吗？

    参考答案：

    如果 B 公司的固定资产实际价值为 12 百万美元，合并后的 AB 公司的固定资产价值变为 92 百万美元，商誉从 8 百万美元减少为 5 百万美元。因此，表 31-3 变为：

AB 公司资产负债表			
NWC	21	30	D
FA	92	88	E
商誉	5		
	118	118	

    如果并购免税，AB 公司的价值不变。如果并购要纳税，固定资产价值重新评估增加了折旧，资产价值提高是需要纳税的收益，这会减少 AB 公司的价值。

挑战题

16. **并购策略** 考察一起敌意并购,讨论"掠夺者"和目标公司各自采用的策略。你认为目标公司的管理层是在尽力击退并购,还是在为股东争取最高价格?每一方所发布的公告对它们的股价有何影响?

    参考答案:
    选择的案例不同,答案不同。

17. **并购管制** 你认为应该如何对并购进行管制?例如,应该允许目标公司采取什么防御措施?目标公司的管理者应该必须寻求最高的出价吗?他们应该仅仅是被动地在场外观看吗?

    参考答案:
    对政府、金融市场的作用的看法不同,对管理者责任和义务的看法不同,答案有所不同。

第 32 章 公司重组

基础题

1. **词汇** 定义以下术语：
   a. LBO   b. MBO   c. 分拆   d. 剥离
   e. 资产出售   f. 私有化   g. 杠杆重组

   参考答案：
   a. 用债务融资购买一项业务，公司私有化，股票不再在公开市场上交易。
   b. 当前管理层实施的 LBO 被称为 MBO。
   c. 母公司用其部分资产和业务创造一家新公司，新公司的股票被分配给母公司的股东。
   d. 跟分拆相似，但新公司的股票通过公开发行出售。
   e. 出售特定的资产而不是整个公司。
   f. 私人投资者购买政府所有的公司。
   g. 公司增加负债，回购股权，从而提高负债权益比。

2. **重组** 判断正误：
   a. LBO 公司的财务经理的首要任务之一是偿还债务。
   b. 一旦 LBO 或 MBO 公司私有化，它几乎总是一直保持私有化。
   c. 20 世纪 80 年代的 LBO 的目标倾向于成熟行业中的盈利公司。
   d. "附带收益"指的是 LBO 债务延迟的利息支付。
   e. 到 2008 年新 LBO 和私募股权交易极其少见。
   f. 宣布分拆后，公司股票价格一般急剧下跌。
   g. 私有化一般紧跟着大量裁员。
   h. 平均来看，私有化似乎会提高效率和增加价值。

   参考答案：
   a. 正确。

b. 错误；大多数成功的 LBO 和 MBO，偿还了足够多的债务，并且经营业绩改善显现出来之后，会重新上市。
c. 正确。
d. 错误；附带收益是组织获得的利润中分配给普通合伙人的部分。附带收益是认购期权，使普通合伙人有机会获得投资升值的好处，同时也提供承担风险的激励。
e. 正确。
f. 错误；投资者通常把分拆看作好消息。分拆一般会使公司专注于核心业务，从而增加公司的价值。
g. 错误；私有化公司一般经营效率更高，因此会裁员，但也会增长得更快，从而提供更多的就业机会。在很多情况下，净影响是增加员工人数。
h. 正确。

3. **私有化** 政府私有化的动机是什么？
   参考答案：
   政府私有化的动机是提高效率，扩大所有权的范围，为政府增加收入。

4. **企业集团** 上市企业集团有什么优势？
   参考答案：
   20 世纪 60 年代和 70 年代，上市企业集团发展到最高峰时，宣称有以下优势：第一，跨行业的多元化可以稳定盈利和减少风险。第二，广泛多元化的公司能够运营自己的内部资本市场，从而减少从外部投资者获得融资。第三，关于投资机会，公司的管理者无疑比外部投资者了解得更多。另外，还可以避免发行新证券的交易成本。

5. **企业集团** 列出美国传统企业集团的劣势。
   参考答案：
   内部资本市场经常错误地分配资本。企业集团各业务部门的市场价值无法被独立观察到，因此很难设定激励，很难奖励承担风险的行为。内部政策也会干扰资本的效率。另外，投资者自己进行多元化更容易。

6. **私募股权** 私募股权合伙企业存续期是有限的。这种安排有什么好处？
   参考答案：
   私募股权合伙企业的有限存续期使有限合伙人安心，现金流不会以浪费的方式进行再投资，也易于保证合伙企业关注重组业绩不佳企业的机会，为这些企业更换新的管理层，然后再将其出售。另外，私募股权机构拥有的附带收益为承担风险提供激励。

7. **破产** 第 7 章破产和第 11 章破产的区别是什么？
   参考答案：
   第 7 章的破产通常会导致清算，第 11 章的破产在公司制订重组方案时保护公司不受债权人影响。

8. **破产** 判断正误：
   a. 公司濒临破产时，通常符合股东利益的做法是寻求清算而不是重组。
   b. 在第 11 章破产程序中，重组计划必须得到每个等级的债权人的同意。
   c. 在重组中，债权人可以被偿还现金和证券的组合。
   d. 公司被清算时，被出售的最有价值的资产之一是税收损失向前结转。

   参考答案：
   a. 错误；重组公司符合股东利益，即使重组失败，股东也不会损失什么，而如果重组成功，股东受益。
   b. 正确。
   c. 正确。
   d. 错误；清算时，税收损失向前结转也不再存在。

9. **破产** 公司申请破产时，为什么股权有时有正的价值，请解释。

   参考答案：
   公司恢复正常的可能性总是有的，有可能还清债务而给股东留下点儿什么。同时，法庭可能看不到绝对偿还顺序，因此在第 11 章重组的过程中，可能会给股东剩下一点价值。

进阶题

10. **重组** 正确、错误还是"这取决于……"？
    a. 部门的剥离或分拆提升对部门管理者的激励。
    b. 私募股权合伙企业存续期有限，主要目的是迫使一般合伙人快速收回投资。
    c. 私募股权合伙企业的管理者有动力进行有风险投资。

    参考答案：
    a. 正确；一个部门的剥离或分拆提升对部门管理者的激励，如果该部门独立，更容易评价部门管理者的业绩。
    b. 错误；私募股权合伙企业的有限存续期使有限合伙人安心，现金流不会以浪费的方式进行再投资，也易于保证合伙企业关注重组业绩不佳企业的机会，为这些企业更换新的管理层，然后再将其出售。
    c. 正确；普通合伙人的报酬一般包括 20% 的附带收益，这等同于合伙企业资产价值的认购期权，像任何期权一样，资产价值的波动越高，期权越有价值。

11. **杠杆收购** 对哪类公司来说，LBO 或 MBO 交易没有成效？

    参考答案：
    一般来说，在高度竞争的行业中，利润率低的公司不是 LBO 或 MBO 的好目标，这些公司通常很高效，没有冗余资产或不必要的资本支出。另外，低利润率限制了公司的负债能力。

12. **杠杆收购** 希悦尔公司的杠杆重组在第 18 章中有描述。简要概括 RJR 纳贝斯克 LBO 和希悦尔公司重组的相似点和不同点。它们的经济动机相同吗？结果相同吗？你认为希悦尔公司保持为上市公司是个优势吗？

    参考答案：
    RJR 发行大量债务回购股票，缩减股权。希悦尔发行大量债务，向所有股东支付特殊股利，也缩减了股权。RJR 需要简化运营、重新审视资本支出和所持有的资产，公司处在高度竞争的行业中，而产品有自己的品牌优势。希悦尔也需要简化运营，原因是其产品的专利保护，运营越来越没有效率。为了提升对经营的压力，希悦尔仍然保持上市公司地位，继续受到市场买卖的压力。

13. **资产剥离** 考察近期发生的资产剥离的例子。你认为它们这么做的根本原因是什么？投资者对这些消息如何反应？

    参考答案：
    选择的例子不同，答案不同。

14. **杠杆收购** 阅读《门口的野蛮人》（进一步阅读中提到）。你可以识别出哪些代理成本？（提示：参考第 12 章。）你认为 LBO 可以很好地降低代理成本吗？

    参考答案：
    《门口的野蛮人》中的故事非常复杂，支持并购的人可以从这个故事中找到很多证据来支持自己的立场，反对并购的人也一样。同样，关于公司并购的原因，赞成某个理论的人也能找到证据支持自己的立场，反对的也一样。因此，每个人观点不同，答案就不同。

15. **私募股权** 解释私募股权合伙企业的结构。特别注意动机和薪酬。这些合伙企业一般进行什么类型的投资？

    参考答案：
    私募股权合伙企业一般由代表更大的机构投资者的专业股权经理人管理。机构投资者作为有限合伙人，而专业经理人作为普通合伙人。普通合伙人是公司，专注于募集资金和管理在密切控制的公司的股权投资。普通合伙人的激励除了管理费，还有附带收益，也就是如果他们所投的公司价值增加，他们会得到投资收益的一部分。有限合伙人首先得到支付，但并不享有全部利润。另外，合伙企业的有限存续期可以防止浪费再投资。合伙企业可以投资很多公司，从创业企业到需要重整管理的成熟公司。

16. **私募股权** 我们描述了附带收益可以看作期权，是什么类型的期权？这个期权是如何改变私募股权合伙企业的激励的？你能够想出一些情况，激励的变化是反向的，也就是破坏价值吗？请解释。

    参考答案：
    在私募股权合伙机构中，附带收益代表普通合伙人的认购期权，认购期权的行权价格是有限合伙人对合伙机构的投资额。普通合伙人的认购期权要想处于实值状态，普通合伙人赚的钱一定要超过有限合伙人的投资。因此，普通合伙人显然有激励对有限合伙人的投资赚取利润。另外，普通合伙人也有激励承担风险，波动性提高，认购期权的价值增加，因此普通合伙人可能选择高风险的投资，而不是预期 NPV 更高的、风险小的投资。

17. **私有化** "私有化看起来可以提高效率，因为上市公司能更好地减少代理成本。"你认为这是正确的还是不正确的？为什么？

    参考答案：
    对上市公司来说，代理成本很重要，而在政府机构（或者非营利组织）工作的人毫无疑问经历的代理成本问题要严重得多。私有化可以显著减少这些成本，大大提高效率。私有企业的竞争使得企业内部受到更大的约束，也会消除政策的影响。私营企业经常为管理层和其他员工提供的激励也比政府组织更强。

18. **破产** 我们描述了第 11 章破产的几个问题。哪些问题可以通过协商预先包装的破产来消除掉？

    参考答案：
    与第 11 章破产有关的很多问题可以通过协商预先包装的破产来减轻。很多问题都是第 11 章的两个经常发生冲突的目标引起的：让债权人满意和使公司解决问题继续经营下去。另外，不同等级的证券持有者有利益冲突。高等级债权人倾向于对公司进行清算，这样他们的索取权就可以立即满足，而低等级债权人支持公司重组，希望他们可以收回部分索取权。担保债权人之间也存在冲突，公司在第 11 章下破产，他们可以收到利息，而未担保债权人不会收到利息。这么多的冲突增加了大范围诉讼的可能性，在这些问题解决的过程中大量资源从公司流出。而预先包装的破产通过协商达成的协议来解决这些问题。

第33章 世界范围的公司治理和控制

基础题

1. **金融体系结构** 哪个国家具有：
   a. 最大的股票市场？
   b. 最大的债券市场？
   c. 个人投资者直接持有的股票最少？
   d. 个人投资者持有的银行存款最多？
   e. 其他公司持有的股票最多？
   f. 利用贸易信贷融资最多？

   在每种情况下，"最大"和"最小"的定义是相对于GDP而言的总价值。

   参考答案：
   a. 英国；美国股票市场是全球规模最大的，但英国股票市场占GDP的百分比最大。
   b. 英国；美国债券市场是全球规模最大的，但英国债券市场占GDP的百分比最大。
   c. 日本。　　　d. 日本。　　　e. 欧元地区。　　　f. 日本。

2. **金融体系结构** 什么是财阀（keiretsu）？进行简要描述。

   参考答案：
   财阀是围绕一家主要银行而形成的企业网络，这家银行向财阀中的其他企业融资。财阀成员可能互相持股，彼此之间长期存在业务关系。

3. **公司治理** 日本投资者在公司财务政策和治理中起重要作用吗？如果不，他们能吗？

   参考答案：
   日本投资者在公司财务政策和治理中没有重要作用，个人投资者直接持有的股票数量相对很少。日本公司的交叉持股也限制了个人投资者在公司治理中起重要作用。

4. **公司治理** 德国的银行经常控制德国公司的大量股东投票权，它们是如何得到投票权的？

   参考答案：
   德国的银行经常大量持有公司的股权，它们还获得个人和机构投资者的委托投票，从而来控制公司的投票权。

5. **公司治理** 德国的共同决策（codetermination）制度是什么意思？

   参考答案：
   德国公司有两个董事会，一个董事会和一个监事会。董事会管理公司，是监事会选举的。一半的监事会成员是由员工选举的。另一半代表股东，经常包括银行高管。监事会代表公司整体利益，而不仅仅是员工或股东的利益。

6. **所有权形式** 世界范围内最流行的公司所有权形式是什么？

   参考答案：
   世界范围内最流行的公司所有权形式是家族所有权。

7. **金字塔结构** 假设一位股东可以用30%的股票实现对公司的有效控制。一位股东通过设立控股公司 X^2，X^2 持有第二层控股公司 X，X 持有公司 Z 的股权，请解释该股东如何控制公司 Z。

   参考答案：
   股东持有30%的公司 X^2，X^2 持有30%的公司 X，公司 X 持有30%的公司 Z，这位股东实际持有公司 Z 的 0.3^3，即2.7%的股权，他不直接拥有公司 Z 的股权，但对公司 Z 拥有有效控制权。

8. **金融系统的实际影响** 在支持创新和从衰退行业释放资本方面，为什么基于市场的金融体系更好？

   参考答案：
   金融市场为企业家提供了更多元化的融资渠道，在某个行业衰退时，不太可能去救助公司，因此也释放出了更清晰的信号。

9. **公司治理** 什么是"挖隧道"？为什么"挖隧道"的威胁阻碍金融市场的发展？

   参考答案：
   如果 Y 公司拥有 X 公司的股权，可能会从 X 公司转移价值，例如低利率从 X 公司借款，或者向 X 公司高价出售原材料，或者低价从 X 公司购买产品。对某家公司的控制权集中，会导致资源流出该公司，从而损害少数股东的利益。这就是"挖隧道"。

   "挖隧道"的存在，会损害少数股东的利益，增加公司治理的难度，因此会阻碍金融市场的发展。

进阶题

10. **公司治理** 代理问题是不可避免的。也就是说，我们不能期望管理者100%地考虑股东利益，对自己的利益一点也不考虑。

    a. 为什么不能这样期望？
    b. 列出全世界所采用的使代理问题可控的机制。

参考答案：

a. 管理者对股东有信托责任，这是事实，但管理者也是人，在有目标冲突的时候，也会将自己的利益放在股东利益的前面。股东不可能在任何时候监督所有的管理者，因此代理成本不可避免。

b. 用来解决代理问题的机制一般包括监督管理者（通过董事会、银行和其他金融机构）、管理者薪酬与公司业绩挂钩、市场机制（例如并购）和市场上管理员工的竞争。法律和规制，包括信息披露要求和会计准则，也可以控制代理问题。

11. **中介融资** 银行不是公司获得融资的唯一金融中介。其他中介是什么？在英国、德国和日本，与银行相比，它们提供多少融资？

参考答案：

其他金融中介包括保险公司、共同基金和养老金。在日本，银行比其他金融中介提供的融资相对更多。而在英国，其他金融中介提供更多的融资。在美国，与其他金融中介相比，银行是不那么重要的融资来源。在欧洲，银行提供的融资和其他中介机构差不多等量。

12. **公司治理** 在以市场为基础的金融体系中，为什么透明度很重要？为什么在银行为基础的金融体系中，透明度不那么重要？

参考答案：

透明是基于市场的金融体系最基本的要求，但对以银行为基础的金融体系来说，则不是必需的。在以银行为基础的金融体系中，银行与寻求融资的企业有长久的工作关系。在以市场为基础的金融体系中，债权人和股东要参与金融市场的话，需要获得寻求融资的公司的信息，而且信息要充分和准确。这些信息包括审计过的财务报表，可以使市场参与者对公司的盈利性和未来前景进行判断。没有这些信息，投资者就不愿意参与金融市场。

13. **公司治理** 双层股权的意思是什么？你认为法律应该允许还是禁止？

参考答案：

双层股权公司拥有两类具有不同投票权的普通股。例如，一类普通股每股有 10 份投票权。最著名的双层股权公司是谷歌，创始人拥有具有更多投票权的普通股，这样他们就更容易保持对公司的控制。有人不喜欢这种不平等的投票权，而其他人可能喜欢这样的安排，只要条件公开披露（在发行时可能体现为定价的不同）。

14. **金融体系结构** 在市场为基础的金融体系中，你认为哪种行业会繁荣发展？在银行为基础的金融体系中呢？

参考答案：

在以市场为基础的金融体系（如美国）中，新兴行业似乎会发展起来，而以银行为基础的金融体系（如日本和德国）似乎会帮助成熟行业持续发展。例如，最近几十年，美国的汽车业发展壮大起来，而日本和德国的汽车公司一直保持着竞争优势。随着新行业的发展或新产品的研发，经常会有多个潜在的发展方向，在最终的行业领袖出现之前，向每个方向发展都需要大量融资。由于不确定性的问题，以银行为基础的金融体系不可能提供初期阶段的融资，而以市场为基础的金融体系可以提供融资，因为存在对未来发展前景持不同观点的大量投资者。以市场为基础的金融体系在淘汰衰退行业和公司方面似乎也更有效率。

15. **金字塔结构** 为什么金字塔结构在很多国家中很常见，而在美国和英国不常见？
    参考答案：
    金字塔结构可以使富有的家族用相对少的投资控制一组公司，使家族在实现多元化的同时保持对企业的控制权。在美国，投资者可以通过金融市场进行多元化投资，因此金字塔结构或者企业集团不是投资者想要的必要替代品。但在发展中国家中，不健全的金融市场无法为投资者提供多元化和扩展所需要的机制。

16. **金融体系结构** 日本财阀的一些优势和劣势分别是什么？
    参考答案：
    日本财阀是通过交叉持股和相互之间的各种关系而形成的企业网络。财阀中的公司之间、公司与银行之间存在长期关系。这种组织形式的优势是从财阀中的银行或其他附属金融机构获得债务融资的能力。从财阀中的其他公司处也可以获得融资，从而避免了外部融资的需要。财阀一般具有相对稳定的现金流，有能力处理财阀中的企业的财务困境。这种组织形式的劣势是外部股东对财阀中的企业的影响力很小（如果有的话），因此股利水平相对比较低，极少发生并购。

推荐阅读

中文书名	原作者	中文书号	定价
货币金融学(商学院版,第4版)	弗雷德里克 S. 米什金 哥伦比亚大学	978-7-111-54654-2	79.00
货币金融学(商学院版,第4版·英文版)	弗雷德里克 S. 米什金 哥伦比亚大学	978-7-111-60658-1	109.00
《货币金融学》学习指导及习题集	弗雷德里克 S. 米什金 哥伦比亚大学	978-7-111-44311-7	45.00
投资学(第10版)	滋维·博迪 波士顿大学	978-7-111-56823-0	129.00
投资学(第10版·英文版)	滋维·博迪 波士顿大学	978-7-111-39142-5	128.00
投资学习题集(第10版)	滋维·博迪 波士顿大学	978-7-111-60620-2	69.00
公司理财(第11版)	斯蒂芬 A.罗斯 MIT斯隆管理学院	978-7-111-57415-6	119.00
期权、期货及其他衍生产品(第10版)	约翰.赫尔 多伦多大学	978-7-111-60276-7	169.00
《期权、期货及其他衍生产品》习题集	约翰.赫尔 多伦多大学	978-7-111-54143-1	49.00
债券市场:分析与策略(第8版)	弗兰克 法博齐 耶鲁大学	978-7-111-55502-5	129.00
金融市场与金融机构(第7版)	弗雷德里克 S. 米什金 哥伦比亚大学	978-7-111-43694-2	99.00
现代投资组合理论与投资分析(第9版)	埃德温 J. 埃尔顿 纽约大学	978-7-111-56612-0	129.00
投资银行、对冲基金和私募股权投资	戴维·斯托厄尔 西北大学凯洛格商学院	978-7-111-41476-6	99.00
收购、兼并和重组:过程、工具、案例与解决方案(第7版)	唐纳德·德帕姆菲利斯 洛杉矶洛约拉马利蒙特大学	978-7-111-50771-0	99.00
风险管理与金融机构(第4版)	约翰.赫尔 多伦多大学	978-7-111-59336-2	95.00
金融市场与机构(第6版)	安东尼.桑德斯 纽约大学	978-7-111-57420-0	119.00
金融市场与机构(第6版·英文版)	安东尼.桑德斯 纽约大学	978-7-111-59409-3	119.00
货币联盟经济学(第12版)	保罗·德·格劳威 伦敦政治经济学院	978-7-111-61472-2	79.00